Not Yo' Butterfly
My Long Song of Relocation, Race, Love, and Revolution
Nobuko Miyamoto
和泉真澄＝訳
ノブコ・ミヤモト自伝
旅と愛と革命を歌う日系アーティスト
小鳥遊書房

NOT YO' BUTTERFLY:
MY LONG SONG OF RELOCATION, RACE, LOVE, AND REVOLUTION

Edited by Deborah Wong
Published by arrangement with University of California Press
through Japan UNI Agency, Inc., Tokyo

目次

Nobuko Miyamoto

第二部

Not Yo' Butterfly

第三部

Nobuko Miyamoto

Not Yo' Butterfly

・原註は（1）、訳註は＊1のように章ごとに通し番号で示し、巻末にまとめた。
・写真の掲載位置は、訳出にあたり、文脈に合わせて配置し直してある。

イントロ
Intro

私が育った時代、私のことを歌う歌はなかった
知らなかった
私が自分の歌を持っていないことを
シスターやブラザーたちに出会うまで
彼らは立ち上がり
沈黙させられた声を探し、取り戻そうとした
私は彼らとともに立ち
歌った
そして学んだ
私たちはみな、自分のなかに
歌を持っているのだと

今、私の歌が
聖なる使命を果たすのが見える
それは深く耳を澄ますこと
身体の内にある真空から
滲み出るメロディーに
そして意味を紡ぎ出すこと
私たちが生きている狂気のなかに
そして最後に勇気を見出すこと
声を出して歌うために
たった一人だとしても
その人の魂に触れるために
歌にしかできないやり方で
声を出して歌い
より良い世界を生み出すには
知らなければ
私たちはみな、自分のなかに
歌を持っているのだと

第一部

First Movement

第一章
さすらいの少女
A Travelin' Girl

私は自分がいるべきでない場所に生まれた。二歳になると、敵、スパイ、アメリカの国内治安を脅かす存在となった。まもなく、私と外見の似た一二万人の人々とともに、大人たちが当時「キャンプ」と呼んでいた場所へと連れて行かれた。でも、そこはサマーキャンプではなかった。

最初に覚えているのは、父に肩車されて見た光景だ。埃っぽくて、木造の小屋が立ち並んでいた。私たちは長い行列を作り、他の家族らと順番を待っていた。皆、日系人だった。父の幅広い肩の上で、私はパレードの象の背中に乗り、川を見下ろしている気分だった。その川は、寒さをしのぐための帽子やスカーフに覆われた、たくさんの人の頭でできていた。しかし、このパレードには音楽もなく、歓声もなく、手を振る人々がいるわけでも、色とりどりのドラムやバトン行進があるわけでもない。聞こえるのは、ひそひそとしたおしゃべり。見えるのは、親にしがみつく子どもたち、そしてライフル銃を手にした無骨な軍服の男たちだけだった。

列は「メスホール（食堂棟）」と呼ばれる大きな建物に向かって動いていた。そこで食事をするのだ。スプーンやフォークがガチャガチャと音を立てて、金属製の皿には缶詰から取り出された兵士用の食べ物が盛られた。お腹は空いていたが、私は口をつけることができなかった。「メス（グチャグチャの食べ物）ホール」とはよく言ったものだ。私たちがいたのは、カリフォルニア州アーケーディアにある、かつて金持ちや有名人の遊び場だったサンタアニータ・パークという競馬場だった。ビング・クロスビー、スペンサー・トレイシー、エロール・フリンといった映画スターが所有する馬が、ここで暮らしレースをした。そして今、馬小屋で寝泊まりするのは私たちだ。

一九四一年一二月七日、日本は真珠湾を攻撃した。アメリカ政府は、ロサンゼルスから東へ二一マイルという便利な場所にあるこの高級競馬場を、わずか三ヵ月で臨時収容所に転換し、八千五百の馬房と六〇以上の納屋に一万八千人の日系人を収容した。日系人の大部分はアメリカ市民だった。政府がしなければならなかったのは、監視や管理のための兵士が寝泊まりする兵舎を増やすことだけだった。そして私たちがそこに収容されている間に、人里離れた不便な場所に、より長期間使える一〇ヵ所の強制収容所が建設された。収容所の多くは先住民居留地のなかに作られた。マンザナー、ツールレイク、トパーズ、ヒラリバー、ポストン、ジェローム、ハートマウンテン、ローワー、アマチ、そしてミニドカ。日系アメリカ人一二万人以上が、カリフォルニア、オレゴン、ワシントンの沿岸三州から、そして内陸のアリゾナ州の一部からも、家を追い出された。日本との戦争が終わるまでの間、私たちは収容所に閉じ込められることになった。いや、もしかしたら収容は永遠に続くのかもしれなかった。いつまで収容されるのかは知らされていなかった。

私たちをキャンプへと押し流した津波は、祖父たちがアメリカの海岸に足を踏み入れた瞬間から、小さな波として始まっていた。アフリカ系の奴隷と同様、中国人や日本人の労働力はこの国を発展させるための歓迎されない必需品であり、私たちは必要とされつつ、同時に憎まれる存在だった。ゆえにその労働力と生活は安価なものと見なされた。奴隷の場合は無料の労働と見なされたのだ。

母の父、大賀為次郎（オオガタメジロウ）は、福岡県太刀洗の農家の次男として生まれた。土地の相続は長男にしかできなかったので、一九〇五年、カリフォルニアでの米作りの夢を追い、未開の地を切り開くための厳しい労働に挑んだ。父の父、ミヤモトは熊本県出身で、不当な扱いに抗議して団結しようとした中国人労働者に代わって鉄道で働くために採用された一人である。

私の母が生まれる一年前の一九一三年、外国人土地法によって、母の父はカリフォルニア州チコで開墾した農地を所有できなくなった。アジアからの移民は市民権を取れなかったためだ。一方で、すべてのヨーロッパ人は、帰化すれば市民権を即座に得ることができた。自由の女神に書かれたあの言葉は、私たちのためにあるのではなかった。[*1]もしも、この土地にやってきた人々が誰でも歓迎されていたら、アメリカはどうなっていたのだろう。もちろん歓迎する立場にあるのは先住民たちなわけだが。一九二四年、排日移民法が制定され、日本人の移民が禁止された。メディアや映画業界は、その後も日本人が米国を侵略するという人種差別的な幻想を煽り続けた。そして今、彼らの空想は現実のものになったように見えた。

一二月八日、日本が真珠湾を攻撃した翌日、友人のレイコ（一〇歳）が学校に行くと、ルーズベルト大統領の対日宣戦布告演説がスピーカーから大音量で流れていた。休み時間になると、子どもたちは彼女を取り囲んで「お前の足には水かきがあるのか」と聞いてきた。「突然、私は敵になった」。翌日、白人の男たちがレイコの家にやってきて、仏教の僧侶であった彼女の父親を連れ去った。彼はその後、日本に送還された。レイコは別れを言うこともできず、その後二度と父に会うことはなかった。同じ日には、多くの日系コミュニティのリーダーが一網打尽に投獄された。政府は、誰がリーダーで、どこに住んでいるのかを調べ上げていた。私の家族に悲劇が襲いかかるのは、もう少し時間が経ってからだった。

母のミツエと伯母のハツエは毎日、台所でコーヒーを飲みながら不安をつぶやいていた。二人は苦楽を共にすることに慣れていた。二人はオークランド生まれの二世だったが、アメリカでの生活にはまだまだ苦労していた。二人は幼い頃に日本に送られ、祖父母に育てられたからだ。それは二世にとってはよくあることだった。[*2] 一〇年間日本で快適に暮らした後、母親のミサオが迎えに来て、二人をロサンゼルスに連れ帰った。ところが、まもなくミサオが亡くなってしまう。姉妹はわずか一二歳と一四歳だった。伯母は妹の世話をし、父親の園芸会社の職員のために料理を作り、慣れない新しい学校に通いながら、苦労して英語を学ばなければならなかった。

戦争が始まってから、ミツエとハツエの不安は日系社会全体を覆い尽くしていった。ラジオからは戦争に関するヒステリーが流れ続け、私たちの家、私たちの生活に入り込んできた。母たちは私や従妹のケイの前では平静を装っていたが、私たち子どもにも何かが異常であることはわかっていた。人々は憎しみの眼差しを私たちに向け、新聞棚には「ジャップを追い出せ！」という見出しが躍り、『ライフ』誌には中国人と日本人の見分け方を紹介する記事が載った。母は怒りの声を上げたかった。「私たちはもう日系人じゃない、みんなジャップよ！」母は伯母よりもずっとアメリカ人らしい性格だった。伯母のハツエは日本からの移民男性と結婚した。この結婚は、夫の母親の了承のもと、媒酌人（仲人）が取り持ったものだった。ハツエは彼との結婚を家族に認めてもらうために、仏教徒になることを承諾しなければならなかった（実際には二〇年間先延ばしにしたのだが）。ハツエは母親として、主婦として、満足しているようだった。一方、母のミツエは常にそれ以上のものを求めていた。自分を表現する方法を模索していたのだ。彼女はミツエからミッツィ（女友だちからそう呼ばれていた）になり、父親に「アーティストになりたい」と告げた。

「ダメだ、女がやることじゃない！」

それでも、母はどうにかして、シュイナード芸術院に入学する方法を見つけた。最新のファッションが大好きで、さらに工芸美術専門学校のファッションデザイン科へと進学した。同年代の日系女性の多くがそうであったように、母は裁縫の達人だった。自分の服はもちろん、私の服もすべて作った。それが彼女の芸術作品だった。

母は恋愛結婚することも決意した。彼女の母のミサオは、会ったこともない男性の写真と結婚した。祖母は当時の多くの日本人女性と同様、船から降りてきて初めて夫に会った「写真花嫁」だった。アジアからの移民男性は、妻を連れてくることは許されていなかった。しかし、日本で暮らしていた間に、母はミサオの妹たちが恋愛結婚するのを目撃した。経済的なつながりや血縁を重視する日本の文化では珍しいことだった。ミッツィは現代的な女の子で、恋愛に憧れていた。そんな彼女が、日本人と白人のハーフでハンサムなマーク・ミヤモトと結婚したいと父親に告げると、祖父は強硬に反対した。「ダメだ！　ダメだ！　どんな家柄の男なんだ？」

母が祖父に立ち向かうまでには五年の歳月を要した。「お父さんがどう思おうと、私は彼と結婚するわ！」

戦争になっても、私の父は、他の二世男性と同じように、不安を黙って飲み込んでいた。混血で日系人男性のなかでは背が高い方だったが、自分は日本人と何ら変わりはないと思っていた。父も日系人としての悩みや課題を抱えていたからだ。アイダホ州パーカーで、イギリス系モルモン教徒の母親と日本人移民の父親の間に生まれた父は、一四歳のときに母ルーシー・ハリソンを亡くした。祖父のハリー・ミヤモトが、より良い生活を送れるようにと、息子たちを連れてロサンゼルスに引っ越すことにした。父はハリウッド高校で野球に打ち込み、最初の大きな夢を実現した。日系アメリカ人リーグのセミプロチーム、ＬＡニッポンズで両利き投手として活躍したのだ。ニグロリーグでいえば、サッチェル・ペイジのような選手として活躍したといえる。しかし父の夢は、他の黒人選手たちと同様、挫折を迎えることになった。

父は耳が大きかった。単にサイズだけでなく、聴覚も優れていた。クラシック音楽が好きで、深い音まで聴き取ることができた。好きな作曲家がいるだけでなく、ピアノを弾いているのがイトゥルビかルービンシュタインかを聴き分けることができた。そして父自身もピアノを弾きたかった。しかし当時の二世が音楽家として生計を立てるチャンスなど、無に等しかった。また一つ夢が砕け散った。

ほとんどの一世や二世は、庭師か農産物の商売をしていた。そこで父は、カリフォルニア各地に散らばるの日系農家のために、イチゴやタマネギ、米などをトラックで運ぶ仕事に就いた。そのとき、大きな耳が役に立った。農家の人たちとコミュニケーションをとるために、日本語を覚えるのは簡単だった。

ある日、マークが家に帰ってきて、ミツエに言った。「貯金を出してくれ」

「何に使うの？」我が家の財布を管理していたのは母だった。

「トラックを買うんだ！」

父は事業を興そうとしていた。彼の独立心はその考えを気に入っていた。また、自分のポケットにお金が入ってくることにも満足した。ビジネスは順調だった。一九四〇年、彼はシカゴに二台目のトラック、マック・セミの新車を受け取りに行った。これで、彼は二台のセミを手に入れた！　生活はとても順調で、まもなく家の前の駐車スペースには、素敵な緑色のパッカード・セダンの新車が停まるようになった。

たぶん、商売が上手く行きすぎたのだろう。農産物直売所の二世仲間は、「ジャップ」を追放しようとする強欲な白人農家たちについて噂していた。日系人はカリフォルニア州で五〇万エーカー近くを耕作しており、経済的にも上昇気流に乗っていた。白人農家は日系人の農場を乗っ取ろうとハゲタカのように鳴声を上げ、そのことを臆面もなく主張した。マークの夢が三たび砂塵に帰する時が迫っていた。

一九四二年二月一九日、ルーズベルト大統領は大統領行政命令九〇六六号に署名し、陸軍省に「あらゆる者を排除することができる」軍事区域を指定する権限を与えた。その「軍事地域」のひとつが、白人に混じって日系家族が住んでいたキングスレー・ドライヴ。我が家がある地域だった。もう一つはアーリントン・ハイツにある伯母の家がある地域で、そこでは日系人の家族が黒人と混じって暮らしていた。外出禁止令が出され、父は自宅近くに留まった。私は嬉しくて仕方なかったのだが、父は私たちの首にかけられた縄がどんどんと締まっていっていることに気がついていた。

一九四二年四月上旬、次の看板が掲げられた。「日本人を祖先とするすべての人への通告…」

アメリカ市民であろうと、父のように半分だけ日本人であろうと、私のように二歳児であろうと関係なかった。日本人の血が一六パーセント以上混じっていれば、スパイや破壊工作員の可能性を疑われた。「有罪が確定するまで無罪」の原則は適用されず、裁判もなく、同列の人々による陪審もない。ルーズベルト大統領の大統領行政命令九〇六六号は、太平洋沿岸に住むすべての日本人を、アメリカ国内治安に対する脅威と見なした。戦争が終わった時点でスパイとして有罪となったのはわずか一〇人で、その全員が白人だったにもかかわらず、だ。

スーツケースに荷物を詰め込んで、指定された集合場所に出頭した。どこに連れて行かれるんだろう？　インディアンへの仕打ちを考えてみて！　ユダヤ人への仕打ちを考えてみて！　どれくらいの期間、私たちは拘束されるのだろう？　二、三年？　未来永劫？「避難」や「転住所」という呼び名は、事実を欺く言葉だった。これは先住民に対して行なわれたような、強制連行だった。転住所ではなく、強制収容所だったのだ。その命令は、私たちの自由を奪っただけでなく、アメリカ人としてのアイデンティティを無視し、帰属意識を葬り去った。私たちの帰属意識はいつもはかなく、もろいものだった。私たちがこうして、アメリカ人として受け入れられようとスーパーヒーロー並みの努力をしても、そんなことには関係なく、私たちは常に外国人の顔をしているのだ。二級市民であるだけでなく、そもそもまったく市民として見られていなかったのだ。日本人でもアメリカ人でもない。私たちは追放された者であり、自国内難民であり、支持していない国の戦争捕虜だった。

一二万人の集団強制移動は簡単なことではなかった。それは、米国に住む全日系人（そのほとんどはアメリカ市民）の人口のほぼ半分に相当する。家から追い出され、地域から追い払われ、学校や職場から姿を消し、開拓し耕した土地から一掃され、友人、恋人、会社、家、車、ペット、家族の宝物、夢を残して立ち去ることは、大きな苦痛と複雑さを伴うものだった。カリフォルニア州、オレゴン州、ワシントン州の海岸沿いの五〇マイル以内に住むすべての人を立ち退かせるには、私たちの協力が必要だった。[*3]しかし、不当な扱いに反対する大規模なデモも、私たちを守ってくれる世論の声もなかった。日本の抑圧的な文化は、服従することを私たち日系人にも教えた。そして、アメリカでの生活は、私たちには「中国人のチャンス」すら与えられないことを教えてくれていた。[*4]何よりも私たちは、アメリカでこのようなことが起こったことにショックを受け、信じられない気持ちでいっぱいだった。

父の兄弟のように、逃亡を企てる者もいた。祖父のミヤモトは、すでにアイダホ州パーカーに所有する小さな土地に戻っていた。イースト・ハリウッドの種苗場で使っていたトラックを、息子たちに残していた。白人のお母さんに似ている末っ子のケイが、そのトラックを運転した。一番年上で日本人っぽい顔のハリーは、トラックの荷台の下に隠れていた。カリフォルニア州境を越えてネバダ州に入ることに成功したが、アイダホ州に入ったところで逮捕された。日本人の顔で運転していると怪しい、という常套文句が当てはまる状況だった。[*5]祖父のハリーが息子たちを保釈した。その後、いつもお金がなかったハリー・ジュニアは、万が一に備えて、常に一〇〇ドル札三枚を財布の奥深くにしまっておくという習慣を身につけた。

父は無謀な冒険をするわけにいかなかった。私と母のことを考えなければならなかったからだ。キングスレー通りの快適な家を離れるのは大変なことだった。母が何を持っていくか、何を売るか、どこに物を保管するか、何を置いていくかを決める一方で、父は今まで働いて築いてきたものを失わないために奔走していた。しかし、二台のセミトラックは残していくしかなかった。自分がいない間、従業員であり友人でもあったジョー・ポンセに経営を任せようと考えた。

私たち家族は「リトル・トーキョー」に集合するよう命じられた。ファースト・ストリートには、戦前、母がときどき買い物に連れて行ってくれた。一九四一年の夏には「二世ウィーク」という日本の踊りや展覧会、演芸会が行なわれるお祭りに行った。このお祭りは、リトル・トーキョーに若い日系人を呼び寄せ、自尊心を育むために、日系二世たちが始めたものだった。母は、私を「二世ウィーク・ベビーショー」という、子ども自慢の親たちが考えた赤ちゃんコンテストに出場させた。審査員が母の小さな誇りを見にきた途端、私は泣き出してしまった。これは私にとって最初の抗議だったのかもしれない。もちろん優勝できなかったことはいうまでもない。

今、母と父と私は、混乱するたくさんの家族の海のなかで、不安な気持ちで指示を待っていた。このとき、私は泣かず、抗議もせず、自分のなかに音を見つけることができなかった。私より小さい子も大きい子もたくさんいて、遊ぶわけでもなく妙に静かに、親にしがみついたり、スーツケースの上に座ったりしていた。大きなバスがヒューヒューと音を立てながら到着した。兵士たちが私たちを乗せると、父は私を抱きかかえ、母はそそくさと座席を探した。バスが動き出すと、座席をめぐる争いは、子どもだけでなく、大人たちの間でも展開され、バスは悲鳴や怒鳴り声に包まれた。豆腐屋やまんじゅう屋、私の赤ちゃん写真を撮った写真館、庭師たちが刃物を研いでもらう金物屋から、母が私の初めての小さな着物を買ってくれた乾物・雑貨屋、仏教のお寺から、私たちは引き離された。そうして、ベビーショーから（次は泣かないと約束するよ）、キングスレーの家から、そして夢、幸福、希望、故郷から連れ去られたのだった。

その二一マイルの旅は、アメリカだと思っていた場所から、異国の地へと私たちを送り届けた。バスから降りると、犯罪者と同じように持ち物検査をされた。「居住区」に向かって歩いていると、両親の恐怖心が伝わってきた。かつての馬小屋はまだ干し草と糞尿の臭いがしていた。母はマットレスに干し草を詰めた。父は、私たちの体が冷えないようにと、肌にチクチクするウールの軍用毛布をもらってきた。私は目を閉じ、匂いに身を任せ、真っ暗な眠りのなかに落ちていった。

翌日、目を覚ますと、私は身体を掻いていた。二歳の体は発疹で覆い尽くされていた。腕、首、顔、膝の裏など、皮膚から湿疹が広がっていた。かゆくてかゆくて、血が出るまで掻いた。母は慌てた。どこかからタールのようなひどい匂いのする軟膏を手に入れ、私の腕や脚に塗った。母はそれをガーゼで包んだ。夜中に私は包帯の上から皮膚を掻き続けた。まるで身体をどこかから掘り出そうとしているかのように。馬のフケにアレルギーがあったのだ。私は身体を引っ掻くことで、絶望的な状況から自分を引っ張り出そうとしていた。

私たちは「静かなアメリカ人」と呼ばれていた。問題があったら大声を上げたり、不正を受けたときに、叫び声をあげて訴えたりするようなタイプではなかった。それは、日本の伝統である「ガマン」、つまり日本の抑圧的な社会制度からきているのかもしれない。ガマンとは耐え忍ぶこと、痛みや困難を黙って飲み込み、人生を突き進むことを意味する。不公平で違法な状況にもかかわらず、日系人の大多数は強制連行されたことを黙って耐え忍んだ。しかし、静寂は長くは続かなかった。

まもなく一世たちは、ノコギリやハンマーの音を立てながら、テーブルや家具を作るようになった。子どもたちはみんな「忠誠の誓い」を唱えていた。競馬場の大観覧席のロビーにある仮設の学校では、教師たちが喧噪のなか、生徒に向かって叫ぶように授業をしていた。(1) みんなが必死に努力し、次第に環境は良くなった。トイレには仕切りができた。農家の人々が当局に見つからないように持ってきた種で菜園を作り、食べ物が改善した。やがて、若い二世や三世が、有刺鉄線には収まりきらない生意気な声、スラングの掛け合い、早いテンポのダンス、「忘れた？　僕らはアメリカ人だよ」と言わんばかりの、さまざまな音を出すようになった。暇を持て余し、かといってどこへ行くこともできない生活は、ジャパニータ・ジャイブ・バンドを生み出した。カワスミ姉妹はアンドリュース・シスターズの「陽気にやろうよ（Ac-cent-tchu-ate the Positive）」などのヒット曲をハーモニーで歌っていた。土曜日の夜、大観覧席前で行なわれるダンスには、一〇代の若者が集まった。子どもたちはスーパーマンやバック・ロジャースの漫画を読みながら、（六〇もあった）野球チームのバットがボールを叩く快音を聞いていた。四月一八日には、『ペースメーカー』という隔週刊の新聞が（五〇号のうちの）創刊号を発刊した。

サンタ・アニータは、一万八千人以上の日系アメリカ人が住む、賑やかな村となった。私たちの権利と自由は奪われ、タンポポのように根こそぎ摘み取られた。しかし、巨大な収容所の有刺鉄線は、囚人たちの創造的な表現を阻害することはできなかった。

通常の刑務所と同じように、限られた面会者が三〇分ほど受刑者と面会することが許されていた。人々は絶望や恐怖を希望や生きる力に変えようとした。自分がアメリカにいることを思い出すために、友人から郵送されたアメリカの国旗をバラックの居住区に飾った人もいた。少数派として生まれた私たちが、今や多数派になっていた。しかし、それは監視兵と監視塔のある巨大なゲットー、刑務所、強制収容所のなかでの話だった。一部の政治家は、これは私たちを守るためだと主張した。ならばなぜ、銃はこちらを向いていたのだろう？

八月の終わりには、恒久的なキャンプに移送される人が出てきた。ハツエおばさん、フレッドおじさんと従姉妹のケイは、アリゾナ州のヒラリバー収容所に連れて行かれた。その二週間後には、母方の祖父であるオオガおじいさんと末娘のメアリーが、ワイオミング州のハートマウンテン強制収容所に移された。もう二度と彼らには会えないかもしれないと思った。

九月になると、サンタ・アニータに軍隊の勧誘員がやってきた。多くの若者が、自分の忠誠心を証明しようと躍起になっていた。良いアメリカ人であることを証明するために、祖国と戦うことを厭わなかったのだ。しかし、私の父は違った。父は何も証明する必要がなかった。「自分を刑務所に入れたアメリカのために、なぜ戦わなければならないのだ？」

戦争で労働力が不足していた。徴用係がモンタナ州での砂糖大根の収穫に志願する人員を募集しにきた。父は、あのお粗末なキャンプで座っているのにうんざりしていた。三〇歳にして、妻子を臭い馬小屋で寝させている。父はこのチャンスに飛びついた。家族を連れて行けるなら、モンタナで砂糖大根をいくらでも収穫してやろうじゃないか。

九月二四日、私たちはサンタ・アニータから一八七人の男たちと一緒に列車に乗せられた。女性は私と母だけだった。子ども用のミルクはなかった。私たち家族がソルトレイクシティを通過したときに二世の女性たちに出迎えられた写真入りの切り抜きを、私は今でも持っている【写真1参照】。父と母が微笑んでいる。父は、先行き不安な生活のなか、普段通りの何かにしがみつこうとしているかのように私を抱いている。私たちはこうして再度移動した。しかしまだ、自由の身ではなかった。

e Deseret Ne

Salt Lake City, Utah Thursday, September 24, 1942

Japanese Evaçues Pause In Salt Lake

Ehuny and Uta Tsujimoto of Salt Lake greet a trainload of Japanese bound for Montana. Here they are seen greeting little Jo Anne Miyamoto and her father and mother, Mark and Mitsue Miyamoto.

Japanese Pass Through On Way To Montana Job

187 Will Be Employed In Harvesting Of Beet Crops.

The first contingent of Japanese evacues from the Los Angeles area passed through Salt Lake last night on their way to the beet fields of Montana, as the Civil War Time Control Administration announced that the remaining 3,500 persons of Japanese [illegible] from the Bay area would be transferred to the Central Utah Relocation Center near Delta, Saturday.

Under the leadership of George Kikuchi, Los Angeles Japanese, and Utah-Idaho Sugar Company employes, 187 persons of Japanese ancestry stopped at the Union Pacific Station long enough to eat a box lunch before making the last leg of the trip to Montana to work in the

original Tanforan (San Francisco Bay area) population of 7,500 have already been transferred to the Central Utah Relocation Center, having been moved at the rate of 500 per day from

【写真1】サンタ・アニータ・キャンプからモンタナへ向かう途中のユタ州で、ジョアンと両親のマークとミツエ・ミヤモトを特集した、1942年9月24日付『*The Deseret Newspaper*』紙の記事。写真：著者蔵。

第二章

私を閉じ込めないで

Don't Fence Me In

モンタナ州グラスゴーの農場に着くと、男たちはバラックに、母と父と私は小さな小屋に入れられた。トイレは屋外の建物にあった。母は居間と食堂を兼ねた台所にある大きな木のたらいにお湯を張り、私をお風呂に入れた。入浴は母にとって重要な儀式だった。日本では、「お銭湯」と呼ばれていた近所の共同浴場へ、祖母が母を連れて行っていた。男湯と女湯の間には仕切りがあった。下から覗こうと思えば覗けるのだが、もちろん覗く人なんていなかった……んじゃないかと思う。体をこすって垢を流すと、下からお湯を火で温める仕組みになっている大きな木製の湯船にみんなで一緒に浸かって、ほっこりするのだ。

しかし、モンタナでは母の入浴儀式は重労働に変わった。外の井戸から手で水を汲み上げ、バケツで水を小屋まで運び、薪ストーブでお湯を沸かして大きな浴槽に注ぎ、冷たいバケツの水で温度を調節しなければならなかったのである。井戸水はぬるぬるして硫黄のにおいがする。しかし、強力なミネラルウォーターであるという一面もあった。このお湯に浸かるようになって三日目、痒くてたまらなかった私の湿疹はうそのように消えうせた。ミツエの赤ちゃんにとってはまさに奇跡だった！

母は、家族のストーリーを語り継ぐ人だった。まだ幼くて理解できない私に、流浪、喪失、孤独の日々のなかで、いろいろな話を聞かせ始めた。自分の母親がいかに美しかったか、彼女の身のこなし、服装、日本で道を歩く彼女の姿をみんながしげしげと見つめたことなどを、母は話してくれた。ミサオは「格式高い武家」の長女だった。そして、もうひとつの「良家」である庄屋の家との間で縁談が結ばれた。当時はそういう時代だった。ミサオは一七歳で婚約し、一八歳になって、会ったこともない男の写真とまだ日本にいる間に結婚したのだ。彼女は「写真花嫁」として、他の写真花嫁たちと一緒に太平洋を渡った。シアトルに着くと、着物を脱ぎ、帯の代わりにコルセットをつけた。自分で縫ったドレスと花嫁用の花いっぱいの洋風帽子を身につけ、シアトルの仏教会で大賀為次郎と結婚式を挙げた【写真2参照】。武家の長女であったミサオは、カリフォルニア州オークランド、そして同州のチコで、農家の妻としての苦闘の生活に足を踏み入れた。夫の畑で働く労働者のために料理を作り、収入を助けるために、彼らの洗濯を引き受けなければならなかった。ほどなく二人の娘が生まれた。でも、この地は娘たちを育てるのにふさわしい場所ではなかった。

【写真 2】ノブコの母方の祖父母、大賀ミサオと為次郎の結婚写真。
1912 年、シアトル。写真：著者蔵。

三歳だったハツエは、船のデッキに座って、母親が端布で作ってくれた新しい人形で遊んでいたことを覚えている。祖母のミサオは、伯母たちのドレスや下着まですべてを作っていた。二歳年下のミツエは、家族の友人の腕のなかで眠っていた。船が動

【写真3】日本におけるノブコの母方の曾祖父母。1918年頃。左から右へ：ノブコの祖母ミサオ、曾祖父西村三平（後ろに立つ）、ノブコの母ミツエ、ノブコの曾祖母ハツ、ノブコの伯母ハツエ。写真：著者蔵。

いたとき、ハツエが顔を上げると、岸辺に立っている母親の姿がどんどん遠ざかっていくのが見えた。ハツエは泣き叫びながら母に向かって手を伸ばし、その後の航海中ずっと泣き止むことはなかった。福岡まで太平洋を渡るあいだ、伯母は涙を流し続けた。一方、母は泣かなかった。何が起こっているのかを理解するには幼なすぎたのだ。母は喪失感と切望を黙って胸にしまった。この沈黙は、その後も彼女の恐怖や秘密をしまう場所になった。

母たちの祖父母は、私の祖母ミサオやその妹たちが育ったのと同じ伝統に見合った、快適で、自由で、優雅な生活を与えてくれた【写真3参照】。西村という姓だった母の祖父は、石炭業で実業家として成功していた。孫娘を喜ばせるためには何でもする優しいじいちゃんだった。ある日、着物の袖に子猫を入れて連れ帰ってきた。その猫は毎日、じいちゃんの帰りを待っていたと、母は教えてくれた。しかし、この家を統率し、少女だった母姉妹を育てたのは、武家の娘であるばあちゃん（曾祖母）のハツであった。ハツが母たちの人生の土台を確立する師匠だった。少女たちが少し大きくなるとキリスト教の教会に連れて行き、「あなた方はアメリカに住むのだから、クリスチャンになりなさい」と申し渡した。教会に母たちを送り届けると、ハツは道の反対側の仏教のお寺にお参りした。ハツは、母たちに日本人であるとはどういうことなのかを教える一方で、適応すること、吸収すること、溶け込むことを教えたのである。彼らがアメリカで生活するときに備えてのことだった。

一〇年後、ミサオが、生まれたばかりの妹のメアリーと九歳の弟の夕を連れ、母たちを迎えにきた。[*1] 夕は癌に冒されており、祖母は日本で治療法を探した。しかし、一九二四年の排日移民法でアメリカに帰る道が閉ざされる前に、アメリカに戻らなければならなかった。ミサオは、ミツエとハツエを祖父母から引き剝がし、快適な生活と文化から遠ざけた。母たちはロサンゼルスに戻り、見知らぬ父親と、知らない近所の人たちの間で暮らし、英語もわからないまま学校に通わなければならなかった。数ヵ月後、夕が死んだ。ほどなくして、ミサオも亡くなった。私の母は、彼女は「心が壊れて」死んでしまったのだ、と私に語っていた。何年も経った後、ハツエおばさんから祖母が自殺したことを明かされた。漂白剤の瓶を飲み干して死んだそうだ。それは日曜日の出来事だった。ミツエとハツエは月曜日に学校へ行った。学校では誰も何が起こったか知らなかった。ミツエとハツエの苦闘のアメリカ生活は、その後も続いた。

母は、安心で快適な生活から引き剝がされた。そして、自分の母親からも引き裂かれてしまった。日本や祖父母、幸せな日々に会いたくて海に通ったことを、母は私に話して聞かせた。そして戦争となった今、彼女はモンタナで、私たちを閉じ込めている目に見えない有刺鉄線の囲いをどうやったら破ることができるかを考えていた。囚われの身にあることは、母の夢を阻んだだけでなく、彼女の尊厳への冒瀆であった。彼女が唯一怒りをあらわにできるのは、私に対してだけだった。「ドイツ人は収容所に入れられないのに、どうして私たちだけ?!」と、幼い私に向かって母は繰り返した。

その農場には一緒に遊んだ男の子が一人いた。彼のことを今でも覚えているのは、私に生のジャガイモを一緒に食べさせようとしたからだ。「プー! 不味い!」彼は英語が話せなかった。ドイツ語を話していた。その労働キャンプにはドイツ人もいたのだ。

あるとき、内陸部に身元引受人がいて、住み込みで働く場所があれば、キャンプから解放される許可が下りることを、ミツエは聞き及んだ。収穫期を終え、気温が四〇度を下回る冬を乗り切り、井戸水をペール缶で飲むのにも飽き飽きした頃、彼女は思い切って農場の労働監督に近づいた。義父がアイダホに行く場所を用意してくれていることを告げた。

「アイダホのどこだ?」

「パーカー」と母は答えた。

「パーカーか。俺はパーカー出身なんだ! お義父さんの名前は?」

「ミヤモト」

労働監督は飛び上がった。「まさかハリー・ミヤモト?」

「はい!」

「こりゃ、たまげた。俺は彼の結婚式に出席したよ! あの結婚式は町でも話題になった。我らがルーシー・ハリソンが、日本から来た男と結婚した! ってな」

ハリーとルーシーの結婚式の思い出が、グラスゴーから出るための切符となった。現在でもまだ人口が三〇〇人しかいない、父が生まれたアイダホ州パーカーという小さな町へ、私たちは向かった。

うわっ、やばい! 祖父の家の庭でニワトリが暴れている。雄鶏は、まるで自分がボスで、私が侵略者であるかのように鳴き声を上げ、闊歩している。私は、母が守ってくれないと家から外に出られなかった。私は三歳で、彼らより身体は大きいのだけど、このニワトリたちは本当に苦手だ!

祖父の家は、私にはとても大きく見えた。モンタナで暮らした小さな小屋に比べれば、すべてが大きく見えた。たった五六〇マイルしか離れていないのに、別世界だった。ここは父が生まれ育った家だ。母によると、父は毎日五マイル（八キロ）歩いて学校に通ったらしい。豚小屋があり、そこで母は結婚指輪をなくしてしまった。家の周りには桜の木がたくさんある空き地があった。何よりありがたかったのは、有刺鉄線がなかったことだ。ただし、もしニワトリたちを有刺鉄線で囲ってくれるなら、私は文句なかったと思うのだが。

パーカーでは一緒に遊ぶ子どもがいなかったので、おじいちゃんが遊び相手になってくれた。ルーシーと一緒だったということもあり、他の一世と違って、おじいちゃんは英語が話せた。そして、楽しい人で、手先が器用だった。おじいちゃんが昔ながらの方法でタバコを巻くのを見るのが、私は好きだった。タバコは紐で縛られた木綿の袋に入っていた。おじいちゃんはタバコを適量、巻き紙の上に乗せ、歯で紐を引っ張って袋を閉めた。片手で紙を巻き、それを舐めて閉じると、まるで魔法のように完璧な小さなタバコのでき上がり！　リンゴのむき方も特別だった。ポケットナイフを使って、緑色の皮を一つの完璧な螺旋に削るのだ。魔法はいくつもあった。おじいちゃんはそうやってルーシーの気を引いたんだろう。その魔法の手で。

私はルーシーおばあちゃんに会ったことがない。彼女はいつも私にとっては謎だった。母によると、彼女はヨウ素欠乏による喉の病気である甲状腺腫で三八歳の若さで亡くなったそうだ。父はそのとき一四歳だった。父は自分の母のことを一言も話さなかった。私が子どもの頃、一八九七年にユタ州オグデンで撮影された彼女の写真を一枚だけ見たことがあった。彼女は七歳で、髭を生やした父親と弟のジョージ、そして母親の下の方に、座って写っていた。ルーシーの顔は、赤褐色の髪とドレスの白い襟に縁取られていた。大きな瞳が私をまっすぐに見つめている。大人になったルーシーは、いったいどんな人だったのだろう。

一九〇〇年、熊本でミヤモト・トクマツが鉄道建設にスカウトされたのは一九歳のときだ。ハリーと改名したのは、ボスの男が「トクマツ」を発音できなかったからの可能性が高い。[*2]　当時のアイダホ州では中国人や日本人の鉄道労働者は珍しくなかった（三三パーセント）のだが、労働者は人種で隔離されるのが原則であった。一八六四年、アイダホ州は異人種間の結婚や性交渉を禁止する「異人種間結婚禁止法」を通した。また、結婚していないアジア人女性は移民することが禁止されていた。これらの法律により、アジア人は人種を超えて結婚したり、子どもを持ったりできず、人口を増やせないようにされていたのだ。一九二一年には、異人種間結婚禁止法に蒙古人種（中国人）を含めるために、わざわざ修正案が作られた。モルモン教徒も、結婚はおろか、有色人種がモルモン教会の一員になることも禁止する規則を持っていた。さらに、ハリーの方も、単一文化と階層的に厳しいルールや習慣を持つ国の出身だった。ハリーは熊本から六千マイルも離れた場所にいて、周囲のすべてがこの二人を引き離すように仕組まれていたのである。なのに、ハリーはどうやってルーシーと一緒になったのだろう？　彼が彼女に結婚を申し込むためには、何をしなければならなかったのだろう？　そして、ルーシーはその内側に、「イエス」と答えさせる何を秘めていたのだろう？

その後ずいぶんと年月が経ってから、九二歳のモルモン教徒であるパーキンソン氏が私の家を訪れ、自分が私の遠いまたいとこであると名乗った。彼は自分の家族について本を書いており、親戚であるミヤモト家についても知りたかったのだ。パーキンソン氏は、ルーシーは何代にもわたって旅をした女性たちの家系に生まれた、と教えてくれた。曽祖母のシャーロット・ローズは、チャールズ・ディケンズやフローレンス・ナイチンゲールと同時代に、イギリスのケント州チャタムで生まれた。彼女は四人の夫（同時にではない）と八人の子どもを持った「恋多き女性」であったそうだ。最後の夫とオーストラリアに入植し、その後、チリのヴァルパライソで暮らした。ニューオリンズ経由でアメリカに渡り、ミシシッピ川を遡ってセントルイスに到達し、一八四九年のコレラの流行で亡くなった。シャーロットの娘のルーシー・ベリー（ルーシーの祖母）は、父と彼のモルモン教徒の新妻とともに平原を横断し、モルモン・トレイルをたどってユタ州からアイダホ州へと移動した。[*3]　彼らは苦難やインディアンとの「小競り合い」（あら大変！）

【写真4】息子たちと日本人女性たちと一緒にいるノブコの父方の祖母、ルーシー。1913年頃、ユタ州オグデン。写真：著者蔵。

を乗り越え、アイダホ州の最初の入植地のいくつかを築いたそうだ。

つまり、ルーシーおばあちゃんは、長年にわたり国境を越えてきた女性たちの家系に生まれたというわけだ。彼女がちょっと掟を破ってプロポーズに「イエス」と言うだけのガッツがあったのは、それほど突拍子もないことではなかったということなんだろう。

パーキンソン氏からの訪問の、そのまたずっと後になって、いとこのキャシー・ミヤモトが、成長したルーシーと彼女の三人の息子、ハリー、マーク、ケイが、日本人女性たちと子どもたちに囲まれている写真をくれた【写真4参照】。キャシーによれば、ルーシーは、家の前のポーチからうずらを銃で仕留める闊達な女性だったそうだ。ルーシーはハリーより背が高かったが、そんなことはお構いなし。ルーシーはハリーを愛しており、それを邪魔できるものは何もなかったのだ。

また、私は『リグビー・スター・ニュース』紙に掲載された、一九一八年の記事を見つけた。記事はセント・アンソニーで「ミヤモト氏、妻、子ども四人が乗った車が側溝に投げ出された」ことを伝えていた。当て逃げ事故だった。「五歳の双子の男の子のうちの一人が頭蓋骨折の重傷を負い」、車に乗っていた全員がひどいあざを負って、ショックを受けていた。親切な運転手が止まって病院に連れて行ってくれたが、双子の一人の頭はひどく潰れており、彼は死亡した。記事によれば、イおじさんの双子の弟イヴァン君だった。彼の死について、その後、家族は誰も口にしなかった。

しかし、いとこが見せてくれた、ルーシーと三人の息子たちが日本人女性たちと子どもたちに囲まれている写真は、ルーシーが文化、言語、習慣の壁を越えて、オグデンの小さくて緊密な日本人コミュニティの一員となることができた勇敢な魂の持ち主であったことを教えてくれる。ルーシーとハリーの愛は、どのような経緯で二人が結ばれたにせよ、勇敢な新しい歌であったと私は思う。彼らが結ばれたことは、すべてを取り巻く人種、宗教、法律に抗う行為だった。それは、三つの大陸の地理的文化的な歴史をつなぐ愛だったのだ。

ハリーおじいちゃんは、ルーシーと一緒にオグデンで暮らしていたあいだも、なぜかアイダホの土地は手放さなかった。妻を亡くし、ロサンゼルスに引っ越してからも、この土地は手放さなかった。戦争が始まると、彼はアイダホに戻った。彼には行ける場所があったのだ。そして、パーカーのこの家のおかげで、私たち家族と父の二人の兄弟は、戦争中ずっと収容所に留まらずに済んだのである。しかし、そこでも、父は幸せにはなれなかった。落ち着きがなく、不安を隠せなかった。トラック運送のビジネスはどうなっているだろう？　私たちを養うためのお金を、ここでどうやって稼げば良いのか？

ハリーとルーシーの土地にいることは、自分がどこかに属していることを私に感じさせてくれた。私たちは根こそぎ移動させられ、憎まれ、家を奪われた。でも、どこからも遠い、この地球上の小さな場所は、私を「私たちが所有する何か」に繋いでくれていた。だからこそ私はおじいちゃんを愛し、彼にしがみついたのかもしれない。祖父は私をさくらんぼ園に連れて行き、枝からぶら下がる赤いさくらんぼに手が届くところまで、一緒にはしごを登らせてくれた。一番色が濃くて、一番紫の、一番大きな実まで、彼は連れて上がってくれた。私はそれを摘んで食べた。次の実を摘んでバケツに入れる。ひとつを口に入れ、ひとつをバケツに入れる。手と口が紫色に染まるまで、これを続けた。

でも、桜の木についてもっとも気に入っていたことは、木々がトンボを引き寄せることだ。トンボたちは、私が来たとわかるようだった。絹のような虹色の羽をブンブン振って、踊りながら私のところに舞い降りてきた。青や緑、紫などの輝く衣装を身にまとったトンボは、まるで妖精のようだった。どの色が一番きれいなのか、私には決められなかった。あらゆる方向に、右に、左に、上に、下に、魔法のようにやってきては、消えていった。とても速く、とても自由で、限界もない。私は、友だちになったこのトンボたちのようになりたいと思った。

私がこうして、やっと自分の居場所を見つけて安心して暮らせるようになったとき、父から知らせがあった。弟のケイが、ユタ州オグデンの昔のボスのもとにトラックの運転手の仕事を見つけてきたのだ。私たちはまた引っ越すことになった。おじいちゃんから離れ、ニワトリたちから離れ、せっかく友だちになった美しいトンボたちからも、また引き離された。

第三章

テイスケット・タスケット・茶色と黄色のバスケット

A Tisket, a Tasket, a Brown and Yellow Basket

どういうわけか、父のピカピカの緑色のパッカードが生活に戻ってきた。友だちが乗ってきたのか、それとも魔法のトンボのおかげだったのか。とにかく、私たちは再び旅に出た。オグデンまではたった二二二マイル。山を抜けて一日がかりの旅だった。母は私が後部座席でくつろげるように布団を用意してくれた。私は座席の窓から手を振った。「バイバイおじいちゃん、バイバイ桜の木、バイバイニワトリさん」。ニワトリは別にいなくても困らないのだが、おじいちゃんと離れるのは辛かった。

日が暮れようとしていた。空は灰色で、雨を湛えている。ユタ州のプロモントリー・サミット近くまでやってきた。ここは一八六九年にセントラル・パシフィック会社とユニオン・パシフィック会社が競って、最初の大陸横断鉄道を完成させた場所だ。ここで打ち込まれた最後の杭は、アメリカの物語における重要な瞬間を刻んだ。

ローガン、ブリガム、そしてオグデンという、モルモン教の町を車で通過する。これらの一連の町は、意図的に四〇マイルずつ離れた場所に作られている。モルモン教の総本山であるソルトレイク・シティを出発すると、町から町へ馬車で一日で着く距離にそれぞれ配置されているのだ。オグデンに入ると、ワシントン大通りを走り、パパのボスが借りてくれた一七番街一八〇番地の家に向かう。一七番街の角を曲がったところで、父が「おや、ここは見覚えがある」と言う。そして家の前に着くと、「これは僕ら家族が住んでいた家だ！」と気づいた。なんと私たちは、父の母であり私の祖母のルーシー、日本人の隣人と友だちになったその陽気な女性と父が暮らした、まさにその家に住むのだ。最期の日、息子たちにキスをして学校へ送り出し、ドアに鍵をかけてあの世へ旅立った、あのルーシーの家。父が一度も私には話してくれなかった、母ルーシーの家だ。

　寝室が二つ、暗い色の木の床、じめっとした地下室がある、薄汚れたレンガ造りの家だった。でも、それはバラックでも、キャンプでもなかった。母は新しいエネルギーに満ち溢れ、我が家のストーリーの一部であるこの小さな家を、どうやって自分の家に変えることができるかを夢見はじめた。母は芸術家になる道は断念したが、芸術を作りだすことは止められなかった。ミツエは視覚的なスタイルのセンスを備えた人だった。美を愛し、完璧主義者だった。必要なのは、絵の具とミシンだけだ。ほどなく、私たちは色とりどりのカーテンに囲まれた。春が来て、政府は各家庭の食糧不足を補うために「勝利のための菜園（ヴィクトリー・ガーデン）」を作るよう奨励した。母もまた、緑を育てる才能を備えていた。裏口のポーチの外には、ニンジン、トウモロコシ、インゲン、スナップエンドウなどを植えた。でも、私のいちばんのお気に入りはイチゴだった。毎朝、赤いイチゴを見に外に飛び出した。一個でも赤くなっていれば嬉しかった。ボウルいっぱいのイチゴが取れることは一度もなかった。冬に果物を食べるために、母は缶詰を作った。私は果物を切ったり剝いたりするのを手伝った。ブリガムの農場に住んでいた友人のハヤシダ夫妻が、ジャムを作るための果物をくれた。暗い地下室にも色が溢れるようになった。ピンクの桃、赤や紫色の各種のジャム、緑のインゲン豆。ある日、私は地下室に降りて、仕掛けられた罠のなかに何かを発見した。それはかわいらしく、尻尾が細長かった。私はその尻尾を掴んで階段を上がった。「ママ、ほらこんなものを見つけたよ！　見て！」母は悲鳴を上げ、私からネズミの死骸を取り上げた。そして私の手を、皮膚が残らないくらいゴシゴシと擦った。湿疹よりもっと酷い病気になるのをきっと恐れたのだろう。

ママは何でも治すことができた。ある日私は、外で見つけた小さな猫を家に連れて帰った。暗い色合いの毛皮には乾いた血がついていた。犬がお腹をかじったのだ。私が猫を抱いて家に入ったとき、母はハシゴに乗って、電灯の掃除をしている最中だった。「ママ、見て。このかわいそうな子猫は怪我してるよ」。母はバタバタと梯子を降りてきて、子猫の傷口をきれいにし、丁寧に包帯を巻いた。小さな子猫はだんだんと元気になった。こうして私にはペットができ、ママにとってはネズミを寄せ付けないための飼い猫となった。でも、ママと子猫のほかに友だちはいなかった。ときどき、私は家の裏手に出て、トウモロコシ畑の向こうの線路まで行った。汽車が通ると、いちばん後ろの車両の鉄道技師に手を振った。技師は手を振り返してくれた。彼は私の友だちになった。ある日、母は線路の向こう側へ行き、「ゴボウ、ゴボウ！」と叫びながら、手に何かを抱えて戻ってきた。金（ゴールド）でも見つけたのかと思ったが、それは根菜類で、日本にいたころの懐かしい食べ物だった。英語名はバードックといって、体にはとても良いのだが、私には土のような味がすると感じられた。

冬が長く、眠ったような灰色の町での追放生活は、母と私にとっては孤独な時間だった。父はトラック運送で三、四日留守にすることが多く、家にいるときはほぼ寝ていた。私は父と一緒にいたくて、ただ座って、眠る父を見ていることもあった。母は、ほとんどすることのない場所で、退屈しないよう最善を尽くした。戦争と人々の態度は、決して彼女の頭から離れず、有刺鉄線に囲まれていなくても、母は用心深く動いた。たまに、ソルトレイク・シティの小さな日本人街で、醤油や豆腐を買うためにパッカードを運転して買い物に行った。中国人排斥法が成立したのち、一九世紀末から二〇世紀初めにかけて、祖父のような日本人労働者が鉄道工となる安い労働力として輸入された。それはまるで鎖で繋がれた囚人の群れ（チェイン・ギャング）のようだった。わずか一日五〇セントで働き、寝床が並ぶだけの混雑した小屋で眠り、米、魚、野菜、お茶などの日本食を求める生活だった。その後、彼らはお互いを守るために日本人会を結成した。

ユタ州ブリガムに「転住」させられ、小さな農場で働いていた友人のハリーとロージー・ハヤシダ夫妻の家を訪ねるのは珍しく貴重な機会だった【写真5参照】。彼らには私と同じ年頃のロニーという息子がいて、大の仲良しだった。もうすでに、私たち子どもが皆、アメリカ式の名前を持っていたことにお気づきのことだろう。日系人は「アメリカ人になろう」としていたのだ。私の名はジョアンだったが、みんなは私をジョジョと呼んでいた。ジョジョはまた、アメリカ人らしい髪型をしていた。当時、映画スターにシャーリー・テンプルという人気の子役がいた。赤みがかった茶色の巻毛だった。ある日、母は私を美容院に連れて行き、臭い液と不気味な宇宙時代のヘルメットを使って、生まれつき黒くてストレートだった私の髪をカーラーで巻毛に変えた。それでもシャーリー・テンプルに似ることはなかったし、このせいで私は美容院アレルギーを発症した。

【写真5】ミヤモト家とハヤシダ家、ユタ州、1945年頃。父マークの前に立つジョアン。撮影：ハリー・ハヤシダ、筆者蔵。

父の兄弟であるハリーとケイはパーカーを離れ、ソルトレイク・シティに引っ越した。ハリーは結婚し、妻はワンダという名だった。そのとき初めて、「あ、この人、髪が茶色で肌がピンク色だ」と気づいた。ハリーは私たちと同じ日系人である。ワンダは私たちとは違った。この「違う」という意識は、四歳になって幼稚園に通うようになってから、さらに強くなった。行ったのは父が子どもの頃に通ったのと同じ幼稚園だったのだが、私はそこに自分の居場所があると思えなかった。こんなにたくさんの子どもたちに囲まれたのは初めてだったし、しかも全員が白人だった。騒がしいおしゃべりの真ん中で静かで内気にしていると、余計に自分はみんなと違い、居心地悪く感じてしまうのだった。

ハリーおじさんの奥さんのワンダは、白人であるだけでなく、ルーシーおばあちゃんと同じモルモン教徒だった。私たちとは食べ物が違っていた。コーヒーもコカ・コーラも緑茶もダメ。カフェインが含まれているからだ。もちろん、アルコールもタバコもご法度だった。モルモン教徒は清浄な生活を信条としていた。でも、砂糖はオッケーで、ワンダはケーキを焼くのがすごく上手だった。毎年クリスマスになると、おいしい自家製パンやクッキー、フルーツケーキを焼いて、プレゼントしてくれた。フルーツケーキは口に合わなかったが、クッキーとパンは大好きだった。この習慣は、私たちがロサンゼルスに戻った後も続いた。

バターを塗った自家製パンは絶品だった。当時の私たちにとってはまったくの贅沢品だった。戦争でいろいろなものが不足していた。バター、卵、牛乳はすべて配給制だった。各家庭には、飛行機や軍艦、銃が描かれた配給切符の小さな帳面があった。お店では、配給切符にお金を足して、バターなどを限られた量だけ買うことができた。このような食糧不足が、バターの安い代用品としてのマーガリンの開発を促した。マーガリンは、白っぽいラードの固まりと、オレンジ色の粉の小袋の二つから成り立っていた。家でこの二つを混ぜ合わせれば、ほら、バターそっくり！　見た目はバターに似ているが、味はマーガリンという、なんとも不味いものの出来上がり！　結局、いまだに私はマーガリンが苦手だ。

父が帰宅して、一緒に働いている二世と奥さんに一緒に暮らすよう誘った、と母に告げたことで、私たちの生活は一変した。ジョージとハル・ハヤシ夫妻は、まったく知らない人だった。彼らはアーカンソー州のローワーというキャンプを出たばかりで、ジョージは、父が働いていたフラー・トパンツ運送会社の運転手として雇われたのだ。妻は妊娠中で、住むところがなかった。父は迷わず、母に相談することもなく、それならうちで暮らせばいい、と言ったのだ。母は最初ムッとしていたが、結果的にそれは私たち全員にとって最高の出来事だった。母にはハルという同居人ができたのだが、彼女は活発で楽しく、そしてすごく大きなお腹を抱えていた。数週間後、小さなケニーが生まれ、私はお姉ちゃんになった！　私たちは本当の家族だと思いながら育った。本当の家族だった。それは、キャンプで得た良いことのひとつだった。辛いときこそ、心を開いて助け合うことを教えてもらったのだ。

外の世界との最大の接点はラジオだった。ラジオで戦争のニュースや音楽を聞いていた。母は、自分の国の人たちや私たちのことを、ラジオが「ジャップ」と呼ぶのを嫌った。私が聴きたかったのは音楽だ。当時、私が一番好きだった歌は「ティスケット・タスケット・茶色と黄色のバスケット」だった。エラ・フィッツジェラルドは、子どもの遊びのこの歌をジャズ調の歌にアレンジした。その歌が大好きで、家のなかのあちこちで歌い回った。フランク・シナトラも好きだったが、シナトラに合わせて歌うことはできなかった。

父が入れ込んだ趣味はクラシック音楽だった。どこでクラシック音楽に触れたのかはわからない。ルーシーだったのか、それとも長時間の孤独なドライヴの間にトラックのラジオで聴いたのか。いずれにせよ、クラシック音楽は我が家の大きな娯楽となった。父は小さな携帯用レコードプレーヤーを持っていて、休みの日にはクラシックのコレクションを聴いていた。目を閉じて、椅子にもたれてリラックスしながら、音を深く聴いていた。ときには手を振って音を追う。お気に入りの協奏曲では、ラフマニノフかルーベンシュタインか、ピアノは誰が弾いているか、彼にはわかる。指揮者だって音楽の感触でわかるのだった。

ある日、父が帰ってきて、コンサートに連れて行ってくれると言った。コンサート？　イギリスの有名な指揮者のサー・トーマス・ビーチャムが、ユタ・シンフォニーを指揮するためにキングスベリー・ホールに来るのだ。チケットはもう買ってあった。特別な日だった。母は、私と自分のために新しいドレスを縫った。父はスーツを買った。その土曜日の午後、父は緑色のパッカードを洗った。車はピカピカで、私たちもピカピカだった。母のために車のドアを開けるとき、父のハンサムな顔が、珍しく満面の笑みを浮かべた。赤い唇とデザイナーメイドのドレスでエレガントに決めた母は、革張りのシートにすっぽりと収まった。後部座席の私も特別な気分で、新しいドレスとエナメル革の靴を身につけ、興奮で震えていた。その瞬間、自分が追放された身で、スパイ予備軍、自国での戦争難民であることを、私たちは忘れた。その瞬間、私たちは、とても特別な出来事、人生初めてのコンサートに向かう途中の、普通の幸せなアメリカ人家族の姿をしていた。

コンサートホールはまるで宮殿のように、席へ向かう人々で賑わっていた。父と母に手を引かれながら、大階段を上り、バルコニーに出た。私たちの周りには二千人もの人々がいた。皆が、一張羅を身にまとった白人だった。照明が落ち、ワイン色の大きな幕がゆっくりと上がると、観客は静まり返った。そこには、見たこともないような楽器を持った演奏家がずらりと並んでいた。混沌とした音を奏でながらチューニングを済ませた。会場が静まり返り、何かが起こる予感がした。すると、口ひげを生やした白髪の男性が、黒いペンギンのようなスーツに身を包み、ステージの真ん中へと進んだ。サー・ビーチャムは、私たちに向かって堂々とした一礼をした。そして、音楽家たちと向かい合うように台に乗り、魔法の杖のようなものを握った。音楽家たちは身を乗り出し、楽器を構え、彼に全神経を集中させた。その瞬間、私を含め会場にいた二千人全員の呼吸が止まったような静寂が訪れた。

指揮者は注意深くその静寂の空間に魔法の杖を突き刺し、別世界への旅が始まった。まず、ヴァイオリンの繊細なため息。そして、ベースのより深い低音。魔法の杖を振るたびに、チェロ、フルート、ホルンなどの音が誘われ、メロディが私を呼んでいるようだった。そして、そのメロディが誘う先へと私はついていった。サー・ビーチャムは体を揺らし、指揮棒を振って、左、右、上、下へと、励まし、導いた。曲目はオットー・ニコライの『ウィンザーの陽気な女房たち』であった。遊び心にあふれたメロディとテンポの速さに、楽しい気分になった。そして、壮大で力強い音は、今までに知っている暮らしよりももっと大きな世界のものだった。それでも私は理解した。この音は、言葉を必要としない言葉を話していた。心で直接感じられる知識だった。やがて、めくるめく音の躍動が全身に浸透した。エルガー、ハイドン、ヘンデル、どの曲を聴いても、私の五歳の身体は覚醒し、生きていた。私は音を追い続けた。最後に、チャイコフスキーの『ロミオとジュリエット』が演奏された。戦争もなく、放浪もなく、孤独もない。私は音楽の世界にいたのだ。これほど美しく、これほど痛く、これほど力強いものは聴いたことがなかった。バルコニーの席に座っていたが、音楽が私の魂を踊らせた。

私はコンサートへと向かったときとは別の子どもになって帰ってきた。あの夜の何かが、言葉にならない形で私に触れたのだ。言葉を必要としない、迷いのない世界に私を連れていってくれた。私を自分よりも大きなものへと結びつけてくれた。そして、それは私のなかに深い憧れを呼び起こし、光に吸い寄せられる蛾のように私の体を引き寄せた。どうにかして、この偉大な、流れるような、壮大な、魔法のような音楽の世界の一員にならなければ。

家に帰ると、オグデンの小さな家のなかにあの壮大な音楽があった。毎日父のお気に入りのレコードをかけ、ラフマニノフ、ベートーベン、チャイコフスキーに合わせて踊った。誰が見ているか、見ていないかなんて気にしなかった。音楽に没頭していたのだ。母はそんな私を見て、手がかりを受け取った。地元のダンススクール、リード・スクール・オヴ・ダンスを見つけてくれた。まだ五歳で、タップダンスしか習えなかったが、そんなことは気にならなかった。私は動き、リズムを作り、音を出していた。初めての発表会、初めてのステージのために、母は右肩に大きなパフをつけたピカピカの銀色の衣装を作ってくれた【次頁の写真6参照】。やっと、仲間だったトンボたちのように美しく、

【写真6】ユタ州オグデンでのジョアン（当時はジョジョと呼ばれていた）の初めてのダンス発表会。1945年頃。撮影：ハリー・ハヤシダ、筆者蔵。

自由を感じられるようになった。

音楽に合わせて踊っていると、自分のことを迷子や孤独、根無し草のように感じることはなかった。ダンスは私に居場所を与え、この世界に存在する道を教えてくれた。それは自分の感情を表現する手段でもあった。ダンスは私の最初の言語であり、最初の声だった。

一九四五年八月六日、母はラジオの前に座っていた。アナウンサーは、史上初の原子爆弾が広島に投下されたことを報道していた！　街全体が吹き飛んで、一〇万人の日本人が死んだ！　たった一発の爆弾、アメリカ初の原子爆弾によって！

母はラジオを見つめる。広島が自分が幸せな子ども時代を過ごした祖父母の住む福岡から北に一〇〇マイル離れたところにあることは知っていた。この原子爆弾ってなんだろう？　爆弾は、朝、仕事に行く人たちや学校に行く子どもたちにめがけて投下され、兵士ではなく、日本の一般の人々が死んだ。ラジオからは歓喜の声が聞こえてくる。日本人は降伏を余儀なくされた！　戦争が終わる！

三日後、母はラジオをまだ聞いている。長崎に二発目の原爆が投下されたのだ。母はラジオを超えて、ある光景を見ている。実家のある福岡から六五マイル南にある長崎に、二つ目の太陽が見える。いとこのシロウが、七万人の日本人、子どもたち、人間たちとともに、数秒で灰になる光景が見える。

原爆は命を救ったといわれている。でも、救われたのは誰の命なのか？　戦争が終わった。兵士たちが帰ってくる。私たちも家に帰る。でも、家はどこだろう？　故郷とは何だろう？

第四章

壊れてしまった過去から未来へ

From a Broken Past into the Future

私たちはまた緑のパッカードに荷物を積んでいた。ハヤシさん一家はすでにカリフォルニアに帰っていたが、父は慎重だった。オグデンで仕事をしていたので、今すぐ帰る必要はないだろう。セミトラック二台と、運転手の友人であるジョー・ポンセに託したビジネスは、すでに失われていた。ジョーを口に出して責めることはなかったが、この数年間の放浪による苦渋と悩みが身体の奥深くに巣喰っていた。父は胃潰瘍にかかっていた。

多くの日本人にとって、「キャンプ」から戻ってくるのは、出発するのと同じくらい大変なことだった。安全なのだろうか？　何のために帰るのだろう？　ハヤシダ夫妻やハツエおばさん夫妻のように、幸運な人もいた。彼らは黒人コミュニティの隣人に家を見てもらっていたので、帰る家があった。家がない人は、住むところが見つかるまで、地元の日系教会や寺院に身を寄せた。日系のお寺や教会は、安全な場所、一時的なホステルを提供していた。そこで多くの家族が寝泊まりし、料理をし、自分たちの将来を考えた。人々は路上で襲われるのを恐れて、集団で買い物に出かけた。みな少しずつ、ゼロから人生を再スタートさせた。

私たち家族は、ロサンゼルスの友人や親戚を訪ね、街の様子を見るために、車で短期の旅行に出た。大丈夫そうなので、そろそろ戻ろうと父は考えた。母にはまた、スーツケースに荷物を詰め、何を持っていくか、何を置いていくかを決める日々がきた。母は私のためにパッカードの荷台に日本流に何重にも荷物を積み上げて、荷台の窓からあとに残していく光景が見える快適な場所を作ってくれた。重い荷物を積んだ車が一七番街のレンガ造りの家を離れた。そこは母が我が家に変えた建物で、かつてルーシーやハリーたちが住んでいた家だった。しかし一人の家族が取り残された。通りの真ん中にたたずむ猫のキティの姿が見えた。一緒に連れて行くことはできなかったのだ。キティは座って、車がゆっくりと走り去るのを見送っていた。そして状況を理解したかのように右前足を上げ、ゆっくりと手を振った。そう、本当にキティは手を振った。私に、さようなら、と。

ジェファーソン通りのすぐ南にあるセカンドアヴェニューの家に一緒に滞在できるよう、ハヤシダ夫妻が私たちを招待してくれた。バンガローで寝室が三つしかない小さな家だったが、何とかそこでやっていくことになった。ハリー・ハヤシダは、チャップマン公園の庭師として、以前の仕事を取り戻していた。ハリーは私たちのなかでは常に写真家であり、日々の出来事を記録する人であった。ガレージの暗室で自らフィルムを現像した。そのころは、私たちはまだ彼が芸術家であることに気づいていなかった。宮武東洋のように写真家としてのキャリアを追求することはなかったが、ロサンゼルス日系写真家クラブに所属し、写真というメディアを使ったより芸術的なアプローチを追求していた。

日系男性が仕事を得るのは難しかった。誰が敵に仕事を与えるというのか。当時、私が知っている日系人の男性は、皆、庭師だった。しかし、父には別のアイデアがあった。母と私をロサンゼルスに残し、父は友人のトオルおじさんと、メキシコで魚の肝臓を採取して鉄分のビタミン剤（不味そう…）にする事業を模索していた。しかし残念なことに、ある製薬会社が「カーターズ・リトル・リバー・ピル」という化学薬品を開発したため、メキシコ湾の浜辺で三ヵ月間暮らして追求した大きな賭けは失敗に終わった。結局、トオルおじさんはメキシコで農業を始め、農産物をロサンゼルスのマーケットに出荷することになった。父は、私たちと離れ離れになるのを嫌がり、プライドと起業家精神を飲み込んで、祖父のオオガのもとで庭師として働くことにした。

しばらくして、私たちは母の妹が所有するアダムス街とウエスタン通りの角から遠くない、きれいに草が生えた黒人街、サウス・ホバート通り二七〇六番地の質素な木造バンガローに移った。この辺りは、現在はジェファーソン・パークと呼ばれ、通常なら人種に基づく制限のある住宅規約を持つロサンゼルスのなかで、黒人や日系人などの有色人種に家の購入を認めている地域のひとつだった。つまり私たちは「キャンプ」という隔離から卒業し、別の形の隔離へと入ったわけだ。二四番街の小学校に行くには、丘を登り、アダムス街を渡って、私たちの住む小さなバンガローよりも遙かに大きく豪華な家々が並ぶ地区を通らなければならなかった。あんなに大きな家は見たことがなかった。ときどき、お化けが出るんじゃないかと想像したものだ。このあたりはシュガー・ヒルと呼ばれていた。ここは、裕福な黒人が、黒人が引っ越してくることを恐れて地区から逃げ出す裕福な白人の家を買うことができるようになったところだ。いわゆる「ホワイト・フライト（白人の逃亡）」という現象である。私はこの頃から、黒人と私たちの特別な関係を意識するようになった。隣人でありながら「クロちゃん（黒人）」に関しては、暗黙のルールがあった。伯母はフェンス越しに隣人の黒人と丁寧に話していたが、母は私に「クロちゃんの子どもと遊んじゃダメよ！」と言うのだった。

二四番街の学校は、生活に音楽が戻ってきた場所である。小学三年生のときだ。担任のジャクソン先生は黒人女性で、音楽家としての訓練を受けており、音楽はすべての子どもの教育の一部であるべきだという考えの持ち主だった。本を読むのと同じように、譜面を読むことも教えられると信じていた。子どもは単純な音楽だけでなく、バッハやヘンデルのコラールのような四部合唱のメロディーも歌えるようになると考えていたのだ。そして、先生は私たちにそれを実践させた。壮大な音楽を歌い、ハーモニーを学ぶのはとても楽しかった。

ハツエおばさんとフレッドおじさんの家にはピアノがあった。祖母が亡くなった後、祖父のオオガが娘たちのために買った古いキンボールだった。母は弾ける曲が一曲だけあった。「遠い、遠い昔の話を聞かせて…」母はその曲を弾きながら、私たち家族のストーリーを語ってくれた。その古いピアノで、年上の従姉妹のケイと私はピアノを習った。しかし、ピアノはジャクソン先生の音楽の授業のようなウキウキする経験ではなかった。セサムス先生が私の前に楽譜を置き、「これは何調ですか」と聞いたのを覚えている。でも、キーの見つけ方は教えてもらっていなかったので、私は当てずっぽうで答えた。答えを間違えると、罰として鉛筆で拳を叩かれた。ときどき、彼は私に覚えさせたい曲を自分で弾くことがあった。私はたいてい、目で譜面を見るより、耳で音を聞いたほうが早く弾けるようになった。ごめんなさい、セサムス先生。先生には、できればこの悪い癖を見抜いてもらいたかった。もしかしたら、今の私ならもっと譜面を上手く読めたのだと思う。

父も私と一緒にピアノの前に座ってくれた。大きな手で、大好きな交響曲のメロディーを奏でた。また、「終わりなき歌」「バンビ」、そして「ファンタジア」など、音楽をテーマにした映画にも連れて行ってくれた。七年間一人っ子だったこともあり、父とは特別な絆で結ばれていた。リグリー・フィールドでの野球観戦にも連れて行ってくれた。

フレッドおじさんも音楽が好きだった。日本の音楽だ。彼は日本生まれだ。本名はニシムラ・ヤハチロウ。ハツエおばさんとフレッドおじさんの生活は、私たちよりもずっと日本的だった。ひとつには、私たちよりも日本食をたくさん食べていた。フレッドおじさんはハンサムで、いつも笑顔でいるような人だった。夕食時には、「ハツエ、お茶のおかわり！」と優しく声をかける。抵抗することなく、おばさんはおじさんに給仕する。家のなかは、西洋の家具と日本の美術品が混在していた。ダイニングルームの片隅にある小さなテーブルの上に置かれた仏壇からは、お香の香りが漂っている。お寺の本堂にある仏壇のミニチュア版だ。木彫りの箱の扉を開けると、浄土を象徴する小さな美の世界があった。中には金色の仏像と漢字で書かれた掛け軸が入っていた。昼や夜の静かな時間に、おばさんやおじさんがお香を焚いて、小さなバチ（木槌）で小さな錦の枕の上に置かれた金属の鉢を優しく叩く。その音は甘く清らかな音色で、家中に響き渡った。後に、それは人を今この瞬間に導くための音であることを知った。数珠を手に巻き、一礼して「ナモ・アミダ・ブツ」と唱える。私には意味がわからなかった。私の世界とはかけ離れた、神秘的で神聖な場所だった。

フレッドおじさんは、私が知っている他の日系人男性と同じように、庭師として生計を立てていたが、水曜日の夕方にはいつも早く帰宅した。風呂に入った後、着物のような上着を着る。七時半になると、数人の日系の庭師がやってきて、靴を玄関で脱ぎ、リビングルームの床に正座して、両手を膝の上に置いた。フレッドおじさんは、「謡（うたい）」と呼ばれる日本の歌を教えていた。右手には閉じた扇子を持ち、それを太ももに叩きつけて歌のリズムをとる。背筋を伸ばし、正座した姿は、もはや庭師ではなく、サムライの姿であった。歌というより謡曲なので、奇妙なうなり声やうめき声を出した。私と従姉妹のケイにはかなり奇妙に聞こえる音だ。私たちは寝室へ一目散に向かい、ツインベッドの下に隠れて、笑いながら耳を塞いで音をかき消したものだ。私たちはバレエやバッハが大好きだったが、謡（うたい）は私たちにとっては音楽ではなかったのだ。

それから何年も経ってから、フレッドおじさんがリトル・トーキョーの高野山仏教寺院で謡を披露するのを見る機会があった。日本から来た能楽のグループの公演にゲストとして招かれたのだ。このときはおじさんは立って演技をしていた。濃い色の着物に袴をつけ、足袋を履いて、扇子を片手に、ゆっくりとわずかに回転しながら滑るように歩き、ぴったりとタイミングを合わせて足で拍子を取っていた。彼は凛として美しかった。身体の隅々まで、そして演技の端々までピリリと神経が行き届き、謡の節を唱えていた。裕福な白人女性のために芝生を刈り、生け垣を切り、花を植えていたフレッドおじさんが、アメリカの地で、日本古来の物語芸術である能楽の息吹を繋いでいた。

私が七歳のとき、母はついに弟、ロバート・ケンを産んでくれた。そう、ケンは怪しいほど英語にも似ている日本人の名前なのだ。弟を私たちは親しみを込めてロバートキンズと呼んでいた。実は、彼は私よりもずっと白人に見えたのである。私の髪は鴉のような黒で、目もその色だった。彼の髪は金髪に近く、瞳はヘーゼル色だった。私は生まれつき浅黒く、日に当たるとさらに焼けてしまうので、他のほとんどの日系の子どもたちよりも肌の色が濃かった。私には、なぜ私が弟よりずっと色が黒かったのか、その理由がわからなかった。夏になると、私たち家族はよく日曜日をビーチで過ごした。母は私に向かって「オールド・ブラック・ジョー」「チビクロサンボ」と呼びながら、日よけを被せようと追いかけ回した。日本の文化には明確な身分制度があった。色が黒いことは、田畑で働いていることを意味していた。アメリカナイズされた母はミッツィではあったが、彼女のなかには「日本の良家」出身のミツエも同居していて、自分の小さな娘が農民やメキシコ人のように見えることを望まなかったのだ。

弟が生まれ、人数が増えたので、おじさん、おばさんの家ではさすがに手狭になった。今回は、私たち家族はリトル・トーキョーから橋を一つ隔てたボイル・ハイツに引っ越した[(1)]。ツキダ家が、一つの土地に、詰め詰めではあったが、三世帯住宅を建てていた。私たちは前の二戸のうちの一戸に住み、ツキダさんたちは後ろの家に住んでいた。寝室は一つしかなく、私と弟がそれを一緒に使った。両親は、昼間はダイニングルームのクローゼットに縦に収納し、夜は横に倒して使うマーフィーベッドで寝ていた。日本的なスペースの使い方で、とても効率的だった。ツキダ家には娘が二人いた。私と同い年のジューンと、少し年下のマユミだ。これでやっと、私も女の子の友だちと遊べるようになった！

内気な性格なので、また新しい学校に慣れるのは大変だった。生まれてから、もう六回も引っ越しをしていた。

小学三年生で、すでに四つ目の学校だった。しかし、自分の母親を持たなかった私の母は、驚くほど直感が鋭かった。大家さんの娘のジューンが近所の学校のダンス・レッスンに通っていることを知ったのである。こうして私は、またダンスを始めることができた！

ウィッティア大通りにあるウエスト・コースト・スクール・オヴ・ミュージック・アンド・ダンスは、子どもたちの声、タップシューズの音、そして音楽で活気に満ちたカラフルな場所だった。若いダンサーたちは、メキシコ人と日本人の混血で、ほとんどが女の子だった。私が受けていたクラスもいろいろな人種の子どもがいた。アクロバット、タップ、バレエを一時間半のレッスンの間に、少しずつ習った。私はジューンに憧れた。要領がよくて、クラスで一番ダンスがうまかった。誰よりも高く脚を伸ばすことができた。その美しい足は、空を指さしていた。いつか私もあんなふうにできるだろうか。やってみよう、と思った。

ボイルハイツの中心部にあったゲルマン先生のダンススクールは、私の知っている三人の少女のダンス・キャリアの出発点となった。ジューン・ツキダは、のちにジューン・ワタナベとなり、モダンダンスのカンパニーを率いると同時にミルズ・カレッジで教鞭をとった。ステラ・ナカダテ・マツダはムーアパーク・カレッジでダンスを教えるようになり、アレルヤ・ダンス・シアターのディレクターを務めた。そして私が三人目だ。ダンス・スクールは私の生活の中心になった。負けず嫌いな性格なのか、何かが私を後押ししてくれるようになった。いつも友だちが欲しいと思っていたが、今は、子どもたちがジャックをやろうとドアをノックしても（私はジャックの女王だった）、「いや、まずは練習しないと」と言うようになった。誰も練習しろとは言わなかった。自分がやりたくてやっていた。クローゼットの扉にフルサイズの鏡があり、その前で練習、練習、ひたすら練習を重ねた。ピルエットを一回、ピルエットを二回……。まだ三回はできなかった。

バレエは、女性が中心となる稀有な世界だった。しかしまた、女王や白鳥が全員色が白い、白人中心のヨーロッパの伝統でもあった。だが、少数だが例外もいたのだ。母はそんな一人になるよう励ましてくれた。母は偉大なバレリーナの写真が載っている本を見せてくれた。そのなかには、少し肌の色が濃いバレリーナの姿もあった。アメリカ先住民のマリア・トールチーフ、キューバ人のアリシア・アロンソ、韓国系のルース・アン・コーセン、そして一番のお気に入りだったソノ・オーサト。彼女はアイルランド人と日本人のハーフだった。私とほとんど同じだ！

彼女らの美しい体型、身体のライン、手足の伸び、ジューンと同じように精巧に伸びた爪先を見ることができた。ウエスト・コースト・スクール・オヴ・ミュージック・アンド・ダンスへ通い始めて三ヵ月しかたたない頃、ゲルマン先生は私に、本のなかのバレリーナのようなトウシューズを履かせた。まだ七、八歳の子どもには少し早かったが、幸いにも私の足首と足は丈夫だった。こうして、私は初めてのトウシューズを手に入れた。カペジオのピンクのサテンの美しいトウシューズだった。ソノ・オーサトのと同じように、ピンクの長いリボンが前で交差して足首を包んでいた。足の指を保護するために、羊のウールを少し靴のなかに詰める方法を学んだ。少し足が痛かったが、すぐに慣れた。私は練習に練習を重ねた。ブーレー、ピケ・ターン、ピルエット。八歳になる頃には、自分がバレリーナになりたいと思うようになった。バレリーナになれば、鳥にも白鳥にもお姫様にもなれる。芸術家になる夢を捨てた母は、バレリーナは女性が女王になれる一つの場所だと知っていたのだ。

肉体的な苦痛に耐えることができても、別の種類の苦痛から守られるわけではなかった。第二次世界大戦が終わってから、まだ二、三年しか経っていなかった。憎しみは簡単には消えない。当時は、人種差別主義者であることは政治的に正しくないと教える「文化的多様性のためのプログラム」もなかったのだ。

ある日、白人の少年が自転車で私のそばを通りぎわに、「汚いジャップ野郎！」と怒鳴った。彼の言葉は、私の顔に泥を投げつけたようなものだった。ショックだった。それが敵に対して使われる汚い言葉であることは知っていた。

でも、彼はなぜ私のことをジャップと呼んだのだろう？　私は彼の敵ではなかった。どうしたらいいのかわからなかった。ただ混乱して泣きながら、母のところに走って帰った。母は私にこう言った。「怒鳴り返しても無駄よ。相手のレベルに合わせてはだめ。無視しなさい」と言われた。そこで私は、彼のしたことは卑しい行為だというメッセージを受け取った。それでも私は今でも、泥を塗るような言葉を叫び返したかったと思っている。

しかし、もっとも傷つける言葉は、実は同胞の一人、日系人の女の子から受けた。ある日、裏の家に行き、ジューンのドアをノックした。私は彼女のポーチに立っていたのだが、そこには彼女の父親が作ったバレエ用のバーがあった。自分のバーを持てるなんて、なんてラッキーなんだろう！　ドアを、コン、コンと叩いた。彼女の妹が出た。

「ジューンは出て来て遊べる？」

ところがジューンの妹がきつい声音で、「私たち、あんたみたいな人とは遊びたくないの！」と、目の前でドアをバタンと閉めてしまった。

私は凍りついたように立ち尽くした。彼女の言葉は私に突き刺さり、閉じたドアに込められた力は私を彼らの世界から押し出した。この界隈に来たばかりだったが、八歳の私の頭のなかでは、ここは私がその一員でありたいと思える暖かいはずの世界だった。「私たち」ってどういう意味なのだろう。彼女と姉のジューンだけの意味？　近所のほかの女の子たちのこと？「あんたみたいな人とは遊びたくない」。私は、自分も彼女たちと同じだと思っていた。なぜ彼女は私とは遊びたくないのだろう？　なぜ私は他の子と違うのだろう？　私の髪は彼らと同じ黒色だ。目も彼らと同じように黒い。私は日系だ。まあ、ほとんど日系人だ。もしかして、私は彼らとは違うのか？　もしかしたら、彼女は私が違うことを見抜いているのかもしれない。私は、「**あんたは仲間じゃない**」と書いた、そのドア越しに叫びたかった。「どうして私はあなたたちとは違うの？」と、ドアを叩いて訴えたかった。口は開いていたが、反撃する言葉も、彼女の傷つくメッセージから自分を守る言葉も、私は知らなかった。

そのときに私にあったのは涙だけだった。家までの数歩を走り、母の腕のなかに飛び込んだ。母なら、なぜ私が彼らと違うのか説明してくれるかもしれない。もし私がここにも居場所がないのなら、一体私はどこに居場所があるのだろう？　涙が止まらなかった。母も私を慰めることができなかった。マユミがなぜそんな残酷なことを言ったのかはどうでも良かった。その日、嫌なことがあったのかもしれないし、七歳の子どもがよくやるように単に言葉を投げただけなのかもしれない。でも、私の頭にただ一つあったのは、私が完全な日系人じゃないから一緒に遊びたくないのだということだった。私は彼らの仲間ではなかったのだ。

母は、自分の家族からも偏見を持たれることに慣れていた。母の父は、私の父が白人とのハーフであることから結婚を禁じた。そして今、私が完全に日系人でないために苦しんでいるのを見ていた。母は私にこんな知恵を授けてくれた。「一人で歩く人は早く歩けるのよ」。私は一人で歩けるし、一人で踊れるし、より良く、より速く、より遠くまで行ける。「一人で歩ける人は早く歩ける」という言葉は、私の盾となり、マントラとなった。孤独も、恐怖も、怒りも超えて、私は集中することができた。この言葉は、私の野心に活力を与えてくれた。他の誰よりも上手に踊ろうと思った。ダンスのおかげで私は地に足をつけ、居場所を見つけ、ダンスが私の家となった。

ボイルハイツは移民の地であり、未来への架け橋であった。人種差別や転居、苦難を乗り越えてきた貧しい人々が、より良い生活を送るために奮闘している。いろいろな色が混じった賑やかなキルトのような場所だった。ブルックリン・アヴェニューには、ユダヤ系のデトロイト・ベーカリーがあり、白いユニフォームを着た親切な女性たちが無料でクッキーをくれることもあった。若い音楽家の溜まり場だったフィリップス・ミュージック・カンパニーでは、父がよくクラシックのレコードを買った。メキシコ料理は、辛いものが好きな両親を満足させた。いろいろなレストランで、誰が一番辛いチリを食べられるか競い合った。三歳くらいだった弟でさえ、チリの味を好むようになっていた。

そう。ボイルハイツにはギャングもいた。ブラック・ワンズのように、日系のブッダヘッズとメキシコ系が混じったギャングもいた。ブッダヘッズとは、最初、第二次世界大戦で大活躍した日系アメリカ人歩兵第四四二連隊を指すのに使われたスラングで、ストリートでも日系ギャングにはこのあだ名が採用された。ボイルハイツのブッダヘッズはメキシコ系兄弟分のチョロたちのような雰囲気を醸し出していた。一方、ウエストサイドのブッダヘッズは、より黒人っぽく振る舞っていた。

でも、私にとっては、ウエスト・コースト・スクール・オヴ・ミュージック・アンド・ダンスが世界だった。それは、母の世界でもあった。リサイタルの前には、橋を渡ってガーメント・ディストリクトに行き、母が私や他の若いダンサーのためにデザインした新しい衣装のためのタフタやチュールを買った。裁縫ができたのは母だけではなかった。当時は、ほとんどの女性は家の外で働いていなかった。貧しくても、子どもの見栄えを良くしたいなら、裁縫ができなければいけなかった。ダンススクールの公演に参加するということは、慌ただしいリハーサルや衣装作りに関係者一同で関わる一大イベントなのだ。戦争で社会から除け者にされた私たちに、ボイルハイツでまさに必要なもの、つまり自分の居場所となるコミュニティを与えてくれた。

落ち着いてきた頃、また「移住」することになった。祖父のオオガがロサンゼルス中部のピコ・ユニオン地区にマンションを買った。高速道路の一〇号線と一一〇号線の交差する場所にあるピコ・ユニオンは、現在ではギャングの活動が盛んなことで知られ、内戦から逃れてきたエルサルバドルやグアテマラからの移民が住んでいる。しかし、一九五〇年のピコ・ユニオンは、白人とユダヤ人を中心とした落ち着きのある貧しい移民の居住地区だった。私たちのアパートは少し大きめの一ベッドルームで、両親は相変わらずクローゼットから引っ張り下ろすベッドで寝ていた。母の一番下の妹のメアリー、その夫のジャック・ムラタと三人の子どもたちが上の階のアパートの一つに引っ越してきたので、私はまた親類の近くで暮らすことになった。ジャック叔父さんは、戦争でもっともたくさんの勲章を受けた歩兵部隊である四四二部隊の退役軍人だった。戦闘中に失った左目に黒いパッチをつけていた。メアリーおばさんはとても美しく、戦前から野心にあふれていた。とても芸術的で、ダンスが好きだった。でも、戦後は寝ていることが多く、母はそれを怠け癖と呼んでいた。今から考えると、双極性障害によるうつ病だったのかもしれない。年下の従兄弟たちは、バニー、パンキンズ、ディンクスなど、ジャックおじさんの生まれたハワイの習慣で、変わった名前がついていた。

父はまだ一九四〇年のグリーンのパッカードを持っていた。当時、車は長持ちするように作られていた。そして、父はまだ庭師をしていた。しかし、私たちの生活には、テレビという新しいものが入り込んできた！　一九五〇年代は、テレビの黄金時代だった。一家に一台の必需品だった。父はいつも最高品質のものを買うことを信条としていた。我が家のテレビは、マホガニーのコンソールに入った、レコードプレーヤーと組み合わせた機種だった。上に奇妙な金属のウサギの耳のような部品がついていた。このアンテナをチャンネルや住んでいる地域によって、いろいろな方向に動かして、きれいな映像を見ることができた。白黒の一二インチテレビを囲んで、好きな番組を見るのが楽しみだった。

私たちに容姿が似ている人をテレビで初めて見たのは、ハワイ出身のヒロ・ハティを見たときだった。ハワイを訪れる観光客を誘うために使われる、ビキニ姿で草製のスカートを履いた「ラブリー・フラ・ハンズ」に出てくるようなハワイの女性とはまったく違う姿をしていた。ヒロ・ハティはお馴染みの花柄のムームーに麦わら帽子、そしてレイを身につけた、裸足のハワイアンだった。[*1] ウクレレを弾き、歌い、コミカルなタイミングで大きな腰を振りながら、ピジン英語で「トーク・ストーリー」をしていた。[*2] ハティのコミカルな歌「ヒロ・ハティが歌うヒロ・ホップ（Hilo Hattie Does the Hilo Hop）」が奇跡的にラジオで大ヒットしたことで、彼女のキャラと名前は広く知られるようになった。従兄弟たちと私はヒロ・ハティが大好きだった！　彼女は面白かった。私たちの大きなおばちゃんだったのだ。白人の子どもたちは、尊敬すべきヒーローやヒロインがたくさんいるなかで育つ。でも、私たちはほぼ見えない存在だったので、ヒロ・ハティは重要人物だった。彼女は私たちのものだった。

ピコ・ユニオンに住んでいる間、私のダンスの練習はよりレベルが上がり、真剣なものとなっていった。母は、私をロサンゼルス音楽芸術院に入学させた。そこは、家から一マイルほど東へ行ったところの、九番街との交差点に近いフィゲロア通りにあったので、一人でバスで通うことができた。当時はまだ、一〇歳の子どもが一人でバスに乗ることができたのだ。のちに音楽芸術院はウォルト・ディズニーの主導でシュイナード・アート・インスティテュートと合併し、カリフォルニア芸術アカデミー（カルアーツ）となった。フレンチホルン、バイオリン、クラリネット、ベースなど、さまざまな音楽家がレッスンを受け、練習し、リハーサルを重ねていた。私がソルトレイクシティで初めて観たコンサートのように、一緒に演奏する瞬間に備えていたのだ。

バレエの先生は、パトリシア・オケインという美しい女性で、手に負えない一〇代初めの身体を規律正しいバレエダンサーのボディに鍛え上げるにはあまりにも繊細に思えた。ボイルハイツのダンサーで友だちのジューン・ツキダも同じ学校に入り、私と競い合い、追い込み続けた。ロシア式と英国のチェケッティ式の両方のバレエを学んだオケイン先生は、私やジューンに厳しく接した。そして、彼女は音楽性を重視した。私は音楽をより深く聴き、音楽の特質や感情に合わせて踊るようになった。また、役柄に入り込むことも学んでいた。日系人の子どもがフランスのカンカン娘や白鳥を演じられる場所が、他のどこにあるというのだろう？

ジューンと私が西洋の古典芸術を学んでいる間、日本のコミュニティでは「二世ウィーク」というイベントが行なわれていた。二世ウィークは、一九三四年、世界恐慌の時代に始まった。二世と一世の指導者が、できるだけたくさんの人にロサンゼルスのリトル・トーキョーに来てもらうことで経済活動を促進し、地域を活性化させようと考えたのである。八月に毎年行なわれる祭りは日本文化の粋を集めたものだった。街頭で踊る音頭、武道、生け花、茶道、書道、アートショー、タレントショー、ベビーショー（数年前に私が泣いて負けたものだ）などなど。ミス・アメリカの日系版である「二世ウィーク・クイーン」という美人コンテストもあった（一七歳のとき、私はこのコンテストで次点に入り、クイーンではなく、何人かのプリンセスの一人となった）。

当然のことながら、戦争で日系人が拘束されたことによって、二世ウィークは中止された。六年の沈黙の後、日系コミュニティがまだ立ち直ろうとしているさなかの一九四九年、二世ウィークは再開された。一九五〇年にジューンと私は、初めて二世ウィークのタレントショーで踊りを披露した。この頃の祭りは、私たちの誇り、尊厳、文化を取り戻すという、より深遠な目的を持つようになった。経済的な生活を立て直すだけでなく、強制収容による心理的、感情的な傷も癒す必要があったのだ。それは、まだ敵対的であった世界へと再び足を踏み入れつつある日系アメリカ人が示した、抵抗の一形態だったのかもしれない。

二世ウィーク・タレントショーは、キャンプから出てきた一世や二世が、自分たちの文化を外に向かって見せる場を与えた。人を投獄することはできても、創造性を投獄することはできない。有刺鉄線の中には、たくさんの創造性が閉じ込められていたのだ。金、土、日の三日間、二世ウィークのバラエティーショーは、会場であった東一番街の高野山仏教寺院に立見席しかないほど多くの観客を惹きつけた。一九四〇年に建てられたこの寺には、大きな体育館のようなホールがあり、その片方の端にはかなりの大きさの舞台があった。戦前に建てられた仏教寺院の多くは、このような構造になっていた。寺は宗教のためだけでなく、コミュニティや文化の中心でもあった。

ライヴショーは二時間半の間に、現代的な出し物と日本の伝統的な演目を寄せ集めて次々と舞台に乗せるという構成だった。タク・シンドウとポール・トガワがリードするビッグバンド、カワスミ姉妹のハーモニーによる「ハウ・

ハイ・ザ・ムーン（How High the Moon）」、日米音楽を融合させたフュージョンバンドによる「三味線ブギウギ（Shamisen Boogie Woogie）」の演奏と歌。ハワイアン・サーフ・ライダーズはフラダンサーとメドレーを共演し、アコーディオン奏者のジーン・キムラは「テキサスの奥深く（Deep in the Heart of Texas）」を、ベティ・ヤマダは「悲しき口笛」を演奏した。ね、寄せ集めだと言ったでしょう？　この舞台で、ダンサー仲間のジューン・ツキダ、ステラ・ナカダテと私はバレエのバックダンスに支えられながら「白鳥の湖」の一部の踊りを披露した。舞台裏はさながら文化的カオスの大渋滞といったところだった。フレッドおじさんが扇子を手に持って、能楽のゆったりした曲を謡い、舞台を滑るように歩いていたことは前に述べた。また、レイコ・サトウの踊りを初めて見たのもこのときだった。太ももまで切れ込んだスカートにフランス式のベレー帽をかぶり、口からタバコをぶら下げて、「十番街の殺人（Slaughter on Tenth Avenue）」のデュエットをセンセーショナルなセクシーさで披露してくれた。レイコの踊りは衝撃的なものだった。

【写真７】二世ウィークでラゲディ・アンのダンス衣装を着たジョアン。1950 年、ロサンゼルス。撮影：宮武東洋、アラン・ミヤタケ氏の許可を得て使用。

一九五〇年のデビュー公演で「ラヴノート（Love Notes）」というバレエの演目をソロで踊ったとき、私は一〇歳だった。翌年、ミス・オケインの振り付けで、ジューンと私は「ラゲディ・アンとラゲディ・アンディ（Raggedy Ann and Raggedy Andy）」を踊った【写真７参照】。白い手袋、白い化粧、赤い丸いほっぺたなど、ラグドールそっくりの衣装を二人分、母が作ってくれた。この演目によって、地元新聞の『羅府新報』に初めて私の舞台に関する記事が載った。「ジューン・ツキダと一緒にラゲディ・アンのバレエを演じたジョアン・ミヤモトは、「目の保養」になった。彼女の表情豊かな顔は、もっとも批判的な人をも魅了したことだろう」。あはは、なんともはやな評論だこと。

また、戦後の文化現象として、日本の同じ地域から来た家族が集まる「県人会ピクニック」があった。我が家は福岡県出身だった。たいていエリシァン公園で開催されたこの県人会ピクニックは、一世が仕切っていた。ピクニックのときだけは、一世は自由に日本語を話すことができた。色鮮やかな風呂敷に包まれた、外は黒、中は赤の美しい漆塗りの重箱に、食べ物が詰められていた。一段目には照り焼きチキン、二段目には海苔で巻いたおにぎり、三段目にはポテトサラダ（そう、なぜかポテトサラダなのだ）、そしてその次がゼリーである！　ポテトサラダとゼリーは、私たち日系アメリカ人の食卓の一部だった。そして忘れてはならないのが、ご飯と一緒に食べたらとても美味しい、臭くてしょっぱい漬物と梅干しである。紙皿と割り箸（これについてはのちの章でより詳しく扱う）を使い、ゴザの上に座ってこれを食するのだった。

子どもは二人三脚やゲームなどをして遊んだが、なんといってもピクニックの最高のエンターテインメントは一世だった。音響設備と色とりどりの日本風の背景を飾った壇上で、普段は物静かで控えめな庭師たちが、胸にみかんを詰め、スカートをたくし上げて毛深い足にガーターをつけた女装で登場し、フレンチ・カンカンを踊るのだ！　日本酒の力も借りた彼らは、まったく臆面なく浮かれ踊った。もちろん伝統的に歌舞伎では男性が女性の役を演じるのだが、庭師のおじいちゃんたちはめちゃくちゃふざけた出し物の大盤振る舞いをしていた！　すべて日本語で寸劇や漫才を行ない、完全なる道化に徹し、それを大いに楽しんでいた。私も一世の出し物が大好きだった。本物の女性の踊り手は美しい着物を着て、かつらをつけ、白塗りの顔で、伝統的な民謡を披露していた。義理の祖母の三味線を伴奏にして、祖父のオオガも立って歌った。このような日曜の夏の県人会ピクニックは、私たちに普段は見られない祖父母の本当の姿を垣間見せてくれた。

この頃から私は、オケイン先生のリサイタルや、アシスタンス・リーグ・プレイハウスやウィルシャー・エベル・シアターなどのショーに、かなり定期的に出演するようになった。先生は物語をベースにしたバレエの振り付けをたくさん手掛けていた。ダンスのスキルに加え、私たちは演技も学ぶようになった。そこで母が次に思いついたのが、「ハリウッド栄光への道（Hollywood Road to Fame）」というテレビ番組だった。地元のテレビ局KTSLでニルス・グランランドが司会を務めるこの番組は、今の「アメリカン・ダンス・アイドル（So You Think You Can Dance）」のような番組の前身で、出演すると友人やファンがハガキで投票するというものであった。スタジオはハリウッドのヴァイン街にあった。テレビ出演はもちろん、テレビスタジオに足を踏み入れるのも初めてだった。ベストは尽くしたが、観客のいないスタジオで踊るのは、ちょっと奇妙な感じだった。勝つことはできなかった。まだまだ、友だちもファンの数も少なかったし、当時はまだフェイスブックなんてなかったのだから！

ベレンド中学校で、廊下を歩いてどうにか授業に遅刻せずに教室に行く方法がわかってきた頃、父と母は、アーリントン街とヴェニス通りの近くの四番街一六三五番地に初めての家を買った。私たち家族は、今度こそ自分の意志で、自分の家に移り住むことになったのだ。この家にミヤモトの祖父も一緒に暮らすことになった。

第五章

二倍の実力

Twice as Good

バレエでは、嘘をつくことも、ごまかすこともできない。体の中心に軸がなければバランスを取れない。筋肉が強くなければ、何度も回転することはできない。手足を高く伸ばし、姿勢を保つには技術がいる。エネルギー、体力、意志力、精神集中力、決意、規律、視覚が必要だ。柔らかく、優しく見せるには、強さが必要なのだ。厳しさが必要なのだ。

また、バレエには一定の体型も要求される。これはアメリカではジョージ・バランシンが定めた基準である。ダンサーは細身で足が長く、胴が短く、手足を信じられないくらい伸ばすことができ、足の甲が高く、腰と足が外側に開いていた。母はある日、幼い私が内股で歩いているのを見て、「この子に必要なのはバレエだわ」と思ったそうだ。そして、私は生まれながら内股であっただけでなく、内向きな性格でもあった！　大人しかった。日本人だった。私に流れている少しばかりのイギリス系の血は、バランシンのダンサーのような長い足を私にはくれなかった。それに足のアーチが…右足はまあまあ良かったが、左足はトレーニングが必要だった。

私はボイルハイツで踊る喜びと友情を知った。オケイン先生からダンスのテクニックを鍛えられ、美しい表現力も習うことができた。しかし、アメリカン・スクール・オヴ・ダンスは、私に根性を叩き込んだ。もちろん、根性にはいろんな種類がある。アスリートは、勝つために肉体を鍛え上げねばならない。学生は、学ぶために頭脳面の根性が要る。ヨガをする人が涅槃に達するためには精神的な厳しい鍛錬が要求される。優れたダンサーになるには、この三つすべてが必要だと私は思う。感情を表現し、身体の動きを通じて観念を描き、全身でストーリーを語るのがバレエだからだ。

ユージン・ローリング先生は、アメリカン・スクール・オヴ・ダンスの校長であった。アメリカン・バレエ・シアターのためにバレエ「ビリー・ザ・キッド」を創作した有名な振付師である。アーロン・コープランドによる音楽に合わせ、大胆な題材、モダンな動きで、バレエの枠を超える作品を次々と生み出した。ハリウッドでは、『ファニー・フェイス』でオードリー・ヘップバーンと、『シルク・ストッキングス』ではシッド・シャリスなどの映画スターとも作品を作った（その後、カリフォルニア大学アーバイン校に大学初の本格的なダンス学科を設立した）。当時、ほとんどのダンススクールは、特定の先生に特定のダンスのスタイルを習うのが常識だった。たとえば、カルメリータ・マラッチのバレエ学校ではバレエを、レスター・ホートンではモダンダンスを習う、といった具合だ。ところが、アメリカン・スクール・オヴ・ダンスは、バレエ、モダンダンス、ジャズ、キャラクター／エスニック・ダンス、タップなどを一つの場所に集め、各分野の優れた教師陣が揃っていた。バレエⅠ、Ⅱ、Ⅲ、Ⅳといったレベル分けがあり、それぞれにカリキュラムが定められていた。ローリング先生の哲学とトレーニングの原則は、「優れたダンサーは、すべてのジャンルに精通していなければならない」という彼の信念に基づいていた。

アメリカン・スクール・オヴ・ダンスでバレエを習い始めて一年ほど経った頃だった。母がどうやってこの学校を見つけたのかはわからない。母には手本となる母親がいなかったので、とりわけ「子どもには、自分が得られなかった機会を与えたい」という言葉を、さらなる次元で実行していたのだろう。私たちは確実に這い上がり、社会へと飛び立とうとしていたのだ。学校はハリウッド大通り七〇二一番地にあり、そこから東を見ると、グラウマンズ・チャイニーズ・シアター、エジプト座、パンテージ座、そしてハリウッド大通りとヴァイン通りの交差点まで、ネオンと星が、輝く夢の道、栄光の道を照らし出していた。歩道のコンクリートには有名人の手や足の跡や名前が埋め込まれ、未来永劫、記憶されることを確実に示しているのである。この通りで私は踊り、夢を見続けた。

学校は、かつては豪華であった四階建てのマンションの地下一階にあり、まだそこに住んでいる何人かのハリウッドの長老たちが、ときおり杖をついて正面の大理石の階段を降りてきた。車用の入口を歩いて建物に近づくにつれ、ピアノ奏者のレフマン先生が奏でるショパンのクラシックなウォーミングアップのための音楽が大きくなる。大きな窓から見えるスタジオAは、二つある教室のうち大きいほうで、黒いレオタードに黒やピンクのタイツ、白い靴下、ピンクのバレエシューズを履いたバレエⅡの生徒でいっぱいだった。エレノア・マーラ先生が、「1−2−3、2−2−3、ステップ・アラベスク、2−3静止、よし！」と大きな声で指示を出していた。

マーラ先生は、大好きな先生の一人だった。ただテクニックを教えるだけでなく、何を踊っているのかを私たちが感じられるように魂を注いでくれた。彼女はフランス人だったと思う。薄く青白い肌、深く塗られた青い目、布で覆われたブロンドの髪の向こうに、レオニード・マシーヌが「美しく青きドナウ」を振り付けたときの、まだ一六歳、私とほぼ同い年だった美しく若いバレリーナの姿を想像しようとした。彼女はその後、モンテカルロ・ルッス・バレエ団やバレエ・シアターのソリストとなり、バランシンやアニエス・ド・ミルに師事した。私たちは先生はとても昔の人だと思っていたが、当時おそらくまだ四五歳くらいだったんだろう。どんなに偉大な先生についているかに気がついていない一〇代の私たちを指導していたのだった。稽古が終わると、バス停で髪に布を巻いたままタバコをふかしながら、昔ダンスパートナーだったマーク・プラットとの間にできた一〇代の息子と暮らすアパートへ向かう彼女をよく見かけたものだ。私はいつも、このバレリーナの人生の終幕は、その華やかな始まりから遠く離れた、謙虚なものだと感じていた。それがダンサーの人生なのだろうか。何年もかけて厳しい訓練を積み、ステージで魔法のようなわずかな瞬間が過ぎ去ると、バスに乗って帰宅するようになる。そんなものなのか？

アメリカン・バレエ・シアターがロサンゼルスを訪れるときは、スタジオAを早朝のクラスやリハーサルに使うことがあった。古くなったトウシューズに、自分で編んだレッグウォーマーという出で立ちで、入念なウォーミングアップやストレッチをするダンサーたちを、ガラス戸越しに見ていた。その質素な姿は、まるで名誉の証のように、私たちにはスタイリッシュに映った。お金のために踊っていたわけではない。この世のものではなく、芸術や肉体的な完成度に対する、それは一種の献身だった。

一四歳のとき、ローリング先生が私を事務所に呼び、良い知らせと悪い知らせを告げた。机の後ろから、物腰の柔らかい声で、私に奨学金を与えることを告げたのである。両親は私の週二回の授業料として月一八ドル五〇セントを払い続けるが、私は週一二回の授業を受けることができるようになる。すごい！　プロのダンス学校からの奨学金！　私はキャリアとしてダンサーになれるんだ！　そのためには、他の奨学生と同じように、鏡を拭いたり床を履いたりなど、スタジオの仕事を手伝わなければならない。問題ない！　本当にありがとうございます、ローリング先生。と、ここで悪い知らせがやってきた。先生は両手を合わせるように握ると、身を乗り出した。「ジョアン、君がダンサーとして生活しようと思うなら、他の人の二倍の実力が必要だ」

私は息が止まった。え？　二倍の実力？　二倍の実力ってどういうこと？　ローリング先生が「それはあなたが日系人だから」と言う必要はなかった。私にはわかっていた。私は自分のために作られたのではない世界の扉をこじ開けようとしていたのだ。金髪の子はもっと楽しくて、もっとチャンスがあって、もっと成功するのだ。この奨学金で、私は、私と同じような境遇の子よりも大きなチャンスを得たことはわかっていた。ローリング先生は、成功の可能性は低いと見ながらも、私に賭けてくれた。しかし、「二倍の実力が必要」という言葉は、それが真実であることを知っていたからこそ、やはり聞いて心が痛むのだった。

それ以来、ローリング先生のクラスで、先生は毎回私を最前列に並ばせ、私を見て、悪いところを修正し、後押ししてくれるようになった。二倍の実力をつけることは、私だけではなく彼の課題でもあったのだ。一九五〇年代半ばのことである。マイノリティに対する機会均等などという言葉はなかったが、私は彼の個人的な機会均等プロジェクトだった。当時、私は奨学生として唯一の非白人で、ドナとポーラ・アンダーソン、ジム・ベイツ、ポール・グリーソンといったエリートダンサーのなかで、ただ一人の「マイノリティ」だった。私たちは皆、それぞれ異なる資質と課題を持ちながら卓越性を求めて努力し、汗を流し、競い合い、共に学んでいた。私の肌の色や目の形は、彼らと一緒に稽古して家族になるにつれ、些細なことに思えてきた。しかし、人種による違いは、いつも言葉に出さずとも頭の片隅にあった。

ハワード・ジェフリーは、少し年上の比較的色白のアフリカ系アメリカ人で、前の奨学生グループの一員だった。ハワードは、のちに映画『ウエスト・サイド・ストーリー』でジェローム・ロビンスのアシスタントになった、素晴らしいダンサーでありテクニシャンだった。少し遅れて、メキシコ系アメリカ人のマリア・ヒメネスと、フィリピン系とグアテマラ系の血を引いたホセ・デ・ヴェガも、同じく有色人種のダンサーとして入学してきた。

ローリング先生のカリキュラムのおかげで、私のダンスのボキャブラリーはどんどん広がっていた。毎日バレエを習うだけでなく、さまざまな先生方との出会いがあった。マーラ先生をはじめ、アーロン・ジラード、マット・マトックス（彼は棒で私たちを脅かした）、サリー・ウィーランなど、それぞれが異なる強みや強調点をもっていた。私はすぐにグロリア・ニューマン先生のマーサ・グラハム・テクニックになじんだ。タップは楽しかった。自分でもかなり上手いと思っていた……。一人でタップを踊るのを聞くまでは。「うわっ！　なんてひどい音！」それで、良い音とリズムを刻むために必要な技巧に対して、尊敬の念を抱くようになった。フレッド・アステアとサミー・デイヴィス・ジュニアには、本当に頭が下がる！　フラメンコ、バラタ・ナティヤム、そしてマダム・アズマの日本舞踊など、さまざまな「キャラクター・ダンス」、つまり民族舞踊の形を一〇週間シリーズで学んだ。日本舞踊は、あまり好きではなかった。体の動きが制限されすぎていて、微妙な動きが多く感じた。私の身体は、日本的な動きとはかけ離れた動きを踊っていたからだ。筋肉記憶や動きの記憶は、別の方向にプログラムされていたのだ。一方、ジャズは、私にとって一番の難関だった。頼むから最前列に立たせないで！　ヒップモーションやスワッガーでは、穴にもぐりこみたくなった。ジャズを踊ると、自分が日本人だと感じてしまう。体も心も緩むのに時間がかかった。

しかし、私たちはただ踊っていたわけではない。音楽理論、美術、そしてローリング先生はダンスを譜面化する方法論であるキネシオグラフィーも教えてくれた。それは面倒で大変な作業だった。今はビデオがあるので、本当にありがたいことだ。ダンスは、音楽のように具体的に記譜することは不可能である。楽譜を読んで、バッハが頭のなかで聞いたことを歌ったり演奏したりするのは、なんという魔法だろう！　もちろん音楽的な解釈もあるが、ピアノはピアノ、バイオリンはバイオリンで、固有の音とそれが奏られる音楽がある。人間の身体はもっと複雑な楽器で、文化的なスタイルも含めれば、もっと多くのパーツと可動域がある。無限の可能性を秘めた動きを表記することはできないのである。

夏には、クラスが週一八に増え、マース・カニンガムなど特別ゲストの先生によるワークショップ・シリーズが開催された。カニンガムは大きな男性で、動きに力があった。私は、彼の首の後ろを見るのが好きだった。動物的な雰囲気で動くダンサーだった。マース・カニンガムは、文字通りコインを投げて、どのような動きが後に続くかを決めるという、偶然性を利用した構成という独自の概念を紹介してくれた。振付の授業もまた、私にとって難しいものだった。自分のアイデアや創造性を表現するのが恥ずかしかったのだ。当時はまだ、自分の考えを持っていなかった。

私の目標は、ローリング先生が描く、どんな振付師にとっても完璧なツールとなる、全体的にバランスの取れたダンサーになることだった。誰かの天才的な想像性が、私に何をすべきかを教えてくれることを望んでいた。

ダンス・トレーニングの世界は、厳しく、消耗するものだった。私はマウント・ヴァーノン中学校を卒業したばかりで、成績はまあまあだった。他の日系の子どもたちのようにAを揃えることはできなかった。それほど頭は良くなかった。ダンスが生活であり、私の世界のすべてだったのだ。しかし、ロサンゼルス高校に通い、週に一二回のダンスクラスと、その両方から宿題が出るのはさすがにストレスだった。旧友の湿疹がやってきて、首や腕に吹き出物ができた。何年もの間、半袖を着ず、夜中に引っ掻かないように軟膏と包帯を腕に巻いていた。ある年は毎週レントゲン治療をした。多分自分が放射性物質を撒き散らしていたに違いない。放射線治療が終わると、発疹は治まった。

ローリング先生は、オーディションに行くこともトレーニングの一環と考えていた。私は彼の「二倍の実力を持たねば」というメッセージがだんだん気に入ってきた。ディーン・マーティンが出演するテレビ番組のコーラス・ダンサーのオーディションを受けた後、アシスタントが私のところに来て、「君はとてもいいダンサーだが、申し訳ないが、浮いてしまうんだ」と言った。これは日常茶飯事となっていたが、ほとんどの場合は、ただ不採用になるだけで、謝罪は伴わなかった。しばらくして、私はオーディションが怖くなった。例外は、ジェローム・ロビンズのブロードウェイ・ミュージカル『ピーター・パン』のオーディションだった。彼は私を選び、インディアンの少女タイガー・リリー（型通りの配役だが、インディアンにはなりきれた）に配役することを望んだのだ。すごい！　ブロードウェイだ！　アメリカン・スクールで、ロビンスと私の父との面会が実現した。父は、自分が敵役を引き受けなければならないと思ったのだろう。ロビンスは、私に家庭教師と付き添いをつけると約束した。彼らが私の面倒を見てくれると。しかし、父は母とは違い、ショービジネスのようなものには関心がなかった。音楽も芸術も大好きだが、父はそれ以上に私を守りたかったのだ。父はまったく躊躇なく申し出を断った。母がいつも私にプレッシャーをかけすぎるということで、父と母は定期的に口論になっていたが、母はこの件については強く意見を主張してくれなかった。母も私がたった一四歳で巣立つには、心の準備が出来ていなかった。こうしてタイガー・リリーとはおさらばとなり、ピーター・パンは飛び去ってしまった。とても残念な気持ちだったが、私自身も巣立つ準備できていたかというと、そうではなかった。

【写真8】振付師のユージン・ローリングが見守るなか、ジム・ベイツと踊るジョアン。1954年頃、ロサンゼルス。写真：筆者蔵。

ほどなく、ローリング先生は彼の運営するダンス・カンパニーであるダンス・プレイヤーズ（写真8参照）の一員に入れてくれた。「ダンスは言葉だ（Dance is a Language）」は、一二人のダンサー（ドナとポーラ・アンダーソン、パット・アイルワード、ジム・ベイツ、ポール・グリーソン、マリアンナ・マグワイア、キャロル・マクガハン、キャロル・ウォーナー、ドン・カナ、ハワード・モス、ボブ・ターク、ジョアン・ミヤモト）がバレエ、モダン、ジャズ、タップなどのパフォーマンスを行ない、ローリング先生がそれぞれのダンス・フォームに関する理論をレクチャーするというものだった。私が振付師としてのローリング先生のもとで仕事をするのは、このときが初めてだった。煙草を噛みながら、次の動きを考えていた彼の神経質な癖が印象に残っている。優れた振付師は、ダンサーの特性を生かして作品に反映させるものだ。ローリング先生は、私たち全員にそれを実行した。音楽はベンジャミン・ブリテンの精巧な曲で、拍子記号が何度も変化した。一二三、一二三、一二三四五、一二三四五六七、一二三四。めちゃくちゃ難しくもあり、楽しくもあった。音楽性、数学、ドラマ、ダイナミックさが、疲れ切った身体を想像を超えた、さらに先へと駆り立ててくれた。高揚感があり、これに参加できてとても幸せだった。

ローリング先生はまた、私に初めて人種を度外視したキャスティングを体験させてくれた。ダンス・プレイヤーズをツアーでウィスコンシン州マディソンに連れて行き、「ダンスは言葉だ」を上演する計画だった。私たちはミュージカル作品にも参加することになっていた。ロラス大学はカトリック系の学校で、『フィニアンの虹』は一九四七年にブロードウェイでヒットしたアイルランド調のミュージカルだった。ロラス大学が俳優・歌手を供給し、私たちはダンサーとして参加した。このショーの主人公は、ダンスでコミュニケーションをとる口のきけない女性、「沈黙するスーザン」だった。ローリング先生は最初、赤毛で色白のダンサーであったポーラをスーザン役に起用した。しかし、開幕の数日前、先生は黒髪で褐色の肌の私にその役を演じさせることにした。私は唖然とした。まず、二日間で新しい振り付けを全部覚えなければならないし、口のきけないアイルランド人を演じる私を、観客はどう受け止めるんだろう？　もしかしたら、ローリング先生は、見た目は違うけど、この役には私がふさわしいと思ったのかもしれない。それで配役を変えたのだ。これは大学での公演にすぎなかったのだが、もしかしたら肌の色に縛られる必要はないのかもしれないと、私に思わせてくれた最初の出来事だった。もしかしたら、肌の色を越えて仕事ができるチャンスがあるのかもしれない。もっと楽しいことをするには、金髪でなくてもよいのかもしれない。

ロラス大学では、初めてロマンスの味も覚えた。私を密かに好いてくれていた人が、詩を添えて気持ちを届けてくれたのだった。彼はカンパニーのバンドの一員で、年上だった。二〇歳くらいだろうか。彼はアイルランド人で、ジェームス・ディーンに似ていた。一度のキスとたくさんの手紙。これが、音楽とダンス以外で私を興奮させた、唯一の経験だった。

帰路途中、ラスベガスに立ち寄った私たちは、そこで別の種類の大物文化人に遭遇した。デザート・インでトイレを使うためにステーション・ワゴンから降りると、彼は長いもみあげにポマードたっぷりのイカしたポンパドールで、ペンを手に手すりにもたれかかっていた。お馴染みの青いスエードの靴は履いていなかったが、一眼で誰だかわかった。「やあ」と彼は親しげに言った。「君たちもショービジネスの人間かい？」私たちの大股で手足を伸ばす歩き方が、放浪の旅人っぽく見えたのだろう。彼はサインペンの先で手のひらを叩き、ジムがクスッと笑いながら、「そうさ」と言った。仲間の女の子が立ち止まって彼とおしゃべりをしたが、私は用を足す必要があった。エルヴィス・プレスリーは、奇跡のようなスターダムを登り始めたばかりだったが、そのときの彼は、とても青く、農場から出たばかりのように見えた。彼は歌うだけでなく、名声を手に入れるための熱を持っていた。私たちダンサーも熱は持っていた。でも、私には彼のような名声を得ることはできないし、グレースランドに居を構えるもできないということはわかっていた。

ロサンゼルス周辺の多くの大学や学校で、私たちは「ダンスは言葉だ」を演じ、好評を博したが、もっとも印象に残っているのはイマキュレート・ハート大学での公演だった。その学校は先進的教育で知られ、カトリック教会をまさに上下逆さにするくらいな勢いの修道女たちが主導する画期的なコミュニティだった。シスター・コリータ・ケントが、バックミンスター・フラー、ジョン・ケージ、ソール・バス、アルフレッド・ヒッチコックら「偉大な男性たち」（あれ、偉大な女性は？）と対話する「グレート・メン」シリーズに、ローリング先生が招かれた。シルクスクリーンのポスターは、大量生産が可能なため、絵画よりも安価だった。そこで、彼女らはシルクスクリーンをたくさん作り、楽しく、元気な社会的メッセージで家庭を彩り、美術部の資金を調達した。しかし、シスター・コリータの芸術は、単なる大胆な色使いや特徴的な文字の使い方だけではなかった。彼女は、悪名高い平和主義者で活動家のダニエル・ベリガン神父をして、「まさに発明の魔女……彼女は危険だ」と言わしめたのだ。(1) シスター・コリータが危険なのは、芸術を社会を変えるために使っていたからなのだ！

ローリング先生の計らいで、コリータのワークショップを受けることができた。彼女は修道女だったが、活発で楽しい人であった。何を作ったかは覚えていないが、彼女の言葉は覚えている。何事にも疑問を持つこと。彼女の授業のもうひとつのルールは、「すべてのルールを破る」ことだった。私は、これがいかに危険なことでありうるかを理解した。数年後、私はシスター・コリータの「危険なアート」をあちこちで目にするようになった。彼女の作品は、一九六〇年代を象徴するような声だった。彼女の反戦作品のひとつに、ダニエル・ベリガン神父と弟のフィルがヴェトナム戦争に抗議して徴兵カードを燃やしている絵があった。イマキュレート・ハート大学のシスターたちとともに、精神的な真理、完全な創造性、そして「ルールを破る」ことを追求した彼女は、日頃の習慣からも抜け出し、最終的には男性優位の教会を壊し、あるいはそこから追い出された。私たちの芸術的好奇心を深め、このような過激で創造的なアーティストにして思想家、教育者たちと結びつけてくれたローリング先生には感謝の気持ちでいっぱいだ。もしかしたら、このときの体験が、私のなかに、のちに花開く種を植えてくれたのかもしれない。

第六章 シャル・ウィー・ダンス！

Shall We Dance!

一九五五年、私は一五歳の誕生日を、映画『王様と私』で踊るという初めての本格的な仕事で祝った。ロジャースとハマースタインのこのミュージカルは、一九五一年にブロードウェイで生まれたが、二〇世紀フォックス社が銀幕で公開したのは、ユル・ブリンナーが主演した、セクシーで毛髪がなく、胸をはだけた褐色の肌の王様、甘美な「東洋人」の妻たち（白人男性の妄想であることは間違いない）と愛らしい子どもたち、それに、デボラ・カーの演じる、巨乳で燃えるような髪を持つイギリス人女教師のミス・アナが登場する物語だった。

ブリンナーが本物のアジア人でもタイ人でもなかったことは関係ない。ロシア人の血が混じっている彼は、十分アジア人に見えた。この物語の説く道徳的な良心が、アジアの王に民主主義の価値を示すイギリス人女性であったことも重要ではない。肝心なのは、この作品で初めて、アメリカの観客は、力強く魅惑的なアジア人男性のキャラクターを大スクリーンで観たことだ（ブルース・リーが登場するのは一九七〇年代になってからだ）。ブリンナーはブロードウェイでこの役を四千回以上も上演し、情熱、ユーモア、探究心、魅力、そして鋭い身体能力で王を体現した。ミス・アナを箝づけと同時に味方につけ、彼は子どもや妻たちに西洋の教育を受けさせたいと願う一方で、自国への植民地主義的侵略や奴隷制に対する自身の矛盾に取り組まねばならなかった。この王は複雑な人間であり、スクリーン上でも実物でも、愛さずにはいられない存在だった。この親しみやすい褐色の肌の王が撮影現場の校舎を訪ねてきてくれたときは嬉しかった。そして、この物語の中心をなす褐色の子どもたちや女性たちの部族の一員であることは、とても心地よかった。

ハリエット・ビーチャー・ストウの反奴隷制小説『アンクル・トムの小屋』を題材にした、ジェローム・ロビンズの美しい擬タイ式バレエ『トーマスおじさんの小さな家』に、私はダンサーとして参加した。今回は父はロビンズに「イエス」と言い、私はこのダンスの天才のもとで働くチャンスを得た。しかし、辛かったのは、母が毎日、朝六時から夜六時まで撮影現場に一緒にいなければならず、家族に負担をかけたことである。これは、子役スターが搾取されないように保護するための法律で、プレッシャーをかけ、薬を飲ませてまで長時間働かせると同時に、可愛がり、ほめそやし、甘やかす（ジュディ・ガーランドやミッキー・ルーニーの才能から大金が転がり込んだ）芸能界から子どもを守るためのものだった。バレエを踊る四人は未成年であったが（私の他にジューン・ツキダ、パット・ウエハラ、アリス・ウチダがいた）、私たちはほめそやされることも甘やかされることもなかった。大人のダンサーに負けないような厳しいリハーサルの合間に、出張教師による四時間のスクーリングの時間をねじ込むことを期待されていた。スタジオとしては、私たちのせいで余計な出費がむしろ増えたわけだ。

主役の逃亡奴隷イライザを演じたのはユリコだった。[*1] 彼女はサンノゼ生まれの二世である。戦時中はヒラリバー強制収容所で抑留者の若者たちにバレエのクラスを教えた。有刺鉄線に囲まれて暮らし続けるには気が強すぎ、野心もあった彼女は、収容所から出てニューヨークへ行き、粗末な縫製工場で働きながら、モダンダンスのマーサ・グラハムに師事した。その後、ユリコはグラハム・カンパニーの尊敬を集めるソリストとなり、カンパニーの教師にもなった。「ユリコ」という下の名だけで、ダンス界のスターである彼女を知らない者はいなかった。

バレエの主役のほとんどがそうであるように、ユリコもブロードウェイで踊った。手の動き、足の伸び、表情は、ベテランダンサーの筋肉記憶から紡ぎ出された。しかし、私たち下っ端ダンサーは、彼女の踊りについて行くためにブートキャンプのような猛特訓をしなければならなかった。一〇分の踊りを覚えるのに八週間。タイ舞踊の専門家でもあるミチコが、タイ伝統舞踊のフォームを指導するにはわずかな時間だった。ものすごく長い時間、膝をついて踊る。膝が軋み、身体中が痛んだ。ようやく形と振り付けをものにしたと思ったら、今度は衣装だ。黒いドレス、黒いタイツ、黒いハイヒール、エジプト女王ネフェルティティ風の黒い帽子、エジプト人の黒い目という、ちょっと怖くてミステリアスな有名デザイナー、アイリーン・シャラフが衣装を担当した。彼女が一切費用を惜しむことなく作る衣装は、華やかなオレンジや紫の輸入タイシルクで周囲を色とりどりに染めた。何もかもが美しかったが、四五センチの螺旋状に宝石が付いた重いヘッドピースは大嫌いだった。初めてその摩天楼を頭に載せたとき、自由に踊ることはおろか、動くことすらままならなかった。数ヵ月間、私の頭蓋骨には円形のへこみが残った。

完璧主義者のロビンズは、すでに実績のある傑作バレエを映画化するために、毎日、振付、演出、衣装、撮影装置、照明、セットなどを工夫し続けた。二週間半の撮影の初日、ロビンズは私たちをサウンドステージへと案内した。そこには、サテンのように滑らかな黒漆塗りの床を持つ、彼が空想した通りの舞台があった。この世のものとは思えない舞台のセットの床を素足で滑るように歩くと、周囲からの百個の太陽のような強力ライトが鏡のように私たちのオレンジと金色の鮮やかな衣装、白塗りの顔、螺旋状のヘッドピースの光を反射して、ますます魔法のような光景が作り出された。ロビンズは、黒漆塗りの床とは対照的な、歌舞伎で使うような真っ白な絹の布で氷が浮かぶ川を見事に表現した。私たちはゆっくりとした動きで神秘的な空間を探索しながら、裸足の足から立ち上ってくる暖かさを感じていた。だんだん暖かみは強まっていった。気がつくと、照明が黒塗りの床を熱い炭のベッドに変えていた。ロビンズの魔法は床を溶かし、熱いグチャグチャな塊へと変えつつあった！

「一〇分休憩！」照明が消された。スーツ姿の男たちが集まってきた。ロビンズはウロウロと歩き回った。やがて、巨大な扇風機が運び込まれ、黒漆塗りの床の周りに置かれた。解決法はこうだ。一〇分間撮影し、休憩してライトを消し、一五分間扇風機を回す。撮影、休憩、扇風機、撮影、休憩、扇風機……。これが撮影の二週間半の間続いた。撮影時間の延長はプロデューサーにとっては悪夢だ。完成した踊りは、もちろん魔法だった。映画はアカデミー賞五部門を受賞した。しかし、ロビンズに次の映画の依頼が来たのは、かなり先のこととなった。

今日、私たちは『王様と私』を違った目で観るかもしれないし、ロビンズの裸足のバレエ作品『トーマスおじさんの小さな家』を文化の盗用と考えるかもしれない。ロビンズはタイ舞踊の専門家の助けを借りて、反奴隷制のメッセージを芸術的に伝えようとしたのだが。しかし、そこは一九五〇年代のブロードウェイとハリウッドの話だ。結果的にタイ政府は、国王の描写やミス・アナがタイの歴史の流れを変えるストーリーを快く思わなかった。この映画とその後のバージョンは、タイでは上映禁止となった。

私は「二倍の実力が必要」なことが自分のためになっていると思い始めていた。まもなく、もう一人の伝説的な振付師ジャック・コールのもとで、二つ目の仕事を得た。そう。アメリカ文化を決定づけた数え切れないほどの映画、特にミュージカル『パリのアメリカ人』、『雨に唄えば』、『略奪された七人の花嫁』、『キスメット』、そしてもちろん『オズの魔法使い』を生み出した華やかな夢の工場ＭＧＭピクチャーズの、あのコールが振り付けた映画に私も出るのだ！　ジーン・ケリーが主役をつとめる『魅惑のパリ』だった。

母とカルバーシティにあるＭＧＭのゲートをくぐったとき、自分を途方もなく小さく感じた。迷路のような巨大なサウンドステージを、まるで観光客のように歩いた。ときおり、見たことのない俳優や巨大なセットの横を通り過ぎた。肩から下げたダンスバッグには、レオタード、タイツ、バレエシューズなど、ダンサーの道具がぎっしり詰まっていた。バッグを私はぎゅっと握りしめた。ようやく目的地に辿り着いた移民のような気分だった。この文化のメッカで、私たちはまさに移民だった。

真剣なダンサーなら誰でもジャック・コールのもとで働きたがった。優れた振付師であるだけでなく、もっとも卓越したダンサーでもあった。ジャズダンスの革新者である彼は、崇拝され、恐れられてもいた。彼のダンサーたちも伝説だった。グウェン・ヴァードン、アルヴィン・アイリー、ボブ・フォッス、ドナルド・マッカイルなど、コールのもとで働き、鍛錬し、彼の高い要求を体現する機会に恵まれたダンサーたちは、業界一の実力者であり、それで一躍有名になった。コールと彼の仲間たちはダンスの戦士だった。ダンサーたちはとてもタフで、素足でタバコの火を消すことができたと言い伝えられている。私の足にもタコはもちろんあったが、私はそこまでタフだっただろうか？

ジャック・コールの系譜は、一九三〇年代のモダンダンスの初期のパイオニアたち、チャールズ・ワイドマン、ルース・サンドニ、そしてテッド・ショーンにつながっている。彼らは西洋のバレエ様式から自らを解放し、アジアにインスピレーションを求めていた。東京生まれの伊藤通郎(みちお)は、歌舞伎や能の美学を作品に取り入れ、ニューヨークのモダンダンス界での人気者だった。彫刻家イサム・ノグチをマーサ・グラハムに紹介し、彼女の舞台装置をデザインさせたのも彼だ。伊藤のアメリカでのキャリアは、一九四二年一二月に敵性外国人として逮捕され、収容所に入れられた後、日本に送り返されたことで幕を閉じた。

コールは、チェケッティ・バレエからバラタ・ナティヤム（インドの古典舞踊）まで、あらゆるダンスを学び、コンサート・ダンス・シーンから抜け出して、ニューヨークのジャズ・クラブやダンスホールから影響を受けていた。そこでは当時ではもっとも自由な踊りに近いジターバッグやマンボの動きに、黒人や褐色の肌の人々が身を任せていた。アフリカン、アフロ・キューバン、バラタ・ナティヤムといった、大地に根ざしたスタイルを自分の身体に取り込み、ヒップでモダン、官能的でソウルに溢れた今日のジャズダンスに影響を与えたスタイルを確立したのだ。彼の革新的な振り付けは、『キスメット』、『ジャマイカ』、『ラ・マンチャの男』など、ブロードウェイのショーを席巻した。コールはハリウッドでも引っ張りだこで、リタ・ヘイワースやマリリン・モンローのようなスターは、彼なしでは仕事をしなかった。今日でも、モンローの名曲「ダイヤが一番」の焼き直しであるマドンナの「マテリアル・ガール」のビデオには、コールの影響が見られる。コロンビア映画は彼にワークショップスペースを与え、そこで彼のダンサーたちは年間を通して給料をもらいつつ、稽古、リハーサル、そして映画のナンバーを創作した。なんという名案だろう！

私のオーディションは不思議なほどすんなり終わった。想像上の世界に生命を与えるために外界を遮断している、消音パッドがついた分厚く巨大な二重扉の内側にあるサウンドステージでのオーディションだった。母と私はその暗闇に足を踏み入れ、古いサウンドステージのじめじめした臭いを吸い込んだ。若い男性アシスタントに手を引かれ、ぶら下がったリハーサル用の照明に照らされた巨大な移動式ミラーのあるエリアに向かった。彼がいた。張りのある胴体に白いシャツの裾を結び、普通のスーツのズボンをはき、黒いダンスシューズを履いている。空中での腕の動きの跡をタバコの煙が描き出している。クーガーのようなしなやかなエネルギーで動き、ピアニストとドラマーにダンスの音楽をつけてもらうために、声音とジェスチャーでテンポやダイナミックなリズムの変化を指示していた。あまりのかっこよさに緊張を忘れた。

区切りがついたところで、コールは私の方を見て、舞台の明るい方に来るように促した。他のダンサーはいないか、隠れる場所はないかと辺りを見回したが、誰もいなかった。私はたった一人で、ダンスの魔法使いに会うのだ！　若くて臆病で、しかも日系人である私を不憫に思ったのだろう。彼の顔は角ばっていて、眉毛はV字型についていた。片方の目が野生的な形で、どこを見ているのかわからないような印象を与えた。彼は爽やかな笑顔で言った。「着替えなくていいから、靴を脱ぎなさい」。きっとこの小さなネズミのために時間を無駄にしたくないんだわ！　私は素足に黒のタイトなパンツ、白いシャツの裾をズボンに入れたいでたちで立った。彼は私を鏡の前に連れて行き、ドラムに合わせていくつかの歩き方の見本を見せた。膝を曲げ、体の中心を低く保ち、腰を動かし、膝をさらに深く曲げる。一〇分ほど後について歩くと、「オッケー」と彼は言った。これで終了だった。え、これだけ？　私は踊りもせず、自分の実力を見せることもなかった！　戸惑いながら、母に慰められながら家に帰った。数時間後、月曜日に来るようにと連絡があった。採用だった！

それから二ヵ月間（そして一〇年間）、私は彼の後を追い続けた。まだ一六歳で、一日四時間は学校に行かなければならなかったが、残りの時間は舞台に通って、彼の後ろで踊った。『魅惑のパリ』のナンバーには三種類のダンススタイルがあった。八人ほどのダンサーのグループにアフロ・キューバの激しい動きを教え、別のグループには体を絞るようなアフリカン・スタイルの動きを教えるのにほとんどの時間を費やした。私たち四人のアジア系ダンサーは、一日一五分ほど、大きな扇子を二本持ち、深いプリエの形をとるバリ島のシンプルなダンスを、彼の指導で練習した。これらの民族的な形式をすべて受け入れながら、彼はその動きを独自のものにしていた。

私は一日四時間ジャック・コールと一緒に踊り、彼の動きを学び、背中と胴体を観察し、身体の中心を低くし、脚を鍛え、足を強くした。彼は激しく、そして繊細で、正確でありながら常に変化し、退屈な反復練習を通して私たちの身体に動きを植え付け、押したり、おだてたり、怒鳴ったり、見本を見せたり、ときには突き飛ばしたりした。ジャックの機嫌は損ねない方が身のためだ。このナンバーのためにダンスステップを作っているばかりではなく、彼は私たちにある言語を教えていた。私はそれを身体で飲み込んだ。ただのリハーサルだったけれど、命がけで踊った。彼の鋭いユーモアのセンスは愛すべきものだったが、ときにはひとりのダンサーを選んで、特に残酷な扱いをすることもあった。でも最後には皆、彼を許した。ダンスをものにしたときには、本当に最高な気分だったから。『魅惑のパリ』のナンバーを見れば、私たちがこの映画であのダンスにどれほど頑張ったかには気がつかないだろう。[1]そう、私たちはスターたちの動く背景で、ジーン・ケリー、ミッツィ・ゲイナー、タイナ・エルグ、ケイ・ケンドールを素晴らしく見せていたのだ。しかし、主役たちの後ろで私たちはとてつもない振り付けをこなしていた。ダンスにおける多くの素晴らしい瞬間がそうであるように、それは必ずしも舞台やスクリーンで目に見えるとは限らないのだ。

あの奇妙なMGMの世界では、ときどき、リハーサルを見に来る（そして、ダンサーの一人だった当時のガールフレンド、バリー・チェイスを迎えに来る）フレッド・アステアが颯爽と入ってきた。ジーン・ケリーとフレッド・アステアが一緒にいるなんて！　二人はダンスでスターダムにのし上がった。ほとんどの場合、ダンサーはハードなトレーニングを重ね、汗をかくが、給料は安く、無名である。ダンサーとは、ハリウッドのサウンドステージの埃のなかに裸足で足跡を刻む野外奴隷なのだ。しかし、給料や華やかさではなく、良い仕事を成し遂げることそのものに満足感があった。

私は内気で、撮影現場では唯一の一〇代だった。そんな私の気持ちを理解してくれたのは、レイコ・サトウだけだった。子どもの頃、リトル・トーキョーで開催された二世ウィークのタレントショーで見た、セクシーで美しいダンサー。今の私は彼女の傍で踊っている。レイコはジャック・コールのお気に入りのひとりだった。レイコのことを『キスメット』で彼女が演じたアバブの三人の王女の一人にちなんで、ベイビー・ブーと呼んでいた（ちなみにコールは私のことはオリーブ・オイルと呼んだ）。レイコの体はジャックの作品にぴったりだった。身長はわずか一五二センチ、肩幅が広く、胸が豊かで、体幹と脚が強く、足が小さく、美しく、たくましかった。レイコはジャックを慕うセクシーなサムライで、ジャックがそのように振り付ければ、崖から飛び降りることも厭わなかったろう。

レイコは、私が出会ったなかでもっとも風変わりで、他人と同調せず、世間から逸脱した生き物だった。美しかったが、虚栄心がなく、一九五〇年代の女性としては珍しくファッションに関する努力をまったくしなかった。しわくちゃのズボンをはき、ぶかぶかのタートルネックを着て、草履を履き、すっぴんで、長い髪を頭の上に積み上げ、箸をブッ刺してとめていた。踊っていないときはタバコを吸い、セットで本を読んでいた。私は品行方正な良い子として育ったけれど、レイコは反抗的だった。私は成功しようと頑張っていたが、レイコには野心もショービジネスへの愛もなかった。私は認められようとしていたが、レイコは他人が自分をどう思おうと気にしなかった。彼女はビートニクでもヒッピーでもなかった。彼女を精霊だと思う人もいた。アジア系ダンサーとして、彼女と私はその後一〇年間、同じダンスの仕事をたくさんした。舞台（ロサンゼルス・シビック・ライト・オペラ）の『王様と私』や『キスメット』では、旅先で同室になり、夜通し、人生、愛、セックス、そして大好きなジャック・コールについて語り合った。

サンフランシスコでは『キスメット』の開幕を数日後に控え、リハーサルは緊迫していた。ジャックは疲れていたし、最近に起こったマリリン・モンローの自殺をまだ嘆いていた。彼は極端な行動に出ていた。リハーサル中にアンクルベルをつけていなかったという理由で、長年アシスタントを務めていたジョージ・マーティンとエシル・マーティンをクビにしてしまった。誰も彼に対して抗議したり、その荒々しい気性を理解しようとしたりはせず、ただ逆鱗に触れないように振る舞うしかなかった。ある日、私たちアバブの三人の王女に、膝を深く曲げて、手の親指と人差し指で輪を作るムードラと呼ばれる複雑な手の動きを含む、難しい八小節のセクションの稽古をつけていた。ごくわずかな修正をするために何度も何度も怒鳴られた。「動きの考え方があべこべだ！」「オリーブ・オイル！　お前の動きはまるでアスパラガスとの濡れ場みたいだ！」五〇回目にもなると耐えられず、呼吸を整え涙を止めるために、私は彼に背中を向けた。やり直し、やり直し。もう限界だった。すると、レイコがいきなりリハーサル室を飛び出した。どこに行ったのだろう？　ジャックはついにあきらめ、「休憩」と言った。私たちはうめき声をあげて倒れた。レイコはどうしたのかしら？　後で聞くと、外に飛び出して吐いたそうだ。それを聞いて、私は彼のダンサーたちに少し近づいたような気がした。素足でタバコを消すことはできなくても、私が知っているなかでもっとも根性の座ったサムライダンサーであるレイコが倒れるまで、私も耐えて頑張れたのだから。

それから数年後の一九六五年、私はテレビのバラエティ番組『ハリウッド・パレス』でジャック・コールとレイコとトリオで踊る機会があった【写真9参照】。それは、彼が自分の作品を自分で踊った最後の舞台だった。彼は、バラタ・ナティアムとアフロ・キューバン・リズムという対照的な二つの文化形式を同じ舞台で融合させていた。素敵だ！　ジャズピアニストでティンバレスの奏者でもあるトミー・ウルフ（『春は憂鬱な季節（*Spring Can Really Hang You Up the Most*）』で知られる）の生演奏をバックに何週間もリハーサルをした。ジャックは恐らく支払われたより多くのお金を使い、私たちの出演料、インド製絹織物の豪華な衣装を調達しただけでなく、リハーサルの後には、毎日アイスクリームをご馳走してくれた。でも一番楽しかったのは、彼と一緒に動き、一緒に探検し、一緒に踊り、ジャック・コールの創作過程の一部になれたことだった。

【写真9】『ハリウッド・パレス』のバラエティ・ショーで踊るレイコ・サトウ、ジャック・コールとジョアン。1965年頃、ロサンゼルス。写真：著者蔵。

あの若さでジャック・コールとジェローム・ロビンズという、まったく違う形でアメリカのダンスを発展させた二人のダンス界の巨匠のもとで働く機会に恵まれたのは、とても幸運なことだった。私のなかでは、ロビンズはどちらかというと既存の形式を活用しながら概念化する振付師であり演出家だった。コールは新たなダンスを編み出した。二人とも、自分が使うダンスの形式やその踊りを生み出した文化に関して、深い知識と敬意を持っていた。そして二人とも、芸術性によって細かく分断された知識や文化的な表現の可能性の幅を、大きく広げたのだった。

第七章
めくるめく学校での出来事
School Daze

私にとって本当の愛はダンスの世界にあった。ゆえに学校はなんとか対処しなければならない重荷だった。日系人であり、なおかつ本格的なダンサーでもある私は、二重に不適合者だった。考えることが他の子どもたちと違っていた。みんなが男の子の話やデートの話、所属しているクラブの話をしている間、私は自分のキャリアのことを考えていた。心の内の小さな声は友だちの輪にも溶け込みたがっていたが、幼い頃からさすらいの少女だった私には、長期的な友人関係も共通の話題もほとんどなかった。ダンスに没頭している方が楽だった。

ロサンゼルス高校は、多民族キャンパスという点では時代を先取りしていた。しかし、昼休みの校庭はこんな感じだった。ブッダヘッド（日系人）はランチベンチ、メキシコ系はカフェテリアの近く、ユダヤ系は四つ角、そして黒人は体育館の近くに、それぞれ陣取っていた。誰もが自分の居場所を持っていて、越境するのはごく限られた人だった。なぜかはわからない。授業中はみんな混じって座るのだが、昼休みになると、自ら人種隔離を実行するのだ。それはひょっとすると、食べ物のせいだったかもしれない。

そう、ほとんどの日系の子どもは、昼休みにお弁当の茶色い袋を開けて、お母さんが今日のランチに大好物を包んでくれたのを見て、「やったあ！」でなく「困ったなあ」という気まずい瞬間を経験したことがあるはずだ。他の子はボローニャ・ソーセージやツナのサンドイッチなのに、包みを開けると日本古来のサンドイッチ、つまりおにぎりが入っている。理解して欲しいのは、当時は寿司は多くの人の毎週のメニューにはなかったということだ。また、現在のように民族衣装を着て分かち合いの時間を持つ「多文化デー」もなかった。タコスやスパゲティのようなエスニック料理は知っていても、黒い海苔に包まれた小さな米の球は奇妙で異質だった。反応はたいてい「何それ？」だった。それに母は私が大好きな臭い漬物も入れてくれている。マジでヤバい！　この漬物の大根はご飯と至極合うのだが、おならのような匂いがする！　これは文化的な綱引きで、この国に住む有色人種と移民にとってはリトマス試験紙だった。母に「お弁当におにぎりを作るのをやめて」と言って、自分を殺し、お母さんを混乱させるのか。それともおにぎりの立場を守るために身を挺し、好奇心旺盛な同級生に「これは大好きな日本のお弁当なの。おいしーい、一口どう？」と言うのか。てなわけで、子どもも大人も自分と似た人と群れるのだろう。そうすれば、文化の違いを説明したり、謝ったりする必要がない。なぜ米は白い食パンやボローニャよりおいしくて身体に良いのか、などということを説教する必要もない。ただ自分を曲げずに「うーん、おにぎり、おいしい！」と言いたいだけなのだ。

しかし、私はそんな苦労とは無縁だった。昼休みは講堂で宿題をした。社交、男の子の噂？　そんな暇はない。学校が終わるとすぐ、アメリカ舞踊学校の同級生のジュディ・ムーアハウスと一緒に、八五番のバスに乗ってハリウッドに向かった。ヨーロッパ系アメリカ人中心のダンス界で黄一点であることにも慣れた。ダンスという同じ言語を理解していたから、溶け込むことができたのだ。午後の最初のダンスクラスはたいていバレエで、四時半に始まった。C・C・ブラウンズでホットファッジ・サンデーを買うか、通りの向かいにあったユダヤ系のデリカテッセンでハルヴァというお菓子を手に入れて、糖分を補給する時間しかなかった。最初のクラスが終わると、三〇分休憩して、モダンかキャラクター・ダンスのクラスに行く。夜の九時、再び八五番のバスで家路につき、ベニス街とクレンショー通りで降りた。母は暗闇のなか、ファミリー・カーのオールズモビルで迎えに来てくれた。それから遅い夕食をとり、宿題をする頃には、テーブルでうつらうつらとしてしまう。

ダンス・プレイヤーズのリハーサルをしていた春は、夜一一時までスタジオにいた。週一二回のレッスンとリハーサルに加えて学校もあり、私は追い込まれていた。湿疹がひどくなった。数年後、発疹はストレスによって起こることを知った。サンタアニータ競馬場に収容されたときと同じように。あまりに疲れすぎて涙が出てしまうこともあり、それも家族にストレスを与えた。父はプレッシャーをかけすぎだと母を非難し、私が「違うの。私がやりたいのよ！」と嘆願しなければならないほどの激しい口論になった。何かを突き詰めるためには、家族全員が犠牲を払わねばならなかった。もう少し普通のことに憧れ、ギリシャ語で「踊る」という意味の「オルケシス」という女子クラブに入った。このクラブで、楽しむために踊っている他の女の子たちとのつながりもできた。オルケシスの一員として学校のタレントショーに何度か出演した。幽玄な曲で、ゴージャスな薄く透き通るチュールのついた衣装と白いトウシューズを履いて、白鳥を演じた。高校生を興奮させるような出し物ではまったくなかった。「スティーム・ヒート」をやるまでは。

ミュージカル『パジャマ・ゲーム』のなかの大受けに受けたジャズ調のナンバーが、私の人生を変えた。内気な私が、どういうわけかアメフト部の男子たちに一緒に踊ってもらおうと思いついたのだ。これがポップで一般受けするようなジャンルに足を踏み入れた瞬間だった。また、フットボール選手たちのコーラスラインに合わせて、黒パンツ、山高帽で腰を振るこの踊りには、ジャック・コールとの稽古の成果も十分に生かされた。「スチーム・ヒート」はユーモアがあり、熱気満々だった！　ショーの翌日、私はロサンゼルス高校一の人気者になっていた。人気はゼロから一〇〇になった。誰もが私に話しかけたがった。私は戸惑い、圧倒された。その直後にはホームカミング・クイーンに選ばれた。それが何なのかさえ知らなかった！　フットボールの試合にも、デートにも行ったことがなかった。ホームカミング・クイーンにはキングが必要だ。少なくともホームカミングのダンスのパートナーが必要だった。私は授業の空き時間に男子部の教頭であったヘンチケ先生の手伝いをしていたが、彼は毎日こう尋ねた。「ダンスのデート相手は決まったかい？」

「いいえ、まだです。ヘンチケ先生」。恥ずかしかった。ホームカミング・クイーンに選ばれ、一瞬にして人気者になったのに、学校中で私をデート相手として考えてくれる男性が誰もいないなんて。

何週間か過ぎた。ついに、電話が突然かかってきた。マウント・バーノン中学校時代からなんとなく知っている男子であるダグ・フルタからだった。大仏のようなニコニコ顔のフットボール選手。まさにブッダヘッドだ。

「ホームカミング・ダンスのデートは決まった？」

「いいえ。」

「一緒に行かない？」

うわぁ、やっと来た！　冷静さを装って、「オッケー、いいわよ」と言った。ほっとした！　後でわかったことだが、どうもヘンチケ先生が私をデートに誘う日系男子を根回ししたらしい。ダグはフットボールチームに所属していたので、完璧な候補者だった。というわけで、いきなり振って湧いた話というわけでは、実はなかったようだ。

その後、根回しなしに私に声をかける男子が現れた。背が高く、ハンサムでコーヒー色の肌をしていた。校庭で、大きな優しい笑みを浮かべて近づいてきた。シャープなファッションの男の子だ。学校にスポーツ・ジャケットを着て来るなんて。クールなメガネをかけた彫りの深い顔が、知性とセンスをさらに引き立てていた。いや、顔だけじゃない。彼はディベート・チームのリーダーだった。もちろん、私は彼が誰だか知っていた。級長にして、歌手レナ・

ホーンの息子、テッド・ジョーンズだ。

「デートに行かない？」テディが私を捉える。私はヘッドライトに目が眩む鹿になった。

それはティーンなら誰もが体験する素朴な質問だが、私たちが誰であるかを考えれば、時代を先取りしすぎていた。目をぱちくりさせた次の瞬間、ああ大変、両親、特にお母さんが卒倒してしまう！という思いが脳裏をよぎった。確かに彼が好きだった。でも、彼は私に、そして自分に何を求めているのだろう？これは一九五六年の出来事だった。人種の境界線は明確で、塀は高かった。当時、その門をぐらぐら揺らす人はほとんどいなかった。私は黒人居住区で育ったが、そこにはルールがあった。母とハツエおばさんの声が頭のなかに響いた。外で遊ぶのはいいけど、クロちゃん（黒人の子）と遊んではダメよ。それは御法度だったし、疑問にも思わなかった。越えてはいけない一線だった。

一〇代になったとき、母と娘で話をした。人生、文化、芸術（これが彼女の本当の宗教だった）についての知恵や見解を、母が私と分かち合ったプライベートなひととき。母の思いはたいていの場合、とても深遠なものだった。しかし母の言葉は若い日系アメリカ人女性としての基本的なルールも含んでいた。要するに、母は私が日系人と付き合うことを望んでいたのだ。といっても、自分の父親が母に私の父との結婚を禁じたのは父が白人とのハーフだったからだ、と母が話していたことを考えると、もし相手が白人だったら、母はそんなに動揺することはないとわかっていた。でも、相手が黒人だとしたら！　絶対にダメだ。だから私は、この美しい褐色の青年を見ながら、恥ずかしさで動けなくなっていた。「あ……」たぶんテディは、自分より肌の色が少し明るいクールな日系人のホームカミング・クイーンだと、私のことを思ったのだろう。異なる部族同士が出会って以来、人間は試行錯誤を繰り返してきた。祖母ルーシーと祖父ハリーは人種の境界を飛び越えた。日本に駐留していた黒人兵士と結婚した日本人の花嫁が、アメリカに移り住んだという話も聞いたことがあった。でも、実際にそんな人に会ったことはなかった。学校にただ一人、黒人と中国人を親にもつ女の子がいた。ジーナ・リム・ユー。彼女は美しかった。

時空に宙吊りにされ、どうすればいいのか手がかりもなく、頭が空回りしていた。今までダンスのトレーニングは積み上げてきたけれど、その鍛錬は「ちょっと立ち止まって、あなたが何を頼んでいるのか、一度考えてみない？」と言う勇気も誠意も与えてはくれなかった。ただのデートに行くティーンエイジャーの二人ではない。あなたは黒人で、私は日系人。強制収容所から出て一〇年が経って、アメリカに溶け込み、アメリカ人として受け入れられ、家族や若干人種差別的である日系社会の良き娘となろうとしているときだった。確かにあなたはハンサムで賢い。確かに人種の境界線は馬鹿げている。ごめんなさい。ルーシーおばあちゃんのように勇気がなくて。私はまだ社会に立ち向かう準備ができていないし、私を殺そうとするだろう両親に立ち向かうこともできない！

私はただゼリーのように震える心で、ハンサムなテディを見つめて、「無理」と言った。その愚かな答えが今でも胸に刺さる。

踊る男子のバックコーラスをバックにした「スチームヒート」には、もうひとつの効果があった。アスリートたちとの輪を広げてくれたのだ。そのほとんどがユダヤ人だった。気がつくと、彼らと昼食を共にしていた。初めて昼休みに宿題をしないで外に出た。彼らは外向的で率直だった。また、人種や差別についても面白おかしく語ることを競いあった。ユダヤ人はこれらの問題について何世紀も経験を積んできていた。日本人や中国人は単一文化圏からの比較的新しい移民だった。母国での階級的なバイアスには慣れていたが、アメリカの人種差別には、まだ適応途中だった。人種について冗談を言うレベルには達していなかったのだ。私たちは溶け込もうと必死で、黙って痛みに耐えていた。長年の間、部外者、不適合者のように感じていた私が、突然あるグループから迎え入れられた。自分が特別な存在になったように感じた。グラスマン、フリードマン、シトロン、シャハトらに混じったミヤモトだというだけではなく、男の子たちの間に一人だけ混じる非ユダヤ系の女性(シクサ)の私。私の異質さはジョークや笑いのネタになった。この新しい友人たちの輪のなかで一線を越える勇気を持った者が一人がいた。マイク・シャハトがデートに誘ってきたのだ。今度はイエスと言った。

テディ・ジョーンズに対するような急進的な飛躍ではなかったが、当時としては一つの主張だった。覚えている限り、ロサンゼルス高校時代の異人種間カップルは、他に一組だけだ。彼らに気づかないわけにはいかなかった。日本生まれのトシローは柔道の鍛錬でストリート・タフな体格をしていた。私は彼のことを、人気のある日本のサムライ映画スター、三船敏郎の地元版だと思っていた。ティッシュというニックネームの彼は、キャンパスでもっとも美しく青い目で色白、金髪の北欧系の女の子と付き合っていた。二人はどこを歩いても人目を引いた。ティシュは特に目立つ白人の女の子と付き合う度胸があり、私たちはそれを賞賛した。

マイク・シャハトと私は、彼らほど対照的なカップルではなかった。二人とも日焼けしていた。彼はハンサムな地中海系のルックスで、憧れのケーリー・グラントを彷彿とさせるクールな着こなしをしていた。私は相変わらず母が作ってくれた服を着ていたが、それは母の考える最新のファッションだった。おそらく民族的に混ざり合った学校でも、私たちは話題になっていただろう。一九五〇年代には、付き合うのは同じ人種の人と、という考え方に多少の亀裂が生じていた。数年後には人種関係や社会的平等を求める闘争が舞台の中心となる。

一九五七年の夏、ロサンゼルス高校を卒業してからも、私たちの文化的境界を越える小さな試みは続いた。ボーイフレンドもいて、ダンスのスケジュールもまだ忙しく、ほぼ「普通の」一七歳の気分だった。私の社交生活には、マイクの家での夕食も含まれるようになった。それは、我が家とは似ても似つかないものだった。クローバーデール通りとウィルシャー街の交差点の付近にあるシャハト家の二階建ての大きな家は、今まで見たどの家よりも豪勢で楽しく騒々しかった。相手の頬をつねったり、「カナ・ホラ（イディッシュ語で *kein ayin hara*「邪目なし」の意味）という挨拶、ハグしたり、キスをしたりするのは、マイクの二人の妹が相手であろうと、二人の兄が相手であろうと、シャハト氏の挨拶の一部だった。シャハト氏はよく妻のお尻をつねった。このような愛情表現は日系家庭では考えられなかった。父は弟や私にキスで挨拶することはなかった。私たちの存在を認知するときは、微かなうなり声と頭の動きがあり、「ハイ」と挨拶するのが普通だった。私が一七歳のときに生まれた妹は九歳か一〇歳になるまでキスをたくさんもらったが、その後は私たちと同じように扱われた。母と父は、私たちの前でハグやキスをすることはなかったし、お尻をつねるなんてとんでもなかった。我が家に愛がなかったわけではない。ただ、それは目に見えない方法で表現していたのだ。

シャハト家では、このような愛情の爆発に加え、夕食時にはバッハのフーガのように何層にも重なった会話の爆発が見られた。間や沈黙はまったくなかった。彼らの会話は、誰かの見た目や時事問題、ショービジネスについてのコメントであったり、ジョークにジョークを重ねるゲームのような競争であったりした。彼の叔父さんの一人はコメディアンで、たまにやって来てはジョークのレパートリーを増やしていった。みんな映画と映画スターが大好きで、特に礼儀正しいケーリー・グラントは魅力的だった。ロバート・ミッチャムは男性陣に人気があった。女の子たちはスリムで足が長く、若いときのソフィア・ローレンのようなルックスで可愛かった。買い物が大好きで、特に姉のジュリーは私をビバリーヒルズのおしゃれな店やヘアスタイリストに連れて行ってくれた。私はやっと自分で服を選べるようになった。

シャハト夫妻はすんなりと私を受け入れてくれた。シャハト夫人は優しく、愛情深く、特に食事という形で歓迎してくれた。シャハト氏は優しい暴君だった。一家は彼の庇護と怒りのもとに暮らしていた。私には優しく接してくれたが、それはおそらく私の内気さと社交に不安を感じているのを察知していたのだろう。彼らは皆、日系人「収容所」についても知っていたが、それはユダヤ人収容所とは厳しさや命を脅かす度合いにおいて比べものにならない場所だった。それでも収容所は、日系とユダヤ系の私たちを共通認識でつないだ。ユダヤ人であらゆる差別に対する意識が高い彼らは、平等な権利を求める黒人の闘いが高まっていることもよく知っていた。

シャハト家はユダヤ系だったが信仰心は少なかった。ベーコンを食べ、土曜日も運転を止めなかった。過越の祝祭日にはセデルの儀式をしたが、マイクや兄弟たちはユダヤ人の成人式に当たるバー・ミツバもしていないし、シナゴーグに足を踏み入れたこともなかったと思う。しかし、シャハト氏は猛烈な親イスラエル派で、それを反ユダヤ主義の唯一の解決策と考えていた。実際、イスラエルへの献金団体「ボンズ・フォー・イスラエル」の米国西部支部長であった彼の仕事は当時誕生したばかりのイスラエルのために資金を集めることであった。

一九六〇年にマイクとスタンとトニーという彼の仲間と一緒に、『栄光への脱出』という大作映画を観に行ったことを覚えている。レオン・ユリスの小説を原作としたこの映画は、イスラエル建国の戦いをロマンチックに描いていた。イスラエルとアラブの紛争を描いたこの物議を醸した作品は、ポール・ニューマンが主演していた。ニューマンはシャハト家のもう一人の大スターだった。脚本を担当したのはダルトン・トランボ。下院非米活動委員会の反共キャンペーンに立ち向かい、そのためにハリウッドでブラックリストに載るという大きな代償を払ったことで有名になった人物だ。シャハト夫妻はトランボを敬愛し、オットー・プレミンジャー監督のこの映画を賞賛した。ハリウッドが初めてユダヤ人を英雄、善人、勝者として描いたのを目の当たりにして、私はマイクの胸がふくらむのを感じた。ホロコーストからわずか一五年後、縞模様の囚人服を着た恐怖の犠牲者ではない、カウボーイがインディアンと戦うように、ユダヤ人が祖国のためにアラブ人と戦うのだ。シャハト氏は無秩序で分裂したアラブ人について、よく冗談を言っていた。聖書のなかやヨーロッパで長年にわたって奴隷制度や迫害、偏見に苦しんだだけでなく、一九五〇年代のロサンゼルスでも黒人やアジア人と同じように住宅規約によって好きな場所に家を買うことができなかったユダヤ人を、勇敢で大胆な自由の戦士ポール・ニューマンが統率していく姿に、どうして歓声を上げずにいられよう。これはハリウッドの大スクリーンであり、彼らのストーリーは全世界に届くのだ。『栄光への脱出』はアメリカがイスラエルのシオニスト政策を受け入れるきっかけを作ったと言われている。マイクや彼の仲間たちと映画館を出たとき、私たちは歓喜で胸がいっぱいだった。私が現実の複雑さを理解し、最終的にはパレスチナ人と連帯するようになるのは、とても長い年月が過ぎた後のことだ。

卒業直後の一九五七年の夏、私はオーディションを受け、キューバのアリシア・アロンソ・バレエ団と踊ることになった。アロンソは、母が私が成功できることを証明するために見せてくれた美しいバレリーナの一人、「絶対的プリマ・バレリーナ」の称号を授かる世界最高のバレリーナだった。一九二〇年生まれの彼女は、キューバでダンスを習った後、花開こうとするバレリーナにはあり得ないことに、一六歳で恋に落ち、ローラを出産したのだ！　その後、彼女とやはりダンサーである夫は、さらなる鍛錬のためにニューヨークに渡り、そこで彼女のキャリアは急上昇した。しかし一九歳のときに網膜剝離を起こし、手術を繰り返した。医師はもう一度踊ったら失明すると宣告した。彼女は、踊れないなら生きていたくないと答えた。長い療養の間に仰向けのままジゼルの役を覚え、その役をアメリカン・バレエ・シアターをはじめとする世界中のカンパニーで踊って、ほぼ盲目というハンディを巧みに利用しつつ、国際的な名声を得た。当時はまだ障害者に対する社会的配慮がほとんどない時代だった。彼女を突き動かしたのは、その強い決意と疑いようのない技術だけだった。

アロンソは一九五五年、グリーク劇場の夏の星空の下で『コッペリア』を上演するため、バレエ団を率いてロサンゼルスにやってきた。アロンソの踊りは見事だった。三七歳の彼女は周辺視野を持たず、片目は部分的にしか見えないという珍しい状態だった。リハーサルの間、彼女は私たちの顔ではなく、踊り方で私たちを区別し、黄色いパッドに書いたメモの高さは二インチで、それを拡大鏡で読んでいた！　一週間、巨大なグリーク劇場のステージで、一晩五千人の観客を前にパフォーマンスを行なった。誰かがアロンソを薄暗い舞台裏から観客席に案内した。方向がわかるように特別な照明がセットされた。いったんステージに上がると、彼女は非の打ち所がなかった。ピルエットを四、五回してピタリと止まる。目が見えても難しい技だ。彼女のコントロール、信じられないほどの優雅さ、人形のキャラクターに命が吹き込まれるのを見て、驚嘆した。

トウシューズを一日八時間履き続けた私は、大地の上を素足で踊ることを運命づけられていると感じた。しかしアロンソは、母が見せてくれた写真をはるかに超えるロールモデルとなった。私の唯一の後悔は、キューバにある彼女のカンパニーに誘われたときに断ったことだ。ボーイフレンドと別れたくなかった。キューバに行ったダンサーの何人かは、一九五五年から進行していたキューバ革命を助けるために、伝令もしたそうだ。私も行っていたらチェ・ゲヴァラに会えたかもしれない！　革命後、彼女のバレエ団はキューバ国立バレエ団と命名された。アロンソはバレエ団を率いて工場労働者のために公演を行なった。孤児院を訪れ、ダンスを志す少年たちに稽古をつけた。そのうちの何人かは彼女のバレエ団に入り、やがて他の国際的なバレエ団で成功を収めた。毎日忙しくダンスに明け暮れていた私には、革命が何を意味するのかわからなかったが、それでもとてもいい響きに聞こえた。

どんなキャリアも山あり谷ありだが、エルビス・プレスリーと出会った砂漠のネオンの町、ラスベガスでの生活は最悪だった。夏が終わり、頭の良い友人たちは、みんなＵＣＬＡや南カリフォルニア大学（ＵＳＣ）に向かっていた。アメリカン・スクール・オヴ・ダンスで受けたトレーニングは、高等教育とは見なされなかった。ダンサー友だちのジューンでさえ、ＵＣＬＡに行くことになった。さあ、私はどうしよう？　代数の成績は最悪だった。ロサンゼルス・シティ・カレッジに入学して、心理学などの簡単なクラスを取ることにした。五週目くらいに、ラスベガスのデザート・インで、ソリストとして踊る仕事の電話がかかってきた。やります！　ここを出よう！　一七歳だった。

いったいなぜ両親が承諾したのか、いまだにわからない。

芸者ガール歌劇団のメンバーは、私以外は日本から来た人たちだった。有名な宝塚歌劇団の三流コピーだった。宝塚はミュージカルも含まれる大がかりで豪華な芝居を上演する日本の劇団だ。私たちの舞台は、昔のラジオシティ・ミュージックホールのダンスのようだった。三〇人の日本の芸者がかわいらしい白塗りの顔で花柄の傘をくるくる回し、音楽に合わせてグループの体形を作る。次の演目では、ハイヒールで舞台の上を走り回りながら、もっと多くの体形を作った。私が呼ばれたのは、ジャズを踊れるソリストが必要だったからだ。ジャック・コールの後では芸術的にも凋落といえたが、最悪なのはステージ上以外での仕事だった。

仕事の一部はショーの合間だった。音楽劇に客を呼び込むため、ラウンジに着物を着て顔に白い粉をふき、唇を赤く塗ったかわいらしい三〇人の若い女性が点在している様子を思い浮かべてほしい。私たちは芸者娘に憧れる男たちを惹きつける磁石だった。男たちはウィンドウショッピングをしながら、飲み物やそれ以上のものを買いたいと願っていた。私は一七歳でまだうぶではあったが、自分が餌であることには気がついていた。絶対に勝てないゲームのなかの無防備なアヒル。ラスベガスのギャンブルと同じで、ほとんどのストーリーは負け犬の話だ。私たちは利用されたのだ。日本人の女の子たちはほとんど英語を話せなかったので、笑顔と丁寧な身のこなしで客の相手をしていた。私の生き残り戦術は日本語しか話せないふりをすることだった。「わからない、わからない」と繰り返した。

ラスベガスはあべこべの町だった。夜中の二時までに四つのショーをこなし、ラウンジ・ミュージシャンと酒（私はジンジャーエールとチェリー）を飲みながら、日が昇るまでタバコの煙とバーボン、そしてベガスで失った大金のストーリーを吸い込んだ。日中は眠り、そしてまた仕事。フランク・シナトラやエルビス・プレスリーのような大物は大金を稼ぎ、巨乳のショーガールはまあまあの収入がある。優れたミュージシャンはラウンジでの演奏で安定した金を得ていた。セックスは秘密ではなかった。高速結婚式、ゴルフコース、塩素たっぷりのプール、安いホテル、安い食事、すべてがギャンブラーを誘惑するものばかりだった。

ある晩、団員の一人がホテルの部屋番号を渡され、二階に行くように言われた。彼女は泣きながら戻ってきた。ドアを開けると男が裸で立っていたそうだ。彼女はパニックになり走って逃げた。かわいそうに、この日本人の女の子は試験運転だった。次は誰の番？　いや、これはいくらなんでも酷い。私は勇気を出して、葉巻を吸い、B級映画に出てきそうなみすぼらしいデブのプロデューサーを見つけた。もうラウンジには座らないと言った。それも仕事のうちだ、と返された。私は言い放った。「私は一七歳。あなたは法律違反をしてます！」自分を誇りに思った。生まれて初めて自分の権利のために立ち上がったのだ。

ラスベガスでの経験は、自分の身体を使って踊り、二倍の実力を持つだけでは不十分なことを教えてくれた。女性として自分の身体を守るには、二倍鋭敏になり、いくつも防衛策を持たなければならないのだ。自分の立場を表明した後、ショーとショーの間に一緒にいる人がいなくなった。ひとりぼっちで退屈で、そして一人でいるのは少し怖くもあった。ラス地獄での一〇週間が終わるのが待ち遠しかった。

第八章
チョップ・スイ
Chop Suey

ロジャースとハマースタインが新しい「東洋系」ミュージカル『フラワー・ドラム・ソング』のキャスティングのために全米を回っていたとき、私はロサンゼルス・シビック・ライト・オペラの『王様と私』のサンフランシスコ公演に出演していた。サンフランシスコでは、『フラワー・ドラム・ソング』の振付師キャロル・ヘイニーが、演出家のジーン・ケリー（そう、あの映画スターの）が見守るなか、ギアリー・シアターのステージでオーディションを行なった。数週間後、ロサンゼルスに戻った私に電話がかかってきた。もちろん母は大喜びだった。私は父のテキサコ・ガソリンスタンドに行き、ブロードウェイでのミュージカル初出演のニュースを伝えた。修理中の車から顔を上げることなく、父はくすりと笑い、「行けないと言いなさい」と低い声で言った。

「いや、お父さん。私は行きたい！」これが、私の人生と両親が暮らす世界の間に走った最初の亀裂だった。このチャンスは四歳のときからずっと練習を重ねてきたご褒美。ブロードウェイのショーで踊るためにニューヨークへ行くのだ。

飛行機に乗るのは初めてだった。ジェット旅客機が飛ぶ以前の一九五八年、ニューヨークまで八時間という長い飛行時間だった。窓際の席から見た自由の女神は、まるで映画に出てくるままだった。タクシーにも乗ったことがなかったので、運転手に払うチップのことなど知る由もなかった（運転手さんごめんなさい）。高層ビルも初めてだった。あまりに高くて、太陽の光が通りを見つけられないほどだ。これほど多くのネオン、劇場の看板、ビルボード、交通渋滞、クラクションの音、そして歩行者の数もみたことがない。それらすべてが有名なタイムズスクエア（私にはトライアングルのように見えたが）にギュッと詰まっていた。こんな熱気を感じたことは、今までなかった。キャラメルのように濃く、車の排気ガス、汗、すす、レストランの料理、そしてゴミのにおいを含んだ九月の熱気。肺に吸い込むのが苦しかった。

タクシーを降りて、湯気の立つコンクリートに足を置くと、暗い色のぼろぼろの服を着て、顔の半分が帽子で隠れた細身の黒人がいた。聞いたことのない歌を歌っていた。歌詞もメロディーも聞いたことがない。目を閉じ、指を鳴らし、手で空気をかきむしり、見えない場所から音を引き出すように、全身を使って歌っていた。まるで誰からも見られていないか、あるいは全員から見られているかのように、駆け足で通り過ぎる人、周りをぐるぐる歩く人、彼に消えてほしいと思っている人にも動じずに、まったく解き放たれて彼は歌っていた。ここはニューヨーク。世界文化のメッカだ。世界中から人が大急ぎでここにやってくる。成功するために。黒人シンガーの存在はゴキブリであり、見るとちょっとイライラする。忘れたい、あるいは無視したい何かを微妙に思い出させるからだ。しかし、彼は歌い続けた。見せびらかしたいわけではない。物乞いでもない。何かを求めていたわけでもない。見出されたわけでもない。ただ、あの見えない場所から聴こえた何かを、この混んで雑然としていて、悪臭漂う街路に届けようとしていただけなのだ。

彼は狂っているのか、道に迷っているのか、あるいはその両方なのか。ここがブロードウェイであることを知っているのだろうか。そんなことは関係ないのだろうか。なぜ彼は、周りにあまたあるステージのひとつで自分の歌を歌うことができなかったのだろう？「幅広い道（ブロードウェイ）」ならぬ「偉大な白い道（グレート・ホワイト・ウェイ）」の黒人である彼が歌えるのは、路上でだけだったのだろうか？　私の心は悲しみと賞賛でいっぱいになった。彼の声は私への挨拶のような気がした。**君も来たんだね、ベイビー、ここへ、ベイビー／クールで残酷なこの街へようこそ、ベイビー、シュー・ダバ・ドゥー。**タクシーから降り、ブロードウェイと五〇番街の西側にあるホテルに向かって荷物、夢、興奮、そして恐怖を引きずりながら、私はすべてを吸い込んだ。

『フラリー・ドラム・ソング』は、中国生まれでイェール大学出身の作家、C・Y・リーが原作者である。この作品はベストセラーで、アメリカナイズされた子孫と第一世代の文化の衝突を捉えた、民族を問わぬあらゆる移民家族の物語だった。ロジャースとハマースタインはブロードウェイのピラミッドの頂点にいた。彼らのたいていの作品は、ヒットさせるという強い感覚と社会への意識のバランスのなかで作られていた。ブロードウェイで少し変わったものをやるにはちょうどいいタイミングだった。原作を脚色し、「全員が東洋人」のキャストによる初のミュージカルとして宣伝した。なんてすごいことだ。

しかし、一つ大きな難問があった。ブロードウェイの舞台を務められるほど訓練されたアジア系アメリカ人の歌手、ダンサー、俳優の大群をどこで見つけるのか？　初期の映画界では、アンナ・メイ・ウォンや早川雪洲のような数人のアジア系俳優が、その才能とエキゾチックなルックスで映画界を驚かせた。しかし、彼らは例外的な存在であり、活躍したのは映画業界がアメリカの映画スターがどのような容姿を持つべきかを固める前のことだった。第二次世界大戦中、反日プロパガンダが社会全体に蔓延し、「東洋人」は一般的に敵、黄色い禍として描かれた。そんななかで、アジア系移民の親たちが、挫折と屈辱しか約束されていない職業に就くことを子どもたちに奨励し、訓練を受けさせようと思うだろうか？　まあ、ピアノのレッスンくらいはあるだろう。私たちは教養ある人間でいたいが、職業としてこのような分野を選ぶことはないのだ。

一世は労働者や農場の働き手として仕事に就いたかもしれないが、しっかりと自分を持ち、自国の文化や音楽、踊りを大切にしていた。一方私は、見た目はアジア人だけど自分はアメリカ人だと思っている混乱した世代の一員だった。その二項対立と、二項対立が生み出す制約に囚われていると感じていた。強制収容所にいた若い日系アメリカ人たちが自分がアメリカ人であることを証明するために祖国との戦争に志願したように、一九五〇年代には、アメリカでパフォーマーとして成功するために文化的な重力に逆らおうとする若くて型破りなアーティストたちが現れた。そのうちの数人が、ついに名声への階段を昇りつつあった。

ミヨシ・ウメキ（梅木美代志）は映画『サヨナラ』（一九五七年）でマーロン・ブランドと共演し、アカデミー助演女優賞を受賞したばかりだった。でも彼女は日本生まれ。ロジャースとハマースタインが「船から降りたばかり」の絵に描いたような花嫁を演じるために見つけた魅力的な女優であり歌手だった。パット・スズキはカリフォルニア生まれの二世で、すでにジャズ・シンガーとしてセンセーションを巻き起こしていた。ジャック・パーの深夜番組で彼女を見たことがある。すごい！　と思った。二世なんだ?!　彼女はシアトルのコロニー・クラブでキャリアをスタートさせ、枷を解きつつあった。『フラワー・ドラム・ソング』では、生意気なナイトクラブのエンターテイナー、リンダ・ロー役を完璧に演じた。エド・ケニーは長身で美しい褐色の肌のテナーで、ワイキキのクラブで歌っていたネイティヴ・ハワイアンだった。ハワイには昔から独特の音楽と文化があり、観光の目玉として搾取されながら発達していた。エドは『フラワー・ドラム・ソング』では主役のワン・タを演じ、私とはとてもセクシーなバレエのデュエットを踊った。キー・ルーク（やっと本物の中国人の登場だ）はベテランのスクリーン俳優で、昔気質の父親であるワン師匠を演じる。小さい頃、チャーリー・チャンの映画で彼を見たものだ。一九三〇年代から、四〇本以上あるチャーリー・チャン映画のうち一四本で、彼は「長男（ナンバー・ワン・サン）」を演じ、お決まりの型を壊すような演技を披露していた。彼の「父さん、どうしたんだい？（What's up, pop?）」というセリフは新鮮だった。このテレビに登場するアジア系の若者は頭がよく、英語を完璧に話した。今、ルークは『フラワー・ドラム・ソング』で老人を演じていた。

　アジア人ですべての役を埋めるのは難しいことがわかったので、マダム・リャン役は迂回して、『南太平洋』でポリネシア人になりきって「バリハイ」を歌っていた色白の黒人女優兼歌手のファニタ・ホールを抜擢した。この業界で働き続けるためには白人でない人間は両利きにならなければならなかった。もうひとつ大きな迂回路がとられたのは、チャイナタウンのクラブ経営者で早口のサミー・フォン役だった。なぜかこの役を演じられるアジア系が見つからず、仕方ないのでユダヤ系ブロードウェイ俳優のラリー・ブライデンが起用されたのだ。ブライデンは一重まぶたにするメイク、いわゆるイエローフェイス（一九五六年の映画『八月十五夜の茶屋（*The Teahouse of the August Moon*）』でマーロン・ブランドもやっていた）を施して乗り切った。当時の私たちアジア系は、苦笑こそすれ、このことで街頭デモをすることはなかった。『八月十五夜の茶屋』のブランドや『大地』（一九三七年）のルイーゼ・ライナーのように、ハリウッドが私たちを外して、アジア系以外の有名な俳優を起用することには慣れっこになっていた。実際、これらの俳優たちは、エキゾチックな外国人キャラクターを演じることでしばしばマスコミや大衆から賞賛を浴びた。アジア系コミュニティからはバカバカしい偽物に見えたのだが。

　ジャック・スーは、サンフランシスコのチャイナタウンにあるクラブ『紫禁城（フォービドゥン・シティ）』で発掘されたコメディアンだった。彼らはフランキー・ウィングという端役を演じるために連れてこられたが、ブライデン役の代役も務めた。ジャックは、自分の個性とユーモアのセンスに基づいてコメディのスタイルを作り上げた面白い男性だった。本名はゴロウ・スズキ。ユタ州のトパーズ強制収容所で、収容所仲間を楽しませながら笑いを取ることを学んだ。収容所を出ると、ゴロウはクラブで働くために中国人になりすまし、ジャック・スーとなった。彼はサミー・フォン役にピッタリであったが、ロジャースとハマースタインは、この本物のアジア系が主役を演じられるとは信用できなかった。ブライデンが降板すると、ジャックはサミー・フォンの役を引き受けた。初日の夜、みんなが彼を応援し、彼は見事に演じきった！　やった！　ジャック・スーはその後テレビ俳優として成功し、テレビショー『バーニー・ミラー』のコメディアンとしても活躍したが、最後まで本名を名乗ることはなかった。

最初のリハーサルの前夜、旧友が訪ねてきた。見知らぬホテルの一室で、ゴツゴツした柔らかいシングルベッドで寝転び、ニューヨークの通りの騒音を聞いていた。点滅するネオンが部屋を照らし、窓の扇風機が回っている。湿疹だ！　マズい！　リハーサルの最初の何日かはいつも大変だったが、今回の仕事には、感じたこともないような暑さが加わった。そのなかで踊らなければならないのだ。リハーサルホールの大きく開け放たれた窓は、さらに外からじっとりとした熱気を招き入れ、かゆみを倍増させた。この汗まみれで突然変異の妖怪のような姿をみんながじっと見ているような気がした。

ハワイ、カリフォルニア、トロント、ニューヨークから、「東洋人」ダンサー、歌手、俳優、ショーガール、ティーンエイジャー、そして子どもたちが集められた。ほとんどが私のようにブロードウェイは初めてで、畏敬の念に溢れていた。振付師のヘイニーと数日間リハーサルをした後、『王様と私』のリードダンサーでマーサ・グラハムのダンサーを務めるユリコが、バレエの見せ場でメイ・リーの役を踊ることが発表された。私はバックコーラスから選抜されて、ジャズが好きなリンダ・ロー役を踊ることになった。ユリコの相手役で踊れるなんてびっくり！　ヘイニーがジャック・コールのダンサーだったからか、私は彼女の振付スタイルにぴったりだった。

数日後、ロジャース氏とハマースタイン氏、そしてジーン・ケリー氏が歓迎の挨拶のために立ち寄った。すべてが一瞬凍りついた。まるで王族に会ったよう。すぐにロジャースとハマースタインは日常の光景の一部として、客席からケリーの演出を眺めるようになった。衣装デザイナーのアイリーン・シャラフ（『王様と私』も担当した）が現場に入り、私たちの体のサイズを測り、キャラクターとデザインを合わせ、そしてショー全体の見た目を整えた。名の知れた編曲者のロバート・ラッセル・ベネットは、リハーサルのピアニストと相談しながらオーケストラの部分を作曲した。それぞれが一芸に秀で、ショー全体に天才的な才能を加えていた。

脚本、歌、演出、振付、役者、ダンサー、歌手、衣装、セット、オーケストレーションなど。ブロードウェイ・ミュージカルを一から立ち上げるのに必要な複雑なチームワークに驚くばかりだった。ニューヨークで五週間のリハーサルがあり、その後ボストンで五週間のトライアウトや有料プレヴューがあった。毎晩、なまの観客の前で演技し、ショーを修正し、細部まで磨いていった。一日一〇時間、一二時間労働の日が続き、疲労がいたるところに蓄積していった。私たちは、まるで月へ向かおうとする扱いにくい巨大な船のようで、各自がそれぞれの任務をきちんと遂行してくれることに命を預けているようだった。エド・ケニーとのデュエットで振り付けをしてくれたヘイニーは、ロビンスやジャック・コールよりもずっと優しく穏やかだった。自信もついてきたが、同時に完璧主義も強まっていた。

ロジャース氏とハマースタイン氏はにこやかな感じではなかった。ストレスと心配で周囲の空気をビリビリさせながら、クリエイティヴ・スタッフの会議を重ね、細かな指示を出した。このショーには多くが賭かっていた。直近の二つのショーは生ぬるい評判だった。今度は何がなんでもヒットさせなければ。経験豊富な演出家でもスタッフを率いるのは難しい内容だった上に、映画スターのジーン・ケリーにとっては、この作品がニューヨークの劇場での処女航海だった。彼は象を針の穴に通すことができるだろうか？　ついにニューヨーク公演の幕が開いた。観客は絶賛しているようだった。とりあえず最初のハードルは越えた。しかし、マスコミはどうだろう？　観客がどう思おうと、たった数人の批評家の意見が私たちを左右する力を持っていた。これがブロードウェイの掟だ。

その夜サルディーズ・レストランでのパーティーで、キャストたちと祝杯を挙げたことを覚えている。ロジャー

【写真10】『フラワー・ドラム・ソング』でダンスソロを踊るノブコ。写真：著者蔵。

ス氏とハマースタイン氏も加わり、みんな批評、特に『ニューヨーク・タイムズ』紙の批評に息を潜めていた。開幕時に新聞社のストライキがあったおかげで成功したショーもあるといわれている。たとえば、友人のレイコは、新聞社のストライキと観客の反応の良さが『キスメット』をヒットさせたと言っていた。今回の作品にはそのような幸運はなかった。

でももちろん、『フラワー・ドラム・ソング』はヒットした。それに参加できたことは感激だった。セント・ジェームス劇場のオープニングの舞台に立つ私を見るために、両親はニューヨークまで来てくれた。二階の楽屋に入ってきたとき、父は周りを見回して、大事なところにキラキラ光る飾りがついているだけの薄っぺらいショーガールの衣装を見つけた。「こんなものを着るのか！」と彼は叫んだ【写真10参照】。

「うん、パパ。でも心配しないで、観客は席から私たちに触ることはできないから」。でも、あのショーガールの衣装で楽屋から舞台係の前を通ってステージに向かうには、かなりの勇気が必要だった。実際、私たちが『ニューズ・ウィーク』誌の表紙に載ったのも、私が『ライフ』誌のセンターフォールドを飾ったのも、ジャズに味付けされたかわいらしい「オリエンタル」ガールズが肌を露出し、太ももまで切れ込みの入ったチョンサムを身につけた姿のおかげだった。

ロジャーズとハマースタインのエンタメ・マシーンは、「エド・サリヴァン・ショー」に我々を出演させた(1)。『フラワー・ドラム・ソング』のアルバムも売り出された。『南太平洋』や『王様と私』のような画期的な芸術的勝利ではなかったが、ロジャースとハマースタインは笑顔だった。彼らの名声は揺るがず、印税や映画化権も入り、満足した投資家たちは次のミュージカルのために懐を開く準備ができていた。俳優やダンサーたちも喜んでいた。少なくとも向こう一年間は仕事がある。この業界の人間にとって一年仕事が継続するのは長いといえた。私たちはたいてい一つの仕事にありつき、次の仕事があることに望みをかける。この仕事がジプシーと呼ばれる所以だ。私は一年契約を結び、「リードダンサー」としてごくわずかな昇給を得た。それでも自信は増し、自分のキャリアへの期待も高まった。ブロードウェイで私ができることは他に何があるのだろう?

私たちキャストはショーを創り上げた一〇週間、一種の家族になった。『フラワー・ドラム・ソング』という気泡のなかの生活は、他の何よりもリアルに思えた。家に帰ると眠りにつくが、気泡に戻るとまた生き帰る。共通の目的のために共に汗を流し、給料のためではなく、別の種類の報酬のために働くという意思で結ばれたこのエリート・コミュニティの一員であることは気持ちよかった。誰かの夢から揮発性の液体のようにストーリーを引き出し、それを舞台の上で語り、動き、歌わせるには、ある種の願望、技術、決意が必要だ。観客を笑わせ、泣かせ、考えさせ、忘れさせる醍醐味は、一度味わったらやめられないヘロインのようなものだ。宙吊りにした現実を濃密なカプセルに入れたような二時間の時間のなかで演技するのは、一緒に演技する仲間と歩調を合わせながら、綱渡り芸人のように意識を研ぎ澄まして歩くようなものだ。私にとって舞台とは、今この瞬間に自分の周囲で起こっているすべてを意識し、徹底的に覚醒させてくれる人生で唯一のものだった。

ブロードウェイのショーでは、一年に四一七回ほど公演を行なう。毎夜、舞台を新しく新鮮なものにしようとする。実際、同じ舞台は二度とない。自分も同じ演技はしないし、他の三〇から四〇人の出演者も同じではない。マチネと夕刻の公演の間に誰かが少し飲み過ぎて、演技の出来が悪い夜には、そのことはバレてしまう。誰かがボーイフレンドと別れたり（私もそうだった）、インフルエンザにかかって代役が出たりしたら、より気を引き締めて舞台に立たねばならない。まるで野球の試合のように、楽しくもあり、難しくもある。公演が少し落ち着いてきて、ようやく劇場の外の生活がまた見えるようになった。ニューヨークに住むということがどういうことなのかを学びつつあった。

ユリコは私のニューヨークの母親だった。リハーサルが始まって数日後、ブラウンストーンの自宅の一部屋を借りないかと誘ってくれた。パトリック・アディアーテやリンダとイヴォンヌというリブーカ家の双子のように、このショーに出演する未成年のパフォーマーの多くは、ショーに出演する機会を得るために母親が一緒にニューヨークに引っ越してきていた。ある意味、ニューヨークへ行くことは私には大学へ行くために家を離れるようなものだったが、ユリコの庇護のもとで暮らしたことで、ニューヨーク生活はより優しいスタートとなった。

モダンダンサーとしてマーサ・グラハム・カンパニーのソリストとして活躍したユリコは、モダンダンス界で高く評価される本格的なアーティストだった。しかし、彼女は芸術としてのダンスの世界と商業的なブロードウェイの世界の両方にまたがって踊ることができていた。ダンスとニューヨーカーであることで、彼女は私の知る二世女性とはまったく違ったタイプの女性になっていた。独立心が強く、決断力があり、率直にものを言った。先にも述べたように、一八歳か一九歳のときにアリゾナのヒラリバー戦時転住センターからニューヨークに直行し、安い裁縫工場で仕事をしつつ、マーサ・グラハムにダンスを習った。グラハムはユリコをソリストにして、自分の真骨頂であるいくつかのダンス作品を振付けた。グラハム・スクールで何年も教えていたせいで、ユリコの声にはニューヨーク語――より確信的で押しの強い言葉遣い――が入り込んでいた。

それでもユリコは、二世の夫チャーリー・キクチ、六歳の息子ローレンス、そして私たちと一緒にショーに出演した一一歳の娘スーザンと、「普通の」生活を切り開いた。ユリコは収入を増やすために、あらゆる資源を賢く活用した。ブラウンストーンの自宅は、高級住宅地になりつつあった東七八丁目二三九番地の並木道にある魅力的な古い四階建ての家だった。床はきしみ、壁は曲がっていたが、チャーリーは二階に、本物の畳敷きで靴を脱いで上がらなければならない、美しい伝統的な和室を作った。ニューヨーク公演の後、日本の著名な歌舞伎役者を招いて開かれたパーティーのことを覚えている。夜中の二時になると、日本酒がしこたま入った和室の雰囲気は、普段は控えめな歌舞伎役者たちを、酔っぱらって通りに踊り出るワイルドな男たちに変えていた。警察がやってきて、ユリコは客人を牢屋に入れないためにたくさんの説明をしなければならなかった。

ユリコのお母さん、つまり子どもたちのおばあちゃんが一階のキッチン脇の部屋に一緒に住んでいた。そのことは、たくさんの手作りの日本食を食べられることを意味した。おいしい！　ユリコにヒラリバーでダンスを習った私の親友のレイコ・サトウが、ミュージカル『砂塵（*Destry Rides Again*）』の娼婦役でニューヨークに来ていた。ユリコ、レイコ、チャーリーと台所のテーブルを囲んで、夕食を食べながら芸術、人生、アメリカで日系人であることについて、何度も長時間話し合ったものだ。チャーリーは、退役軍人病院での精神科ソーシャルワーカーとしての仕事で何度も昇進を見送られたのは、自分が日系人だからだと愚痴った。チャーリーは、私たちのボストンでの興業公演の間、私の注意力には長すぎる手紙をよく送ってよこした。私はまだ若く、彼がどんなに偉大な知識人で活動家であるかを知らなかった。「日系アメリカ人の疎開と再定住」に関する研究の一環として出版しようとしていた、収容所の抑留者から集めた話をまとめた本のことをよく話していた。『キクチ・ダイアリー——アメリカ強制収容所の記録（*The Kikuchi Diary: Chronicle from an American Concentration Camp*）』は一九七三年にようやく出版された。チャーリーは一九八八年、ソ連での平和行進中に癌のため七二歳で亡くなった。

ショービズ界のベテラン女性であるユリコは、常に私を見守ってくれた。ある日、客席でリハーサルを見ていたら、偉大なリチャード・ロジャースが階段を降りてきて私の隣に座った。ほどなくユリコが現れ、私たちの隣に座った。

後で彼女が教えてくれたのだが、ロジャースはいつも新しいショーのなかから「お気に入りの彼女」を選んでいたそうだ。それは成功がもたらした特権だった（#MeTooの時代ならどうなっただろう？）。ユリコはその女の子が私でないことを確実にしたかったのだ。ありがとう、ユリコ。

私はステージで前述のセクシーなデュエットを踊ってから、特別な注目を浴びていた。当時は「男尊女卑」や「セクハラ」などという言葉はなかった。他の若い女性たちと同じように我慢し、笑い飛ばし、目を丸くしたり、危うい状況を優雅に踊りながら切り抜けることを学んだ。工事現場を通り過ぎるときの口笛から、もっと危険な状況まで、なぜこのような不快な扱いを我慢しなければならないのか、疑問に思うことはなかった。サミー・デイヴィス・ジュニアのような有名人の家で週末に開かれるパーティーのような危うい状況にどうすれば巻き込まれずに済むか、特別研ぎ澄まされた感覚を持つようになった。ショービジネスの世界で女性であることは、カモとなる危険と隣り合わせで、常に周囲からの欲望にさらされるということだった。

数ヵ月後、ニューヨークでの生活も板についてきたので、ロサンゼルスの友人ビバリー・サンドラーとルームシェアをすることにした。イーストサイドのユリコのブラウンストーンの家を離れ、街の反対側の西七六丁目のアパートに移った。そこで、毎晩ジムビームの瓶の三分の一を飲み干す友人レイコと、よく日が昇るまで人生についてあれこれと話し込んだ。自分たちが最近人気が急上昇している「東洋人」をテーマにしたショーの波の一部であることを自覚していた。アジア系が「流行り」だったのだ。ブロードウェイから西へ四四番街を歩いていくと、左手にセント・ジェームス・シアターがあり、ユリコや私、その他チョンサムを着たキューピー人形の大きなポスターが『フラワー・ドラム・ソング』へと誘う。向かいのシューバート劇場では、フランス・ニューエンとその姉妹の娼婦たちの巨大なポスターが『スージー・ウォンの世界』へと誘った。レイコはブロードウェイのさらに北の方で『砂塵』という西部開拓時代を描いた別のショーに出演し、孤独な中国人娼婦を演じていた。私たちは、これが私たちアジア人の本当の姿ではないことはわかっていたし、この性的な東洋文化の氾濫が大衆の意識に影響を及ぼしていることもわかってい た。しかし仕事は必要だった。私たちに何ができただろう？　食べて家賃を払うという不幸な習慣を切り捨てるわけにはいかなかった。

ブロードウェイの俳優、ダンサー、歌手の組合であるアクターズ・エクイティに加入していることのメリットのひとつは、他のブロードウェイ・ショーの月曜夜のベネフィット公演を特別割引で観られることだった。『渇いた太陽（*Sweet Bird of Youth*）』、『ひなたの干しぶどう（*Raisin in the Sun*）』、『ウエスト・サイド・ストーリー』といった作品を観ることができた。最後の作品はパワフルなストーリー、音楽、ダンスが隙間なく合わさって織り成す、まったく別次元の舞台だった。歌い、芝居をするダンサーたちは現実にもいそうなキャラクターだった。息をのんで劇場を後にした。私も参加したかった。入れ替えオーディションがあると聞き、初めてニューヨークでトライアウトを受けた。ニューヨークにはいいダンサーが大勢いる！　プロフェッショナリズムと競争のレベルの違いを目の当たりにした。ロビンスのもとで働いた経験があったおかげでオーディションで選ばれた。でも、『フラワー・ドラム・ソング』の一年契約を解約する方法がないことがわかった。『ウエスト・サイド・ストーリー』は回ってこなかった。少なくともこの時点では。

【写真 11】ブロードウェイで『フラワー・ドラム・ソング』の「Chop Suey」を演じるジョアン（前列左から 4 人目）。1958 年、ニューヨーク。写真：筆者蔵。

チョップ・スイ、チョップ・スイ！　これはハマースタインの歌詞のなかで、もっとも詩的で意味深いものとはいえない歌だ【写真11参照】。私たちは水曜日のマチネでこの曲を歌い、チャチャチャのダンスと人差し指で空中を指差すステレオタイプ的な中国人の手の動きであるチョップチョップ（一体これはどこからきたんだろう?）を組み合わせた、ヘイニーの風刺的な振り付けを頑張って踊っていた。相手に取り入るような笑顔を浮かべ、観客にお辞儀をし、舞台の上から劇場を埋め尽くした青い髪の女性たちの海へと向かってぎこちない歌詞を発していた。**チョップ・スイ、チョップ・スイ……**。この人たちはいったい誰? どうして『フラワー・ドラム・ソング』に来たのだろう? ニュージャージーからバスに乗り、（中華料理ではない）ディナーを食べ、ブロードウェイの人気ミュージカルのチケットを買い、やがてバスに戻って真夜中前に寝床につく。二時間のショーのほとんどの間、観客を直接見る必要はないし、観客が私たちをどう見ているかもわからなかった。でも**チョップ・スイ、チョップ・スイ**と歌っているこの瞬間、私たちは観客を直視し、舞台という大皿に盛られた自分を観客に提供していた。その瞬間、私には見えた。**チョップ・スイは私たちなんだ! 白人のための中華料理!**

辛すぎず、臭すぎず、リアルすぎず。ロップチョン（中国ソーセージ）もホムユー（塩漬け魚）も千年卵もいらない! お馴染みの料理で至極満足し、幸せそうだ。チョップ・スイは本物の中国人の食べものではない。ローファン（白人の蛮族）の舌を満足させるために中国人料理人が発明したサバイバル・フードだったのだ。しかしその瞬間、私は彼らを喜ばせたくなくなった。震撼させたかった。ステージから飛び降り、こう叫びたかった。「これは私じゃない! 私はあなたのチョップ・スイじゃない! 私はロサンゼルス生まれの日系三世だ! あなたは私を強制収容所に入れたのよ、忘れたの?!!」

もちろん、「チョップ・スイ」の真実に気づいた瞬間を、私は黙って飲み込んだ。苦い味が残ったが、野心を燃え尽きさせたわけではなかった。もっと違う何かが欲しい。それが何なのかはわからなかった。ブロードウェイのショーに出ることだけではなかったのかもしれない。後になって、青い髪の女性たちは悪い人たちではないと気づいた。彼女たちは一生懸命働いて、稼いだお金を使って楽しい夜を過ごしていたのだ。ロジャースもハマースタインも悪人ではなかった。彼らはティン・パン・アレイからブロードウェイの頂点に上り詰めたソングライターであり、物語の語り部だった。ショーの投資家を喜ばせる必要もあった。結局のところ、これがショービジネスなのだ。そして、舞台に立つダンサーや俳優たち。私たちは自分自身に跳ね返ってくるステレオタイプを、体を使って繰り返し繰り返し築き上げる、金のために仲間を売る存在なのか？

簡単な答えはなかった。私たちは皆、自分の才能、芝居への愛、野心、無邪気さ、無知、限られた世界観を卓上に並べて、同じゲームに参加していたのだ。皆、好み、アイデア、価値観を構築し、それに影響を与え、強化するシステムとしての文化マシーンに加担していた。これらはアメリカだけではなく世界中に押し付けられていた。頂点に立つごく少数のプレーヤーと、底辺で奮闘する私たち大衆が構成する文化のピラミッドだった。それでも、私たちはゲームに参加し、賞賛され、その一員であることで自尊心を刺激された。同時に、アーティストたちが自分たちよりも大きな目的を押し進めるという文化的パラダイムが生きていて、進んでいることも示していた。その一年後の一九五九年、ロレイン・ハンズベリー原作の『ひなたの干しぶどう』が、黒人女性作家と黒人演出家による初のブロードウェイ進出作品となった。この作品は批評の点からも観客の点からも大成功を収め、観客がチョップ・スイよりももっと満足できるものを求めていることを証明した。黒人にはそれが起こりつつあったが、私たちはまだイエローフェイスから抜け出せないでいた。C・Y・リーはブロードウェイで自分のストーリーを語っていたにもかかわらず、ハマースタインがそれを舞台で上演するときには、彼女は横に押しのけられ、傍観させられていた。

私は『フラワー・ドラム・ソング』との一年契約を終えた。このショーがロンドンに行くという話もあった。ジプシー仲間たちは、仕事のチャンスを断った私を高慢だと思ったかもしれないが、もう気にしなかった。それに、ロサンゼルスには家族も恋しいボーイフレンドもいた。

第九章
二人が生きられる場所
There's a Place for Us

家に戻って、深呼吸する時間ができた。ダンスクラスに追い立てられるでもなく、毎晩舞台に立つわけでもない。家族と一緒だったし、ボーイフレンドのマイクともよりを戻した。父と一緒に六時のニュースを観る時間もできた。我が家の白黒テレビは公民権に関するニュースで埋め尽くされていた。マーティン・ルーサー・キング・ジュニアがアトランタで、デパート内の白人専用レストランに座り込み、他の五一人とともに逮捕された。何ですって？　裁判官は彼に四ヵ月の禁固刑を言い渡した。そんなバカな！　私は考え始めた。南部にいたら私たちはどうなるのだろう？　白人と見なされるのか、それとも黒人？　私には周囲の世界を意識する時間ができた。

ハリウッドを目指す人たちみんなと同じように、私にもエージェントがついた。彼は毎週、スパイ、売春婦、芸者役など、演劇の仕事をひっきりなしに送ってきた。私は八×一一インチの写真と履歴書を用意し、心を決めた。自分らしく面接に臨もう。脚を見せるスリットの入った中華風のドレスは着なかった。訛りをつけて話すように言われるときは、「どんな訛りをお望みですか？　はっきりおっしゃってください」と答えた。長髪が望まれるなら、当時の流行に合わせて髪を短く切った。演劇はダンスよりずっとステレオタイプが支配する世界だった。ダンスには、少なくとも動きや音楽の楽しさがあった。少なくとも見た目以外の技術が必要だった。

『ウェスト・サイド・ストーリー』のオーディションのことを知るのに、エージェントは必要なかった。ダンス界は大騒ぎだった。果たして私にチャンスはあるだろうか？　一九六〇年当時、南部で人種の境界線(カラーライン)を越えるということは、どんなランチ・カウンターにも座り、どんな水飲み場でも水を飲み、バスのどんな空席にも座るための闘いを意味していた。日系アメリカ人の私にとって、カラー・ラインを越えるということは、シャークスの一員になるチャンスを意味した。[*1] オーディションは、ハリウッドのサンタモニカ大通りとフォルモサ通りの角にあるミリッシュ・スタジオ（旧サム・ゴールドウィンと呼ばれた建物）の巨大なリハーサルホールで行なわれた。それほど多くのダンサーが一つの空間にひしめいている光景を私は見たことがなかった。何百人ものダンサーが、最高にクールで、ジャズ風で、セクシーなダンスウエアに身を包んでいた。私はベーシックな黒い長袖のタートルネック、そしてお守りがわりにオレンジ色の縁起のいいスウェットを腰に巻いていた。熱心なシャークスやジェッツ志願者の列が延々と続くなか、私は透明人間になった気分だった。

ジェローム・ロビンズは、リハーサルホールの正面に置かれた長テーブルの後ろで、目の前を行き交うダンサーの群れを見渡しながら、落ち着きのないエネルギーをたたえていた。彼は私を覚えているだろうか？　この大勢のダンサーのなかから、私を見つけられるだろうか？『王様と私』に出演した際に彼と初めて仕事をしたのは、わずか一五歳のときだった。リタ・モレノは『王様と私』にも出演しており、そこでは、王に贈られた奴隷のトゥプティムを演じていた。つまり、シャム族の役を演じたプエルトリコ人だったのだ！　そして今回は『ウエスト・サイド・ストーリー』で本物のプエルトリコ人、アニタを演じることになっていた。私は考えた。私の髪は黒く、肌は日焼けしていて、プエルトリコ人に見えなくはない。でも目は……。

ロビンズのアシスタントの一人であるハワード・ジェフリーは、踊りのテクニックを見るために、私たちが踊るバレエのコンビネーションの指示を出していた。八人から一〇人のダンサーが一列に並んで踊る。そのなかから一人か二人が選ばれ、他のダンサーには「ありがとう」と声がかけられる。次にジャズのコンビネーションが指示され、さらに多くの「ありがとう」と、わずかな「君は残ってくれ」が言われる。ダンサーたちは一喜一憂だった。私たちの運命は、テーブルの後ろでタバコをふかしながら見ていたダンスの神様ロビンズによって決定された。これが数時間続いた。順番を待つダンサーが何百人も外で待っていた。その日、私は何度か「残れ」と言われた。なんとか最初の審査を通過した。

その後のオーディションで人数は減っていったが、ダンス、演技、歌にわたって要求は厳しさを増していった。ロビンズは完璧主義者で、どのような素材を使いたいかを熟知していた。最終選考まできて、どうにか私はまだリングの上にいた。しかし、最後の関門があった。昔のハリウッドでスター女優がやっていたように、全員スクリーンテストを受けなければならなかったのだ。誰がシャークスになるのか？ 誰がジェッツになるのか？ 決め手は目の色だった。シャークスは茶色、ジェッツは青。髪は染められたし、化粧をすることはできたが、当時はカラーコンタクトレンズなどなかったのだ。私の場合、彼らが見たかったのは、マックス・ファクターのダーク・エジプシャン（レナ・ホーンの化粧の色）と黒のアイライナーでプエルトリコ人に見えるかどうかだったに違いない。私は合格した！

映画の初日は、新しい学校の初日のようなものだった。またしても私は内気な部外者だった。内部の人間とはブロードウェイのショーから出てきたニューヨークのダンサーたちだった。アメリカン・スクール・オヴ・ダンス出身のロサンゼルスのダンサーたちの何人かは知っていた。マリア・ヒメネス、ホセ・デ・ヴェガ、ボビー・バナスなど、そこで学んだ素晴らしいダンサーたちだ。ロビンズのアシスタントのハワード・ジェフリーは、かつてアメリカン・スクールで私たちの尊敬を集める、後光が差すような奨学生だった。

蓋を開けてみると、キャストのなかでアジア系は私だけではなかった。チノ役でブロードウェイでの元々のミュージカルに出演していたホセ・デ・ヴェガは、今回もチノだった。そう、カリブ海地域にはたくさんのチノたちがいた。プエルトリコやキューバなどの島々に農民として移住した中国人や日本人だ。これらアジア系のチノたちは、他のスペイン系、先住民系、アフリカ系混血の人々と結婚して、彼の地に溶け込んでいった。だから、ホセと私がキャストの一人であることは、実はそれほど突飛なことではなかったのだ。ホセの父親はフィリピン人で、母親はグアテマラ人だった。彼はとてもクールなルックスで、マリアはなぜ彼を振って、トニーを選んだのだろう、とよく考えたものだ。もちろん、そうだったらこの映画はなかったわけだが！　ホセについては、また後の章で語ろう。

ニューヨークのダンサーたちは、西海岸のダンサーとは違った雰囲気を持っていて、踊りの巧みさと慣れに加えて、ずいぶんと荒々しかった！　すでにシャークスやジェッツになりきっていたのだ。私たちがギャングの一員になれるかどうかをチェックしているようだった。

ダンスの厳しさには慣れていたけれど、『ウエスト・サイド・ストーリー』の制作に注ぎ込む努力のためには、どんな準備も足りなかっただろう。ロビンズは自分が望むものを手に入れるために細心の注意を払い、厳しく、ときには残酷なことで知られていた。私たちはタフなギャングを演じていたが、同時にバレエ団の生活も送っていた。リハーサルの日は、九時から一時間のバレエクラスが始まり、その後三〇分のジャズクラスが続いた。映画の撮影中、クラスは朝六時からになった。他の商業的な仕事ではウォーミングアップは自己責任とされていたが、このショーでは経験したことのないレベルのトレーニングが要求された。『ウエスト・サイド・ストーリー』では、全員が身体能力を最高に保つ必要があったのだ。私たちはバレエ団のようでありながら、気骨と騒々しさと油にまみれていた。バレエの妙技を織り交ぜた男たちのストリート・スタイルのダンスが、私は大好きだった。フェンスを跳び越えるような大胆で危険なことをしながら、同時にとてもクールでセクシー。まるで闘牛士のようだった。そのために、彼らは特別なトレーニングを積んでいた。稽古場には公園のシーンで彼らが登るフェンスを模した装置が作られた。毎朝、ウォーミングアップの後、彼らはフェンスに向かい、オリンピック選手のようによじ登り、ジャンプし、跳び越えた。休憩時間になると、ポーカーをしたり、撮影所のセットにいたずらをしたりして、本物のギャングと化していた。

数週間のリハーサルの後、一緒に踊るナンバーに基づいて部門分けが始まった。シャークスは「アメリカ」や「体育館でのダンス」のシーンで使う「マンボ」で結束した。ジェッツは地下のスタジオで歌とダンスのナンバー「クール」のリハーサルを繰り返した。シャークスの女子たちは男性陣とは別のシーンも多かったので、スージー・ケイ、マリア・ヒメネスと私は徒党を組んでたむろした。私たちのリーダーは「シャークスの女王」と呼ばれていたイヴォンヌ・オソンだった。出演者のなかでも数少ない本物のプエルトリコ人で、DNAにルンバが組み込まれた泥臭いダンサーだが、渡世術にも長けた、賢くて知的でとても面白いニューヨーカーでもあった。この、後にイヴォンヌ・ワイルダー（名前だけではなく実際にワイルドな人生）となる彼女は、シャークス女子のリーダーで、鋭いユーモアのセンスの持ち主だった。ある種のバカバカしさをカンパニー全体に広め、その空気はボスのロビンズやロバート・ワイズにまで届いていた。一種の気が抜けるような彼女のジョークは、撮影現場でのストレス解消という点で歓迎すべきものだった。撮影中は一日一二時間労働で、キャストは疲労や怪我と戦い、さらには単核球症といった病に悩まされる者まで出た。ボスたちは時間的な不安、金銭的な不安を抱えていた。だから、午後四時頃、ワイズ氏が塩味のクラッカー（天然の潰瘍薬）で自己治療を始めると、イヴォンヌのおどけた態度が、笑いを呼び、緊張をほぐしてくれた。

ニューヨークのストリートで少年たちが踊るオープニングのシーンが撮影されている間、タフな仕事師のイヴォンヌが、女子のシャークスとジェッツのリハーサルを仕切っていた。私たちは毎朝バレエとジャズのレッスンを受け、それから彼女はすべてのダンスナンバーのおさらいをさせた。ときには自分のジャズの振り付けを教えてくれることもあった。ときおり、主役のマリアを演じるナタリー・ウッドがふらっとやってきて、私たちと一緒にリハーサルをすることもあった。こうしたことはたいてい昼食前に行なわれた。予定のスケジュールが終わると、イヴォンヌは「今日の仕事は終わり」と私たちに宣言する権限を持っていた。男たちが蒸し暑いニューヨークのストリートで汗を流している間、私たち女子はサンタモニカ・ビーチで日光浴をした。週末になると、イヴォンヌはロサンゼルスで一番クールなサルサ・クラブに連れて行ってくれた。七番街とアルバラド通りの近くにあるヴァージニアズ。そこは本格的なサルサ愛好者が集まる場所だった。いつもホットなバンドが演奏していて、私たちは誘われるまま、夜中の二時までラム酒と煙を吸い込みながら踊った。「ダンスホール」の実地訓練だった。

イヴォンヌと私は、カフェ・コン・レチェ（ミルク入りコーヒー）と緑茶ぐらい正反対だった。彼女は外向的で陽気なニューヨリカン（ニューヨークのプエルトリカン）だった。私は物静かで内気な日系アメリカ人だった。しかし、彼女は私のもっとも親しい友人の一人となり、私の実家で頻繁に夕食を共にするようになった。私の母の料理が気に入って、なんと父を笑わせ、話をさせた。彼女が『ウエスト・サイド・ストーリー』のアニタ役でロンドンに行ったとき、もっとも大切にしていた犬、チャーリー・ブラウンという名の愛らしいヨーキーを私の家族に託した。イヴォンヌ同様、チャーリーも家族を笑わせてくれた。一年後に彼女が戻ってきたとき、彼女はチャーリー・ブラウンを引き取ることが辛くてできなかった。そこで、チャーリー・ブラウンと彼女の両方が、私たち家族の一員となった。

映画界にはカースト制度があり、そのなかで自分の立場を強く意識せざるを得ない。ダンサーは最下層だ。ダンサーは通常、映画では無名の裏方パフォーマーである。長時間トレーニングし、たくさんの汗を流し、給料は少ない。スターには自分の名前を書いた椅子があり、セットにはトレーラーの楽屋がある。リハーサルでナタリーがふらりとやってくるとき、彼女が汗をかいている様子はまったくなかった。いつも映画スターの様相だった。でも、リタ・モレノは違った。映画のなかでは正真正銘のスターだったが、リタはよく汗をかいていた。バレエのレッスンにやって来て、一日中いることもあった。彼女は私たちの仲間だった。彼女はファンキーな服を着て、汗をかき、ノーメイクだった。ノーメイクよ！　彼女がまったく見栄を気にしていないことが、私には信じられなかった。私はすっぴんで家を出るなんて、絶対になかった。ハリウッドの撮影現場ならなおさらだ。なのにリタは、素顔を見せることをまったく恐れていなかった。彼女はただ仕事に集中していた。もちろん撮影の日には、どうすればきれいに見えるかを知っていた。彼女は本物のアーティストであり、今もそうあり続けている。でもリタのスターらしからぬ態度は、しばしば彼女に不利に働いた。「ダンスホール」のシーンのとき、彼女は足首を捻挫して痛がっていたのを覚えている。しかし、彼女のために予定が変更されたり、少し休めるように彼女が出ないシーンを先に撮影するなどの措置は取られなかった。ただ足首にテープを巻いて撮影現場に送り込んだ。どうにか彼女は撮影を成し遂げ、アカデミー賞を受賞した。

音楽、ダンス、ストーリーを織り成す芸術性だけでなく、特に一九六〇年代のアメリカにおける人種と階級の分断に関する深遠なメッセージのゆえに、私たちはみんな、『ウエスト・サイド・ストーリー』の一員であることに特別な誇りを持っていたと思う。しかし、カンパニーは独自の矛盾に直面していた。スタジオがニューヨークからのキャストのために、ハリウッドのクレセント・ハイツとファウンテン地区にアパートを予約していたときのことを覚えている。だが、多くのプエルトリコ人はアフリカの血を引いていたので、混血で肌の色が濃いキャストの何人かは、このアパートには泊まれないと言われた。仲間のダンサーたちが別の場所に引っ越さなければならないのに、そこに残った者がいたことは奇妙だと思った。キング牧師が南部で抗議している間、私たちは映画業界で平等な権利のために戦う方法を知らなかったのだ。

他にも難しい瞬間があった。ある月曜日、バレエのレッスンの後、「ダンスホール」の撮影準備に入っていた。いつもなら、朝一番はクルーもプロダクション・チームもエネルギーに満ち溢れているのだが、その日は厳粛な雰囲気が漂っていた。ロビンズがフロアを歩き回り、仕事を開始しようと躍起になっている姿がなかった。とうとう発表があった。ロビンズはもう来ない。彼が映画を最後まで撮ることはなくなった。彼なしで撮影を続けることになる。私たちは顔を見合わせ、状況を理解しようとした。彼が解雇された？　ジェローム・ロビンズが解雇された？　『ウエスト・サイド・ストーリー』の生みの親であり、監督であるジェローム・ロビンズをクビにするなんて……。彼の作品なのに。しかし、プロデューサーは本当に彼を解雇したのだった。彼は「クール」の撮影を終えたばかりだった。撮影は遅れに遅れていた。「アメリカ」に二週間半、「すてきな気持ち（I Feel Pretty）」も同じぐらいかかった。制作が遅れすぎていたのだ。『ウエスト・サイド・ストーリー』の一千万ドルという予算は、当時としてはかなりのものであったが、ロビンズの実験と革新はコストがかかりすぎていた。プロデューサーと銀行は、この芸術的天才を甘やかすことをやめた。彼はすでにすべてのナンバーのセットを決め、おそらくほとんどの撮影アングルも決まっていた。アシスタントたちが共同監督であるワイズの仕上げを助けるのに十分な知識を持っていた。こうしてロビンズはいなくなった。

　気持ちが混乱したことを覚えている。彼なしで働くことを拒否すべきなのか？　抗議のために座り込むべきか？　説明を求めるべきか？　私たちみんなの身体から息が吹き飛んだような感じだった。私たちに限界を超えさせ、私たちが喜ばせるために必死で努力した彼なしで、どうやって踊ればいいのだろう？　ジェリー（ジェロームの愛称）はどんな思いをしているんだろう？　想像するのも辛かった。ロビンズのアシスタントのハウイー（ハワード）・ジェフリーズとトミー・アボットは、ゆっくりと私たちをリハーサルモードに導いた。私たちを「ダンスホール」のフォーメーションに立たせると、音楽が流れ出し、呼吸が戻ってくるのを感じた。ダンスの冒頭をさらいながら、よし、これは彼のステップだ、これは彼のアイデアだ、彼が私たちの体に落とし込んでくれた、彼はまだここにいる、と思えた。彼のためにベストを尽くさなければならない、という共通の気持ちをみんなが抱いたのだと思う。ジェリーのために、この赤ん坊を世に送り出さなければならなかった。

「ダンスホール」のシーンは過酷だったがうまくいった。このナンバーは、シャークスのマンボとジェッツのクールジャズのダンス対決として設定されていた。この作品がブロードウェイで上演されることになったときのいきさつは伝説となっていた。ロビンズはこの作品を本物のダンス対決とし、シャークスとジェッツに別々の部屋でリハーサルをさせた。ピーター・ジェンナーロがシャークスのマンボを、ジェリーがジェッツのジャズダンスを振り付けた。そして、いよいよダンス対決の日になった。話によると、ジェリーはシャークスのカップルが「マンボ！」と叫びながら圧倒的な存在感で舞台の前に向かって歩いてきたのを見て、部屋から飛び出して行ったという。どうやらシャークスの勝ちだったようだ。

映画版では、ロビンズはトニーとマリアがダンスホールで初めて出会う魔法の瞬間に、チャチャチャをする三組のカップルのひとりに私を選んだ。恋人たち、そして背景にいる私たち以外は、すべてがスローになり、フェードアウトしていく。ダンスはシンプルで、ロビンズらしい繊細なチャチャだ。私のパートナーはボブ・トンプソン。朝の九時から撮影を開始した。テイク一。一、二、三、四、「女の子と出会った…」ターン、ステップ、足を揃える。長年バレエの訓練を受けたダンサーにとっては簡単そうに見えた。しかし、ナタリー・ウッドとリチャード・ベイマーというダンスが得意とはいえない二人の俳優にとっては、大きなプレッシャーだった。テイク一〇が終わると昼食となったが、シンプルなダンスはまだ終わっていなかった。昼食後、撮影が再開された。テイクを重ねた。リチャードが不安定になり、ナタリーがもたつく。テイク二二！　もうすぐ夕方の六時だ。ここで終われなければ時間外に突入する。ワイズ氏はクラッカーをカリカリと音を立てて食べていた。ダンサーはクタクタ。簡単なダンスが重労働になっていた。背景ダンサーの私たちにとっても、最初は頭の上で愛情をこめて絡み合っていた腕が鉛のように重くなっていた。テイク二三。全員が決まった！　トニーもマリアも、みんな完璧だ！　ところが、私がパートナーのボビーと目を合わせてしまうという致命的なミスを犯してしまっていた。突然、私はブチ切れた。カメラに背を向けたまま、わなわなと震え、そしてゲラゲラと笑いが込み上げ、抑えきれなくなった。ヒステリーだ。「カット！」やばい、やらかした！　撮影が台無しだ！　今日一日を台無しにしてしまった！　笑いが涙に変わった。そして声が聞こえた。

「明日終わらせよう！」

上司たちは誰も、いつものように親しげにおやすみを言ってくれなかった。私のちょっとしたヒステリーのせいで、彼らは一日の撮影分、つまり五万ドルという大金を無駄にしたのだ。私はご主人様の新しい絨毯におしっこをした子犬のような気分だった。尻尾を垂れて家路についた。

もうひとつ恥ずかしかった瞬間がある。「すてきな気持ち（I feel Pretty）」の歌のなかで、あまりすてきとは言えない出来事だった。この映画のなかで、私が一人で歌ったのはたったの一行「シラミがいる！（Or maybe it's fleas!）」の部分だった。いつもグループで歌うか、車の中で一人で歌うのは大好きだった。なので、イヴォンヌやスージーと一緒に「アメリカ」や「すてきな気持ち」のリハーサルをするのはとても楽しかった。イヴォンヌは声に張りがあり、スージーの声は高音だった。私は二人の音域のちょうど真ん中くらいで、心地よく安心して演技できた。ヴォーカル・ディレクターのボビー・タッカーとの毎日のリハーサルは、ハードな肉体労働の合間のいい息抜きだった。レコーディング・セッションの準備も万全で、撮影中にリップシンクする音声トラックを作成した。

この仕事の最後の何日かまで、私は歌の録音はもう終わったと思っていた。第七スタジオは、数ヵ月前にジョニー・グリーンが映画のサウンドトラックのためにオーケストラを指揮するのを見た、有名なレコーディング・スタジオだ。オーケストラの生演奏がこの素晴らしい楽曲を鳴り響かせているところを生で見るのは、ワクワクした。それはまるで、五歳のときに父に連れられて行った、ユタでの最初のコンサートのようだった。でも今、私は一人でここに立っていた。この巨大なホールの中で、私は小さなアリだった。映画は完成間近だった。スクリーンの左上に映し出される私の姿に重なるように「すてきな気持ち」を歌ってほしいということだった。しなければならなかったのは、「Or maybe it's fleas!」という四つのバカみたいな言葉を歌うことだけだった。簡単？ いいえ！

イヤホンをつけると、コーラスの部分が聞こえてきた。「**暑さのせい、気の病、ラララ、食べ過ぎだ**」ここに私の声が加わるのだ、「**シラミがいる！**」。ところが、どういうわけか曲がかかるたびに、私はパニックになり、言葉が出てこなかった。ほら、イヴォンヌやスージーと何百回もやったでしょう！ でも今は第七スタジオに一人ぽっち。イヴォンヌ、スージー、一緒に来て！ 曲がかかるたびに、不安レベルが上がっていった。辛抱強く男性の声が言った。「テイク五、ロール」。しかし声が出ない。「テイク九……テイク一〇……」。心臓の鼓動が速くなり、呼吸が苦しくなった。私は自分自身に悪態をついていた。「一体どうしちゃったの！ 自分の声を聞くのが怖いの？ それが問題なの？」そう、それが問題だった。私は自分の声が怖かった。

どうにかして声を絞り出した。本意ではなかったが、「シラミがいる！」の一文は永遠にスクリーンに刻み込まれた。その日、私はある決心をした。この恐怖を乗り越えなければ。

『ウエスト・サイド・ストーリー』でプエルトリコ人の役をできたことで、私はもっと多くを望むようになった。才能とキャリアを伸ばせるかどうかは、機会を得られるかどうか次第だ。より高くを要求されるさまざまな役柄で、成長するチャンスを得られることが不可欠だった。二一歳で私はもう自分の可能性の頂点に達したのだろうか？ 私は自分をごまかすことにした。もし私の名前がもう少し曖昧で、日系人らしくない名前だったなら。そこで、初めてのスクリーン・クレジットの名前を、「モト」を切り落とし、ジョアン・ミヤにすることにした。でも映画初公開の夜、巨大なシネラマスクリーンに映し出された名前を見て、自分の一部が欠けていることに気づいたのだった。

第一〇章
勝利を我らに
We Shall Overcome

独唱を学ぶことは単に発声テクニックを学ぶことではなかった。沈黙を破ることは、私の口に、そしてこの国に住む日系の人々に何が口輪をかけたのかを理解し、それを外すプロセスだった。歌の先生となったディニ・クラークは、内気な私から声を引き出すために聖人のように働いた。最初の歌のレッスンでは、次の生徒がスタジオに入ってくると、私は貝のように黙ってしまった。壁に貼られたクラークの生徒たちの写真の陰に隠れ、ベビー・グランドピアノの曲線美のなかにもぐりこみ、ただ消えてしまいたかった。

声のウォーミングアップをし、テクニックを身につけたが、彼の魔法は私に何も考えずにただ歌わせることだった。最初は簡単な基本の音を歌い、転調で私をうまく導き、自分の声が音楽の一部であることを私に感じさせた。「君はいい声をしているね」と褒めてくれた。グループで歌うのは好きなのに、なぜ一人だとこんなに難しいのだろう？一人で踊ることはできても、この日系人の女の子である自分が一人で歌っているのを想像することはできなかった。少しずつ、歌のストーリーに我を忘れて、言葉やメロディーを声に出すことに心地よさを感じるようになった。べビー・グランドピアノの母のような曲線に合わせて歌うことに、だんだん安心感を覚えるようになった。少しずつ、楽しさが恐怖に勝っていった。

ディニ・クラークは一九二三年にワシントンDCで生まれた。黒人として生きることは容易でない時代だった（今でも状況は変わったと言えるかしら？）。天才的な音楽の才能でハワード大学を卒業。デューク・エリントンやビリー・ストレイホーンといった師匠たちほど有名ではなかったが、ディニはグレート・アメリカン・ソングブックに名を連ねる天才、マスター・ミュージシャンだった。彼が知らない曲はないように思えた。

ウエスト・ハリウッドの彼のアパートの壁には、レコード・アルバムと呼ばれる今では古めかしい収集物がぎっしりと並んでいた。一二インチ×一二インチのジャケットは、注目すべきあらゆる歌手の写真を飾る完璧なキャンバスだった。彼は私に当時のあらゆる偉大な女性シンガーたちの歌を聴かせた。レナ・ホーンは青銅色の肌をした歌の女神だった（そして私が高校時代にデートを断ったテディ・ジョーンズの母親だった！）。美しかったが、パンチが効いていて、自虐的なユーモアのセンスもあった。「星条旗よ永遠なれ」を、彼女なりのユーモラスかつ女性らしい歌い方で、まるでオーガズムに達しているかのように歌うことができた。彼女は色が白かったが、他の黒人エンターテイナーと同じように偏見にさらされ、共産主義者であることを公言していた有名な歌手ポール・ロブソンとの友情のためにブラックリストに載ったこともあった。そして、エラ・フィッツジェラルドはどんな方向にも飛んでいけるジャズのハチドリだった。ニューヨークのアスター・ホテルでは彼女のライヴを観た。日曜日用の黒いドレスに身を包み、眉間の汗を拭くのに使う真っ白なハンカチを握りしめた彼女は、ふくよかなおばちゃんのようだった。彼女の歌は、カウント・ベイシーのバンドと観客を興奮させ、聴いている私たちを音楽のジェットコースターに乗せてくれた。カーメン・マクレーは正確で流れるような声と独特のフレージングを持つ、ヒップで知的なジャズ・シンガーだった。ディニはよくサブテキスト、つまり歌詞に隠されたもう一つの意味について話していたが、カーメンは言葉から皮肉やユーモアを引き出す名手だった。彼女は多くの歌手が手を出さないような難解な曲を好んで選んだ。彼女自身もジャズピアニストで、自分の声を取り巻く音符はすべて聴こえていた。ある夜、地元ロサンゼルスのクラブで彼女がバラードの途中で歌をやめ、ピアノ奏者に怒りの目を向けて言ったのを目撃したことがある。「私の唇を読んで」。観客は飲み物を落とし、従順な教室の生徒のように固まった。やがてピアニストがピアノの下から這い出てきて、カーメンは気を取り直して歌に戻った。ニーナ・シモーンのスモーキーな声、激しい存在感、そして音楽性は、エンターテインメントを超えた力を発揮していた。怒れる黒人女性として、それを見せることを恐れなかった。私は「ミシシッピ・ゴッダム（Mississippi Goddam）」や「アイ・ウィッシュ・アイ・ニュー（I Wish I Knew How It Feels to Be Free）」のような曲が大好きだった。「四人の黒人女性（Four Black Women）」を聴いて思った。私みたいな女性の歌はどこにあるのだろう？

初めてビリー・ホリデイを聴いたのは車の中だった。「レディ・デイ」だと言われるまでもなく、彼女だとわかった。車を停めて聴いた。この時代には、もうレコード契約を結ぶほどの声量はなかった。しかし、「ゴッド・ブレス・ザ・チャイルド（God Bless the Child）」や「奇妙な果実（Strange Fruit）」を聴けば、彼女が歌に描かれたストーリーを生きてきたことがわかる。今日耳にするアスレチック・シンガーたちは、誰も彼女の足元にも及ばない。これらの歌手たちは、客を楽しませるホテルに自分は泊まることができないなど、人種差別のあらゆるハードルに直面しながらも、自分を余すところなく表現していた。私は畏敬の念を抱いたが、彼らにはなれないとわかっていた。でも、自分を表現する方法を見つけたかった。

ディニの最大の教育手段は日曜日のワークショップだった。有名なベーシスト、レイ・ブラウンのような友人を招いて、仲間の前で偉大なミュージシャンたちに合わせて歌う経験をさせてくれた。最初は「日本人らしさ」の感覚から尻込みした。やがてディニは私をスター弟子のように扱い、自信を持たせてくれた。黒人でも白人でも、ピンクでも黄色でも関係なく、お金があろうが、レッスン料の代わりに彼の家にペンキを塗ろうが関係なく、生徒ひとりひとりのベストを引き出そうと努力した。仲間意識、コミュニティ、そして帰属意識を、私たちクレイジーで混然とした歌の愛好家全員に築き上げてくれた。数年後、彼はレイマート・パークのワールド・ステージ劇場でも同じことをした。[*1]

ディニのピアノのカーブに包まれて椅子に座ることもまた、私に世界の見かたを教えてくれた。ディニは、ワシントンDCで育ち、人種隔離された映画館でバルコニーに座らなければならなかった話をしてくれた。私の家族が第二次世界大戦中に強制収容されたことを私に語らせた。一九六一年から一九六七年までの間、公民権運動の混乱を目の当たりにしながら、私たちは歌を歌い、ストーリーを伝え合った。

一九六〇年代にアメリカ人の意識に新たな歌をもたらしたのは、有名歌手がラジオで歌うポップソングではなく、非凡なことを行なおうとする普通の人々が歌うシンプルな歌だった。「勝利を我らに（We Shall Overcome）」は、白人の憎悪、消防用高圧ホース、警察犬といった醜悪なものに耐える力を黒人に与えた。「勝利を我らに」は、囚人護送車に引きずり込まれるデモ隊に勇気を与えた。刑務所の暗闇のなかで、「勝利を我らに」は希望と仲間意識を呼び起こした。黒人の平等を求める闘いへの献身と団結の歌だった。政治に無関心な私にも、「勝利を我らに」は自分にも関係がある歌だとわかった。

マイクと私が結婚を決めたのはこの激動の時期だった。人種統合を主張しようとしたわけではない。愛は有史以来、人々の統合を推し進めてきた。一九六〇年の私たちの異人種間結婚は注目を浴びたが、危険なものではなかった。アパートを探していたとき、ウエストハリウッドの物件を見て、「ミセス・シャハト」と名乗って電話した。電話口の女性は親しげな声で、すぐに来てくださいと言った。現場に着くと、彼女はドアを開け、私を一瞥して、「アパートはもう入る人が決まってしまったの」と言った。白人居住区に黒人、メキシコ人、東洋人、ユダヤ人が住めないようにしていたロサンゼルスの住宅制限規約は、一九四八年に最高裁で禁止されていたが、なぜかその慣習は続いていた。マイクがハリウッド・ヒルズで不動産業を営んでいたとき、黒人や東洋人には売ってはいけないと言われた。しかし彼は、お金を持っている人には誰にだって売る、と言い放った。仕事は長く続かなかった。

一九五〇年、ナット・「キング」・コールの大ヒット曲「モナ・リザ」は、人種や音楽の垣根を越えて、彼を国際的に飛躍させた。コールはロサンゼルスの高級住宅街ハンコック・パークに家を買った。家族が引っ越してきたとき、家の前の芝生では十字架が燃やされた。コールは一九五六年に黒人芸能人として初めて自分のテレビ番組を持ったが、その一年後、スポンサーは黒人の観客は金の無駄だと判断し、番組を打ち切った。

『ウエスト・サイド・ストーリー』の後、私は自分のスキルを高め、ハリウッドで生計を立てるチャンスを得るために演技の勉強をしていた。しかし、芝居は以前に人種の壁を越えようと努力を重ねた、あの振り出しに私を戻してしまった。それにゾッとするようなオーディションときたら！　今日に至るまで、俳優がどうやってあの耐え難い試練に耐えているのかわからない。仕事は必要だったが反発心を抑えることができず、私のなかの何かが、彼らが求める「タイプ」になることを拒んでいた。結局、そのせいで役者になりたいという気持ちは消えてしまった。そこに自分の音楽を見つけることができなかったのだ。不本意ではあったが仕事は舞い込んできた。特に書きたくはないが、アジア系俳優の苦難の道の典型がわかるように列挙しておこうと思う。私がつとめたチョイ役は、テレビシリーズ『ララミー』で古き良き西部を旅する芸者、『ドリス・デイ・ショー』でメイド、ヴィンセント・プライス主演のB級映画『アヘン食いの告白』での中国人の妾、ビル・コスビーの最初のシリーズ『アイ・スパイ』での日本人スパイ、そして私のお気に入りは、『先史惑星の女たち』で白人の地球人を助けるために兄を殺す火星人の役だ。ユーチューブで調べるのは時間の無駄だ。悪いことは言わない。本当に酷いものばかりだから。

テレビは私たちが見たことのない世界をクローズアップしてくれるようになった。一九六一年、私たちはアイルランド系カトリック初の大統領であるジョン・F・ケネディの就任式に「臨席」し、オペラの黒人スター歌手、マリオン・アンダーソンが国歌を歌うのを見た。これは当時では大ごとだった。一九六三年、私たちはヴェトナム人の仏教僧侶がサイゴンの通りの真ん中で座禅を組み、自分の身体に火を放つのを目撃した。彼はゴー・ディン・ディエム率いる南ヴェトナム政府による仏教徒迫害に抗議していた。一九六三年八月、私たちは何十万もの人々がワシントンDCで行進するのを見た。マーティン・ルーサー・キング・ジュニアが「私には夢がある（I Have a Dream）」と演説したとき、私たちの世代を決定づけた真実を胸に刻んだ。一九六三年一一月、ケネディ大統領は私たちの目の前で殺された。彼の死はアメリカン・ドリームの暗殺でもあった。

事件は次々とやってきた。バーミンガムの黒人教会が爆破されて四人の少女が殺害された事件、黒人有権者を登録するために南部へ向かうフリーダム・ライダーズ、凶暴な警察犬を連れた白人保安官、投票権を求めてセルマからモンゴメリーまで行進する人々を嘲笑う凶悪な白人たち。「勝利を我らに」は、私たちがリビングルームで観ていたこのモノクロドラマの主題歌だった。

それまで知っていたアメリカがバラバラに壊れ、その醜悪さと変化への抵抗を見ているうちに、マイクと私の気持ちもいつの間にかバラバラになっていった。何が私たちの関係を壊したのか、どこで亀裂が入ったのか、私が決して勝つことのできない言い争いがどこから始まったのかは覚えていない。私たちの違いは、文化的なものでも政治的なものでもなかったと思う。私たちは自分たち自身よりも大きな何かの一部であり、それが壊れようとしていたのだ。あちこちが崩れ、ぐらぐらに緩み、それまで私たちを繋ぎ止めていたいろいろな規範がどんどんとほどけて、新しいものが生まれ出るためにあらゆるものが壊れていった。バラバラになることが、私たちが本来あるべき姿に到達できる唯一の方法だったのかもしれない。

ヴェトナム戦争が激しさを増す一九六七年、私はナイトクラブで歌っていた。ヴェトナム駐留の四九万人の米軍とデモ行進をするアメリカの若者たちを尻目に、「イパネマの娘」を歌っていた。マーティン・ルーサー・キング・ジュニアが「ヴェトナムを超えて——今こそ沈黙を破る時」と演説を行なったとき、私は新しいキャリアに一歩踏み出そうとしていたのだ。警察の横暴に反発した人種暴動が各地で発生し、ニューアークとデトロイトでの最悪の事態で、一九六七年は長く暑い夏として記憶されることになる。でも、私は涼しいシアトルにいた。シアトルにブラック・ゲットーやブラック・パンサーがなかったわけではない。私が何も知らなかっただけだ。

私の前にもすでに、自分を表現したいと思う才能あるアジア系二世や三世がたくさんいた。ショービジネスは生計を立てるにふさわしい手段ではなく、脚を見せることは罪だと考える移民の両親に立ち向かった人たちもいた。ジャパンタウンやチャイナタウンのナイトクラブは、シンガー、ミュージシャン、スタンドアップ・コメディアン、ストリッパー、ダンサーたちが、演技を磨き上げる場所だった。一九三〇年代から一九四〇年代にかけてもっとも有名だったのはサンフランシスコのフォービドゥン・シティだ。観客はほとんど白人で、ジャズの調べが似合うエキゾチックな生き物を食い入るように眺めていた。さしずめハーレムのコットン・クラブの黄色版といったところか。[*2]黒人にはチットリン・サーキットと呼ばれた黒人用ナイトクラブがあったが、アジア系の溜まり場、ライス・サーキットもまた存在した。パフォーマーたちは、映画やブロードウェイに登場するオリエンタルなイメージに縛られることなく、名前、外見、衣装を通じて、ステレオタイプを逆手にとった舞台を繰り広げた。成功したければ、セックスとつり目が売りだった。フランク・シナトラそっくりな声で歌うラリー・チンのようなモノマネ芸人もいた。また、ジャディン・ウォンやマイ・タイ・シンのように、独自の芸を生み出した者もいた。これらの反逆者たちは、多くの屈辱と傷心を覚悟で舞台に上がり続けた。伝統を破り、お前らはまだ外国人だという人種差別的な思い込みに対して、ジャブを喰らわせた。彼らのショーは、「悪いが、俺はお前と同じアメリカ人なんだぜ」と正面切って宣言していた。

女性一人でナイトクラブで歌うには、タフさが必要だ。ガイド、後見人、教祖であったノーム・ボブローがいなければ、それを成し遂げることはできなかっただろう。ノームはパット・スズキのマネージャーで、一九五〇年代後半に彼女をシアトルのコロニー・クラブ（ライス・サーキットには属さないクラブだった）から『フラワー・ドラム・ソング』でブロードウェイのステージへと進出させた。スズキは、アメリカ文化のなかでアジア人を見えない存在にしていた壁にヒビを入れた稀有なケースだった。ノームは普通のショービジネスのマネージャータイプではなく、むしろ教授、あるいは時流に長けた哲学者のようだった。長身で極端に痩せていて、角縁の眼鏡の下にはいつも微笑みを浮かべ、携帯用のオリヴェッティ・タイプライターをどこへでも持ち歩いていた。このとき彼は、シアトルに戻って本を書いていた。私が歌いたいと言うと、彼はコロニー・クラブを引き継いだ友人のジャック・ベアードに、ここで見習いとして雇えないかと頼んでくれた。

ボブローはシアトルの有名人で、DJ、コラムニスト、ジャズ興行主としての名声を持ち、シアトルのジャズ・シーンの発展に貢献していた。彼は信頼するオリヴェッティを駆使して宣伝に努め、この新人シンガー「ジョー・ミヤ」（ジョーは彼が私につけたニックネーム）を見るためにファンを集めた。ミュージシャンにベテランを揃えてくれた。ピアノはサラ・ヴォーンなどの歌手の伴奏もしたリー・アンダーソン、サックスはジェラルド・ブラッシャー、ドラムはトミー・ジョー・ヘンダーソン、そしてニューヨークのジャズシーンで大成功を収めた夢のベーシスト、ルーファス・リードだ。この八ヵ月は私に歌の翼を与えてくれた。上品なシルクのガウンとつけまつげ、そしてディニの友人ジェラルド・ウィギンズのアレンジで武装した私は、いっぱしの歌姫だった。レッテルなしで本当の自分を見せる最初のチャンスだった。酒と煙とおしゃべりのなか、聴衆を魅了し、自分の歌に耳を傾けてもらうのは容易なことではない。歌うことは無防備になることだ。自分の心の奥底から湧き出る音ほど、固有で、自分らしいものがあるだろうか？　歌は聴き手に与える魔法の贈り物なのだ。

ディニに師事したおかげで、一晩に二回のショー、週末には一日三回のショーをこなすための基礎固めができた。もし失敗しても、次のショーで挽回できた。四五分のセットを三回歌うには、スタミナとペース配分が必要だ。金曜や土曜の二セット目が終わると、ほとんど声が出なくなることもあったが、セットとセットの間の三〇分間で声を回復させる方法を習得したし、ときには声が疲れていても、三セット目はリラックスして歌いきることもあった。もっとも力になったのは、スタンダードソングからビートルズ、当時流行っていたボサノバまで、歌いたい曲を自分で選べることだった。歌に没頭することで、自分の外見や他人、特に白人にどう思われるかといった、あらゆる手枷足枷を忘れることができた。

ノームは私のキャリアを前に進めるだけでなく、シアトルという街を隅々まで体験し、いろんな人と知り合うよう励ましてくれた。シアトルはピュージェット湾とワシントン湖に囲まれ、雨の多い緑豊かな街だ。シアトルに越してから最初の六〇日間は毎日雨が降った。天気のいい日には、コロニー・クラブの六階上にあるクレアモント・ホテルの自分の部屋の窓から雄大なレーニア山を見ることができた。そのホテルの部屋は見習い期間中の給料の一部だった。給料はこの部屋代プラス週六〇ドルだった。信じられないかもしれないが、一九六七年当時はそれで生活できたのだ。弟が夏の間滞在し、ホテルとコロニー・クラブで働いて、自分の部屋代を稼いだ。彼は二〇歳になっており、二人一緒にシアトルを探検したのが、ボブと私が大人としてお互いを知るようになった最初の機会だった。

ノームがしつこくオリヴェッティを使って宣伝してくれたおかげで、私たちのバンドは堅実にファンを増やしていった。私は歌い、実にさまざまな人々と知り合いになった。ジャズ愛好家のほかにも、毎晩千鳥足で家に帰る日本人会社員、漁の冬休みを取っているアラスカ先住民、私のことを妹に似ていると言うジプシー（どういう魂胆なのかしら）、そして毎晩の常連の一人である前衛作曲家アラン・ホヴァネスは、いつも最後の曲まで聴いて、それから家に帰って日の出まで作曲した。彼は私のために「アマテラスを讃える歌（Adoration of Amaterasu）」というカンタータを書いてくれて、私はそれをカナダ交響楽団と一緒に歌ったこともあった。オーケストラと一緒に歌うというのは、とても大きな出来事だった！

しかし、髪が長くカラフルな服を着てバーボンよりもビールを飲む若い人たちもいた。彼らはワシントン大学の学生で、日系人、白人、そしてショートアフロでピアスから飾りのバングルをたくさんぶら下げた美しい黒人の女の子の集団だった。彼女のボーイフレンドは白人で、背中にピースマークが型抜き染されたデニムジャケットを着ていた。バスのベンチ、レンガの壁、歩道など、シアトルのいたるところに、このマークがスプレーで描かれていた。今や彼は黒人のガールフレンドを持つ歩くピース・サインであり、時代の変化を二重に宣言していたのだ。彼らの深夜の会話はいつも人種と戦争の間で行き交っていた。男たちは徴兵制を懸念し、必要ならカナダに渡ろうと話していた。モハメド・アリが徴兵忌避罪で有罪判決を受け、五年の禁固刑を言い渡されたばかりだった。私は弟が徴兵されるのではないか心配だった。

そして若者たちは戦争反対を口にするだけでなく、戦争反対の組織を結成しつつあった。ある夜、ピースサインさんがデモ行進に誘ってくれた。私は驚いた。テレビで公民権運動のデモ行進を傍観者として見て、彼らを讃えることはあっても、自分が参加することを考えたことがなかったからだ。私が行進し、スローガンを叫び、看板を持つ？　不正義を目の当たりにし、自分たちにも何かできるはずだと決意した人々に出会ったのは初めてだった。デモには行かなかったが、考えさせられた。

ナイトクラブで歌っている私は、一体何をしているんだろう？　戦争が起こっているのよ。私の家族に外見が似た人たちが死んでいる。弟は徴兵されるかもしれない。なのに私はナイトクラブで歌っている？

第二部

Second Movement

第一一章 権力を民衆に

Power to the People

「出てこい、野郎ども。ローマのトニーだぜ！」

アントネッロ・ブランカはカメラを持った革命家だった。背が低く、カッペリーニのようにガリガリに痩せて青い目、もしゃもしゃの黒髪をしたシチリア人。どんな状況でも話術で切り抜けることができる狂気じみた勇敢さを持った男だった。第二次世界大戦末期、アメリカがムッソリーニを追い出し、戦禍のローマで勝利の行進をしたとき、彼はチョコレートを追いかけた街の子どもたちの一人だった。今、映画ジャーナリストとして彼が追いかけているのは、ストーリーだった。真実を語ることは、しばしば深刻な結果を伴う。イタリアでダムが決壊して何千人もの死者が出た後、彼は現地に赴き、当局がダムの弱点を知りながら、それを無視していたことを突き止めた。彼は上司に止められる前に現場を撮影し、映像を編集して、テレビで放映した。これで彼の職場は大いなるトラブルを抱えた。アンゴラのジャングルでは、自分のカメラよりもブーツを欲しがる武装した兵士たちに立ち向かった。彼は兵士たちにこう言い放った。「どうせブーツを盗るなら、殺してくれた方が助かる」。どういうわけか、彼はどちらの状況からも逃げおおせた。

シアトルから ロサンゼルスに戻った私は、ユージン・マッカーシーの大統領選挙キャンペーンに志願した。そう、ついにパフォーマーとしての役割を離れ、市民としての第一歩を踏み出す勇気を奮い起こしたのだ。デモ行進をする勇気はなかったが、人々に電話をかけて投票を呼びかけることはできた。反戦候補だったマッカーシーのために切手を舐めることはできたのだ。彼は民主党の候補にはなれなかったが、私はメロニー・フィンケルスタインという新しい友人に出会った。彼女はUCLAの学生で、キャンパスでブラックパンサーの集会を撮影していた急進的な映画監督アントネッロに会わせたがっていた。当時の多くの若者たち（私も含めて）と同じように、人々は人生のすべてに疑問を抱き、難しい選択をしようとしていた。メロニーのジレンマは、授業に出る（反動的である）か、出ない（革命家である）か、卒業する（両親を喜ばせ、この資本主義的で人種差別的な社会で就職する）か、退学する（カッコよくコミューンで暮らす）か、だった。アントネッロはニューヨークからやってきたばかりで、アンディ・ウォーホル、アレン・ギンズバーグ、ロイ・リキテンスタイン、ロバート・ラウシェンバーグといった一九六〇年代のビート&ポップアート・シーンを題材にした『何が起こっているのか？（*What's Happening?*）』というドキュメンタリーを、イタリアの公共テレビ局RAI向けに制作していた。

一九六八年、世界は上下逆さまになってぐるぐる回っていた。四月にはキング牧師が殺害され、一〇〇都市で暴動が発生した。五月にはフランスの学生や労働者が大学を占拠し、ゼネストが行なわれ、政府はほぼ機能停止状態に陥った。六月にはロサンゼルスでロバート・ケネディが銃撃された。アントネッロは現場で撮影を行なっていた。彼は毎日、キャスリーン・クリーヴァー、アンジェラ・デイヴィス、ハリー・エドワーズといった活動家たちにインタビューしていた。エドワーズは、一九六八年オリンピックのメダルを受け取った黒人選手らが表彰台で黒い革の手袋の拳を突き上げて「ブラック・パワー・サリュート」をしたことで歴史に残る一つのシーンを作った、その礎を築いた人物である。

私が自分を超える世界に足を踏み入れたのは、アントネッロに誘われて、ブラック・パンサーたちの政治教育クラスを見に行ったときだった。パンサーの事務所は、サウス・セントラル地区の四一番街とセントラル・アヴェニューにあった。私はほんの数マイル西のアーリントン街とジェファーソン通りの近くで育ったが、そこは私にとって異国だった。私たちは、少し上品な有色人種地区で黒人家族の隣に住んでいたが、人種差別の残酷さを生き抜いてきた母と仏教徒の伯母は、台所で彼らを「クロちゃん」と呼んでいた。車までの道すがら隣人とは礼儀正しく挨拶し、隣の家との間のフェンス越しに庭の話をした。でも私は決してクロちゃんの子どもたちと遊んではいけないと言われていた。両親の世代の偏見は、日本文化が日本人同士の間でさえ、小作農であることを示す黒い肌を軽蔑していたことから生まれたのだろうか。それとも、私たちに安全な距離を保つよう教えたのは、アメリカの文化だったのだろうか？大人になるにつれ、私は家族の偏見を受け継ぎたくはなかったが、それにどう立ち向かえばいいのかはわからなかった。しかし、アントネッロは私と同じ不安を抱いてはいなかった。彼はローマに住んでいたが、郷に入っても郷には従わなかった。彼の人生は、階級、肌の色、カーストの壁を取り払うためにあった。国家や現状を突っぱねた。ブラック・パンサーたちは人種差別や抑圧に対して堂々とした態度をとっていた。アントネッロにとって、彼らこそ美しい人々だった。アントネッロと一緒なら、「行く」と答えて、母が禁じた掟を破るのは簡単だった。

パンサーの本部は、かつて「ロサンゼルスのブラックベルト」と呼ばれたアフリカ系アメリカ人コミュニティの中心部にあった。白人エリアから締め出す人種制限規約によって住む場所が限られたアフリカ系コミュニティは、この地区で商売や家、教会を立てて暮らしていた。戦時中テキサスやルイジアナといった州から戦争産業で働くために黒人たちが移住してきて、日系人が収容所に送られたことによって空いたスペースに押し寄せたため、黒人地域がワッツからリトル・トーキョーへと大きく拡大したのだった。

フィアットから夜の寒さに足を踏み出すと、投げ捨てられたビール缶で足を滑らせそうになった。かつて人々が踊り歩いていたセントラル・アヴェニューの面影はない。パンサー・オフィスのすぐ一ブロック南には、一九三〇年代から一九五〇年代にかけてロサンゼルス版ハーレム・ルネッサンスの中心地であったダンバー・ホテルが、すっかりみすぼらしくなった姿で建っていた。実業家として成功したアフリカ系アメリカ人によって建てられ、詩人ポール・ローレンス・ダンバーにちなんで名づけられたこのかつての優雅なホテルは、黒人たちが否定されてきた進歩と尊厳の象徴であり、デューク・エリントン、ビリー・ホリデイ、レナ・ホーン、エラ・フィッツジェラルド、ルイ・アームストロングといった巡業中のエンターテイナーたちに故郷から遠く離れた家を提供した。彼らの天才的な音楽はロサンゼルスの最高級ホテルのナイトクラブを満たしたが、彼らはそこに泊まることができなかったのだ。深南部ならともかく、ロサンゼルスでの話だ。ダンバー・ホテルのロビーの壮大なシャンデリアの下で、ラングストン・ヒューズやW・E・B・デュボイスのような知識人、高官、エリートたちが、ブラック・アメリカの未来について語り合った。彼らは有名なソウルフードのレストランでパーティーを楽しんだ。ダンバー・ホテルのナイトクラブは「西部のコットンクラブ」として知られ、一流の音楽とダンスを披露した。そのドアの向こう、セントラル・アヴェニューのあちこちで、黒人たちがクールなファッションに身を包み、黒人や白人のセレブリティと肩を並べ、サックスのハウリングとシンコペーションのリズムでジャズ・シーンを賑わせていた。

一九五〇年代後半になると差別禁止法が撤廃され、デューク・エリントンはハリウッドのシャトー・マーモントに宿泊できるようになった。人種統合が政治目標となり、ダンバーからは煌びやかさが消え始めた。才能あふれた黒人は、ハリウッドの大スクリーンやテレビ、ラジオ、レコード業界へと野心を移し、セントラル・アヴェニューのルーツを離れていった。セントラル・アヴェニューは見捨てられ、希望に満ちた歌声は、板張りや鉄格子の店頭にかき消され、酒屋に飲み込まれ、魂を救う教会と、軍隊のような警察の間に挟まれて口を封じられた。ほんの数マイル南では、一九六五年のワッツ暴動の怒りの火種がまだチカチカと燃えていた。そして一九六八年、ブラック・パンサーたちが、セントラル・アヴェニューの静寂を危険な新曲で満たすために登場したのだった。

「すべての権力を民衆に！（All power to the people!）」彼はニコリともせず、普通に「こんばんは」と挨拶するかのように礼儀正しく言った。私たちを迎えてくれたのは、黒い革ジャンに黒いベレー帽をかぶった若い黒人男性だった。本部の一階は古い店舗だった。以前の住人について物語るような何層にも塗り重ねられたペンキを、白く塗られた壁が覆い隠そうとしている。足下には裸のセメントの床があり、上を見ると埃っぽい蛍光灯が数列並んでいた。若いパンサーがアントネッロに右手を差し伸べると、アントネッロは「その通り（right on）」と温かい返事をし、見たこともない複雑な握手をした。壁にはリーダー、ボビー・シールとヒューイ・P・ニュートンの写真が飾られていた。私は壁に貼られた彼らの「十戒」たる「一〇項目の実現事項（テンポイント・プログラム）」をじっくり読んだ。自由、自己決定、完全雇用、住宅、教育、医療、警察暴力の根絶、侵略戦争の終結、刑務所に収監された黒人や抑圧された人々の解放、そして「土地、パン、住宅、教育、衣服、正義、平和、現代技術の人民共同体による管理」。これらの要求は、かなり理にかなっているように私には見えた。シマウマの絨毯の上で孔雀型の籐椅子に縁取られ、片手に銃、もう片方の手には槍を持っているニュートンの象徴的なイメージのポスターがあった。彼はまるで、黒いベレー帽の冠をかぶった王様のようだった。パンサーたちは主張の仕方を心得ていた。

私たちは、金属製や木製など、形が揃わない椅子が整然と何列も並べられ、真ん中に通路があるところの、後ろの列に通された。すでに座っていた数人が、トランプの束ほどの大きさの小さな赤い本を読んでいた。数分後、三人の男が夜のとばりから大股で部屋に入ってきた。席に着く前に、彼らは部屋をぐるりと見渡し、私たちを確認した。一人は椅子にどかっと腰掛け、帽子のつばを下ろして顔の半分を覆い、胸の上で腕組みをした。彼らのメッセージを理解するのに読心術は必要なかった。「いっ、一体ここで何をしている?」私たちは彼らの空間、縄張りにいた。私は縮こまり、目立たないように、空気をなるべく吸わないように努めたが、姿を見えなくする方法はなかった。

革の服で全身を覆った背の高い男（ブラザー）が会場に現れ、目に見えない説教壇に立つと、会場のエネルギーが一気に高まった。身のこなしは堂々としており、声もそれにふさわしいものだった。「すべての権力を民衆に」

大合唱が起こった。「すべての権力を民衆に!」

彼の彫りの深い顔がゆっくりと部屋を見渡し、誰も彼の視線から逃れることはできなかった。ガンジーのような眼鏡をかけ、明瞭な口調でメッセージを伝え続ける姿は、信頼できる学者のものだった。「すべての権力を黒い民衆に」

「その通りだ」強い声の波が応えた。

「すべての権力を茶色い民衆に」

また別の波が、「そうだ。その通りだ」

「すべての権力を赤い民衆に[*1]」

「そうだ」

「すべての権力を黄色い民衆に。すべての権力を白い民衆に。すべての権力を民衆に」

部屋の空気が静まった。「その通り（ライト・オン）」

すべての権力を民衆にですって? これは現実なの? そんなこと可能なの? それってそもそも民主主義のあるべき姿のような気はする。「すべての権力を民衆に」という真言（マントラ）を繰り返すことは、頭のなかでかかり続けるコーラスのように、無意識にまで染み込ませる面白い方法だった。このことが、彼らが最大の社会の敵（パブリック・エネミー・ナンバーワン）とされる所以なのか?

「俺の名前はマサイ・ヒューイット。ブラック・パンサー党の教育副大臣だ」。その場にいた一五から二〇人の参加者から、さらに「ライト・オン」が飛び交った。ヒューイットはストリート・ブラザーとマルクス主義理論家の完璧なミックスだった。彼はこの地域に君臨していた五千人規模のスローソン・ギャングの元メンバーだった。ゲットーの市長として知られていたスローソン一味の元トップ、バンチー・カーターがパンサーのロサンゼルス支部を立ち上げた。マサイはギャングから転身して、社会主義・マルクス・レーニン主義組織「ユナイテッド・フロント」に参加し、その時にパンサーにスカウトされたのだ。彼の力強い肉体的存在感は、その場にいたストリートの兄弟たち（ブラザーズ）、そして、想像するに、姉妹たち（シスターズ）の尊敬をも集めていたのだろう。

「今夜は小さな赤い本『毛沢東語録』を読む。本を持っていなければ、一冊進呈しよう。毛沢東は中国革命の偉大な指導者である。何百万人もの中国人が、実践、学習、応用のためにこの本を読んでいるんだ」

アジアの指導者を自分たちの革命のお手本にするなんて、興味深いと思った。サウスセントラルの黒人が毛主席の中国革命に共感できるのだろうか？

「第一七章『人民への奉仕』から始めよう」

一人ずつが引用文を読み、その意味を解釈した。マサイはさらに、それが自分たちのコミュニティやパンサー党にどのように当てはまるかを説明した。「幹部」、「中央委員会」、「大衆」、「マルクス主義」、「レーニン主義」、「帝国主義」、「社会主義」、「ルンペン・プロレタリアート」といった言葉が部屋中を飛び交い、私の頭のなかにも、着地する場所がないまま飛び込んできた。しかし、言葉を超えた何かが私をとらえた。

マサイは前から数列目の若い男を指差した。「ブラザー……」

男はマサイから目を離さずに、ゆっくりと立ち上がった。細長い指で小さな赤い本をつかむと、その本はさらに小さく見えた。うつむいたまま、長い沈黙の後、彼は読み始めた。文字を言葉にするのに苦労している。「私たちは、けん…きょ…で、しん…ちょう…でなければなら…ない…」。マサイが付け加えた。「注意深く、思いやりをもって、という意味だ。続きを読んでくれ、ブラザー。ちゃんと聞いているよ」「ごう…まん…と、うぬ…うぬぼれ…に…注意せよ」

マサイの注意に導かれるように、その場にいた全員が呼吸を整え、黙ってこのブラザーと一緒に言葉を紡いだ。

「そして、ちゅう…ごく…じん…みんに、こころと…たましい…で、ほうし…せよ」

会場は息をのんだ。するとマサイは、慇懃無礼でも批判的なふうでもなく、こう言った。「そして、俺たちのコミュニティ、黒人のコミュニティに、心と魂をかけて奉仕せよ。その通りだ、マイ・ブラザー」

その瞬間に立ち会ったことで、ほとんどの人が決して見ることのないパンサーたちの姿を、私は見ることができた。ポスターやプロパガンダ、ニュース映像などを超えた、彼らの真実の姿だった。彼らの思いやりや人間性が見えた。すべての権力を民衆に。彼らが言う通り（ライト・オン）だ。

アントネッロとの毎日で、私の人生は広がっていった。映画のセット、ナイトクラブ、劇場の舞台といった小さな世界から、生きたドラマへと境界線を越えた。戦争に反対する集会があれば、警察に反対するコミュニティのデモがあれば、私たちは撮影し、目撃し、質問し、帰宅して分析した。慣れない領域に足を踏み入れ、自分の内側に沸き起こる混乱に対しても、心を開いて対処することに慣れてきた。私とはかけ離れたストーリーを持つ人々に触れた。そして私は、自分自身が受けてきた抑圧、同胞が受けた抑圧について、もっともよく身に付く方法で学んでいた。それは、本を通じてではなく、身体を通じて、その場に身を置くことを通じて学ぶ方法だった。だから、アントネッロが「ジョアンナ」――イタリア人なので私をそう呼んだ――「ブラック・パンサーの映画を作りたいんだが、手伝ってくれるかい」と尋ねてきたとき、イエスと言う必要はなかった。ただ両手を上げ、自分が今まで知っていたすべてを捨てて、頭から水に飛び込んだのだった。

アントネッロの映画『時をつかめ（*Seize the Time*）』は、ブラック・パンサーとともに革命の深海に飛び込んだ作品であったが、アントネッロにとっては芸術的飛躍でもあった。彼にとっての初の長編映画であり、ドキュメンタリー映像とドラマチックなストーリーラインを融合させたドキュドラマであった。彼はニューヨークの俳優ノーマン・ジェイコブスを説得し、一年間一緒に旅をし、パンサー党に参加させた。映画は、この黒人がいかにして文化的ナショナリストから革命家ナショナリストへと進化し、ブラックパンサーとして銃を手にするまでに至ったかを描いている。ハリウッド映画とは対極にあるもので、脚本も、大きなスタジオの資金も、制作チームやクルーのいるサウンドステージもない。アントネッロはイタリアの投資家から四万ドルを調達し、フィアット社に車を二台寄付するよう説得した。基本的にプロダクション・チームとクルーは、学生時代からのパートナーで彼のサウンドマンであるラファエレ・デ・ルカと、アントネッロのガールフレンドで彼にいつもついて歩いた私だけだった。私はアポ取りからシーンのコメント、フィルムの運搬、衣装の組み立てまで何でもやった。やがて弟のボブも加わり、静止画カメラで撮影を記録した。

ラファエレがイタリアから新妻を呼び寄せ、夜にリビングルームを寝室に変身させると、カーソン街とオリンピック通りの角の近くにあった私の居心地のいい一ベッドルームの二世帯住宅は、さらに居心地のいいものになった。アントネッロは、スパゲッティ・カルボナーラを作りながら、「出てこい、野郎ども。ローマのトニーだぜ！」と叫んで、台所を活気づかせた。夕食後、アントネッロはいつも忙しそうに、黒いモールスキンのスケジュール帳にスケッチをしたり、翌日の撮影のためにアリフレックスのカメラを準備したり、大学ノートに脚本のメモを書いたりしていた。

弟が私たちの集団に加わってから、私は母のもうひとつの「絶対ダメ」にぶつかった。母は、私がもう二八歳で離婚していたにもかかわらず、アントネッロと一緒に暮らすことに神経を逆立てていた。彼がイタリア人だからではなかった。私がアントネッロを家に連れてくる勇気があれば、母はアントネッロを大いに気に入ったと思う。問題は、まだ一九六〇年代に結婚せずに同棲することは「絶対ダメ」だったのだ。アントネッロは、すべてのことは政治的なものだと考えており、その点において結婚についての考え方も明確だった。彼にとって、愛は国家や教皇に支配されるべきものではなかった。アントネッロは、娘のレベッカと息子のトマソを愛し、大切にしていた。彼らの母親とは未婚のまま別れてしまったのだったが。私にとっては、結婚はちょうど片付けたばかりの痛ましい人生の一チャプターであり、子どもというものはまだレーダーに映っていなかった。一夫一婦制には賛成だったが、私たちに必要な絆は愛だけだ、と安心していた。

「何をしてるの？　どうしてこんな危険なものばかり撮っているの？」母の直感は、私が母と父が安全で良い生活を送るために苦労したすべてのことに逆らっている、と告げていた。我が家は食卓で政治の話をするような家ではなかった。ブラック・パンサーとつるんでいるなどとは、母にはあえて言わなかった。でも彼女は、私が自分のキャリアや彼女が私に託した夢から遠ざかっているのを感じていた。弟は革命思想に心を奪われ、大学を中退していた。オリンピック選手を目指して水泳をしていた一一歳の妹ジュリー（のちにイングルウッド高校の黒人を避けて私立校に進学した）まで汚染されるかもしれないと思うと、母は耐えられなかった。反対の気持ちを表明するために、母は自分が持っている武器を使った。「あなたが妹に会うことを禁止します」

これには心が痛んだが、後戻りはできなかった。私は人生の力強い波に乗っていて、もう降りることはできなかったのだ。

アントネッロの創作過程に参加することは、セロニアス・モンク、ジョン・コルトレーン、アート・アンサンブル・オヴ・シカゴと一度に音楽を演奏するようなものだった。即興的で、偶発的なゲリラ的映画制作だった。アントネッロは、主役が受ける抑圧を浮き上がらせるために教訓的でユーモラスな状況を設定し、政治的に重要な場面に主役を登場させるチャンスをつかむ天才だった。制作プロセスを見ることで、私は多くを学んだ。アントネッロがどうやって説得して、パンサーたちを『時をつかめ』に参加させたのか、私にはわからない。フェリーニの映画のように奇妙で突拍子もないように思えたが、この映画の場合、俳優たちは本物のパンサーで、彼らは今日の活動家たちが携帯電話を使うように、メディアの使い方をすでに心得た人たちだった。

一九六七年にブラック・パンサーがカリフォルニア州議会にショットガンを持ち込んだとき、彼らはオークランドの黒人ゲットーで警察暴力を止めようとする小さな組織者集団から、世界の舞台で活躍する政治的ロックスターへと飛躍した。彼らはマルコムXの「どんな手段を用いても」の化身だった。公民権運動は南部を支配していた人種差別の弊害を明らかにした。そして今、パンサーたちは全米の都市の人種差別と不公正を覆い隠していた布を取りのけたのだ。彼らはみな同じ鋳型から鋳造されたわけではなく、アフリカ系アメリカ人学生、ストリートのブラザーやシスターたち、知識人（加えて、ＦＢＩから報酬を払われた潜入者数名）が混在していた。チェ・ゲヴァラや毛沢東主席など、ロマンチックに描かれた人物たちと同じく、彼らの戦闘性と独特のスタイルは、若者、学生、抑圧された労働者、権利を奪われた民衆の世代を鼓舞した。彼らは左翼の英雄であり、連帯を構築し、ハリウッドの丘の上の豪邸やニューヨークのパーク・アヴェニューで行なわれるシックな資金調達パーティーで演説し、スウェーデン、韓国、中国を訪れ、他の革命組織にも同盟を結びかけていた。彼らはこの瞬間、歴史が自分たちに課した役割を果たそうと懸命だった。黒人文化を反映したスタイルで、威勢よさ、創造性、したたかさを備えて、この革命を進めていた。そして、世界もまた同じ方向へと動いているように見えた。

アントネッロはパンサーたちの信頼を得た。おそらく私たちの映画は、彼らの「時をつかめ」というスローガンに翼を与え、彼らの要求項目と革命哲学を見せることで大衆の支持を集め、彼らのリーダーシップにさらなるスター性を与えるだろう。ＦＢＩの防諜プログラムである「対破壊者情報工作（コインテルプロ）（COINTELPRO）」は、組織内部に潜入し、メンバーを逮捕し、ときに暗殺さえも辞さず、あらゆる手段を使ってパンサーを犯罪者に見せかけ、活動を混乱させ、信用を失墜させ、分裂させ、破壊させようとしていた。にもかかわらず、彼らは『時をつかめ』に参加することに合意した。アントネッロは、映画を作るのにこれ以上難しい状況を選ぶことはできなかっただろう。映画制作のプレッシャーは常にストレスだったが、この撮影は、地球温暖化の最中に溶けゆく氷の塊を撮影するようなものだった。被写体たちは、嫌がらせを受け、逮捕され、投獄され、行方不明になった。映画のなかではなく、実生活においてだ。すべてのシーンは、内容や党綱領だけでなく、警備や安全も戦略的に考慮しながら、パンサーたちとともに考案し、計画しなければならなかった。

最初の撮影のひとつは、エレイン・ブラウンが自作の闘争の歌を歌うレコーディング・セッションだった。また、ジャズの作曲家・編曲家であり、革命的なパン・アフリカーン・ピープルズ・アーケストラの創設者であるホレス・タプスコットを初めて知ったのも、このときだった。彼らの音楽は、天才的な即興性を備えた黒人革命のサウンドそのものだった。私は後にタプスコットに師事することになる。エレインの指は、子どもの頃からピアノを弾いてきた人らしく、やさしくピアノを操っていた。彼女は若いときのレナ・ホーンのように美しく、シャープな顔立ちで、アフロが顔を縁取っていた。まだ一介のパンサーであったが、その知性と勇敢さは、ほどなく彼女を指導的立場に押し上げることになる。一九六九年、パンサーたちは「女性主義（ウーマニズム）」のイデオロギーを採用し、女性は男性や闘争に従属するという以前の信念とは正反対の考えを持つようになった。女性と男性は対等であり、性差別は反革命であると主張するようになったのだ。しかし、フェミニズムとは異なり、ウーマニズムはジェンダーの問題よりも人種を優先した。エレインはウーマニズムの完璧な見本だった。彼女はアリサ・フランクリンのようなソウル・シンガーではなかった。彼女のスタイルは、イディス・ピアフにニーナ・シモンを足したようなものだ。音楽はシンプルかつ大胆で、力強さと音楽性に溢れた演奏だった。私たちが撮影した曲のひとつは、「銃をとって、男とならねば（We'll Have to Get

Guns and Be Men)」だった。

私は唖然とした。ニーナ・シモンの「四人の黒人女性（Four Women）」で黒人女性の怒りを、マヘリア・ジャクソンの「辱められ、蔑まれ（I Been 'Buked and I Been Scorned）」で被害者の痛みを聞いたことはあった。しかし、エレインの歌は大胆で危険な解決策を提示していた。同意できなかったが、彼女がたった九行で、誰を殴ることもなく、ブラック・パンサーの物語（ストーリー）全体をとらえたことには驚かされた。彼女と話をしたかったが、近寄りがたい感じだった。彼女はアントネッロとは親しかったが、私は単なる風景の一部だった。

次に撮影したのは、パンサーが導入した「学童のための無料朝食プログラム」だった。この「奉仕」プログラムは、全国各地の支部に広がり、黒人コミュニティ内外で支持を集め始めていた。朝の七時に現場に到着すると、テーブルと椅子が並べられた明るいホールに子どもたちが流れ込んできた。両親と手をつないで来る子もいれば、兄や姉と一緒に駆け込んでくる子もいた。

「おはよう、子どもたち。すべての権力を民衆に！」

「すべての権力を民衆に！」子どもたちはこの言葉を知っていた。

「その通り（ライト・オン）」

賑やかな厨房では、パンサーや保護者、ボランティアの男女が、地元の八百屋から寄付された卵をかき混ぜ、パンケーキをひっくり返し、ミルクを注ぎ、一つ一つのトレイにオレンジを載せていた。革ジャンを脱ぎ、エプロンと袖まくりで頑張っていた。これが「民衆に奉仕する」行動の実践だった。しかし、彼らが提供していたのは食べ物だけではなかった。愛が感じられた。

「お兄さん（ブラザー）」と女性が叫んだ。「こっちにもっとパンケーキが必要よ。この子たちはおかわりを欲しがっているわ！」

「ちょっと待って、姉さん（シスター）、もうすぐだよ！」皆、ここに集まっていたのは一つの目的のためだった。それは、この子たちがいつか自分たちの足跡を辿ってくれるためだ。

背が高く、アフロで明るい肌の色をして、自分の方が朝食が必要なのではないかと思うほど痩せた女性が笑いながら近づいてきた。「ねえ、あなた。この子たちは腹ペコなのよ！　子どもの頃の私たちみたいにお腹を空かせて学校に行ってほしくないのよ。そうでしょ。すべての権力を民衆に！　私はピーチーズ、ピーチーズ・ムーア。子どものための朝食プログラムの責任者よ。事務局からあなたが来ると聞いてるわ。あなたは……」

「アントネッロ・ブランカです。こちらは、サウンドマンのラファエレ。そしてこちらはジョアンナ」「ようこそ」、彼女は私に笑顔を向けた。「ようこそシスター」彼女は私をシスターと呼んだ。それは言葉以上の感情だった。私を黒人だと思ったのだろうか？　私たちの肌はほとんど同じ色だった。彼女は私をシスターと呼んでくれた。

アントネッロは部屋を見回した。ピーチーズは好きな場所に行っていいと彼に言った。すぐに彼はライトメーターを取り出し、ラファエレと一緒に撮影に最適な光を探した。まだビデオではなく、一六ミリフィルムの時代だ。少し役立たずな気がして落ち着かなかったので、ピーチーズに尋ねた。「手伝いましょうか？」

「もちろんよ、シスター」（また「シスター」だって）。「手を洗って給仕の列へ来て」

手を洗い、袖をまくって、ピーチーズのところへ行った。彼女は私を給仕の人たちの後ろに連れて行き、こう言った。「こちらはシスター・ジョアンナ。今日撮影に来たイタリア人クルーの一員です。パンサーの別の一面を世界に見せるのよ。私たちが銃を持ち、革命を語る以上のことをしているってことがわかるでしょう。そうです。我々の無料朝食プログラムを世界に紹介してくれるのです。それに、シスター・ジョアンナは給仕を手伝いたいみたい」

すると一人のブラザーが振り返って、私に給仕用スプーンを手渡した。「おはよう、姉さん（シスター）、やり方はわかるよね」。みんなフレンドリーだった。場違いな違和感はまったく抱かなかった。美しくて元気な子どもたちに給仕をするのは楽しかったし、役に立てることが嬉しかった。彼らが私を「シスター」と呼び、家に迎え入れてくれたことに感動した。もしかしたら彼らはすべての女性をシスターと呼んでいたのかもしれないし、私の同胞たちが苦しんだこともまた、知っていたのかもしれない。

有色人種として認められたと感じたのは初めてだったし、その場に溶け込めたと感じたのも初めてだった。子どもたちに朝食を提供しただけなのだが、必要とされ、意味があり、役に立つことをしていた。そして、この経験は人種の境界（カラーライン）を越えることに関して、新たな意味を与えた。自分が今まで生きていた世界の境界線を越え、自分からそう遠くないところに住んでいながら、まったく異なる現実を持つ人々の生活や闘いを目撃しているのだ。お金のためでも、栄光や名声のためでもなく、「民衆」に奉仕する黒人男女を目の当たりにしていた。実際、それは危険な仕事だった。でも自分たちのコミュニティの問題解決に自ら責任を負おうとしていた。彼らは、問題の根源は資本主義体制にあると理解するようになっていた。権力ある少数の人々がトップに立ち、有色人種と貧しい白人の労働力と資源を搾取している。自分たちの仲間だけでなく、抑圧されたすべての民衆に権力を与えるための組織化が、彼らの取ろうとした解決策だった。これらのシスターやブラザーたちにとって、子どもたちに朝食を提供することは、理論を実践に移すことだった。自分の力と人生の目的意識を見出したのだ。チェ・ゲヴァラは、真の革命家は愛によって導かれると言った。そしてそれこそが、私がそのとき感じていたもの、つまり愛だった。

一九六九年九月九日、警察はロサンゼルス・パンサーによる子どもたちへの無料朝食プログラムを、子どもたちが食事をしている最中に襲撃した。彼らは食べ物、ミルク、食器を床に投げつけ、子どもたちを恐怖に陥れた。警察は誰かを探していると言ったが、誰も逮捕されなかった。パンサーたちがなぜ警察を「ブタ」と呼んでいたのか、その理由がわかった。それに先立つ一九六九年五月一五日、ＦＢＩ長官Ｊ・エドガー・フーヴァーは、朝食プログラムはパンサーにとって最高かつもっとも影響力のある活動である、とする内部メモを書いた。彼は、パンサーズを無力化し壊滅させようとするＦＢＩの努力にとって、朝食プログラムは最大の脅威であると考えたのだった。

ブラック・パンサーは、奴隷制度以来、黒人を下層階級にとどめ、平等な機会を与えず、特に若い黒人男性をさまざまな方法で恐怖のどん底に陥れてきたシステムに対して果敢に立ち向かったために、高い代償を払うことになった。これを書きながら頭に浮かぶのは、ミズーリ州ファーガソンのマイケル・ブラウン、オークランドで警察に殺されたオスカー・グラント、フロリダ州サンフォードでジョージ・ジマーマンに殺されたトレイヴォン・マーティン、ニューヨーク州スタテン島で警官に首を絞められて死んだエリック・ガーナー、クリーヴランドで警官に射殺された一二歳のタミール・ライスのことだ。法律は変わったが、黒人や貧困層の状況は変わっていない。事実、現在投獄されているアフリカ系アメリカ人の男性の数は、一八五〇年代の奴隷の数よりも多いのだ。

パンサーたちは体制に立ち向かったことで、政府によるテロの下で暮らすことになった。ある日、レイマート・パークでの集会で、ロサンゼルス・パンサー指導部の一員であるジェロニモ・プラットに会った。その後しばらくして彼は逮捕され、八年間の独房を含む、二七年間を刑務所で過ごすことになる。「政治犯」という言葉の意味を知ったのは、このときが初めてだった。未知の海に飛び込んだ私は、黒人であること、そしてアメリカの変革を求める闘いに参加することが何を意味するかを目の当たりにする立場に置かれた。この体験はまた、変革のプロセスにおける文化とメディアの力を教えてくれた。

ある晩、帰宅すると、アントネッロが我が家のダイニングルーム兼プロダクション・オフィスでパンサーたちとミーティングをしていた。マサイ・ヒューイットと他の数人のパンサーがテーブルを囲み、彼らの後ろの椅子には黒いレザージャケットが掛けられていた。私たちが住んでいた二世帯住宅は、一九三〇年代に建てられたしっかりした作りの家で、部屋の隅に作り付けの小さなスペースがあった。ダイニングルームに行こうとしたとき、私の右目が、本棚の白を背景に黒光りする何かをとらえた。身体と心臓が同時に止まった。銃だ。それまで本物の銃を見たことはなかったが、おもちゃや小道具でないことはわかった。それが九ミリ口径だとはわからなかった。ただの大きな拳銃だった。触らずとも、その重さ、その威力を感じた。銃が私の家で何をしているの!? 息ができなかった。私は煙の充満した会議室を急いで通り抜けた。ほとんど誰も私には気づかなかった。薄暗い寝室でベッドに腰掛けた。あの頃の私の人生におけるすべてのもののように、それは一時的なものだった。心臓が高鳴り、手が震えた。頭を抱えていると、足元に本が散らばっているのが見えた。エルドリッジ・クリーバーの『氷上の魂』、フランツ・ファノンの『惨めな大地』、そして『マルコムX自伝』。でも、自分の家で銃を見るほどショックなことはなかった。

右足下にはパンサーの新聞があり、彼らの哲学と世界観を世に伝えていた。街角に立っていたパンサーたちは、一部二五セントのこの週刊新聞を毎週二五万部売っていた。毎号、文化大臣のエモリー・ダグラスがデザインした力強いポスターが一面を飾った。彼の大胆で芸術的なグラフィック・デザインは、鎌状赤血球貧血、ネズミだらけの住宅、失業といった問題に取り組む黒人の物語を描いていた。彼は、普通の黒人の男性、女性、そして子どもたちまでもを、銃を持った警察から自分たちを守るヒーローとして描いた。アメリカ帝国主義を、イスラエル、西ドイツ、フランス、ポルトガル、南アフリカといった小さな子豚が乳を吸う、しどけない豚のように描いた。彼のポスターは、アフロ・アメリカンの革命家たちと、南アフリカ、中国、韓国、アンゴラ、ヴェトナムで戦う革命家たちを、常に銃を持って結びつけていた。紙面から足を離すと、母親が銃を持ちながら、子どもを腕で庇っている絵を見た。ダグラスは、言語を超えた方法でコミュニティの仲間に思いを伝える芸術家だった。

私は黒人コミュニティが経験している問題に共感し、自分と関わる問題と感じることができたが、ダグラスが描くストーリーのどれにも自分自身の姿を見ることはできなかった。この時点で私は黒人の友人であり、支援者であり、彼らの闘いの味方だった。でも私は黒人ではない。私は日系アメリカ人であり、独自の不公平と文化を持っている。

南部の黒人家庭が自衛のためにしばしば銃を家に置かざるを得なかったことを、何年も後まで知らなかった。でもこのとき、私の家には銃があった。

一九六九年七月、パンサーたちは汎アフリカ文化祭に参加するため、アルジェリアに代表団を送るよう招待された。彼らは展示のために店舗を与えられた。エモリーが最初のポスターをまだ何も飾っていない表の窓に貼ると、それに引き寄せられたアルジェリアの大勢の若者がやってきた。ヒューイ・ニュートンが片手にライフル、もう片方の手にアフリカの槍を持っている、あのポスターだ。エモリーのポスターは、アメリカにおける黒人解放闘争のストーリーを力強く浮かび上がらせた。アルジェリアのファアリ・ブメディェン大統領は歓迎の挨拶のなかで、「文化は解放のための闘いにおける武器である」と述べた。

パンサーたちはアルジェリアで高く評価されたが、自国内ではゴリアテと戦うダビデだった。数ヵ月後、エルドリッジ・クリーヴァーはアルジェリアに亡命した。アメリカ政府の「コインテルプロ」による介入が、組織内の不信感を煽り、西海岸のニュートン派と東海岸のクリーヴァー派の分裂を引き起こした。パンサーたちの混乱は、私たちの映画をも混乱に陥れた。アントネッロは、この絶望的な状況で映画を作ることの正当性に悩んでいた。西海岸を支持するのか、東海岸を支持するのか。パンサーたちがこうなった今、彼らの映像を使うことを許してくれるだろうか？　どうすれば映画を完成させることができるのか？　この分裂のなか、どうすれば映画で団結と革命成功の可能性を示せるのか？　この映画は闘争を助ける武器になり得るのか？　わからなかったが、後戻りはできなかった。おそらくパンサーとの旅は、単に良い映画を作ることだけが目的ではなかったのだろう。それよりも、私たちが学んだこと、そして私たちがそれに参加したことによって言葉では言い表せない形で私たちを変えてしまったもの、その方がより重要であったのかもしれない。

第一二章

一つの石、いくつもの波紋

A Single Stone, Many Ripples

ユリ・コチヤマとムトゥル・シャクールに捧げた私の曲「一つの石（A Single Stone）」は、アルバム『*Nobuko: To All Relations*』（Bindu Records、一九九七年）に収録されている。

アントネッロと『時をつかめ』の映画作りのため、私は再びニューヨークにいた。一〇年前、私の目はブロードウェイに注がれていた。四二番街と五七丁目の間をつなぐその道は、偉大な白い道（グレート・ホワイト・ウェイ）と呼ばれている。私はそこで輝かしいキャリアを積もうとしていた。しかし今度は違うニューヨークを見ている。イースト・ハーレムはプエルトリコ人たちが暮らす地区だ。これらのストリートは、ティト・プエンテ、ウィリー・ボボ、エディ・パルミエリ、マチート、ジョー・バターン、チェオ・フェリシアーノ、その他数え切れないほどの人々の音楽を育んできた。彼らの音楽は、アフリカの奴隷のリズム、タイノ・インディオの音楽、ニューヨークの騒々しい地下鉄の音、タクシーのクラクション、ケンカ騒ぎ（ストリートの会話）を吸収してできている。それはバリオの壁を突き破って炸裂していた。マンボが好きな人なら誰だって、この音楽は自分のものだ。そしてこの音楽はブロードウェイにも進出した。この危険なストリートの音楽とストーリーに触発され、ジェローム・ロビンスとレナード・バーンスタインは『ウエスト・サイド・ストーリー』を創作したのだった。

アントネッロが撮影していたのは、一一一丁目にあるファースト・スパニッシュ・ユナイテッド・メソジスト教会を占拠していたヤング・ローズ（Young Lords）だった。子どもたちのための無料朝食プログラムを教会で運営したいという彼らの要求を教会が何度も拒否したため、ヤング・ローズはついに教会を占拠し、「ピープルズ・チャーチ」と改名した。この名前は今でもこの教会の名として使われている。

ヤング・ローズ党はブラック・パンサー党に倣って結成されたものだったが、ラテン地区の音のようにジワリと広がり、プエルトリコのスペイン語のように弾丸のごとくスピーディーな独自の鼓動を持っていた。ヤング・ローズのメンバーは、ニューヨークの貧困、失業、ギャング、人種差別、家族的プライド、祖国への誇りから生まれ出て、一九六九年、これに関して行動しようと立ち上がったのだった。一九六九年夏、最初に仕掛けたのは「ゴミ攻勢」だった。ストリートを清掃し、地域社会から尊敬を得た。次に、日曜だけしか使われていなかった教会に立てこもり、二四時間体制で実にさまざまな活動が展開される場所へと変貌させた。一一日間の教会占拠のうちまだ一週間しか経っていなかった頃には、彼らはすでに朝食プログラム、保育所、保健サービス、解放学校を立ち上げていた。ヤング・ローズたちに占拠されれば、世界はより良い場所になるだろうという予感がしたものだ。

外に出ると、ニューヨークの夜は極寒だったが、古いレンガ造りの教会の中に一歩足を踏み入れると、中は革命の熱気に包まれていた。何百人ものコミュニティの人々、プエルトリコ人、黒人、黒人プエルトリコ人、子どもから年長者までが、教会占拠に参加していた。スペイン語とニューヨーク語の不協和音が私を包んだ。ポスターや横断幕には「黒人とラテン系は団結せよ！」「無料朝食プログラム」などと書かれ、もちろん保守的な教会のベージュ色の壁にはプエルトリコの旗が掲げられていた。ヤング・ローズのメンバーたちは、当時のユニフォームであったブラック・パンサー風の革のジャケットに、ライフルを掴んだ拳と「プエルトリコは我が胸にあり（Mi tengo Puerto Rico en mi corazon）」と書かれたボタンのついたベレー帽を直毛や癖のある毛髪の上に止めて、テーブルの前にスタッフとして座り、ビラや嘆願書を配ったり、食事を出したりしていた。カッコよくロマンチックなオーラを放ち、まるで都会のチェ・ゲバラのようだった。ヤング・ローズたちは、民衆のなかに眠れる巨人を目覚めさせ、人々は権力を要求し始めていた。しかし、この占領はいつまで持ちこたえることができるのだろうか？　要求は受け入れられるのだろうか？　警察が外をうろつくなか、誰にもわからなかった。が、皆の気勢は高く、そんなことはどうでもよかった。

　私は迷子になることには慣れていた。何年もずっと迷子になっている気分だった。自分がどこにも所属していないこと、自分だけが皆と違うこと、いつも一人他者であることで、迷子になっていた。しかしこのときは、ザ・ラスト・ポエットというバンドの創始者の（私が本当に耳を澄まして聴いた初めての詩人に思えた）フェリペ・ルチアーノの歌を聴きながら、宙吊りの時間のなかで、可能性の瞬間のなかで、ラテン風チキンライス（アロス・コン・ポヨ）の皿のなかで迷子になっていた。

　肩を叩かれ、言葉の踊りから引き離された。振り返ると、日系人らしき小柄な中年女性がいた。ここで何をしているのだろう？　縁がつり上がった一九五〇年代風の眼鏡を鼻にかけ、バンダナを髪に巻き、黄色いB2の鉛筆を耳にはさんでいる。彼女はロサンゼルスにいる二世のおばさんたちと姿かたちは似ていたが、何かが違っていた。体は痩せていたし、服装はファッションではなく機能を重視していた。ビラを脇に挟み、手には小さなノートを持っていた。記者だろうか？　彼女の顔は驚きに満ちていた。たぶん彼女も、私がここで何をしているのか不思議に思っているのだろう。私たちはこの荒れ狂う色の海で泳いでいた、たった二つの黄色い点なのだから。

　通りかかったアフロの美しいプエルトリコ系女性が叫んだ！「シスター・メアリー！　ここでお会いできるなんて嬉しいわ」

「エスペランサ！　素晴らしいわね！　こんなにたくさんの人がいて」。ふーむ、このシスター・メアリーさんには、ここはすっかり勝手知った場所のようだった。

　彼女は私に注意を戻すと、まるで珍しい標本を見つけて正体を突き止めるかのように、質問を始めた。「名前は？　三世なの？　出身は？　家族はどこの収容所にいたの？」日系アメリカ人の間では、この三つの質問は、それだけでかなりのことがわかる近道なのだ。苗字。もしかしたら、長い間音信不通のいとこかもしれない。彼女は私が三世であると推測した。当時は四世はまだあまりいなかった。もし二世で西海岸出身なら、一世の両親は日本から来て、おそらく農業か鉄道に関係していた。二世なら一〇代の頃にキャンプにいて、自分がアメリカ人であることを証明しようと頑張ったはずだ。私のような年配の三世なら、家族はアメリカ生まれで、キャンプでは赤ん坊だった可能性が高い。アメリカ人であることを証明しようという努力のおかげで、間違いなく日本語は話せない。若い三世は、キャンプの後に生まれている。どのキャンプ？　キャンプは私たちを結びつける糸であり、日系人のDNAに刻まれた目印だ。私たちの家族はあの暗黒の日々についてほとんど話さなかったが、自分の人生を鉄条網で縛った巨大な迷路のなかで、自分が暮らした区画とバラックの番号を覚えている人もいた。マンザナーやヒラリバーにいたということは、同じ村の出身であるようなもので、独自の地理や体験を共有している。ツールレイク？　ああ、家族の誰かがコミュニティのリーダーか、危険人物、トラブルメーカーと見なされたのね。キャンプは、ルーツである日本よりも馴染みがあった。だから、メアリーの簡潔な質問は多くを物語っていた。ジョアン・ミヤモト。三世。ロサンゼルス生まれ。サンタ・アニタ・パーク競馬場…モンタナ…ユタ。戦後はロサンゼルス。彼女はメアリー・ナカハラ・コチヤマ。二世。サンペドロ生まれ。アーカンソー州ジェローム。戦後はハーレム。

　ジェローム収容所にいた人に会ったのは初めてだった。そこに収監されている間、彼女はUSOの食堂でボランティアをし、そこで夫となるビル・コチヤマに出会った。ビルは、アメリカへの忠誠を証明するために陸軍に入隊した三万三千人の二世の一人だった。ビルはアメリカ陸軍のなかでもっとも多くのパープルハート勲章を獲得し、多くの死傷者を出した四四二部隊の一員だった。終戦後、ビルとメアリーは、ビルの生まれ故郷であるニューヨークにやってきた。戦後、多くの二世が自分たちが閉じ込められていた黒人居住区やメキシコ人居住区から逃れようと奮闘するなか、ビルとメアリーはハーレムの貧困者用住宅に住むことを選んだ。そこで六人の子どもを育て、コミュニティで活動し、子どもたちを「フリーダム・スクール」(どんな経験だったんだろう?)に通わせた。ビルはダウンタウンの広告代理店で働き、メアリーは一二五丁目にあるトムフォード・コーヒー・ショップ(ああ、それでバンダナと鉛筆なのね)で給仕をしていた。そこは黒人活動家の会合場所で、彼らの会話や問題意識に関わるには便利な場所だった。

メアリーとビルはどういうわけか日系人強制収容所の不当な扱いから飛び出し、公民権運動とブラック・パワー運動の渦中に身を置いた。メアリーはマルコムXの友人となり、信奉者となった。奴隷名をやめてアフリカのルーツを反映する名前を選んだ多くの黒人と同じように、彼女もメアリーから日本名のユリを名乗るようになった。マルコムがハーレムのオーデュボン・ボールルームで撃たれた日、ユリは観客席にいた。彼女はステージに駆け上がり、身体を張って彼を守った。ユリは普通の日系人女性ではなかった。ユリは平凡な人間ではなかった。

「ニューヨークのアジア系グループを知ってる?」と彼女は尋ねた。「『フラワー・ドラム・ソング』で働いていた頃は知り合いがいましたけれど」──この文脈で以前の生活の話をするのは恥ずかしかった。「でも、大分前の話なので」

「あら、『フラワー・ドラム・ソング』に出てたの? 『王様と私』にも出た? うちの子どもたちも出演したのよ!」彼女は笑った。「たぶん、ニューヨークのアジア系の子どもは全員『王様と私』に出たと思うわ」

「ステージ・ママ」をしている彼女は想像できなかったが、ユリを知るにつれ、やがて何にも驚かなくなった。「今はロサンゼルスから一時的に来ていて、ブラック・パンサーについての映画作りを手伝っているんです」

「活動するアジア系アメリカ人(Asian Americans for Action)の会合に来て! きっと皆、その映画のことを聞きたがるわ」。彼女はチラシを取り出した。「戦争に反対するアジア人が団結するためのデモを計画しているの」。そして、彼女は耳にかかっている鉛筆をとって、ビラの裏に集会の住所と時間を書いた。彼女の筆跡には目を見張るものがあった。日系アメリカ人は丁寧な字体で知られている。が、彼女の筆跡は大胆で決意がみなぎっていた。彼女は自分の電話番号も書いた。「WA六‐七四一二」。今日に至るまで、私はこの番号を覚えている。彼女が訪ねたり電話で話したりした黒人の政治犯も皆そうだ。ジャッキー・ロビンソンの野球ユニフォームの番号のように、この番号は永久欠番とすべきだと思う。「あと、うちに夕食に来てね！」それが、私の人生が待ち望んでいた招待状だったとは……。

一九六八年から一九六九年にかけては、私だけでなく、誰にとっても変化の時代だった。世界全体が激震していた。旧来の慣れ親しんだものにしがみつくか、新しい未知のものに向かって突き進むかのどちらかだった。パンサーたちに言わせれば、あなたは問題の一部か、解決策の一部かのどちらかだった。解決策の一部になりたかったが、その方法がわからなかった。ある世界から別の世界へと橋を渡っているところだった。セーフティネットも地図もなかった。それは、今まで知っていて望んでいたものすべてからの突然の離脱だった。数ヵ月前までは、自分のキャリアから離れることなど想像もできなかった。でも、今ではそれが意味のないものに思えた。この脆い歩道橋の上で、私の鍛えられた足は確信が持てなかったが、アントネッロがそばにいて、手を握ってくれていた。

歌曲においてブリッジ（通常の意味では「橋」、音楽では「間奏」の意味）とは、一連の歌の後に曲調が曲のメインの流れから離れる瞬間のことである。それは通常、疑問が投げかけられ、魂の切望が表現される、感情的で思いに満ちた瞬間である。このブリッジは私をどこへ連れて行くのだろう？　いつかイタリアに行き、そこでアントネッロと暮らし、働くのだろうか？　イタリアで私は何をするのだろう？　美しい古都で、私は誰になるのだろう？　彼はローマに戻り、別のプロジェクトで資金を集め、映画の編集を始めていた。私はニューヨークで一人、彼を待ちながら、自分の内面の変化に耳を澄ましていた。

私はトニー・カロレオと一緒に曲を作り始めていた。彼はブルックリン出身の優しい心の持ち主で、一二弦ギターに合わせて歌った。私たちは一緒に曲を書き始めた。トニーは私にも曲を書くように勧めてくれたが、私は自分で曲を書いたことがなかったし、自分の考えを表現したこともなかった。自分の考えが何なのかはまだよくわからなかったけど、歌の方からやってきた。私たちは肌の色もとりどりな、優れたミュージシャンを集めた。ロックとジャズのフュージョン・アンサンブルで、永遠に生き続ける巨木にちなんでセコイアと名づけた。A＆Mとのレコード契約も控えていた。しかし、転向したての革命家の熱意と傲慢さで、私はイケイケ気分になっていた。私たちのバンドがパンサーズのための慈善コンサートをすべきだと強く主張し続けた。私があまりに強引なので、私たちのセコイアはニューヨークのコンクリートの上に倒れてしまい、メンバーは傷つき、右往左往する結果となった。その瞬間、私にとって政治は芸術よりも重要だった。

振り返ってみると、私が渡ってきた橋は火がついて燃えていたが、自分は地に足をつけてしっかり立っていた。キャリアではなく、信念のために生きている人々を目の当たりにし、自分の行動がどんなに小さなものであっても、戦争を止めたり、子どもたちに栄養を与えたり、警察暴力を暴いたりする助けになることを理解し、自分たちの権利のために立ち上がろうと地域社会が活気づくのを目の当たりにするとき、それは自分が生きているんだと教えてくれる熱病にかかったようなものだ。自分の行動が重要であり、行動することで変化をもたらし、世界を変えることができる。もう後戻りはできなかった。私の信念と勇気は、パンサーやヤング・ローズたちほど深いものだったろうか？ユリは、この道で出会った最初の日系アメリカ人だった。彼女のような人は他にもいるのだろうか？

西一二六丁目五四五番地の貧困者用集合住宅にあるユリとビル・コチヤマのハーレムのアパートは、社会運動のメッカだった。すべての巡礼がそうであるように、そこにたどり着くまでもが儀式の一部だった。

私は、セントラルパークから半ブロック離れた西九二丁目五二番地にあった、郵便切手ほどのごく小さなサイズの地下アパートで一人暮らしをしていた。かつて両親が寝ていたような引き下ろし式のベッドがあり、小型の簡易台所と、中に入ると後ろを振り向くことができないほどの小さなバスルームがついていた。家賃はまだ安かった。月に七九ドルだった。

ユリのアパートに行くために、地下鉄ではなく、まだ使ったことがなかったアップタウンのブロードウェイ線のバスに乗った。この路線にはまだ乗ったことがなかった。コロンビア大学やバーナード大学のキャンパスで飛び降りる学生たち、バスでうつらうつらしている疲れた黒人やプエルトリコ系の労働者たち、子どもの手を引いて、食料品を抱え、座席を探す母親、そして混雑したバスの隅々までそのエネルギーを充満させる陽気な一〇代の黒人たちで、バスは溢れかえっていた。ニューヨーカーたちは、自分の軸をしっかりと保ちながら、周囲のあらゆる騒動を許容する方法を身につけていた。私はまだニューヨーカーにはなれずにいた。

たった三〇ブロックの道のりだったが、バスが私と乗客のほとんどを一二五丁目で下ろしたとき、そこは別世界だった。高架の電車はガタゴトと音を立て、七時の空は重く感じられ、酒屋が目立ち、通りは私の住む地域よりも薄気味悪かった。紺色のピーコートの襟を立て、一月の風をよけるためにバッグを胸に斜めにかけて、ハーレムを抜けてコチヤマ家まで最後の一ブロックを歩いた。当時は携帯電話もなく、使える公衆電話を見つけて「お願い、迎えに来て！」と電話するなんて考えても無駄だった。私にできることはただひとつ、深呼吸をして、恐怖を、ハーレムの恐ろしい数々の逸話を、母の「くれぐれも気をつけるのよ」という言葉を、そして女ひとり（しかもアジア系）の本能をゴクリと飲み込むことだけだった。黒いベレー帽から長い黒いたてがみをなびかせている私が、ここに溶け込む方法はなかった。茶色のブーツが油まみれの水たまりに踏み込んだ。一二五番街を一人で歩いた最初の一歩だ。「邪魔しないで。私には行かなければならない場所があるの」という雰囲気を必死に醸し出して歩いた。

ある者はタバコを吸い、またある者は冬の夜に白い息を吐きながら笑い声を上げていた。彼らは私をジロっと眺めたが、特に注意を払ったわけでもなかった。エレベーターには小さな子どもを連れた母親が乗っていた。ピンクのニットのマフラーが、褐色のサテンのような肌にはめ込まれた完璧な澄んだ二つの目のところまでぐるりと巻かれていた。私が足を踏み入れると、小柄な一〇代の若者三人が閉まりかけたドアから無理やり乗り込んできた。彼らは女性と子どもに挨拶し、私にも丁寧にうなずき、「ヘイ」と声をかけた。子どもをさらう鬼でもなければ、怖がって財布を握りしめる必要もない。おそらくコチヤマ家の人々を知っていただろうし、コチヤマ家の子どもたちと同じ学校に通っていたかもしれない。西一二六丁目五四五番地では、アジア系はそれほど珍しい人種ではなかった。

三C号室のアパートは、私が今まで住んだどの家とも違っていた。そこは、賑わったニューヨーク生活から離れるための静かな隠れ家ではなかった。集会所であり、ゲストハウスであり、ドロップイン・センターであり、ファミリー・ホステルであった。黒人やプエルトリコ系の同志、知り合い、そして世界中からやってきた見知らぬ人たちが、一泊か二泊、ときには数週間、食事をしたり頭を休めたりするために通過していく場所だった。ベッドルーム四つ、バスルーム一つというコンパクトなアパートで、コチヤマ夫妻と六人の子どもたち、それにゲストがどうやって暮らしているのかは理解不能だった。やがて三Cは私の第二の家になった(その後、ロサンゼルスに戻ってから、ニューヨークを訪ねるときは、実用的なポストモダンのソファやすべての子どもたちのベッドが私のねぐらにもなった)。入って右側のリビングルームには、応接テーブルを兼ねたアイロン台があった。そこには電話と九×一二インチ判のノートが置かれ、来客や電話のたびに、彼女のクールな筆跡で、名前と会話の几帳面なメモが記録されていた。[1]

私にとって、三C号室のアパートは運動の聖域であり、真実に触れるために行く場所だった。テーブルには近々開催される集会のビラが積み上げられ、壁には「パンサー二一を解放せよ!」、「ルーチェル・マギーを釈放せよ」、

【写真 12】グレース・リー・ボッグス、ユリ・コチヤマ、ノブコ、UCLA にて、1998 年。写真提供：UCLA アジア系アメリカ研究センター。

「ヴェトナムの戦争阻止」といったポスターが並び、チムレンガ、アティカといった政治犯に関連する写真が貼られていた。三C号室は可能性と責任の場所だった。この世界のあらゆる不正義に注意を払わなければならなかった。しかし、私たちだけでそれを変えるわけではない。三C号室は、アジア系、黒人、プエルトリコ系の運動が交差する場所であり、互いに学ぶべきことがたくさんあった。ユリは活動家になるための高い基準を設定した【写真12参照】。日系アメリカ人で六児の母である彼女がイースト・ハーレムの教会に足を踏み入れ、プエルトリコ系の子どもたちに無料の朝食を提供することを支援したとき、彼女は「これは誰にでもできる」と言っていた。私たちは皆、より良い世界を作るために何かをすることができるのだ。

第一三章

今日の私は何かが違う

Something About Me Today

「今日の私は何かが違う（Something About Me Today）」はアルバム『*A Grain of Sand : Music for the Struggle by Asians in America*』（Paredon、一九七三年、Smithsonian Folkways より再リリース、一九九七年）に収録。

ユリ・コチヤマに誘われた「活動するアジア系アメリカ人（Asian Americans for Action）」の会合はニューヨークのローワー・ウエストサイドのファッション地区にある薄暗いオフィスで開かれた。この地区は、昼間は働く人たちで賑わうが、毎日夕方の六時には閑散とする。ロサンゼルスから合流したばかりの弟のボブと一緒でよかった。パンサーたちとの経験から、この「アジア系」組織にも興味を持った。「アジア系アメリカ人」という呼び名も新しかった。世間では私たちをひとくくりにして「東洋人（オリエンタル）」と呼んでいた。そして、日系アメリカ人は行動的であるよりも、静かであることで知られていた。このグループはパンサーの黄色人種版になれるのだろうか？

古びたエレベーターに足を踏み入れた。牢のような金属製の檻は、ギシギシと音を立て、私たちを上へ上へと押し上げた。まるで未知の目的地に向かって人生がのろのろとスタートを切るように。檻から解き放たれた後、小さなオフィスに入った。着いてまもなく、まさに完璧なタイミングで、自分が今、これまでずっと探してきた場所にいることがわかった。

見ず知らずの私たちだったが、まるで懐かしい姉弟のように迎えてくれた。まさにそうだった。私たちは自分たちの仲間から迷い出て、家族や故国との絆を断ち切られ、放浪しながら、なぜ自分が根づき、受け入れられている感覚を持てないのか、なぜ生まれ故郷にいながらいまだに外国人なのかと、怪訝な気持ちで暮らしていた。でも今は居場所が見つかったのだ。そこにいた人々が私たちと外見がそっくりだったというだけでなく、全員が答えを求め、解決策を求め、正義を求めていたからだ。私たちは、切断された神経細胞が突然覚醒したように、互いを認識する瞬間に興奮し、再び繋がり合おうと飛び上がった。

興奮した様子のユリが、私たちを紹介した。「この人が前に話したシスターよ！　ジョアン・ミヤモトさん」

「こっちは弟のボブです。二人ともロサンゼルスから来ました」

パンサーたちや黒人の人々のように、彼らはお互いをブラザー、シスターと呼び合っていた。最初は少し奇妙だったが、私たちはその習慣を取り入れた。これはおそらく黒人運動に同調するためだったのだろうが、それはアジア系アメリカ人の「兄弟姉妹（ブラザーズ・アンド・シスターズ）」にも衝撃を与え、たとえ互いに知らない者同士であっても、自分たちがつながっていること、家族であることを認識させた。

「活動するためのアジア系アメリカ人（トリプルA）」には、他にも驚かされることがあった。椅子には若いアジア系だけでなく、両親に似た年長者も座っていたのだ。彼らは政治的な議論に積極的に参加し、リードさえしていた。ユリとビル・コチヤマ夫妻とその子どものエディとアイチ、カズとタク・イイジマ夫妻とその息子クリス、ミニー・マツダと息子カールのような家族連れもいた。自分の両親と一緒に政治的な会合に出席するなんて、私には想像もつかなかった。二世は皆、人種的敵意と強制移動で苦労した。両親は、私たちが突然政治活動に傾倒したことを警戒し、私たちが自分たちのもろい船を揺らすことを恐れていた。一方、イイジマ夫妻やコチヤマ夫妻は、活動を通して自分たちの抑圧に立ち向かい、その過程で子どもたちにも関わらせる方法を見つけていたのだ。

カズ・イイジマと友人のミニー・マツダは、一九六九年にトリプルAを立ち上げた。二人の二世女性は、共産党に入党したこともある生粋の活動家だった。カズは体制批判的な家庭に生まれた。父親は日本民族主義者で、オークランドで自前の新聞を発行するために奮闘した作家だった。彼は三人の娘たちにこう言い聞かせた。「何かを信じるなら、そのために刑務所に入る覚悟が必要だ」。彼女の母親もまた、小さく縮こまっているような人ではなかった。金持ちの男とのお見合いを捨て、世界中を旅し、それについて本を書いた。彼らは典型的な日本の家族ではなかった。カズは見目の良い丸顔の二世女性で、低くハスキーな声をしており、形のいい唇のすぐ上に黒子があった。指に挟んだタバコから煙がもくもくと立ち上り、トリプルAが作成したばかりの日米条約に関する金色のパンフレット『安保粉砕』（アメリカ帝国主義を粉砕せよ）を見せてくれた。この教育パンフレットは、日本の人々の別の側面を見せてくれた。農民、学生、過激派、労働者たちが、何百もの農民から土地を奪う成田空港の建設に抗議していたのだ。三里塚闘争は、私が初めて知った日本での抗議活動であったが、そこで人々は、アメリカの警察とは違って銃は持っていないが、盾と警棒を持っていた警察と物理的に衝突した。彼らはその土地の実際の証書をくれた。私は寄付のために一インチの土地を買うことで、この運動を応援したことを覚えている。残念、その証書を取っておけばよかった！

トリプルAの次の課題は、ヴェトナム戦争に反対するアジア系アメリカ人のデモを計画することだった。クリス・イイジマは、ニューヨークのデモとワシントンDCのデモのリーダーだった。みんなでバスでワシントンに行き、東海岸の大学やコミュニティから集まった大勢のアジア系の人々に会ったことを覚えている。黒髪をなびかせ、「俺はグック（Gook）だ」と書かれたプラカードを持って歩いた。「欲しいものは？　平和だ！　いつほしいんだ？　今だ！（What do we want? Peace! When do we want it? Now!）」その日は灰色の極寒の日だったが、みんなから見られ、私は自分の信念を天空に向かって叫び、ニクソン大統領には届かなくても宇宙全域に聞こえるように叫ぶ声を聞いてもらうことに、温かさと力強さを感じた。ありとあらゆる人種と背景を持った何十万人という人々の海のなかで、仲間たちとともに、ワシントンDCの黒人居住区を通り抜け、ワシントン・モールに向かって行進した。誇りと自由を感じた。初めて自分自身よりも大きなものの一部であると感じた。

私とボブが周りの雰囲気に慣れるのに時間はかからなかったし、新しい人たちもどんどん入ってきた。トリプルAの面々に比べれば、私は政治的に未熟だった。二〇年近くショービジネスのトレーニングとキャリアを積んできたのだ。パンサーの映画は、私にとって大きな現実への転換であり、最初の目覚めだった。他の人たちとはかなり違う道を歩んできた。しかし、私は今までの背負ってきたものをすべて捨て、ビラを手に取り、コミュニティ・オーガナイザーとしての仕事に飛び込むことができた。今、子どもの頃でさえ経験できなかった体験を生きている。もう他の人と対等であることを証明するために「二倍優秀」である必要はない。「成功」するために努力する必要もない。初めて、私は部外者でも、マイノリティでも、他者でもなかった。初めて、自分が自分であるだけで受け入れられていると感じ、ブラザーやシスターたちと一緒にいることを楽しんだ。

私はクリス・イイジマを尊敬していた。彼は政治的一家の血筋を引いており、ものすごく頭が良かった。コロンビア大学を卒業したばかりの彼は、SDS「民主社会のための学生組織（Students for a Democratic Society）」と呼ばれる、白人がメンバーのほとんどを占める急進的な団体に所属していた。トリプルAの他にも、中国の紅衛兵とブラック・パンサーをニューヨークのチャイナタウンに移植した政治グループ「義和拳（I Wor Kuen）」のメンバーでもあった。二〇歳の若造にしてずいぶん華やかな政治活動だ。若い日系アメリカ人が少ないニューヨークで、クリスはこのアジア系の仲間たちと居心地のいい場所を見つけたのだと思う。彼は政治的な洞察力に優れ、ときには少々教条主義的なところもあったが、たいていは明るい一面を見せていた。同族の仲間とつるむときは、面白くて、ひどく感傷的だった。私たちアジア系のブラザーやシスターたちは、政治だけでなく、特に会議の後に一緒にパーティーをしたり、食事をしたりするのが大好きだった。チャイナタウンでは、チキンかビーフと青梗菜のライスプレートが一ドル二五セントで買えて、蒸し暑いカフェのテーブルでは、FOB「アメリカに到着まもない人々（fresh off the boat）」だとか、ABC「アメリカ生まれの中国系（American-born Chinese——メニューが読めない中国人）」だとか、文化についてのいろんなラップが飛び交っていた。「ジュクコク（Juk kok 頭でっかち）」は外国生まれで中国語が話せる、だから頭がいいという意味で、逆に「ジュクシン（juk sing 頭空っぽ）」は中国語が話せないという意味だった。それが私だった。ハワイの日系人にも、自分の言葉を話すことができない三世のことを指す単語があった。「カトンク（katonks 竹のように中が空洞）」である。

　ウォーレン・フルタニとヴィクター・シバタがトリプルAのミーティングに出席するためにロサンゼルスからやってきたとき、私は、のちに我々の運動を切り裂くことになる政治的分裂を初めて味わった。彼らは何者なのか？　なぜJACL（日系アメリカ人市民協会）で働いていたのだろう。JACLは、私たちを収容所に放り込んだアメリカ政府に協力した中道組織だ。トリプルAと何をしたかったのか？　彼らがオフィスに入ると、室温が下がったかのように空気が張り詰めた。まるで敵地に乗り込む小集団が、競合する二つの領土の部族グループの会合に来たようだった。スーツ姿かと思いきや、我々と瓜二つの格好をしていた。アーミージャケットを着た体格も存在感も大きなブラザーが、堂々と前に出て、「ハロー、兄弟（ブロー）、ウォーレン・フルタニだ」と、凍った空気を切り裂くように、クリスに向かって開いた手を差し伸べ、力強いパワー握手を求めた。もう一人のヴィクターは、部屋の空気を和ませようと、口ひげを生やした唇から笑みをこぼした。彼の傾いたベレー帽は、颯爽としたマッチョなアジア系のチェを思わせた。

私たち二〇人が身を乗り出し、戦時中にアメリカ政府と手を結んだ下僕だと考えていたＪＡＣＬとなぜ協力するのかと、彼らの活動動機について質問するのに耐えている間、部屋の気温はほとんど上がらなかった。クリスの対応は将来の弁護士らしく政治的な話し方で、ウォーレンの返答も同じように明瞭だったが、二人の話し方は、今まで聞いたどの日系アメリカ人よりもクールで、黒人っぽく、ストリートなスタイルだった。ウォーレンの説明によると、彼らはロサンゼルスのコミュニティで「民衆に奉仕する」プログラムを行なっている三世活動家で、ＪＡＣＬという この種のものでは最大の組織の文化に変化をもたらそうとしていた。ＪＡＣＬは全米で何万人もの日系アメリカ人を代表する組織で、週刊紙『パシフィック・シチズン』を発行していた。ＪＡＣＬで働くことは、より大きなコミュニティにアクセスし、彼らのプログラムへの支援を確保する戦略だった。疑念が払拭できずにいるなか、ウォーレンはトリプルＡにシカゴのＪＡＣＬ大会への参加を強く促した。彼は、ＪＡＣＬにヴェトナム戦争反対の立場をとるよう圧力をかけに来る西海岸の活動家たちに、私たちも加わってほしいと言った。招待状は宙に浮いたままだった。

ウォーレンとヴィクターがミーティングを去った後、カズ・イイジマがブチ切れ、革命家から普通の日系人のお母さんへと変身した。彼女は、客人に対する私たちの無礼な振る舞いに愕然としたのだ。「お客さんに対してよくもあんな仕打ちができるわね！」と。そして翌日、クリスにウォーレンとヴィクターをニューヨーク観光に連れて行くよう命じた。私は彼らと一緒に街頭を歩いたわけでも、イイジマ夫妻のアパートで彼女が作った夕食会に出席したわけでもないが、彼女が夕食に人間関係を溶かす魔法のような原材料を足したようだ。彼女の知恵は東海岸と西海岸の日系人を結びつけ、生涯続く友情を固めた。一九七〇年の夏に、私たちはシカゴに向かった。

第一四章 民衆のビート

The People's Beat

シカゴは、マフィア、リチャード・J・デイリー市長、そして「ホーク（Hawk 鷹の意）」と呼ばれる、骨まで凍りつく凄まじい寒風で知られる街だ。[*1] 一九六八年、一万五千人のヴェトナム反戦デモ隊が全国民主党大会を封鎖すると宣言し、強硬派のデイリー市長がテレビで見たこともないような大規模で血なまぐさい警察暴動を繰り広げたとき、シカゴは世界中の注目を集めた。一九六九年一二月、ブラックパンサーのリーダーであったフレッド・ハンプトンがシカゴ警察に暗殺された。これがシカゴ、一九七〇年夏に私たちのニューヨーク・アジア系アメリカ人訪問団が乗り込んだ場所だった。

私たちは、日系アメリカ市民協会（ＪＡＣＬ）がヴェトナム戦争に反対する立場を取るよう働きかけるために来たのだが、シカゴで滞在する教会にたどり着いたときから、思いがけない事実が次々と明らかになった。ウォーレン・フルタニ、ヴィクター・シバタ、そして西海岸からの参加者たちが、両手を広げ、パワー握手で迎えてくれた。彼らはカリフォルニア中から集まっていた。ロサンゼルス、サンフランシスコ、サクラメント、ストックトン、サンノゼ、フレズノ。東西の日系アメリカ人活動家が初めて顔を合わせたのだが、まるで筋肉増強剤を打たれた家族の同窓会のようだった。交流ホールでは、愛情込めて握られたおにぎり、照り焼きチキン、そしてもちろんポテトサラダなど、日系ピクニック料理が並べられたテーブルを囲んで会話が弾んでいた。それに加えて、それぞれがやっている活動の話を交換することで、たちまち愛が生まれた。実際、このような愛を感じたのは初めてだった。それは個人的な愛よりも大きなものだった。それは仲間への愛であり、自分たち自身への愛であり、私たちがこれからなろうとする姿への愛だった。

顔や名字には見覚えがあったが、西海岸のスタイルは東海岸とは異なっていた。会話のリズムはゆっくりで、肌は日焼けし、髪が長く流れている。草履（サンダル）を履き、頭にハチマキで結んでいる人もいた。彼らの会話には、「兄弟（ブロ）」や「姉妹（シス）」に加えて、「ごめん」や「便所」といった日本語が混じっていた。政治的、文化的な記事、詩、絵、漫画、奇抜なグラフィックがひとつのクールなパッケージに包まれている『ギドラ（*Gidra*）』というロサンゼルス発進のアジア系アメリカ人新聞を見て、度肝を抜かれた。この型破りに創造的で政治的なブラザーやシスターたちは一体誰なのだろう？

ニューヨークに住んでそれほど長くはなかったが、政治的な関わりのために、私はロサンゼルスの住人というよりニューヨーカーだと感じていた。ロサンゼルスでは、パンサーたちのことは知っていたが、政治運動に参加するアジア系は把握していなかった。リトル・トーキョーのような場所は静かで趣があり、お寺や豆腐屋、まんじゅう屋が集まっていて、家族が日曜日の夕食にファーイースト・カフェへ連れて行ってくれるような場所だと思っていた。ジーンズにTシャツ、アーミージャケットを着た若い過激派が雑草のように侵入し、リトル・トーキョーの再開発に反対し、年長者のための健康フェアを開催し、マンザナー収容所への巡礼を計画しているなんて想像もできなかった。私が以前住んでいたところからほど近いクレンショー通りに、「イエロー・ブラザーフッド」と呼ばれる、社会から落ちこぼれ、ときにはドラッグに溺れてしまう問題を抱えた若い三世たちのためのドロップイン・センターを、彼らは作っていた。アダムス街近くのウエスタン・アヴェニューには、「エイジアン・ハード・コア（Asian Hard Core）」という施設があり、ヘロインなどのヘビードラッグから足を洗ったり、刑務所から出所してきた人たちにサービスを提供していた。刑務所にアジア系？　これは私の知っていたロサンゼルスではなかった。

西海岸の日系アメリカ人は、土地を手に入れ、種を蒔き、家を持ち、庭を作り、黒人やメキシコ人と一緒の貧困地区だったとしても、コミュニティに所属して住んでいた。当時、西海岸沿いには多くの日本町が点在していた。結束力のあるコミュニティがあり、自分たちのプログラムや夢を創造し、植え付けるスペースがあった。それは約束の地のように思えた。ニューヨークの日系アメリカ人のほとんどは、かつては西海岸にルーツがあった。しかしニューヨークでは地理的なコミュニティを持つには数が少なすぎた。私たちは、ウォール街、国際連合ビル、ブロードウェイ、マディソン・アヴェニュー、世界貿易センターに取り囲まれたコンクリート・コスモスのなかにひしめき合っていた。仏教のお寺が一つと、日系キリスト教会が一つあった。家族連れは、お互いに顔を会わせるためには地下鉄でコンクリートのトンネルをくぐらなければならなかった。それでも、私たちは組織化し、政治化し、沈黙を破り、声を上げ、届けていた。ニューヨークのコンクリートに亀裂を入れ、コミュニティを育てていたのだ。

経験は地理的な風景と同じようにまったく異なっていたが、サクラメントからマンハッタンまで、私たちは同じ信念に感染していた。自分たちの経験と文化的ルーツを使って、手を差し伸べ、奉仕し、組織化し、自分自身と自分たちのコミュニティを解放し、この国と世界に根本的な変化をもたらすための大きな闘いの不可欠な一部となっていた。私たちはこの変化を「革命」と呼んだ。シカゴで私たちは大きな発見をした。それは、単に大学キャンパスや地域社会に散在するアジア系グループが、戦争を止め、仲間の民衆のために尽くそうとジタバタしているわけではないということだった。私たちはひとつの運動、アジア系アメリカ人運動を形成していたのだ。

翌日、集会はシカゴの通りへと繰り出した。クリス・イイジマと私は、黒人コミュニティの政治的中心であるパンサーたちに会いに行った。彼らのリーダーであったフレッド・ハンプトンの死を悼み、シカゴ警察による弾圧が行なわれているこの時期に、連帯を示したかったのだ。パンサーたちは兄弟姉妹のように歓迎してくれた。男たちは連帯の身体的表現であるブラック・パワー握手で手を握り合った。私たちは、数ヵ月前にパンサーたちが警察の襲撃から守った、その事務所で会った。そのときに数人のパンサーが逮捕され、二人の党員と五人の警官が負傷した。警察は「危険な禁制品」——子どもたちのための朝食プログラムで提供するシリアルの箱——を保管していた部屋に火をつけた。オフィスのペンキは塗り直され、警察の襲撃でできた銃弾の跡は、地域住民の協力でふさがれた。子どもたちへの朝食はまだ提供されていた。パンサーたちは苦境に立たされていたが、それでも活動を続けていた。

ブラザーだったフレッド・ハンプトンと彼が言った言葉「民衆のビート（the people's beat）」について語るとき、彼らの声は和んだ。彼が何百人もの幹部たちをどのようにそのビートに同調させ、毎朝六時に起床して身体を鍛え、奮起させたかを語った。ハンプトンの「民衆のために自分を高め、民衆のために死ぬ覚悟を持とう、俺たちは民衆を愛しているからだ！」という言葉に突き動かされ、パンサーたちは、子どもたちに朝食を提供する準備をし、診療所を運営し、パンサーの新聞を売った。ヤング・ローズやストーン・レンジャーズ（Stone Rangers）というシカゴでもっとも強力な黒人ギャングをヤング・ペイトリオッツ（Young Patriots）と呼ばれる政治化しつつあった白人ギャングと連携させて、「虹の同盟（rainbow coalition）」を形成したことで、ビートはさらに強くなった。私たちアジア系のブラザーであった、エイジアン・ハード・コアのリチャード・トグチとラッセル・バルパライソも、シカゴでレンジャーズと会っていた。ハンプトンは警察を地域社会で監視するプロジェクトを立ち上げていた。

ハンプトンの組織能力、カリスマ性、誠実さは、人々に誇り、威厳、自己決定感を植え付けた。彼は尊敬されるリーダーとなっていた。FBI長官のJ・エドガー・フーヴァーは彼が次のマルコムXになるのではないかと恐れた。そして一九六九年一二月四日、警察は朝の五時前にモンロー通りにあるハンプトンのアパートを襲撃した。警察は、そこにどんな党員がいるのか、銃の隠し場所がどこか、ハンプトンがどこで寝ているのかを知っていたようだ。のちに明らかになったことだが、ハンプトンは何者かに薬物を投与されていたため、ベッドで殺害されたときに目を覚ますことができなかった。警察の自動小銃は九〇〇発の弾丸を発射したが、パンサー側から発射された弾丸はたったの一発だった。フレッド・ハンプトンは民衆のために声を上げた罪で、わずか二一歳で生贄の子羊となった。襲撃の後、二週間の間、アパートは警察によって封鎖されないまま放置されたため、パンサーたちは敷地内の見学を企画し、何百人もの地域住民が警察がしたことを自分の目で目撃した。ある年配の女性は、「これは北部でのリンチ以外の何ものでもない」と言って、首を振りながらアパートから出てきたそうだ。

パンサーたちは、私たちアジア系のストーリーを知っていた。キャンプのことも知っていたし、アメリカ国内で抑圧された第三世界の人々の一員として受け入れてくれた。しかし、キャンプに連行されたことは、彼らの闘いに比べれば小さな傷に思えた。私たちは行儀よく沈黙を守り、二世の若者たちは、自分が善良なアメリカ人であることを証明するために、究極の犠牲を払った。三、四年後、私たちは解放され、喪失と生活再建の苦難に直面することになった。日系人は「ガマン」で耐えた。しかし、四〇〇年にわたる奴隷制度、経済的苦難、教育機会の欠如、封じ込め、そして今日まで黒人を「収容所」に閉じ込め続ける警察の弾圧に耐え、それでも前を向いてきちんと振る舞うことが、私たちにできただろうか？　アフリカ系アメリカ人は文化のなかに超絶的な忍耐力を与える何かを持っていると思うが、それを表す言葉を私は知らない。

パンサー本部から教会に戻る途中、奇妙な光景が私たちの足を止めた。巨大なティピー（先住民のテント）が野球場、リグレー・フィールドの入り口に立っていたのだ。空を突き刺すような三角形のポールに、革が巻きつけられていた。こんなにシンプルで、こんなに美しい本物のティピーを見たのは初めてだった。近づいてみると、それはネイティヴ・

アメリカンの抗議活動の一環で、都市部のインディアンにまともな住居を求める叫びだった。私たちが別の部族に見えたのだろう。彼らはビラをまくのをやめ、輪のなかに座るように招き入れてくれた。何人かはあぐらをかいて地面に座り、何人かは急いで集められた椅子に腰掛けた。

長老が詠唱を始めると静寂が訪れた。長いパイプに火がつけられ、東、西、北、南、上、下の六方向に捧げられた。それからパイプは人の輪のなかを回された。私は喫煙はしなかったが、その甘いタバコを一息口に含んだ。輪のなかにいる人々の顔を見ていると、シカゴとリグレー・フィールドは消えていた。私たちは別の時空にいた。輪のなかで長老がある話をした。五千年の悪の時代があり、その後、五千年の良い時代が来る。そして、その変化は虹のなかのすべての色の戦士が一堂に会したときに起こる、と告げた。虹の戦士に関する予言だった。パイプの煙のようにそのストーリーを吸い込み、大切な秘密のように心の奥深くにしまった。帰り際、彼らにお礼を言い、ストーリーを胸に教会への帰途についた。私は話すことができなかった。私はただただストーリーを胸に抱き、コンクリート越しに足で大地を感じながら歩いた。

次にドイツ系居住区を通過した。騒々しい若者たちがポーチから私たちを見ていた。私たちが通ると、「汚いジャップ！　チン・チン・チャイナマン！」彼らはビールやコーラの缶を投げてきた。彼らは私たちをシカゴという非現実の世界へと引き戻した。しかし、私たちは歩みを止めなかった。言葉の石つぶては、アザを残すことなく転がり落ちていった。このとき、私たちは鎧をまとっていたのだ。自分のストーリーを知っていたのだから。

夜も更け、皿洗いが終わり、教会のテーブルを拭いた後、「話の種」も出尽くし、ほとんどの人が寝袋に入ったとき、クリスがファンキーな柄の布のケースからギターを取り出した。彼がギターを弾くとは知らなかった。彼は私が歌うことを知らなかったようだ。プラスチックの指輪のようなピックを親指と人差し指にはめ、メロディーを探すわけでもなく、そぞろ音を弾き始めた。ギターはとても弾き込まれているように見えた。クリス自身がそうであったように、小さな傷がたくさんついていた。擦り傷や切り傷があったが、チューニングは合っており、ナイロンの弦はまろやかな音色だった。演奏していたわけではなく、ただ蒸し暑い一日のあとで気持ちを冷やし、その日一日出会った多くの人生の絡まった糸や紐をほどいていたのだ。出来事を理解しようとしていたわけではない。理解するには深すぎた。

目を閉じ、一日あったことを音に引き寄せ、リズムを見つけた。親指はベースラインを弾き、人差し指がコードを奏でた。ちょうど良い感じ、いい流れ、ピッタリな音にはまるまで、リズムを探り続けた。やがて、つぶやくように歌い始め、そのうちヒゲをたくわえた口から、すらすらと言葉が流れ出した。歌は歌ってみなければわからないものだ。

毎日……聞こえる……鼓動する心臓のように…それは民衆の魂

彼の声は押しつけがましくも模倣的でもなかった。ブルースは、ハウリン・ウルフのような黒人音楽を何度も聴くことで、彼らの音楽を鍛え上げた闘争や希望、そして痛みをまとうことから、自然と歌が埋め込まれていく。しかし、クリスはそこに自分のサウンドを加えた。このブラザーは歌える。彼はその場で曲を作っていた。アジア系の人があんなふうに歌うのを聞いたことがなかった。それはイエロー・ソウルだった。

毎日……ビートが近づくにつれ……民衆は動く……そしてビートはよりクリアになる

フレッド・ハンプトンは、仲間に火をつけるために「民衆のビート」について語った。この曲は彼の灯した炎を燃やし続け、広げ続ける一つの方法だった。そうしようと思ったわけでないが、私は自分の声がクリスの声と一緒に流れていることに気づいた。彼と一緒に歌うのは易しかった。私は自然にハーモニーを歌う才能を持っている。その瞬間、私たちは同調し、同じエネルギー、同じストーリーを奏でていた。

そして僕たちは進み続ける……成長し続ける……流れ続ける、流れ続ける

しばらくして、曲がかなりいい感じになってきたので、ウォーレンが翌日のヴェトナム戦争に関するプレゼンテーションの一環として、私たちに「民衆のビート（The People's Beat）」を歌わせることを決めた。

ＪＡＣＬの全国大会は、豪奢なパーマー・ハウスで開催された。参加者のほとんどは二世と一世で、男性はダークスーツ、女性はドレスというビジネスウェアに身を包んでいた。恥じらいもなくジーパンにＴシャツ、アーミージャケットという出で立ちの私たち反逆者三世は、間違いなくその場にふさわしくなかった。彼らに私たちを受け入れる準備ができていたとは思えないが、それでも丁重に、合意したプレゼンテーションの時間を与えてくれた。私たちは、広島への原爆投下とヴェトナム戦争との類似性を示すいくつかの短編映画を上映した。その後、ウォーレン・フルタニが舞台の中央でスピーチをした。政治的という以上に明快で信念に満ちた演説だった。二世の聴衆に向かって、明晰さと信念をもって演説し、まるで黒人の伝道師のように言葉の炎で会場の空気を満たした。生命があり、呼吸している者なら誰でも、ウォーレンのスピーチの後でヴェトナム戦争反対の立場を取らないはずがない。

それからクリスと私が壇上に上がった。最後の登壇者だったと思う。マイクに調整が必要だったし、音響は天上のスプリンクラーの横にスピーカーが設置されているような、ホテルらしい最低のシステムだった。でも、歌うのは一曲だけだ。私たちはすっくと立って、足を踏ん張って歌った。**毎日……聞こえる……鼓動する心臓のように……それが民衆の魂……**

聴衆も感じていたのだろう。特に、ステージの前の床に座っていた仲間たちは。最後には聴衆は応援するためではなく、一緒にビートに合わせて手拍子をしていた。彼らの手拍子が彼らをも歌の一部にした。みんなが応えてくれたのだ。

一緒に歩くんだ……一緒に歩こう！
一緒に話すんだ……一緒に話そう！
行動しよう……行動するんだ！
そして僕たちは進み続ける
そして僕たちは成長し続ける
そして、僕たちは流れ続ける……流れ続ける……

決して出来のいい曲ではなかったが、アジア系アメリカ人としての私たちが強烈に覚醒した瞬間に生まれた歌だった。私たちは自分自身を見つけ、自分の声を見つけ、私たちを沈黙させ、見えないようにしてきた共同体のトラウマのなかから、兄弟姉妹として歩む道を見つけつつあった。他のどんな方法もできない唯一の形で、歌がその瞬間の精神をとらえた。そして、人生を大きく変えるほとんどのことがそうであるように、それは自分から仕掛けることによって起きたのではなく、自然に起きたのだ。その歌はそれまで私たちが持っていなかった歌であり、聴いたことのなかった歌であり、私たちの歌だった。クリスと私はただ、それを届けるためにそこにいたのだ。

しかし、シカゴが教えてくれたことは、それだけではなかった。東洋と西洋がひとつになり、新たなつながりが生まれ、我々がひとつの運動を開始したことに気がつき、私たちの最初の歌が生まれたことで感じていた高揚感は、悲劇的な一撃で崩れ去った。ストックトンの「イエロー・シード（Yellow Seed 黄色い種の意）」の青年組織部の一人であったエヴェリン・オオクボは、ＪＡＣＬ大会が開催されていたパーマー・ハウスのホテルの部屋にいた。見知らぬ人が部屋に入ってきて、彼女の喉を切り裂いた。数分後、ルームメイトのランコが彼女を探しに上がり、二人目の犠牲者となった。エヴェリンは死んだ。ランコは生き残った。ランコは一命を取り留めたが、そのときの傷跡を記憶のネックレスとして今でも身につけている。

この悲劇は、シカゴの「寒風（Hawk）」が私たちの生命に吹きつけた、氷のような風だった。当局は強盗事件と断定し、犯人は二人の黒人男性であるとされたが、デイリー市長の精鋭部隊はなぜか犯人を逮捕できなかった。疑問だらけだった。無差別暴力なのか？　憎悪犯罪なのか？　ブラック・パンサーとの関係を断ち切るための脅し、警告だったのか？　真実は永久にわからない。フレッド・ハンプトンはパンサーの生贄の子羊だった。一七歳のエヴェリンは、私たちにとっての生贄だった。この喪失によって、私たちの純真さは犠牲の祭壇へと載せられ、運動への献身が試されることになった。泣いたが、逃げなかった。こうなった今、より皆が団結して立った。アジア系部族もまた、血で結ばれたのだ。私たちは「虹の戦士」であり、これが悪の五千年の終焉の始まりとならねばならなかった。

他にも旅人の魂があったことは知っている、
天空に向かって歌い、
口ずさんだり、ささやいたり、ハミングしたり、吠えたり
そのメロディーは虚空へ
ただ喜びのために、
ただ慟哭のために、
ただ憧れのために
彼らの物語を語るために
彼らの声の風を聞くために

荒れ果てた一本のタンポポでさえも
私は存在する！
私は生きている！
私はこの世界で生きている！
カリフォルニアの野原から石を取り除く偉大な叔母
見果てぬ夢、叶わぬ恋を歌う
祖父の金床が鉄道の鋼鉄を打ち鳴らし
火花のように故郷の歌が舞う
耳にしたことのないメロディーが
祖父を吹き抜ける……
祖先のこだまが私のなかで歌う
しかし今、天体が列を成した
ギターを持ったソウルフルな精霊、クリスと私を並ばせ
歌の作り方を知っている詩人の心
メロディーを聴く前に和音を作れる私
今度こそ目撃者がいる
東西から集まった信じる者の輪
黄色い真珠が集まった希望のネックレス
彼らは聴くのを待っていた

私たちは歌いたかった
同じ夢を生きていた
みな飢えていた
息を止められた何かを渇望していた
一〇〇年の沈黙を埋めることができる声に飢えていた
そして、唯一満足させてくれるもの、皆がともに見据えていたものをまとめられるのは
歌だけだった

第一五章

俺たちの歌

A Song for Ourselves

シカゴは最初の歌を与えてくれたが、若きエヴェリンの生命を奪った。彼女の犠牲を称え、彼女の家族と彼女の組織であるイエロー・シードを応援するために何かしたかった。また、西海岸で何が起きているのかを自分たちの目で確かめたかった。さらに歌を作り、慈善コンサートを開き、カリフォルニアに行くことにした。

私のアパートで次々と歌が生まれるなか、クリス・イイジマがいかに才能ある詩人でありミュージシャンであるかが明らかになった。彼には、複雑な思想、特に政治的な思想をほとんど努力することなく捉え、それを人間の歌として表現する才能があった。どの歌も、「私はアジア系で、それが誇りだ」というような自己抱擁的なものではなかった。どれももっと政治的な何かを描き出していて、イメージやストーリー、より複雑なニュアンスのメッセージを魂で伝えていた。ときには、スティーヴ・ルイやエディ・コチヤマといった人たちとも一緒に作曲セッションを行ない、彼らもその過程を見たり、参加したりした。このサウンドはどうだろう？　こっちの方がいい？　言いたいことを言えているかしら？

私たちの音楽は二人のヴォーカルとギターという比較的シンプルなもので、内容に重点を置いていた。しかし、伝達システム、つまり型も同じくらい重要だった。フィーリング、グルーヴ、ファンクが必要だった。私たちの音楽をフォーク・ミュージックと呼ぶ人もいるだろうが、音楽は境界を破るものだ。「フォーク・ミュージック」というのは、いつも他の民族の音楽だと感じていた。アメリカのフォーク・ミュージック（ヨーロッパ系白人の）は、貧しい民衆や労働者階級のストーリーや闘いを表現する生きた伝統であり、その一部はイギリスやアイルランドのルーツにまでさかのぼり、何世代にもわたる歌い手や演奏家によって受け継がれてきた。しかし、ウディ・ガスリーやピート・シーガーをはじめとする一九五〇年代から一九六〇年代にかけてのフォーク・リバイバルは、当時の政治的混乱を反映した新世代のシンガー・ソングライターを世に送り出した。ボブ・ディランもこの系譜から生まれた。

黒人の力強いルーツはアフリカにあり、ハラーズからブルース、ラグタイムへと発展した。彼らの民族音楽は、ジャズ、ロックンロール、ヒップホップへと発展した。黒人音楽はアメリカの音楽となった（リードベリー、ルイ・アームストロング、ボ・ディドリー、ジェームス・ブラウン、アリサ・フランクリンなどなど）。ラテン音楽もまた、国境や文化の境界線を顧みず、タンゴからボサノヴァ、チャチャからルンバ、テハーノからサルサ、マリアッチからソン・ハローチョまで（デシ・アルナズ、グザヴィエ・クガット、エディ・パルミエリ、リッチー・ヴァレンス、サンタナ）、アフリカ（奴隷貿易）と先住民とスペインのルーツが混ざり合ったものだった。

しかし、我々アジア系の音楽はどこにあるのか？　自分の歌のない民族って何だろうか？

アメリカでアジア系として育った私たちは、祖先の歌を持っているが、もはやそれを理解できない。アメリカ人であることを追求するあまり、しばしば古い音楽を拒絶してきたからだ。私たちは、耳を満たし、心をとらえ、私たちのスタイルや態度を形成し、異なる動きを教えさえする、他の民族の歌を聴いて育った。私たちが受け入れた、普遍的な真実を語るクールな曲もあった。しかし、それらは私たちの経験に語りかけるものではなかった。それらは、私たち自身のルーツへと結ぶ記憶のつながりを与えてはくれなかった。こちらに歌いかけくれる人たちのなかに自分自身の姿を見ることは学んだ。実際、私たちは自分自身であることを辞めて、彼らになりたかったのだ。私たちは歌を持たない民族だった。自分たちが切望していることにさえ気がつかなかったものを持っていなかった。それが自分たち独自の歌だ。

でも、アジア系アメリカ人である私たちの歌は、どのような音なのだろう？　クリスも私も、琴や三味線のような日本の楽器は弾けなかった。五音音階を使うということ以外、アジア系民族音楽についてほとんど知っていることはなかった。私たちは、ポップスからクラシック、特にブラック・ミュージックまで、さまざまな音楽を耳にしながら育った。それが細胞記憶の一部になっていた。そしてとうとう今、完全な自分であるためには、自分たちのなかに自然に流れる音楽、自分や兄弟姉妹（ブラザーズ・アンド・シスターズ）が共感できる音楽、自分たちの文化的経験全体を包含するような歌を作らなければならなかった。

クリスは二一歳で、自分の政治については完全に明確な考えを持っていたが、アーティストであること、あるいはアーティストになりたいと思うことについては無頓着というか、否定的であった。彼にとってアーティストとは、パン作りやヒーリングなど、創造的な芸術や特定の分野の仕事に長けた人のことだった。この場合のアーティストは、歌作りが上手い人のことだった。たぶん彼はアーティストという肩書きによる評価や重荷を嫌ったのだろう。西洋文化において芸術家として成功するということは、エリート主義的で特権的な地位を保持し、「民衆」から切り離された高みに立つことを意味する。台座に乗せられることは、彼の政治的信条に反した。彼にとって、音楽をやるのは楽しくて簡単だった。クリスはまた、練習はしないと言っていたが、聴くことにはものすごく時間をかけていた。バスや地下鉄でニューヨーク中を移動する際、『ニューヨーク・ポスト』紙を読みながら、必ず小さなカセットプレーヤーにイヤホンを差し込んでいた。クリスが芸術家を目指す公立のエリート校、ハイスクール・オヴ・パフォーミング・アーツへの進学を希望したとき、ピアニストで高校の音楽教師だった二世の父親が、彼にこうアドバイスした。「フレンチホルンを習いなさい。難しい楽器だ」。彼はオーディションを受けて合格し、入学するとホルンをギターに持ち替えた。ブルース・シンガーのハウリン・ウルフやソニー・テリーのように演奏したかったのだ。彼らはクリスの音楽DNAの一部となった。

私にとって、それはアーティストであることの意味を完全にリセットするものだった。これまでの人生は、演劇の天才たちの道具として認められ、彼らの観客のために、彼らの家で、彼らのストーリーを語るのを助けるために、二倍の実力を身につける訓練をしてきた。私たち同胞に課せられた制限を乗り越えて、ショービジネスの「偉大な白い道（グレート・ホワイト・ウェイ）」に送り込まれることを望んでいた。私にとってはこれこそが単純明快な平等への道だった。しかし運動は私に、白人資本主義の権力構造が奴隷や労働者を搾取し、先住民から土地や資源を収奪することで手に入れた富で、アメリカンドリームを形作るために文化を冷酷に利用していることを教えてくれた。芸術、音楽、演劇は「民衆」の創造的な表現として生まれるかもしれないが、白人の富が、何を支援し、何に投資したいのか、何が売れ、何が一番伝えたいストーリーをうまく伝えるのか、そして誰をアメリカ人と見なすのかを決定する。ポピュラー音楽であっても、ブロードウェイでも、映画でも、大勢の観客に届き、影響を与えることができる作品を制作し、宣伝するにはお金が必要だ。白人でないアーティスト、とりわけ黒人アーティストは、アメリカの支配的な白人文化ピラミッドのなかで居場所を求めて長い間戦ってきたが、彼らはしばしば文化の所有、権利、著作権料などにおいて搾取を受けてきた。支配体制のなかで働きながら、これらのアーティストたちはアメリカ文化の姿や音を変える手助けをしてきた。しかし同時に、もっとも成功したアーティストたちは、支配体制のために富を生み出すように操作される商品となり、自分が生み出したものをほとんど自分ではコントロールできないのだ。

一九七〇年、アジア系運動の活動家として、私たちは自分たちの歌の力がコミュニティによって支えられていることを知っていた。自分たち自身にさえも自分を見えないようにしてきた権力構造から脱却し、自分たちの存在を認めさせ、自分たちの声、私たちの仲間の民衆のために彼らに関する声を高らかに歌うために、私たちは自分たちの空間、水平に開かれた空間を取り返した。アートを作り出す理由は、今や一人の自己実現よりも大きなものとなった。これをアートと呼ぶことすら怖かったし、アーティストと名乗ることも恐れた（我々を「文化の労働者」と呼ぶ者もいた）。私たちはコミュニティにどっぷりと浸かり、参加し、つながり、関係を深めていった。自分を解き放ち、ゼロからスタートした。日系アメリカ人としての私は何者なのか？　アジア系アメリカ人としての私たちは何者なのか？　その狭間にどんな複雑な、そして文化的な調合が存在するのか？　私たちが沈黙を破って自分たちの歌を作ったという事実は、黒人や褐色の兄弟姉妹から引き離す「モデル・マイノリティ」の地位から脱却することだった。私たちの歌は、私たちの存在を宣言した。ステレオタイプを打ち砕き、独自のアイデンティティを紡ぎ出した。私たちの歌には、私たちの記憶、信念、ビジョンが詰まっていた。私たちにとって、歌は武器だった。私たちの歌、そして歌い方は、解放につながる活動だった。ただの歌が、今、強力な新しい目的を帯びた。そして私たちはその使い方を模索していた。

歌はすぐにできた。私たちには語るべきストーリーがあった。「ウィー・アー・ザ・チルドレン（We Are the Children）」は、意図を持って書いた最初の曲だ。移民の祖父母の闘いへのオマージュであり、アメリカという国に、自分たちの足跡を刻むという誓いでもあった。「今日の私は何か違う（Something About Me Today）」は、私たちのコミュニティへの愛への目覚めであり、私にとってはアジア系女性としての自分自身への目覚めだった。「黄色い真珠（Yellow Pearl）」では、クリスが私たちを黄色い禍から黄色い真珠へと変貌させた。取るに足らないマイノリティだった私たちが、**僕たちは世界の半分、僕たちは世界の半分**と歌い宣言するに至ったのだ！[1]　他の民族の闘争を応援し、それに共感する歌も作った。「ジョナサン・ジャクソン（Jonathan Jackson）」は、弟の政治犯ジョージ・ジャクソンを解放しようとして殺された黒人青年を歌う。クリスはすでに、祖国を守るヴェトナム人の視点から歌った「ヴェトナムの嘆き（Vietnamese Lament）」を書いていた。すべての歌は、私たちが政治意識の高いアジア系アメリカ人として生きてきた世界を映し出すものだった。

書き下ろしの数曲とビートルズとディランのカバー曲で、私たちはフルセットで演奏できるようになった。西一〇五丁目にあったニューヨークの日系仏教会を満席にできるかどうか不安だった。コンサートはロサンゼルス行きの片道切符を二枚買えるだけのお金を稼ぐのが目的だった。シカゴではほぼ飛び入りの形だったし、歌ったのは一曲だけだ。今度は最初から最後まで自分たちの舞台だった。クリスはコンサートの前に吐いたと、のちに告白した。

カーテン越しに観客のざわめきが聞こえる。ステージは小さく、サウンドシステムは借り物で、照明は私たちを照らすのがやっとだった。あまりかしこまりすぎないように装った。二つのスツールに座り、私の左側に座ったクリスは、太ももの上でギターのバランスをとっていた。観客層は、今まで私たちの歌を聴いたことのない種類の人たちだった。自分の家族みたいな人ばかりだった。実際、観客という感じはしなかった。みんな私たちと似ていて、兄弟姉妹、活動家、アーティスト、学生、家族のようだった。私は初めてブラザー、自分と共通の体験を持つ人と一緒に歌った。初めて、自分が誕生を手伝った歌、自分が信じている思想を歌った。初めて全身全霊で歌うことができた。自分自身について自由に歌うことができた。これらの歌は、私たちの集団的経験から生まれたものだ。これらの歌は、私たちが一緒に見据えていたものの総体だった。一九七〇年のアジア系アメリカに変化をもたらそうと叫び、自分たちの物語を仲間である二人が歌い返すのを見ることは、ブラザーやシスターである聴衆にとってどんな意味があったのだろうか？　カタルシスであり、共生の瞬間。私たちは同胞の歌を歌っていた。自分たちのために歌っていた。

結果的に、その最初のコンサートでロサンゼルスまでの片道切符二枚分のお金を稼ぐことができた。帰りはなんとかなるだろうと信じていた。西海岸のオーガナイザーであるウォーレン・フルタニ、ジェフ・モリ、ハーヴェイ・

ドンは、ロサンゼルスからサンフランシスコまでのツアーを企画し、モデスト、フレズノ、サクラメント、あとは忘れてしまったが、これらの場所で歌う機会をこしらえた。このツアーは、その後三年間にわたる多くのツアーの始まりだった。ロックンロール・ツアーではなく、スパルタでプロレタリア的なものだった。一つの家に大人数で寝泊まりし、ソファや床で眠り、フォルクスワーゲンのバンでイベントからイベントへと移動し、ウエスト・ロサンゼルスではマゴ・レストランのテリヤキ・グァカモレ・バーガー、リトル・トーキョーではスエヒロ・レストランのAかBのコラムから選ぶ、日系人定番のポテトサラダ付きランチ定食など、ニューヨークでは考えられないようなエキゾチックな料理を食べた。イースト・ロサンゼルスでは、夕食と翌日の昼食を兼ねた壮大で巨大ブリトーを食べた(2)。

公民館、教会、大学、集会所、そして刑務所でも歌った！刑務所にアジア系がいるなんて知らなかった。一度、ロンポックだったと思うが、刑務所で歌ったとき、グループが『毛沢東語録』を秘密裏に持ち込んでアジア系の囚人たちに配った。出所するときには「民衆に奉仕」する心の準備ができているようにする、という策略だったのだろう。また、ハウスパーティーでも歌い、夜遅くまで語り合った。これが運動のなかで同志たちと打ち解け合う最善の方法だったのだ。私たちの旅は、カリフォルニアとニューヨークを結ぶ簡易宿泊所の交易ルートを確立するのに役立ち、これらの宿泊所群が、私たちのニュー

【写真13】マーティン・ルーサー・キング・デーで演奏するクリス・イイジマとジョアン／ノブコ（1971年、ニューヨーク、セントラルパーク）。撮影：ボブ・シャン、許可を得て使用。

ヨークでの運動に興味を持った多くの西海岸の旅行者をもてなすことになった【写真13参照】。

ギター一本と二人の声だけで身軽に旅することで、大小のライヴに簡単に参加できた。お金のことさえ考えなければ、どれだけ多くのライヴを予約できるかは驚きだ。私たちの主な目的は、アジア系の人々に政治意識を広めることだった。ストーリーを歌い、町から町へとニュースを運ぶ吟遊詩人か、アフリカ風のグリオットのようなものだった。私たちはパフォーマーとして多くの責任を感じていた。自分たちを民衆から切り離さないこと、親しみやすくあること、そして自分たちが歌っている理想を自ら体現すること。その理想の一つが女性の解放だった。運動では、リーダーシップと発言力を養うために、シスターたちの間で多くのことが議論され、実践も進んでいった。ブラザーたちは家の掃除をし、料理もするようになった!

ある日、クリスが私に言った。「君が話すべきだ。曲の紹介は、そろそろ君がやるべきだよ」と。いや、歌うのは好きだったが、私にしゃべらせるのはやめて。私は自分の文化的遺産に責任を押し付けた。女性の抑圧は日本文化に根づいていて、西洋文化ではそれが商品化され、ステレオタイプ化されていた。私たちの母親が従順で静かな良い妻で、同じように従順な娘を持っているということが事実でなかったにしても、それをあるべき姿だと受け入れていたし、黙っていることが良いことだと思っていた。しかし実際のところは、私は言葉で伝えるものを何も持っていないと思っていた。学校では発言をいつも巧みに避けた。先生の目の前で、縮こまり、姿を消し、塵となることができた。授業中は決して手を挙げず、答えがわかっていると思ったこともなかった。当てられても、答えはゆっくりと、小さな声で返ってきた。話すということに関しては、私には自信の遺伝子が欠けていた。舞台を横切るグラン・ジェテはできても、おしゃべりはできない! シアトルで歌手をしていたときも、話す必要はなく、歌から歌へと進んだ。観客は私がしゃべらなくても、気にならないようだった。快適でクールなふりをするよりも、何か言いたいことがあるふりをするよりも、黙っているほうがいい。そんな私が、なぜ今、話さなければならないのか?

クリスは受け付けなかった。政治的に重要なだけでなく、彼の言葉を借りれば、「シスターたちにあなたが話すところを見せる必要がある」のだった。

悔しいけど、彼が正しいのはわかる。口を開いて、歌うだけでなく信念を語る。それは私の責任であり、義務であり、挑戦であり、権利、そう権利だった。さあ、勇気を出して、闘志を見せて。あなたならできる。女性は空の半分を支えることができるし、実際そうしている。「わかったわ。やってみる」

言葉は少しずつやってきた。最初はクリスの台詞や曲の紹介を真似た。少しずつ慣れてきて、徐々に自分なりの話し方がわかってきた。よし、そんなに難しくはない。そして最後には、私には言いたいことがある、とようやく気づいた。

この頃、運動に駆り立てられたミュージシャンは私たちだけではなかった。音楽的にもっと実験的でスケールの大きな人たちもいた。招待されたロングビーチでのイベントを覚えている。アジア系アメリカ人のバンドで、キーボード、ドラム、ベース、サックスという普通の編成だった。ん？　ちょっと待って、そのど真ん中にあるのは、お箏？　箏を弾いていた女性は、日本の絵巻物から抜け出てきたような古典的な美人で、まるで帯を締めているかのように背筋をまっすぐ伸ばして楽器の後ろに座っていた。手には木製のバチを持ち、一三本の弦を弾く彼女のストロークが、ベニー・イーがキーボードで奏でる和音にアクセントを与えつつ、対照的な味わいを醸し出していた。サックス奏者のダン・クラモトがソロを奏でた後、引き継いだジューン・オキダの箏の音が滑り込んできた。箏では普通到底許されないような自由な即興演奏だった。耳を疑うような光景だった。そして、頭にハチマキを巻き、両手に棒を持った若きジョニー・モリが入ってきて、武道のような動きをし、気合いを叫びながら太鼓を叩いた。こんなドラムは日本のサムライ映画でしか見たことがなかった。この楽器は「タイコ」というそうだ。伝統的な東洋の楽器と現代的な西洋の楽器の組み合わせは、新しい現象だった。彼らは自分たちのグループを「ヒロシマ」と呼んでいた。正面切ってアメリカが落とした原爆を思い出させる名前だ。そして極めつけは若い女性シンガーだった。まだせいぜい一七歳くらいだろう。派手な和風デザインの服を着て、日本語と英語の両方に魂のこめることができるソウルフルな歌声をしていた。華麗に腕を振り、鈴の山にマレットを滑らせ、頭を後ろにのけぞらせて歌った。まさにダイナマイトだった。実際、彼女の名前は「アトミック」・ナンシーだった。

ビート世代の故郷であるサンフランシスコのベイエリアにジャズシーンが充実していたのは当然のことで、そのなかでももっとも前衛的だったのが、サックス奏者のジェラルド・オオシタだった。彼がモダン・ダンサーのサチコ・ナカムラと共演するパフォーマンス作品に招待してくれたときのことを覚えている。クリスはスタンドアップ・ベースを担当することになり、楽しそうだった。少なくとも最初は。ジェラルドが突拍子もない音色を奏でるので、クリスは肩をすくめ、ベースを無造作に弾くことでそれに応えた。するとサチコが、果てしなく長い白い布を引きずって暗いステージに現れた。サチコはその布を私に巻きつけ、次にジェラルドに巻きつけた。白人の圧政を象徴していたのかもしれない。それからクリスに向かった。彼の頭が右左に振れ、私、あるいは出口を探しているようだ。彼はこの前衛的な奇行に対して心の準備ができていなかった。布を投げ縄のように巻き付けられると、彼は逃げられないと悟り、笑い出した。布が彼と彼のベースをミイラにする間、彼は笑い続けた。観客の反応は覚えていないが、ジェラルドとサチコは満足そうだった。何しろジャズなのだから。それ以来、クリスは何にイエスと言うか、前より慎重になった。

ベイエリアで出会ったもうひとつの西海岸のバンドは、ヨコハマ・カリフォルニアで、日系とフィリピン系のハーフの若者、ロバート・キクチがフロントマンを務めていた。ロック志向のバンドはフィリピン南部のゴングチャイム楽器、クリンタンを使っていた。しかし、ロサンゼルスで見たもっとも印象的な音楽表現のひとつは、前述の「タイコ」だった。太鼓グループは今でこそ空手と同じくらい一般的だが、一九七〇年代初頭に私が初めて緊那羅太鼓を見たときは、日系人のブラザーやシスターが武道のようなシンクロした動きのなか、サムライ精神で太鼓を叩き、大声で気合を叫ぶのを見て、度肝を抜かれた。私たちの沈黙、不可視性をぶち破り、全身全霊で動き、「私はここにいる、私は生きている、そして私はパワフルだ！」と主張していた。太鼓は私たちのコミュニティに新しい鼓動を与えた。クリス・ヤマシタというシスターがソロを打つところが記憶に残っている。男たちと同じようにバチを回し、体を深く沈めて構えを取り、堂々たる風情でクールなリズムを叩き出す彼女の動きが大好きだった。ステレオタイプを大胆に打ち破る。「静かなアメリカ人」は、自分たちのアイデンティティを取り戻すために、ドーンと響く声を見つけたのだ。(3)

この運動はプロのミュージシャンも惹きつけた。一九七〇年一二月六日、クリスと私はニューヨークのペース大学で開催されたアジア系アメリカ・リアリティ会議で演奏していた。楽屋にこもっていつものようにリハーサルをし、セットを考えあぐねていた。学生オーガナイザーの男性が、ギターを持ったアジア系男性を案内してやってきて、チャーリー・チンを紹介してくれた。彼は去り際にこう言った。「ちょっとプログラムが押している」

この何が新しいかって？　これは、ニューヨークのいくつもの大学が私たちアジア系のニーズに対応することを拒んでいた時期に開かれた、アジア系アメリカ研究を大学に設置することを要求するための二日間の会議だった。グレース・リー・ボッグスの基調講演を含む、充実した講演プログラムの最終イベント。私たちの出番はいつものように最後だった。ギターを取り出したチャーリーと少し世間話をした。彼がウォームアップするにつれ、優れたプレイヤーであることは明らかになった。心配したオーガナイザーが再び割って入り、こう言った。「二演目やる時間はない」。私たちは互いに顔を見合わせ、それぞれ席を立とうとしたが、チャーリーが快くこう申し出た。「君たちが歌いたまえ。バックでサポートするよ」

チャーリーはベテランのミュージシャンで、私たちよりもはるかに多くの経験を積んでいた。キャット・マザー・アンド・ザ・オールナイト・ニューズボーイズというバンドにいた。バッファロー・スプリングフィールドの「ブルー・バード（Blue Bird）」という曲を聴いたことがあるなら、バンジョーを弾いているのが彼だ。チャーリーはクリスの左手を見れば、どんなコードとフィルを弾けばいいのかわかった。彼が入ったことで、私たちは本物のバンドのように聴こえた。チャーリーの作曲スタイルは私たちとは違っていた。「花嫁の妹（Sister of the Bride）」のような超ロマンティックでハーモニーはしやすいが、アジア系とはまったく関係ない曲もあった。「モンタナで唯一のアジア系アメリカ人カウボーイ・ブルース（Only Asian American Cowboy in Montana Blues）」のように、荒唐無稽でコミカルな曲もあった。しかしチャーリーは、グリニッジ・ヴィレッジのたまり場で唯一の中国系アメリカ人のバーテンダーであったことなど、長年の直接的な経験によってのみ培われる皮肉とウィットで武装した、魅力的な語り手であった。彼はアジアのあらゆるものの専門家にならざるを得なかった。アジアのあらゆること、その他あらゆることの専門家である叩き上げの学者でもあった。

政治的な集会やミーティングにチャーリーが参加し始めると、彼は私たちの政治的な理想主義を常に少し慎重に見て、反戦集会ではなく、開いたギターケースにチップを入れてもらうためにセントラルパークで歌うなど、実社会を私たちに体験させるためにストリート・センスを利用した。私たちはたった一回の日曜日の午後に四〇ドルも稼いだ！　彼はやがてクリスと若きエディ・コチヤマを説き伏せて、バーテンダーの日常、いや、夜の現実を体験させた。観客はこの非凡なニューヨーク・チャイナマンに熱狂した。それ以来、多くのツアーでトリオを組んだ。一緒に曲を作ることはなかったが、お互いをバックアップし続けた。

私たちの生活に「普通」はなかった。将来のキャリアなど考えなかった。立派なアパートに住み、週末に映画を観に行くことにも興味はなかった。実際、質素な生活を誇りとしており、そのおかげでより多くの時間と自由を、組織を作る仕事に費やすことができた。目指していたのは、すべての人にとってより良い未来を創造することだった。研究グループでは、マルクスとエンゲルスの『弁証法的唯物論』や革命的労働者集団のパンフレット『女性問題の初歩的分析』など、一人では決して読まないような本を読んだ。デモを計画し、ビラを作成し、映画を上映した。そして、電話がFBIによって盗聴されていることを常に意識していた。

献身的な活動家のなかには、一九六五年にブドウのストライキを開始したフィリピン人農民のための老人ホーム、アグバヤニ・ヴィレッジの建設を手伝うためにデラノに向かった者もいた。その後、ラリー・イトリオンが率いる組織「農業労働者組織委員会(National Farm Workers Association)」は、セサール・チャベスとドロレス・ウエルタが率いる「全米農業労働者協会(National Farm Workers Association)」と合併し、「全米農業労働者組合(United Farm Workers)」となった。彼らは何年にもわたるブドウのストライキを行ない、国中の市場でピケを張り、ビラを撒き、一九七〇年に労働条件の改善と生活できる賃金を求める闘いに勝利するまで、一般の人々にブドウの購入を止めさせた。私も五年間はブドウを一粒も食べなかったと誓って言える。そして今日でも、ブドウを食べると、いつもあの農民たちのことを思い出す。

ブドウのストライキをきっかけに、ルイス・ヴァルデズが農民たちの闘争をドラマ化した短いアクトス(寸劇)を上演する劇団を結成した。小さな劇は、労働者たちに組合への加入と活動への参加を促すため、畑の平台トラックの上で上演された。(4) クリスと私は燃えていた。私たちの闘いのための演劇をどうすれば創作できるだろう? そこで、ロサンゼルスで「サード・ワールド・ストアフロント(Third World Storefront)」という、当時では唯一の民族を超えた組織を率いていたウォーレン・フルタニと協働した。店は黒人と日系人のコミュニティの真ん中、九番街とジェファーソン通りにあった【写真14参照】。早速仕事に取りかかり、『ゴッダム・ザ・プッシャーマン!(*Goddam the Pusherman!*)』という劇を創った。それは、アジア系ブラザーやシスターたちを死に至らしめたり、刑務所に入れていた麻薬の蔓延について歌った寸劇のシリーズだった。役者たちは、自分のアイデアと身体をステージに乗せることに喜びを感じる活動家たちだった。

主役はプッシャーマンを演じたストアフロントのヴィクター・シバタ。ステージに合流したのは、レネ・「ピーチーズ」・ムーア。パンサーのメンバーで、最初に私を「シスター」と呼んだ人だ。オートハープの伴奏をするシンガーソングライターで、ニーナ・シモンの「四人の女性（Four Women）」の歌から「ピーチーズ」というニックネームを選んだ。彼女は、一九六九年一二月八日にロサンゼルス・パンサー党の事務所に突入した警察の五千発の銃弾によって負傷した二人のパンサーのうちの一人だった。その事件では三人のパンサーと六人の警察が負傷した。ピーチーズは襲撃を終わらせるために白旗を振って建物の外に出た勇敢な人だった。彼女は本当のドラマを生きていた。

【写真14】サード・ワールド・ストアフロント・オーガニゼーションで歌うジョアン／ノブコとクリス・イイジマ、ロサンゼルス、1972年頃。写真提供：ヴィジュアル・コミュニケーションズ。

フルキャストを引き連れ、私たちはまさに怪獣のお腹のなかにショーを持って行った。カリフォルニア州チノにあるカリフォルニア男性用更生施設だ。気が狂っている？　まさに。そこでステージとバンドを準備し、衣装を着て、アジア系、黒人、ラテン系のブラザー、そして白人のナチ・グループであるアーリアン・ブラザーズの前で劇を演じた。強烈だった！　ユーモアたっぷりの楽しいショー。自分のコミュニティに麻薬を蔓延させることの矛盾を訴える内容だった。しかし、大きなフィナーレは、刑務所を出て、乗ってきた車のタイヤがすべてパンクしているのを見つけたときだった。刑務官の神経を逆なでしたのだろう。政治的アートを作るということは、リスクを冒すということだ。でも少なくとも、五千発の銃弾を浴びずには済んだ。

文化は、サンフランシスコ・マニラタウンのインターナショナル・ホテル（I-Hotel）をめぐる闘争においても、重要な役割を果たした。この闘争は、手頃な価格の住宅をめぐる闘争のなかでも最大級、最長（一九六八年から一九七七年まで続いた）、そしてもっとも激しい闘いの舞台となった。ホテルには、活動家、アーティスト、そしてあらゆるコミュニティが集まった。一九二〇年代から一九三〇年代にかけて、Iホテルは農閑期の間のフィリピン系やその他のアジア系出稼ぎ農民のための仮住まいであったが、その後、多くの高齢フィリピン系男性（マノン）（異人種間結婚禁止法のため未婚のまま年老いた）が月五〇ドルで永住するようになった。サンフランシスコのビジネス街を拡大しようとする都市再開発計画により、何千人もの住民が立ち退かされ、チャイナタウンに隣接する一〇ブロックのフィリピン系アメリカ人の居住区がほとんど消滅した。最後の名残のひとつがIホテルだった。それは、アメリカが有色人種や貧困層の文化的空間を追い出し、消し去るもう一つの例。しかし、アジア系運動が立ち上がった。「民衆に権力を」の要求が実際の行動に移された。

Iホテルを救う闘いの中心人物であった伝説的なフィリピン系詩人、アル・ロブレスに初めて会ったのはそのときだった。年配のマノンたちに献身的に尽くす稀有な精神の持ち主で、マノンたちが集まり、食事をし、話をするコミュニティ・センターを運営していた。アルの雄弁で魂のこもった詩は、彼らの物語とフィリピン系アメリカ人の経験をとらえていた。多くのアーティストや文化団体が、立ち退きに反対する長い闘いに参加した。カーニー・ストリート・ワークショップ、エブリバディーズ・ブックストア、ジャクソン・ストリート・ギャラリーがホテルの地下に引っ越し、家賃の支払いを手伝うだけでなく、ポスターを作り、朗読や音楽を披露して、Iホテルのストーリーと闘いのための文化的な声を組織した。KPFAラジオの急進的なアーティスト・オーガナイザーであったノーマン・ジャヨとタラブ・ベツライ（後者はのちに私にとってとても大切な人物となる）は、ホテルからラジオ放送を行ない、闘争の逐一を伝え、最終的な立ち退きに反対するデモに数千人を集めた。運動の初期において、それは行動主義、芸術、メディア、そしてコミュニティの力を教える教訓となった。一九七七年八月、三千人のデモ隊による人間的バリケードにもかかわらず、一九七人のテナントのうち最後の五五人が、四〇〇人の機動隊員によって立ち退きを強行された。それでも闘いは続いた。二〇〇五年八月、高齢者向けの手頃な一〇五戸を備えた新しいIホテルがオープンしたのだ。「しぶとく続ける闘争」の意味について教えてくれる深い教訓だ。

西部にはアイデアや組織を伸ばし、成長させるための広々としたスペースがあった一方、ニューヨークでは、私たちの明るいアイデアはしばしば狭くて暗いスペースのなかで芽生えた。キャサリン・ストリート二二番地のベースメント・ワークショップは、夏は汗をかき、冬は凍えるようなじめじめしたチャイナタウンの地下室にあった。その暗闇には、私たちが想像することしかできない秘密や闘いが隠されていた。一六歳から三〇歳までの三〇人の若い活動家、詩人、芸術家、反逆者たちがその地下室に籠り、自分の居場所ではない場所に生まれることの意味について騒々しく瞑想した。そこは、自己嫌悪や自信喪失、他の誰かになりたいという願望を換骨奪胎させる子宮だった。塩辛い漬物や味噌や千年卵のように、私たちには暗闇と圧力のなかで発酵する時間が必要だった。アメリカでの一〇〇年、人種差別、疎外、搾取の三世代が必要だった。ベースメント・ワークショップには、新しい自分を誕生させるのに十分なスペースがあった。

クリス、チャーリー、そして私が歌っていた歌を核にして、一九七〇年当時にアジア系でアメリカ人であることが何を意味するのかに関する他の表現を集めようという、素晴らしいアイデアを思いついた人たちがいた。絵や詩や短編小説を収録した、録音ではなく印刷されたアルバムにしよう。ロサンゼルスを拠点とする『ギドラ』紙とUCL

Aの『ルーツ』ジャーナルに触発され、私たちは全米のアジア系に自分の思い、画像、言葉、ストーリーを送ってくれるよう呼びかけた。私たちが孤独でないことを確認するために、私たちの地下室、洞窟に寄せられたさまざまな材料を一つのコレクションにして収穫するのに一年かかった。アジア系アメリカ人の覚醒はいたるところで起こっていた。

膨大な数の絵、詩、ストーリー、漫画、グラフィックから、どのように視覚的な美学を形作るのか？ 私たちのグループには、ヴィジュアル・アーティストもいれば文学者もいる。活動家のロッキー・チンや詩人のフェイ・チェンのように助成金の書き方を知っている者もいて、おかげで三千ドルが獲得できた！ 私たちは協力し合い、アイデアを出し合うために委員会を組織した。外の白人世界を喜ばせようとしたわけではない。自分たちが優秀で才能あるアジア系であることを証明しようとしたわけでもない。自分たち以外の誰かに受け入れられようとしたわけでもない。私たち自身に語りかけていたのだ。苦闘する——そう、間違いなく苦闘した——なかから、個人では決してできなかったことを集団で表現しようとしたのだ。あの地下室の子宮は、黄色い禍を黄色い真珠に変えた。それは私たちのように黄金色だった。そして周囲から姿を見てもらうことを望んでいた。

最終的なコレクションは、製本するのではなく、レコード・アルバムと同じ大きさの黄色い箱に重ねられ、各ページがポスターとして使用できるようになっていた（そのため、『黄色い真珠（*Yellow Pearl*）』全集は希少なコレクターズ・アイテムとなっている）。その黄色い箱の中には、若い世代が初めて自分の声を見つけた怒りと喜びが詰まっていた。言葉、音楽、そしてかつては姿が見えなくされていた自分たちを視覚的に表現したものが、黄色い濃淡の上に重ねた大胆な黒で描かれていた。私たちは間違いなく、あの地下室の小さな箱から外の世界を考えていた。出版社に拒絶され、プロデューサーに売れないと見なされ、ゲットー化され、親に落胆され、自分たちのクラブに入ることを拒む文化的ゲートキーパーに抑圧されてきたクリエイターが、私たちの前にどれだけいたことだろう。私たちは、出版し、流通させ、観客を見つける、自分たちなりの方法を見つけたのだった。カリフォルニアの土地を開墾して農業を営んだ先人たちのように、自分たちの道を切り開き、自分たちのコミュニティ・スペースを作ったのだ。

運動に参加し、『黄色い真珠』のようなプロジェクトを作る楽しみのひとつは、決まったロードマップやレシピがないことだった。やりながら学び、作りながら進んでいった。心を開いて、働き、闘い、一緒に解決策を見つけようとした。排他的なクラブではなく、参加したい人には誰でも門戸が開かれていた。お金も関係ないように思えた。何かを信じ、それを実現したいと思えば、どうにかして方法を見つけ出すことができた。活動家ジェームズ・ボッグズが言ったように、無から有を生み出す方法を発見していたのだ。あの混沌とした創造的な瞬間から学んだことが、東海岸や西海岸を問わず、私たちアーティスト・オーガナイザーの多くを、アートをさまざまな方法で活用して私たちを取り巻く世界のなかに自分自身を見いだし、世界を変容させるという生き方へと導いた。(5) それは、誰かが精霊を瓶から出したようなものだった。それも一人ではなく、多くの精霊が飛び出してきた。もう私たちを元の瓶に戻すことはできなかった。

第一六章　私たちはアジア系

Somos Asiáticos

弟のボブと私は、地下の靴箱アパートから西九一丁目五二番地にあるブラウンストーンの建物の一階のアパートに引っ越した。このアパートは、一階のルームメイト、キャロル・デマスの友人が私たちに遺贈（又貸し）してくれたものだった。前の住人はインテリアデザインの才能があった。広い応接間には一四フィートの梁出し天井があり、巨大な暖炉があった。私の寝室の壁はこげ茶色に塗られ、天井の梁は白く塗られていた。それを退屈だと思う人もいたが、私は夜、ベッドから天井を上げたときの光景が気に入っていた。暗い壁が消え、白い梁を通して、心のなかの空に架空の星を見た。

中庭に面して大きな窓があり、前の住人から引き継いだオレンジのトラ猫、スピードはそこから簡単に出入りした（スピードはタフなニューヨーク猫だったが、ロサンゼルスに連れて帰ったら車にはねられてしまった）。小さなキッチンは前に住んでいた地下のプルマンに比べると広く感じられたが、レンガ造りの壁がむき出しになっていて、そこに数匹のゴキブリが住んでいた。ボブが使っていたミッドナイトブルーのベッドルームの窓には、中庭に植えられた青リンゴの木の葉が繁っていた。月一〇三ドルにしては居心地の良い家だった！

アパートは、通りすがりのブラザーやシスターたちのためのドロップイン・センター兼宿泊所であり、リハーサル・スタジオでもあり、一度は逃亡中のパンサー、ザイド・シャクールとデニース・オリヴァーの隠れ家にもなった。また、弟と私のアパートは、毎週金曜の夜に集会を開く、アジア系アメリカ人のためのパーティーハウスでもあった。平日の夜の常連客のひとりがエディだった。エディはコチヤマ家の六人兄弟の四番目で、当時一六歳。見聞きするものに非常に興味を持ち、同じ年頃の仲間たちより少し大人びていた。彼はミーティングに出席し、大学生以上のアジア系の同志たちと行動をともにした。ハーレムで育った彼はどんな状況にも対応できるスキルを身につけていた。エディは、私たちのリハーサルやすべてのパフォーマンスに立ち会った。私たちの創造的で政治的な議論や喧嘩の目撃者だった。彼とクリス・イイジマはよくタバコを吸いながら、夜遅くまでシスター、つまり私、について冗談を言い合って楽しんだ。夜中の三時頃になると、ユリが一六歳の子どもが一人欠けていることに気づき、電話をかけてきた。「エディは一緒？」

「そうよ、ユリ。今帰ったわ」と、私はよく嘘をついたものだ。「もうすぐ帰るはずよ」

「こら、エディ、早く帰って来なさい」

彼はしぶしぶリュックサックを肩にかけ、アップタウンに住むクリスと一緒に出て行った。彼が一晩四時間の睡眠でどうやって学校を乗り切ったのかわからない。でも、これは彼にとって学校教育だったのかもしれない。私たちにもそうだったのだから。彼のもうひとつの学校はチャールズ・エヴァンス・ヒューズ高校で、そこではヤング・ローズ党の一部門である第三世界学生同盟に参加していた。一九七二年、ニクソンが中国との関係を正常化する一ヵ月前、エディは進歩的な学生代表団とともに、中国を訪問する機会を得た。彼は二五人の大学生活動家のグループに混じった二人の高校生のうちの一人だった。

当時、私はラジオのニュースサービスで働いていた。「堅気の仕事」だった。私は三〇歳で、九時五時の仕事はそれまでしたことがなかった。その数ヵ月前、お金を稼ぐために、ある弁護士のもとで初めて普通の仕事を経験したが、私に手を出そうとしたことから、その仕事は急になくなってしまった（当時は「セクハラ」なんて言葉はなかった）。私は、彼がまばたきする間もなくオフィスを出て行った。しかし、「第三世界メディア・ニュース（Third World Media News: TWMN）」は違った。この準政治的なビジネスは、パンサーたちについての本を書いた、元カメラマンでテレビプロデューサーの黒人起業家、チャールズ・ムーアの発案によるものだった。「我々がやるべきことは、マイノリティの言葉を発信することだ」と彼は言った。「つまり、第三世界メディア・ニュースは、白人アメリカ人の世界に、非白人アメリカ人の生活の問題点だけでなく、良い面も見せるのだ」。合同長老教会のエキュ・メディア・サービス傘下にあるＴＷＭＮは、毎日のニュースを集める独立系ラジオサービスであった。全米のラジオ局が電話をかけてきて、使いたいストーリーを選ぶことができた。メジャーなラジオ局のＡＰＩやＵＰＩと同じようなものだが、この局は有色人種の人々やコミュニティに関する話を報道した。局は一二〇丁目とリヴァーサイド街にあるインターチャーチ・センターという名前の建物に入っていた。この建物は、世界中に布教所のある宗教をはじめ、ありとあらゆる宗教施設を含んでいた。私たちはここを「神の箱」と呼んでいた。

一九階にある私たちの部屋からは、ハドソン川とニュージャージーが見渡せる絶景が広がっていた。最初は秘書的な仕事だったが、ムーア氏は私がアジア系コミュニティで持っていた人脈と、アントネッロと仕事をした経験から築いたメディアへの関心のために、目をかけてくれた。彼はまた、私がクリスと一緒に歌っていることを知っていて、ツアーのために休暇をくれた。ここで私は、電話によるネタの集め方、ライヴ・インタビューのやり方、カットやスプライスといった編集技術などの訓練を受けた。コロンビア大学のジャーナリズムのクラスにも行かせてもらった（そこで私は自分がニュースを報道するより、歌を作るのに向いていることを学んだ）。やがて私の役割は記者の仕事へと広がった。一緒に仕事をした少数精鋭のスタッフは、ユリの友人で「新アフリカ共和国（リパブリック・オヴ・ニュー・アフリカ）」のメンバーであったイビドゥン・スンディアタを含む、黒人のシスター数名とラテン系のブラザーであった。

神の箱の一九階から、私はラジオが比較的安価で素早く視聴者にリーチできる力を持っていること学んだ。アジア系コミュニティの活動家であることで、いろいろなストーリーにアクセスすることができた。エディが中国から帰国したとき、若者の目を通して共産主義中国を見るという珍しいインタビューを行なった。一方では、代表団は周恩来と中央委員会（毛沢東は病気だった）に会うことができ、人民解放軍の基地を訪れたが、そこでは兵士たちがニクソンの姿をした標的に向けて手榴弾を発射し、命中精度の練習をしていたそうだ（このことは報道しなかった）。その一方で、女子ナショナルチームとのバスケットボールの試合にも招待された。エディはこう説明した。「こちらの選手は、私を除いて背が高く、ストリート感覚に優れていた。でも、中国女子のプレーは違っていた。誰も目立ったプレーをしようとしなかった。彼女たちは協力し合い、分かち合い、チームプレーをした。そして中国はボロ勝ちした。彼女たちから卓球のナショナルチームに挑戦しないかと誘われたとき、アメリカ代表団は申し出を断ることにした」

ニクソンが中国に行って毛沢東主席と握手する以前だったので、私たちがこの訪問団のストーリーを報道すると、共産中国に関するあらゆることに熱狂的な関心が寄せられた。好奇心旺盛な記者が電話をかけてきて、「素晴らしい記事だった。どこであの男を見つけたのですか？」と聞いた。独自の情報源がある、と答えておいた。活動家であることは、私の秘密兵器だった。

大学のキャンパスで行なわれたヴェトナム戦争反対デモの記事を報道したら、また電話がかかってきた。もう反戦デモの記事は取り上げるな、というのだ。「そのことでもう時間を無駄にするな」。それで目が覚めた。メディアがいかに政治や企業の影響力によって操作されるかを目の当たりにしたからだ。私たちの運動は、公民権運動に対する暴力からパンサーやイッピーズ（Youth International Party 国際青年党）まで、民衆の目の前に真実をもたらすためにメディアを活用することを学んできた。メディアを活用して民衆を教育し、何が起きているのかを示そうとした。権力者たちは、メディアの報道がいかに国を不安定にする社会不安に加担しているかを知ると、それに蓋をし、別のストーリーを形成するために、実際に起こった事実を無視し、黒塗りにした。今日のニュースでは、ヴェトナムのときのように中東から帰還した米兵の棺や遺体袋を見ることはない。彼らはメディアを掌握することを学んだのだ。今、インターネットとソーシャルメディアを私たちは持っている。いつ彼らは、それに蓋をするだろうか?

外から見れば、ニューヨークは無情な大都会のように見えるかもしれないが、実際はイースト・ハーレムからチャイナタウンまで、それぞれ異なる個性、文化、生態系を持つ小さな多数のコミュニティの集まりである。私が住んでいるアッパー・ウエスト・サイドの西九一丁目五二番地からは、半ブロック右へ歩けば、ブラウンストーンの建物が立ち並び、セントラルパークに出ることができる。左に五ブロック歩けば、ハドソン川に行き着く。通りの向かいの学校の校庭に集まったコンガ奏者たちが、夜遅くまで太鼓を叩いているのを聞くのが、私は好きだった。それはさしずめ、ボデガ(市場)やキューバ系中華料理店が点在するこの界隈に住む多くのプエルトリコ人、ドミニカ人、黒人のサウンドトラックだった。ブラック・パンサーのメンバーであったブラザー・リー(リー・ルー・リー)がパンサーの新聞を売りながら、礼儀正しく会釈をし、「すべての権力を民衆に(All power to the people)」(これは後に彼が制作するドキュメンタリー映画のタイトルとなる)と支持者に感謝するところに出くわすことも、珍しくなかった。彼は背が高く、足がやせ細った一六歳の中国人と黒人のハーフだった。あるいは、のちにヌヨリカン・ポエッツ・カフェ(Nuyorican Poets Café 現在は団体になっている)を共同設立することになるペドロ・ピエトリが、ブロードウェイの賑やかな人通りの真ん中に立ち、ダークなロングコートにダークな帽子をかぶり、垂れた眉毛と同じように髪も垂らし、「プエルトリコの死亡記事」のような、自分では詩とは呼ばない詩を通行人に向かって詠んでいるのを聞くこともあった。つまり、私の家の近所は、味わい深い活気に満ちていたのだ。

一九七〇年代、ニューヨークは財政危機に陥っていた。サウスブロンクス、ハーレム、ブルックリン、ローワーイーストサイドなどの貧しい地域の地主は、税金や維持費を支払うことができず、建物を放棄することが多かった。都市再開発の波が、ウエストサイドの優良物件に手を出し始めていた。地主や投機家が高層ビルを建てるために大規模なアパートを買い占め、貧しいプエルトリコ人やドミニカ人、黒人を追い出しにかかった。これらの建物の多くは何年も空き家になっていた。私が住んでいたブラウンストーンの建物さえも所有者が変わり、新しい大家（私たちが転借していると疑っていた）は、家賃を高騰させるために私たちを追い出そうと全力を尽くしていた（彼は相手にしているのが誰かわかっていなかったようだ。私たちは活動家だった！）。

弟と私は、ラテン系の人々や黒人たちがビラを配り、大合唱するデモが家の近くで行なわれていることに気づき始めた。「私たちは動かない！　私たちは動かない！」エル・コミテが協力していた「ムーヴイン作戦」は、この界隈に手頃な価格の住宅を要求していた。彼らは都市再開発を、金持ちを呼び込み、貧乏人を追い出す「都市除去政策」と呼んでいた。ムーヴイン作戦は、これに対する対抗手段だった。夜になると、ムーヴイン作戦では、空きビルに押し入り、配管を直し、電気をつなぎ、大勢の家族を入居させる。大勢の支援者が外に集まり、警察がやってきて、家主が脅す。しかし、真夜中に子ども連れの貧しい家族の大群がビルから強制的に引っ越させられる様子は、六時のニュースに映れば印象が悪かった。ボブ、クリス、トリプルAの仲間たち、そして私もデモに参加するようになった。

同時に、西九一丁目五二番地で金曜に行なわれていた夜の集まりは、毎週五〇人以上のアジア系で溢れかえった。チャイナタウン以外のウエストサイドに、アジア系のためのドロップイン・センターが必要だった。どこか店先を解放できないだろうか？　クリス、ボブ、そして私を含む何人かで、八八丁目とコロンバス通りの間にあるエル・コミテを訪ねることにした。フェデリコ・ロラ、エスペランサ・マルテル、そして他のメンバーは実直で親しみやすく、私たちを支援することにも前向きだった。オフィスの壁には、プエルトリコの独立運動や、都市再開発など地域の問題を反映したカラフルなポスターが貼られていた。彼らはまるで不動産屋のように、私たちに近隣を案内してくれた。案内してくれた場所の一つが、八八丁目とアムステルダム通りの交差点にある店舗だった。店の正面は板張りされていたが、ちょうど良さそうな大きさだった。

「いい立地だよ。角を曲がれば地下鉄、一ブロック先にはボデガがある」とフェデリコは言った。そこで決行することにした。占拠の夜、私たちアジア系忍者のクルーは、エル・コミテと不法占拠者のジョー市長と結集した。ジョーはバールを持ったプエルトリコ系のポール・バニヤンだった。[*1] 彼はレッカー車の運転手で、力仕事には慣れていた。数分もしないうちに彼は金属製の入り口を破り、男たちと一緒に正面の窓から板を剥がした。それからジョーは私たちシスターにシャベルとほうきを渡し、私たちは掃除を始めた。逮捕されるのではないかとドキドキした。覚悟はできていたが、警察は来なかった。こうして私たちは、近所のエル・コミテの助けを借りて、ウエストサイドにアジア系アメリカ人ドロップイン・センターを確保した。

あまり欲張るな、目立つな、一家の恥になるな、泥棒するな！　という昔ながらの伝統を教え込まれた私たち「静かなアメリカ人」が、自分たちの店を解放した！　それとともに、私たち自身も解放された。それからの数週間、火力と筋力のあるブラザー、ボブをリーダーとする小さなクルーが、壁の漆喰を剥がし、むき出しのレンガになるまで、自分たちのスペースを作る作業を続けた。かなりいい感じになってきた。クリスはいつも遅刻してくるか、他にすることがあるようだった。たとえば、寝る、とかだ。手仕事は彼の得意とするところではなかった。私たちは鉛入りのペンキと漆喰を吸い込みながら、夢を見ていた。ボブは正面の窓をテレビのスクリーンのように見えるようにデザインした。映画を上映し、朗読会を開き、講演会を開き、政治教育のクラスを開き、いつでもたむろできる場所を持ちたかった。多くの同盟がここで育った。もちろん恋愛もだ。ここの名称はどうしよう？　何か強そうで、政治的で、革命的な名前が欲しかった。最終的に、ケネディが暗殺された後にマルコムXが発した言葉を借りることにした。「鶏がねぐらに帰る（Chickens Come Home to Roost 身から出た錆、の意）」

それからは、エル・コミテが電話をかけてくるとき（店には電話もあった）、「明日のデモにチキンズは来るのか？チキンたちは歌ってくれるかい？」と聞くようになった。私たちは、エル・ポヨ、つまりチキン呼ばわりされるようになった！*2

エル・コミテとムーヴィン作戦は成功を収め、数百世帯の不法占拠者（スクワッターズ）たちが数ヵ月、ときには数年にわたり、家賃不要の住宅に入居できた。不法占拠運動は手ごろな価格の住宅に対する緊急のニーズに応えただけでなく、私たちのコミュニティ内外で希望と大胆さを呼び起こし、新たな可能性をもたらしていた。同じ界隈には、女性たちに武術を教える空手学校、白人急進派が運営する女性センター、スペイン語教室、そしてついにはザ・ドット（THE DOT）まで、さまざまな進歩的な組織がキノコのようにぐんぐんと育って行った。

スクワッターズ・コミュニティに住むアフリカ系アメリカ人のヒッピーだったジミーは、コーヒーハウスを始めることを夢見ていた。私たちのアパートから半ブロック、コロンバス通りと九一丁目の南西の角に、大きな空き店舗があった。ジミーと弟のボブは、夜な夜な工事現場にゲリラ的に入り込み、工事用のケーブルが巻かれた大きなスプールを解放していた。翌日、彼らは同じ現場に戻って釘と木材を求め、無料で手に入れた。毎晩、彼らはテーブルとなるスプールを運び込んだ。それぞれが明るい色に塗られ、木箱や拾った椅子で囲まれた。この円形の場所が、スクワッター・コミュニティのコーヒーハウス兼文化センター、「ザ・ドット」となった。クリスと私は、ここでヌエバ・カンシオンという音楽の世界を知った。

まもなく、プエルトリコ、ドミニカ共和国、アルゼンチンのミュージシャンたちが、スクワッターやコミュニティの人々、そして私たちチキンズで埋め尽くされたザ・ドットで演奏するようになった。ペペ・イ・フローラ、ロイ・

ブラウン、エストレラ・アルタウ、スニ・パス、その他多くの人々が、一九五〇年代後半から一九六〇年代にかけて、スペインやポルトガルだけでなく、ラテンアメリカでも盛んになったこの新しい歌のムーヴメントに参加した。ヌエヴァ・カンシオンは、政治的独裁や、差別され、疎外されていた地方の先住民の扱いに対する抵抗の声となった。チリでは、ヴィオレタ・パラが先住民コミュニティから三千曲以上の歌を集めた。他のミュージシャンたちも、政治と音楽を融合させた、こうした民俗文化の形式を受け入れ始めた。一九七〇年、サルヴァドール・アジェンデがチリ初の社会主義者として大統領に就任したとき、彼はこんな横断幕を掲げて、彼らの運動を激励した。「歌のない革命はありえない」。一九七三年、アジェンデが流血の軍政誕生で退陣すると、独裁者のアウグスト・ピノチェトはアンデスの多くの楽器を非合法化し、民衆に人気のあったヌエヴァ・カンシオン運動を抑圧した。歌にはパワーがありすぎたのだ。

「キューバ・ヴァ!」(Grupo de Experimentación Sonora)とチリのヴィクトル・ハラの音楽は、レコードプレーヤーの針が磨り減るほど聴いた。聴きながら訳詞を読むこともあった(スペイン語を少し勉強するための苦にならない方法だった)。彼らの歌は政治的だったが、歌詞はパブロ・ネルーダやフェデリコ・ガルシア・ロルカの伝統を受け継いだ、詩的で美しいものだった。スペイン語ではすべてが英語より美しく聞こえた。大好きな山への愛や農民の悲しみ、メロディーの優しさ、炎を感じることができた。しかし、これらの歌の真実に翻訳は必要なかった。メロディーとリズムが直接心に突き刺さるのだ。私は勇気を出して、ザ・ドットでハラの「農夫への祈り(Plegaria a un Labrador)」を歌った。彼の歌を歌うことで、彼の情熱、彼の心を感じることができた。彼が軍事政権に殺されたとき、かつてギターを弾き、情熱に満ちた詩を書いた手は切断された。私は打ちのめされた。母国で闘争の炎を音楽で燃やしたミュージシャンたちは、歌を歌っただけで暴力と恐怖に直面したのだ。

ザ・ドットの観客は、私たちが英語で歌っても、優しく受け入れてくれた。ヌエヴァ・カンシオンは私たちの歌の居場所のように感じられ、彼らの応援が私たちを駆り立てた。ある日、クリスが貴重な贈り物のようなアイデアを持って、西九一丁目五二番地にやってきた。「スペイン語の歌を書き始めた」。それは勇敢でワクワクするアイデアだった。私たちは日本語を話すことも歌うこともなかったが、スペイン語で歌おうとしているのだ。

そのときまでには、父が病気になり、ガソリンスタンドの手伝いが必要だったため、弟はロサンゼルスに戻っていた。新しいルームメイトはヤング・ローズの元メンバーだった。ヤング・ローズについて書かれた本『パランテ（*Palante*）』（一九七一年）の表紙を飾るのは、誇らしげに歩く、美しくたくましい女性だ。ベレー帽をアフロヘアの上にかぶり、小さな星をスタイリッシュに留めている。黒いレザージャケットは太陽に照らされキラキラと輝き、ふっくらとした唇には、「私たちは勝利する（*venceremos*）」と言わんばかりの微笑みを浮かべている。それがアイーダ・クアスクット――私のルームメイトだ。アイーダはヤング・ローズとの決別から立ち直りつつあった。私同様、彼女も他の活動家より少し年上で、人生経験も豊富だった。それでもプエルトリコの独立を固く信じる革命家である彼女は、自分の将来を考えようとしていた。政治組織の外でどのように奉仕を続けるのか。民衆の生活を向上させるための長期にわたる闘争を、どのように支援するのか？　これらは私たち全員がやがて直面する問題だった。のちに彼女はプエルトリコに戻り、医学部に進学して、民衆の医師になった。

私は「第三世界メディア・ニュース」で取り組んでいた憂鬱なストーリーを紛らわせるために、毎晩安いワインを家に持ち帰っていた。彼女はワインは好きだったが、話にはうんざりしていた。私がエスニック・ウェポン（有色人種の特定の集団に影響を及ぼす可能性のある病気に関する政府の秘密研究）について話すと、彼女は言った。「そういう話で私を怖がらせるのはもうやめて！」アイーダは、完璧なチキンライス（アロス・コン・ポヨ）の作り方や、プエルトリコ風カフェ・ブステロの作り方など、もっと実用的なことを教えてくれた。コーヒーを入れてお湯を注ぐ金属製のリングがついたモスリンの靴下は、今でもキッチンの引き出しにしまってある。レモンをちょっとひねって、砂糖を入れて……うーん、完璧だ！

今、彼女はクリスが私たちの最初のスペイン語の歌を仕上げるのを手伝ってくれていた。私たちがザ・ドットで「私たちはアジア系（Somos Asiáticos）」を歌ったとき、ラテン系とアジア系のどちらの兄弟姉妹も、みんな熱狂した。[1] この歌はみんなの心を開き、二つのコミュニティの距離を縮めた。今や私たちは家族だった。人々は道で私たちを見かけると、ザ・チキンズに話しかけてくるようになった。私はスクワッターズ・ビルの無料スペイン語クラスに参加した。自分が暮らしている界隈の一員だと心の底から感じたのは、初めてのことだった。

これで私たちは、ムーヴイン占領作戦の決行時にスペイン語で歌うことができるようになった（第三世界ニュース・リール制作の映画『ブレイク・アンド・エンター』で、私たちの姿を見ることができる）。そしてさらに多くの歌が生まれた。「私たちは勝利する（Venceremos）」は、キューバ独立のために戦った詩人ホセ・マルティの言葉をベースにしている。「モリヴィヴィ（Morivivi）」はプエルトリコの花について歌ったもので、その花は触れると枯れたように見えるが、また生き返るのだ。「グラシアス（Gracias）」は、周囲の人々から受けた愛情に対する優しい感謝の言葉である。まもなく私たちは、短いスペイン語のセットを作るのに十分な曲数を持ち、気がつけばアジア系よりもラテン系のライヴに多く出演するようになっていた。マディソン・スクエア・ガーデンで行なわれたプエルトリコ独立記念日のイベントにも招待された。人生でこのときほど自分を小さく感じたことはなかった。二万人の観客で埋め尽くされたあの巨大なアリーナで歌う私たちは、まるでアリだった。

ぺぺとフローラはザ・ドットの常連だった。彼らは本土と島の両方でプエルトリコ独立運動のために活動していた。プロのアーティストでありながら、自分たちの信念のために多くを犠牲にして活動していた。大きな会場やザ・ドットのステージに立ったとき、彼らは観客を熱狂させる方法を知っていた。プエルトリコ人であるかどうかは関係なく、立ち上がって一緒に歌い、手拍子をしなければならなかった。**ケ・ボニータ・バンデーラ、ケ・ボニータ・バンデー**

ラ、ラ・バンデーラ・プエルトーリケーニョ！（*Que bonita bandera, que bonita bandera, que bonita bandera, la bandera puertorriqueño!*「何と美しい旗、プレトリコの旗！」の意）。ペペとフローラは、プエルトリコでも人々に聴かせるために、私たちがスペイン語の歌を二、三曲歌っているところを録音して、四五回転のレコードに収めたいと言ってきた。本格的なスタジオ録音は初めてだった。

ベテランのプエルトリコ人ミュージシャンに囲まれ、コンガ、ベース、フルート奏者までが伝統的なクアトロを演奏していた。彼らはグアヤベーラ（胸にプリーツの入った伝統的な半袖シャツ）を着た年配の男たちだった。無数の結婚式やダンスホールでのライヴをやってきていたが、それでもこの二人の青臭いアジア系ミュージシャンには親切だった。テープが回り始めると、彼らは四本の弦でおなじみのリズムを取りながら、クリスが音を合わせやすいように演奏してくれた。彼らと一緒に演奏できたことは、まさにスリリングだった。二つの面を録音した。「私たち（ソモス）はアジア系（アシアティコス）」と「私たちは勝利する（Venceremos）」だ[2]。

ペペ＆フローラのレーベルは、プエルトリコに生息するコオロギのような「コキー！　コキー！」という鳴き声を出す小さなカエルにちなんで、「コキー・レコード」と名づけられていた（最近ハワイのヒロに行き、そのカエルがビッグ・アイランドにも進出して、人々が頭に来ていることを知った）。ペペとフローラの計画では、私たちをプエルトリコの独立派、ＭＰＩ党のイベントに同行させる予定だったが、うまくスケジュールを調整できなかった。真実かどうか確かめてはいないが、島中のジュークボックスで私たちの曲が流れたそうだ。

ハーレム、ブロンクス、ローワー・イースト・サイドなど、ニューヨークのあちこちに不法占拠者（スクワッター）のコミュニティがあった。それがたまたま、私が住んでいた界隈でも起こったのだ。「チキンズ・カム・ホーム・トゥ・ルースト」の私たちアジア系住民は、茶色、黄色、黒、赤、白のサークル、文化の群島で、隣人や自分たちが住みやすくするための闘いに足を踏み入れた。ザ・ドットでは、ペペやフローラと何度も音楽の夜を共有し、ワインを飲み、一服か二服タバコをふかし、エスピ、マニー、フェデリコ、オルランド、アナ・マルタ、アイーダ、そして私たちチキンズで、カフェ・ブステーロを飲みながら、悪態をつき、計画を立て、夢を描き、不満をぶちまけた。私たちはコミュニティを育て、魂を育み、新しい曲を生み出した。ニューヨークのコンクリート・ジャングルの真ん中で、解放区、つまり夢と夢と一緒にやってくる音楽を歓迎するスペースを作ったのだった。

ここで私は、コミュニティ作りは、何年もかけて何層にも成長する生きたプロセスであると同時に、一曲の三分間のなかでも達成される可能性があることを学んだ。そしてその歌は、音楽が終わった後も、ずっと私たちのなかで真実を歌い続けることができるのだ。

Nosotros somos asiáticos y nos gusta cantar para la gente
Hablamos la misma lengua porque luchamos por las mismas cosas
La lengua de libertad
Líricas de amor
Canciones de la lucha
La música del pueblo
Yo para tu gente, tu para la mía

私たちは民衆のために歌いたいアジア系
同じ言語を使うのは、同じものを求めて闘うから
自由の言葉

愛の歌詞
闘争の歌
民衆の音楽
僕は君の仲間のために、君は僕の仲間のために

私は最近ニューヨークを訪れ、かつて暮らした西九一丁目五二番地の周辺に巡礼の旅をした。ザ・ドットはすでになく、スクワッターズもういないことは知っていたが、それでも行ってみた。今では高層ビルと高家賃のアパートが建ち並び、かつて知っていた「フッド」の面影はほとんどなかった。西九一丁目の五二番地からすぐの角、九一丁目とコロンブス通りには、マクドナルドが建っていた。腹わたが煮えくりかえった！ そこに長い間佇んで、ザ・ドットを想像しようとした。汗ばむ夏の夜を満たしていたコンゲーロの響きを聴くために。そして気づいた。あの歌は今でも私のなかで歌い継がれている。今でも演奏している曲もある。それは、ニューヨークやプエルトリコ、あるいは他の場所で活動を続けるために人生を歩み始めたスクワッター運動の一員だった人たちすべてに当てはまることなのかもしれない。ザ・ドットのように、このマクドナルドもまた一時的なものだ。だが、ラテン系とアジア系が一緒に働いて学んだことは、常に私たちのなかで生きている。もしかするとそれは、枯れたように見えても生まれ変わるモリビビ草のようなもので、地面が肥沃で、必要性と種がある別の場所で、花を咲かせる準備ができているのかもしれない。

第一七章

ペプシ世代の預かり子

Foster Children of the Pepsi Generation

「こんにちは、ヨーコです。イエローパールと話がしたいです」

名前は日本人だったが、彼女のストレートで威厳のある態度は日本人ではなかった。

「えーと、イエロー・パールは歌っている歌の名前ですが、私たちはクリスとジョアンといいます。すみません、どなたですか?」いつもライヴの電話対応をしているので、ペンと情報を記録する黄色いメモ帳を手に取った。

彼女は私の言葉を受け流し、こう続けた。「オノ・ヨーコです」

私はメモを取り始めた。

「ジョンと私……」

書きづらいボールペンが手から落ちた。もしかして、あのヨーコ？　元ビートルズのジョン・レノンとヨーコの？　反戦デモの一環として一週間「ベッド・イン」したロックのロイヤル・カップルが、どうして私に電話をかけてきたのか不思議だった。ヨーコはどうやって電話番号を知ったのだろう?

「来週、『マイク・ダグラス・ショー』で共演するのだけど、イエロー・パールに曲を披露してほしいの」

うちにテレビはなかったが、マイク・ダグラスが一九六〇年代初頭から主婦たちの午後の定番番組だったことは知っていた。それはNBCの全国放送だった。いったい彼らはどこで私たちのことを聞いたのかしら？ アルバムも出していなかったし、どこのチャートにも入っていなかった。それに、出演するのは政治的に賢明なんだろうか？

「番組はフィラデルフィアで撮影します。まずはうちに来てもらって、一緒に車で行きましょう。あ、そうそう。ボビー・シールとジェリー・ルービンも出演するの」

そうか、わかった。これは、ジョンとヨーコのデモの一貫だ。革命をテレビで流すというわけね。いいわ。私たちはショーをやることに同意した。

ウエスト・ヴィレッジのバンク・ストリート一〇五番地にあったロフトに着くと、ヨーコがドアの前で出迎えてくれた。そして、振り返って肩越しに大きな声で伝えた。「ジョン、イエロー・パールが来たわよ」

「僕たちはイエロー・パールじゃなくて、僕はクリスで、こっちはジョアン」。クリスがもう一度説明を試みたが無駄だった。ヨーコの頭のなかで私たちはイエロー・パールになっていて、それは変えられなかった。彼女はメディアの達人だったし、その判断はおそらく正しかった。イエロー・パールは、私たちを世に提示するには良い名前だった。

ジョンとヨーコの人生と肉体は、世界中のあらゆる雑誌の棚に陳列されていたので、私たちはどこかの雑誌で必ず見たことのある写真のなかに入っていった感じだった。ジョンは玉座のような巨大なベッドに乗っていて、その上にはテレビが天井から吊るされていた。彼は電話で話していた。喋っているというより、言い争っていた。「彼らがそのクソ番組に出るんじゃなければ、俺たちも出ないからな！」受話器を叩きつけた。二人が小声で何か話したあと、ヨーコは自信ありげに言った。「心配しないで、ジョン。必ず折り返してくるわ。私たちなしではショーはできないから」。オノ・ヨーコは日本人だが、共通の出自を除けば、私と彼女は違う惑星から来たみたいだった。

『マイク・ダグラス・ショー』が、私たちが出演する分、黒人シンガーを一人外さなければならないことがわかった。私たちは無理に番組に出なくてもいいと言ったが、彼らは頑として譲らなかった。自分たちの名声が企業メディアの意向にどれくらい対抗できるかを試しているのだと、私たちは気づいた。クリスと私はたまたまゲームの小さな駒に抜擢されたというわけだ。そして主導権は女王が握っていた。

ヨーコは日本人だったが、私たちとはまったく違う角度から社会運動にのめり込んでいた。クリス、ジョン・レノン、そして私は労働者階級の家庭に生まれた。ヨーコは日本の上流階級の生まれで、父親は銀行経営者で元ピアニスト、母親は武士階級出身だった。ヨーコは明仁親王と同級生だ。しかし、彼女はアメリカによる東京大空襲や幼少期の飢えや屈辱も経験しており、反戦の反逆者でありアーティストへと成長していた。

原子力時代の日本では、全体主義的な支配に反抗し、個人主義を受け入れた急進的な前衛芸術が生まれていた。「具体」グループは「ルールのない芸術」を追求した。暗黒舞踏もこの時代に生まれた。「ハプニング」という観る者とのインタラクティヴな芸術表現も聞いたことがあった。たとえば、「白いハプニング」という作品で、白い服を着た人々が夕食にやってきて、白いテーブルの周りの白い椅子に座り、豆腐やご飯などの白い食べ物を白い食器から無言で食べて帰る、といった具合だ。完。ヨーコはジョン・ケージ、マース・カニングハム、アンディ・ウォーホルといった人たちと親しい、国境を越えた前衛的なコンセプチュアル・アーティストだった。『マイク・ダグラス・ショー』で見せた彼女のアート作品は、ショーの冒頭でティーカップを壊し、最後にはそれを貼り合わせるというものだ。

ヨーコは正しかった。『マイク・ダグラス・ショー』は彼女たちなしでは収録できない。ショーから外された黒人女性シンガーは涙を流しただろうが、私たちはフィラデルフィアに向かう白いリンカーンのリムジンに乗っていた。前方ではジョン、ヨーコ、ジェリー・ルービンが陽気に会話をしていた。後部座席にはギターを抱えたクリスと私が、目の前で展開されているジョンとヨーコが出演する奇妙な映画をポカンと眺めていた。クリスが私の方に身を乗り出してつぶやいた。「誰もこんなこと信じないよ。ジョンは彼女の最大のアート・プロジェクトだと思う」。私たちはその場で、「ウィー・アー・ザ・チルドレン（We Are the Children）」を歌うことに決めた。全国放送で自分たちが何者であるかを語るチャンスだった。よし、頑張ろう。

フィラデルフィアでは、すべてがジョンとヨーコの到着を待っていた。車が停まると、ファンが車の周りに殺到した。彼らも私たちもスタジオに入るのに一苦労した。中に入ると、すべてが超特急で進んだ。楽屋に押し込まれ、荷物を置いた。クリスはギターを手にした。アシスタントがテキパキとセットへと案内してくれた。セットはすでに煌々と照ったライトで暖かくなっていた。私たちは曲のリハーサルを始めた。

We are the children of the migrant worker
We are the offspring of the concentration camp
Sons and daughters of the railroad builder
Who leave their stamp on America

Foster children of the Pepsi generation
Cowboys and Indians
Ride, red men, ride
Watching war movies with the next-door neighbor
Secretly rooting for the other side . . .

私たちは出稼ぎ労働者の子ども
私たちは強制収容所の子孫
鉄道労働者の息子と娘
アメリカに足跡を残す

ペプシ世代の預かり子
カウボーイとインディアン
赤き男たちよ、馬を駆れ
隣の家で戦争映画を観ながら
密かに敵方に声援を送る……

「失礼します」スーツ姿のディレクターが暗闇から出てきた。「他にどんな曲がありますか?」

「何曲歌えますか?」

「一曲」

クリスと私は顔を見合わせた。彼が答えた。「じゃあ、これを歌います」

スーツ男は機転を利かせた。「そうですねえ。歌詞の一部が……ほら、中西部の主婦などが反体制的だと思うかもしれないので」

反体制的? イッピーズのジェリー・ルービンやブラック・パンサーのボビー・シールを出演させておいて、私いたちが反体制的だと心配する？

「戦争映画を観ながら…敵方に声援を送る…ってところがちょっと。他に何か歌えますか？」

クリスと私は犬小屋に閉じ込められた二匹の野良犬のような気分だった。マイク・ダグラスとジョン・レノンがインタビュアー席に座り、落ち着きなくモゾモゾしているのに気づいた。私たちは「問題児」。泥沼にはまり込んで、五分間の組合休憩を取る必要のあるカメラマンを待たせ、私たちがニューヨークから車を走らせていた二時間もの間、ジョン・レノンを生で見るためにドアの外で待っていた観客を待たせている。ショー全体を遅らせているのは私たちだった。

するとジョン・レノンが椅子から立ち上がり、仲裁に入った。非現実的な状況のなかで現実的な解決策を見つけようと、両手を合わせて軽く懇願した。「ほんの二、三行だから、ちょっと言葉をごまかしてくれない？」

何ですって？　いや、ジョンがそんなことを言うはずがない。彼に限って。自分が何を頼んでいるのかわかっているの？　私は考えた。あなただって、誰かに言われたからって「ストロベリー」を「ラズベリー」に変えたり、「革命（revolution）」を「進展（evolution）」に変えたりはしないでしょう。冗談じゃないわよ！

スーツを着たディレクターの男がさらにたたみかけた。「他に何の歌がある？」

突然、私は奇妙な感覚に襲われた。熱く、赤く、温度計の水銀のように私のなかで上昇し、〇度から一一〇度まで一気に沸騰したのだ。腕が超人的なパワーで満たされ、拳を握りしめ、人差し指を矢のようにスーツの男に向けた。そして轟く声が力強く突き刺さった。「**あなた！　あなたは私たちを強制収容所に入れておいて、この歌を歌わせないって言うの！**」

サウンドステージ上のすべてが凍りつき、まるで計画していなかったヨーコのコンセプチュアルな作品のようだ。レノンも、ダグラスも、スーツ姿のディレクターも、クリスでさえも、まだ宙に浮いたままの氷と言葉にこもった怒りに凍りついた。「**あなたたち！　私たちを強制収容所に入れておいて、この曲を歌わせないって言うの！**」

氷の言葉が割れて床に落ちた。信じられないという顔で私のことを見ているクリスをちらりと見た。私は一瞬気がふれたのだ。私の意識は拳を握ったままの自分の手に移った。人差し指の少しギザギザした磨かれていない爪がまだ上を指している。なんてことだ。あれは私だった！　言葉もなく、答えもなく、決してキレない私。いや、私だけじゃないのかもしれない。私だけじゃなかったのかもしれない。もしかしたら、沈黙させられ、口止めされ、破壊され、妥協させられ、多くの言葉で「そんなこと言っちゃダメだ」と言われてきたすべての人々の思いが、メガホンとなり、マイクとなった私を通じて、そのときにほとばしり出ただけかもしれない。あのときスタジオに轟いた声は、私たち全員の叫びだったのだ。「あなたたちは私たちを強制収容所に入れておいて、この歌を歌ってはいけないと言うの！」

私は振り向いて、出口の標識に向かって歩き始めた。出口はどこだろう。涙がこぼれ始める。ダメだ！　今は泣いちゃダメ！　泣かないで、ニューヨークまで歩いて帰らなきゃ。

スーツ男が後をついてきた。彼はもうディレクターではなかった。もうNBCやスポンサーを代表して話していなかった。中西部の主婦たちを二人のアジア系アメリカ人破壊工作員の言葉から守ろうとはしていなかった。彼は自分に向けられた非難の矢を逸らそうと躍起になっていたのだ。「いや、私のせいじゃない！　あなたをキャンプに入れたのは私じゃない！」

彼は私をなだめ、自分がいかに善良で、合理的で、立派で、寛大な人間であるかを示そうとした。「どれでも好きな歌を歌っていいよ！」

私は出口のドアのすぐ近くで立ち止まった。手を見ると、指が人を指さした形で固まってしまっていた。それを見て、思った。**ああ、この指には力があるんだ！**

本番で私たちは『ウィー・アー・ザ・チルドレン』を検閲されないノーカット版で歌い、「**隣の家で戦争映画を観ながら／密かに敵方に声援を送る**」には特に力を込めた。最後の一節は歌に復讐を込めた。

And we will leave our stamp on Amerikkka
Leave our stamp on Amerikkka . . . Amerikkka . . .

アメリカに私たちの足跡を残そう
アメリカに俺たちの足跡を残そう……アメリカに……

マイク・ダグラスとジョン・レノンがカメラに近づき、拍手をして微笑み、誠意と、この瞬間がもうすぐ終わることへの安堵を吐き出した。

「あの曲はあなたが書いたのですか?」とダグラスが尋ねた。

「ええ、そうですよ」まるで知らなかったみたいに言うのね。

「戦争映画を観て、敵方を応援する、とは、うまい歌詞を考えたものですな。ねえ、ジョン?」検閲の汚点を消そうとするんだ。

勝利は短く、甘くはなかった。私は舌を噛みながら口輪が戻ってくるのを感じていた。ＮＢＣが中西部の主婦たちからヘイトメールを受け取ったとは思えない。彼らはペンタゴンを宇宙へと浮遊させようとしたジェリー・ルービンや、現実にシカゴの法廷で口を封じられた悪名高きパンサー、ボビー・シールなどをテレビで観ていたのだ。私たちなんで革命からはほど遠かった。

一九七二年にジョンとヨーコは企業メディアとの戦いに勝利したかもしれない。しかし、それから何年も経って、九・一一のテロで飛行機が世界貿易センタービルを貫通したとき、千二百以上のラジオ局を所有し、全米最大のメディア複合企業体であるクリア・チャンネル（現 iHeartMedia）は、各局に「提案」、つまり、かけてはいけない曲の「グレーリスト」を記したメモを送った。そこにはジョン・レノンの「イマジン」も含まれていたのだった。

第一八章
一粒の砂
A Grain of Sand

特に売り込んだわけではなかったが、私たちの音楽はアジア系コミュニティ以外の人々にも届いていた。「ニューヨーク初の正真正銘のフォーク・ハウス」と自らを称していたゲルデズ・フォーク・シティは、一九五九年にウエスト・グリニッジ・ヴィレッジに設立された。ボブ・ディランが一九六一年に発掘されたのもここだった。言い伝えによれば、彼はそこで初めて「風に吹かれて」を歌ったそうだ。ゲルデズは、ピート・シーガー、ソニー・テリー、ブラウニー・マギーといった古参ミュージシャンや、ジミ・ヘンドリックスのようなロックの革新者たちが演奏する、影響力のある音楽クラブだった。エルヴィス・コステロ、サイモン&ガーファンクル、ピーター、ポール&メアリー、ジョニ・ミッチェルなどの出発点でもあった。

クリスとチャーリーと私は、月曜日のゲストの夜にゲルデで演奏した。バーボンとタバコの煙の名残が、シアトルのナイトクラブでの経験を彷彿とさせた。月曜日には食事を出さないので、山積みの食器や鍋に囲まれたキッチンでリハーサルをしたことを覚えている（まだまだ下っ端だったのだ）。しかし、私たちは発掘されるためにゲルデで演奏したわけではなかった。私たちの音楽を聴きたいと思っている人たちは、すでに見つけていた。ここで演奏したことで、仲間のブラザーやシスターたちが、いつものテリトリー外の正統派の会場で私たちを見ることができる新しい経験をした。ゲルデの観客にとっても新しい経験だった。彼らは白人と黒人のパフォーマーには慣れていたが、アジア系アメリカ人ミュージシャンが「彼らの家」で歌うのを見るのは、いつもとはちょっと違う出来事だった。

テアトロ・カンペシーノの創設者であるルイス・ヴァルデスが、かつてヨーロッパのある集会で紹介された後に言った言葉を思い出す。「これがアメリカの姿だ」。当時、ほとんどの白人はまだ私たちをエイリアン、外国人として認識していた。彼らは私たちが何を考え、何を信じ、何を経験しているのかまったく知らなかった。そして、私たちの音楽がどんな風に聴こえるのかも全然知らなかった。「英語がお上手ですね」というありがちな質問をされ、どのくらいアメリカに住んでいるのか言われたとき、私は思わずこう答えた。「三世代ですけど、あなたは?」その上品な白人の女性はドギマギしながら、「あら、私もです。祖父母はフランスとドイツから来たんです」と言った。そうなのだ。だから、好むと好まざるとにかかわらず、私たちには二次的な使命があった。それは、私たち民族の声を代表して、外の世界に届けることだった。

ヴェトナム戦争に関するイベントや集会も、私たちの音楽と存在を新たな聴衆に届けた。ほとんどのアメリカの戦争反対派はヴェトナム人に会ったことがなかったから、クリスが「ヴェトナム哀歌」を歌ったとき、彼らは初めてヴェトナム人を人間として見たのだった。

You're fighting for freedom and that's your first care
So tell me bright soldier when I get my share
The women are raped and the children are maimed

My country's enslaved but her spirit's untamed
And this is one war that you'll never win
My people won't run from your M16's din
And you can't quell something that's rising within
Go 'way soldiers of khaki and tin

あなたは自由のために戦っている、それが一番大事なんだろ
じゃあ、教えてくれ、賢い兵士たちよ、俺たちに自由の分け前が届くのはいつだ
女は犯され、子どもたちは傷だらけだ
祖国は奴隷にされたが、魂は飼いならされていない
これは決してあなたが勝てない戦争だ
我が民はM一六の発射音から逃げない
湧き上がる内なる何かを鎮めることはできない
立ち去れ、カーキ色のブリキの兵士たちよ

ヴェトナムについて歌うことは、私たち自身の抑圧や解放への叫びとも結びついていた。三つの大きな戦争で、私たちは敵の顔だとされた。あまりにしょっちゅう「マイノリティ」と呼ばれたため、それが心と精神に刻み込まれてしまった。私たちは少数派であり、極小であり、取るに足らず、それゆえに無力だった。だから、私たちと同じような姿をしたこの龍の形をした小さな国が、植民地主義と帝国主義のくびきをはねのけるために正義の大義を掲げて戦っているのを見たとき、闘いは私たちにとっても「イズム」を超えて、現実のものとなったのだった。それはダヴィデとゴリアテ、ノミの戦争の化身だった。[1]彼らは自決と人間性のために戦っており、苦難に耐え、敵をやっつけていた。私たちはそれに「その通りだ！」と声を上げた。

ヴェトナム人のなかに、私たちには自分たちが見えた。M一六を構える民族解放戦線の女性たちにインスピレーションを感じた。戦争終結のためのパリ和平協定にヴェトナム代表として参加したマダム・ビンを誇りに思った。これは、私たちが何者であり、何者であり得るかについて、別のストーリーを語る生きた映画だった。子どもの頃から観てきたハリウッド映画では、いつも白人アメリカ人が善き者で、常に勝者であった。しかし、今回は私たちが善き者であり、勝利者なのだ。ラテン系にはチェ・ゲヴァラがいた。黒人にはマルコムXがいた。そしてついに私たちにもヒーロー、ホー・チ・ミンが誕生した。ロサンゼルスのリトル・トーキョーの通りを、ヴァン・トロイ反帝国主義青年旅団として、ヴェトナムの殉教者の名を背負って行進したとき、私たちの胸は誇りに満ちていた。

ロサンゼルスでは、かつてボブ・ディランが演奏することを夢見た、もうひとつのフォーク・クラブ、アッシュ・グローヴで開催されたヴェトナム戦争についての教育フォーラムに招かれ、演奏した。そのクラブはウエスト・ハリウッドのど真ん中にあり、ゲルデと同じようなミュージシャンが数多く出演していた。黒人と白人のミュージシャン、ライトニン・ホプキンス、ジョニー・キャッシュ、マディ・ウォーターズ、ドク・ワトソン、タジ・マハール、ランブリン・ジャック・エリオット、ザ・バーズがそのステージを飾った。ライ・クーダーのような若いアーティストたちは、フォークやルーツの伝統を受け継ぐこれらの偉大なアーティストたちから学ぶためにそこに集まり、アッシュ・グローヴを「西海岸のフォーク音楽大学」と呼んだ。オーナーのエド・パールは、フォークの興行主としての役割を超えて、自分の政治的信条を推し進めた。ブラック・パンサーたちはしばしばロビーで集会を開いた。パールがキューバ革命に関する映画や講演を行なったことで、怒ったキューバ人亡命者によるデモが起こった。一連の不可解な火事により、クラブは一九七三年に閉鎖された。

　このイベントでパールが紹介したのは、政府のプログラムの一環としてアメリカに滞在していたヴェトナム人学生たちだった。彼らは危険を冒して、戦争がヴェトナムの人々の生活に何をもたらしているかについて語った。クリスと私がプログラムのオープニングを飾り、歌手のバーバラ・デインがヘッドライナーとして観客を魅了した。バーバラは歌うために作られた声の持ち主だった。デトロイトで生まれ、ブルーカラーの意識を持って育った。若い頃、姉とともに共産主義者として労働組合で活躍していた。労働歌を歌うことは、組織化に役立った。しかし、バーバラはフォークからジャズまで何でも歌えた。白人だったが、ブルースを歌うと私たちの一員（シスター）になった。黒人女性シンガーの歌声を聴くことで、そのフィーリングと姿勢（アティテュード）を吸収した。彼女曰く、「彼女たちから学んだのは、人生に対する女性としてのアティテュードだった」。音楽的才能が、人種的・経済的正義への熱い献身と一致していた。ポール・ローブソン、アースラ・キットら、マッカーシー時代の反共魔女狩りによってキャリアを阻害された一九五〇年代の多くのアーティストたちと同様、バーバラも自分の信念のために代償を払った。しかし、「石にしがみついてでも立ち上がる」という姿勢は、彼女を前進させ続けた。一九七〇年代、ヴェトナム戦争に反対する「ＧＩコーヒーハウス」運動に参加し、戦争に反対する一般兵士（ＧＩ）たちを支援し、組織化し、ＧＩたちが自らの体験を歌にするのを助けた。アッシュ・グローヴで、私たちは良い仲間に恵まれた。

　数ヵ月後、バーバラ・デーンから連絡があった。彼女のレーベル、パレドン・レコードのためにアルバムをレコーディングしてほしいというのだ。私たちは、自分たちや自分たちの曲をメインストリームに押し上げようなどという幻想は抱いていなかった。普通に考えれば、レコード会社が私たちに興味を示すことはないだろうと思っていた。私たちの音楽は、アジア系アメリカ人コミュニティという市場のなかにその力と目的を見出すことができていたが、それは主流社会用の曲作りのなかではまったく役に立たない存在だった。レコード契約は資本主義的な事業であり、実際にレコードが売れてレコード会社が儲かるような曲を作ることを考えなければならない。自分たちの音楽を使って、アジア系アメリカ人の闘争を反映させ、アジア系アメリカ人コミュニティの文化的ルネッサンスの一端を担う声を生み出すという、私たちの本来の仕事から脱線することになると考えた。それは、クリスの言葉を借りれば、「楽しくなくなる」ということだ。しかし、バーバラとパレドンについてもっと知ることで、私たちの思考の路線がいったん立ち止まった。

パレドンは、バーバラが一九六七年にハバナで開催された、一五ヵ国の政治的音楽家を集めた国際プロテスト・ソング・ミーティングに参加したことをきっかけに作られた。世界を揺るがす解放闘争を反映したこの音楽を記録し、共有する方法を求めていた。一九六九年から一九八五年にかけて、『シング・アウト!』誌のライター兼編集者で、のちに『ガーディアン』紙の編集を手がけた夫のアーウィン・シルバーとともに、五〇枚近いアルバムを録音する事業に取り組んだ。バーバラがプロデューサーを務め、アーウィンが経営にあたっていた。パレドンは世界中の政治的音楽を世に出していた。中南米、アンゴラ、ヴェトナム、タイ、パレスチナ。アイルランドの反乱軍の歌、GIレジスタンスの歌、そしてヒューイ・ニュートン、チェ・ゲヴァラ、ホー・チ・ミンの演説までもだ。私が今でも一番気に入っているアルバムのひとつは、「実験音楽集団(エクスペリメンタル・サウンド・コレクティヴ)(Grupo de Experimentación Sonora)」による『キューバ・ヴァ!(*Cuba Va!*)』だ。バーバラの息子、パブロ・メネンデスがそのバンドのミュージシャンのひとりだった。バーバラが息子をキューバに連れて行ったとき、彼は一五歳だった。彼はキューバに残ることを決め、キューバの学校に通い、今でもキューバ人ミュージシャンとして生き続けている。

パレドンは、バーバラとアーウィンのブルックリンの自宅で活動する小さな会社だった。わずかな予算を使って、小さなスタジオで録音した。ナグラ社製の録音機械で録音したフィールド・レコーディングもある。彼女は自分で音楽プロデュースして、解説文を書き、カタログをまとめ、グラフィックデザイナーと相談してカバーを決め、印刷所に原稿を納品した。後で彼女から聞いたところによると、レコードの流通は、彼女とアーウィンが個人や小さなレコード店からの注文に応じ、自分たちで郵便局まで荷物を運んだそうだ。パレドンはすべて手作りのレコード会社だった。

私たちがここでの録音を決心した最後の決め手は、バーバラ自身のアルバム『資本主義制度は大嫌い（*I Hate the Capitalist System*）』だった。これはもう間違いない！　それに、彼女のオファーはちょうどいいタイミングだった。ツアーを始めて三年が経っていた。クリスと私はステージに立てば意気投合し、意見の相違はいつも消し飛んだ。でも、それぞれ人生で目指す方向性が異なっていたことから緊張が生まれていた。クリスは政治的な関心から「労働者の視点（Workers Viewpoint）」という組織に参加するようになっていた。私はロサンゼルスに帰りたかった。もし長期的に運動に参加するなら、自分のコミュニティに深く根を下ろす必要があった。二人の音楽的な相性は類稀なものだったが、自分がチアリーダーのように感じ始めていた。成長し続けるためには、前進しなければならなかった。他のアルバムと違って、『一粒の砂（*A Grain of Sand*）』はキャリアの入り口ではなく、クリスとチャーリー・チンと私が一緒にやってきたことを記録するフィナーレを飾ることになった。

レコーディングはプロレタリア的なやり方で進んだ。スウィート・シックスティーンという名のコンパクトな一六トラックのスタジオで、ジョナサン・セイヤーがエンジニアリングを担当した。予算が許したのはそれだけだった。ほとんどの曲は、クリス、チャーリー、私の三人が演奏した通りにレコーディングされた。いつもと違ったのは、リズムを取るためにアッタラー・アユビがコンガを叩いたことだけだ。チャーリーはベースを重ねてダビングし、「私たちはアジア系（Somos Asiáticos）」ではフルートで素晴らしいタッチを加えてくれた。ほとんどの曲はワンテイク、多くてもツーテイクで仕上げた。クリスが気に入っている逸話は、「ウィー・アー・ザ・チルドレン（We Are the Children）」でクリスの声が割れてしまい、もうワンテイクやりたがった。やり直すには、フルに四分間を再録しなければならなかった。しかし、バーバラが最初のテイクでいいと主張した。クリスは肩をすくめ、私たちはレコーディングを続行した。のちに彼は、この失敗の瞬間がアルバム全体のなかでもっともお気に入りの場面のひとつだ、と語った。

　レコーディングで私が一番楽しかった曲は「大地を解放せよ（Free the Land）」だった。「リパブリック・オヴ・ニューアフリカ（Republic of New Africa）」を立ち上げた友人であるムトゥル・シャクールとアッタラーは、いつも「大地を解放せよ（Free the land）」と挨拶し、その真言（マントラ）を私たちの意識に植え付けた。クリスがそれを取り上げて歌にした。エディ・コチヤマ、アッタラー、ムトゥルといった友人たちがアルバムでこの曲で歌ったことで、歌は真の民衆の歌になった。実際、このアルバムはあらゆる意味で民衆のアルバムだった。「ベースメント・ワークショップ／イエロー・パール」グループのアーティスト、カール・マツダとアーラン・ホアンが、ボランティアでジャケットを担当した。有名な音楽評論家による解説文はなく、挿入された小冊子に私たちそれぞれが作品についての文章を書いた。最近読み返すと、当時の政治的に硬直した言葉遣いに苦笑してしまう。特に、歌はシンプルで人間的、プロパガンダというより詩的だからだ。要約すると、今でもアートを社会変革に使うという信念は変わらない。それを支えるのが三つの要素だということも。一つは「内容」。ストーリー、伝えたいメッセージだ。二つ目は「形式」。伝達システム、スタイル、テンポ、フィーリング。そして最後は「文脈」。どこで、誰のためにパフォーマンスが行なわれるのか、である。

　私たちはいつも、いい曲、深みのある曲、普遍的な意味を持つ曲、長続きするような曲を書くことを目指していた。スティーヴィー・ワンダーやジョン・レノンのような露出や聴衆はいなかったけれど、アジア系アメリカ人のコミュニティにとって、私たちの歌は沈黙の壁にヒビを入れるのに役立った。『イエロー・パール』に掲載されたいくつかの曲のコード・チェンジによって、アジア系の運動に参加する人々は、その曲を学び、演奏することができるようになった。今でもまだ、このときの曲を演奏するのがとても楽しいというのは驚きだ。時が経てば、歌は新たな意味を持つようになる。今となっては、それは運動の思い出の一つの形であると同時に、内容は今日でも真実味を帯びている。

一九九〇年代、私はバーバラ・デインに連絡を取り、マスター音源について尋ねた。誰かの雨漏りのするガレージに保管されているのではないかと心配だったのだ。彼女は答えた。「パレドンの全コレクションはスミソニアン博物館に寄贈されたばかりよ」。ということは『一粒の砂』は、一九六〇年代から一九七〇年代にかけて世界中で政治運動を後押しした音楽を記録したパレドンの五〇枚のアルバムの一部として、スミソニアン・フォークウェイズに永久に保存・配布されることになったのだ。一緒に収蔵されている音楽もとても素晴らしいものばかりだ。[*1] スミソニアンは、一九九六年に私がデレク・ナカモトと立ち上げたビンドゥ・レコードでアルバム『一粒の砂』を印刷・配布できるよう、マスター音源を提供してくれた。

一九九七年、クリス、チャーリー、そして私は、一連の再結成コンサートを始めた。最初のカリフォルニア大学バークレー校でのコンサートは、ユリ・コチヤマの功績を讃えるものだった。『一粒の砂』のアルバムを作ってから二五年が経とうとしていた。いつものようにリハーサルを一回行なったが、その前のライヴが二〇年前ではなく一週間前だったような気がした。ウィーラー・ホールのステージに上がると、観客は白髪交じりの運動時代の仲間と、自分の子どもと同年代の大学生が混ざった奇妙な顔ぶれだった。五〇〇人収容の客席にいた学生の多くは、ノートを開き、ペンを手にしていた。おそらく、追加単位を約束した教授に誘われてコンサートに来たのだろう。アジア系アメリカ研究の授業で読んだOGについて勉強するためだ。私たちが歩行器を使ったりや杖をついていないことに驚いたのだろう。三曲目が終わると、彼らはノートを床に下ろした。耳を傾け、笑っていた。四半世紀前に書かれた歌は、四世たちや新たな移民のアジア系の若者にとってもまだ意味があった。彼らは黒人の闘争についての歌や、スペイン語の歌、ラティノ・コミュニティと一緒に活動した私たちの冒険についての話に驚いたのだと思う。でも、音楽には今でも若い人たちが共感できるファンクとフィーリングがあった。私たちはまだ引退して揺りいすに座る用意ができていないことを示した。まだまだ社会を揺らすことができた。

私がニューヨークを去った後、クリスはマンハッタン・カントリー・スクールで教え始めた。幼稚園から八年生までの子どもが学ぶコミュニティ・スクールだ。生まれながらの教師である彼は、いつも音楽を使う方法を見つけていた。毎年、彼はミュージカルを創作し、子どもたちがそれを上演した。同じく教師だったジェーン・ディクソンと結婚し、二人の男の子をもうけた。その後ロースクールに進み、マサチューセッツ大学で法律を教え、のちにハワイ大学で教鞭を取った。ハワイは、白人とのハパである息子たちが溶け込める場所だった。法学部の教授になっても、彼はファンキーなギターを持ち出し、自分の経験とハワイへの愛から新しい歌を生み出した。彼のなかの吟遊詩人はまだ生きていたのだ。私はクリスを私たちのジェームス・テイラーだと思っている。偉大なソングライターだった。[2]

二〇〇五年、クリスは珍しい血液の病気で五四歳の若さでこの世を去った。若手映像作家のタダシ・ナカムラは、彼の人生と音楽を収めたドキュメンタリー『俺たちの歌（*A Song for Ourselves*）』を制作した。タッドは次世代ミュージシャンのＤＪファトリック、バンブー、キウイ、ジオロジックに『一粒の砂』からのカットをミックステープにしてもらって、映画に使った。若い人たちが自分たちのリズムや韻を加えながら、私たちの音楽に親近感を持ってもらえるような方法を見つけてくれたことが嬉しかった。

第一九章
大地を解放せよ
Free the Land

彼に出会ったときの名前はムファルメ（Mfalme）だった。スワヒリ語で「王」を意味する。それは彼の名前の短い本の四つの章のうちの三番目だった。それぞれの名前に彼が経験した世界、意識の変容が込められていた。

私たちを紹介してくれたのはユリ・コチヤマだった。ユリと一緒にいると、どこに連れて行かれるかわからない。でも運命を変えられるのは確実だ。一九七三年の初め、私たちはハーレム病院の騒々しいカフェテリアで「新アフリカ共和国（パブリック・オヴ・ニュー・アフリカ）（Republic of New Afrika：RNA）」のメンバーと会っていた。FBIが会話を盗聴するのが難しい場所だからだ。当時はそんなことを考えなければいけなかったのだ。ブラザーが二人、ムトゥル・シャクール（当時はジェラル・ウィリアムズと名乗っていた）とムファルメが、「大地を解放せよ！（Free the Land!）」という敬礼とともに、ユリを温かく迎えた。みな、RNAの「市民」だった。RNAは国ではなく、一九六八年の「黒人政府会議（Black Government Conference）」から生まれたビジョンで、マルコムXの遺志を継いだ革命的ナショナリズムと国際法に基づく戦略であった。黒人を米国内の抑圧された植民地と見なし、米国内のすべてのアフリカ系住民の独立を宣言していた。南部のブラックベルト五州（アラバマ、ジョージア、ルイジアナ、ミシシッピ、サウスカロライナ）を国家の領土と定義した。ＲＮＡはニューヨーク、フィラデルフィア、シカゴ、ピッツバーグ、サンフランシスコ、ロサンゼルス、クリーヴランド、ワシントンＤＣに「領事館」まで持ち、ソ連、タンザニア、スーダン、中国などの外国政府とも会談を始めた。(1) 今日では荒唐無稽なアイデアに聞こえるが、国連による投票と土地の割譲を通じて、「いかなる手段を用いても」国民を抑圧から解放し、非暴力的に「新アフリカ共和国」の樹立を試みようとしていたのである。その真言（マントラ）が「大地を解放せよ！」であった。

【写真15】国連ビルでの新アフリカ共和国デモで行進するアッタラー・アユビとノブコ、ニューヨーク、1973年頃。写真：筆者蔵。

ムファルメは身長一九〇センチで、黒い革ジャンを着たズールーの戦士だった。彼はムトゥルを上から見守っていた。ムトゥルの態度は友好的で、私に「シスター」と挨拶した。私がユリと一緒にいることで味方だと信用したのだろう。一方、ムファルメは、私を気にとめる様子もなく、みなでカーブした壁の大きなブースに滑り込んだとき、無言でうなずいただけだった。彼は大柄な身体を折り曲げてテーブルの下にどうにか納めて座りつつ、距離を保っていた（私のことを「ハイ・イエロー」、つまり肌の白い黒人女性だと思った、と彼は後で白状した）。ムトゥルとユリは国連前デモの計画に取りかかった。しばらくして、アジア系アメリカ人の支持者を集めるために、クリスと私が集会で歌うというアイデアをユリが提案した。ムファルメは手を組み、うなだれて聞いていた。アイコンタクトと、正確で意味深長な音程を含む、二人の独自の暗号のような言語で、彼はムトゥルとコミュニケーションを取っていた。私は必死に話について行こうとしている外国人になった気分だった。

国連前デモの日、アジア系アメリカ人たちが黒人コミュニティとともにRNAを支持して歩いた。国連ビルの影で、「国民投票を要求する！」「政治犯を解放せよ」という大胆な看板を掲げて行進した【写真15参照】。国連に投票を要求する激しい口調のスピーチを聞いた。デモの背後で、ムファルメの長身が腕組みをしながら群衆を見渡し、警備にあたっているのが見えた。プログラムの司会者であったムトゥルが、闘争のアジア系の兄弟姉妹（ブラザーズ・アンド・シスターズ）として熱っぽく私たちを群衆に紹介した。黒人コミュニティが自分たちの仲間だと考えていたユリを除いては、当時のニューヨークで黒人とアジア系との間に接触や接点はほとんどなかった。クリスと私は自分たちが何者であるかを表現する最良の方法が音楽であることを知っていた。

「ウィー・アー・ザ・チルドレン」が始まると、ブラック・ナショナリストの革命家である聴衆は私たちを礼儀正しく見つめた。――**「私たちは出稼ぎ労働者の子ども／強制収容所の子孫」**――歌が進むにつれて、聴衆に温かみが広がるのが感じられた。**「私たちは第三世界の民衆、アメリカに足跡を残そう」**のくだりまで来ると、観客と完全に一つになっていた。これは私の一番お気に入りの曲ではなかったが、大地を踏みしめて、最後の部分を「**アメリカ……アメリカ……！**」と、拳を灰色の空に突き上げて歌った瞬間には力がみなぎった。先祖の力が私たちを通じて降りてきたかのようだった【次頁の写真16参照】。群衆が声を上げた。「その通りだ（ライト・オン）！　大地を解放せよ！」私たちはもう外国人でもアウトサイダーでもなかった。ブラザーであり、シスターであった。ユリが目論んだ通り、シンプルな歌と小さなアジア系アメリカ人の存在によって、連帯の絆が生まれた。

日差しが弱まり、集会の参加者が少なくなるにつれ、ムファルメは顔全体に大きな笑みを浮かべ、前歯の間の完璧な隙間をのぞかせた。ハーレム病院のカフェテリアでの態度とは、一八〇度違っていた。彼はまるで初めて会った

【写真16】第三世界統一コンサートでのクリス・イイジマ、チャーリー・チン、ムトゥルー・シャクール、ノブコ、ピーチーズ・ムーア。1973年、ロサンゼルス。後方、ムトゥルー・シャクールの後ろにアッタラー・アユビが見える。写真提供：ヴィジュアル・コミュニケーションズ。

かのように話しかけてきた。まあ、実際そうだったんだろう。今、彼の背の高い影が私と重なり、ムトゥル、ユリ、クリス、そしてアジア系の同志たちに、私を責任を持って家まで送ると約束した。それはありがたいのだが、ムファルメという名のこのブラザーは、一体誰なんだろう？

彼は私をみんなからそっと引き離した。なぜだかわからないが、私は抵抗しなかった。気恥ずかしさにちょっと笑って、仲間たちと別れた。ムファルメと私は、肌寒い夕暮れに向かって歩いていく正反対の光景だった。当時、黒人男性がアジア系女性と一緒にいるのを見るのは、ニューヨークでも普通ではなかった。私は三三歳、彼は三二歳と歳は近かったが、彼の方が年上に見えた。二人ともさそり座だった。彼は私の父と同じ一〇月二三日生まれ。それ以外は、私たちの世界はブロンクスとロサンゼルスほど離れていた。国連ビルから西九一丁目の私のアパートまでの長い道のりの間に、お互いの身の上話をすることで距離を縮めた。五九丁目とセントラルパークに来たところで、タクシーに乗ることにした。威厳のある風情で彼が人差し指を黄昏の空に突き立てたが、空車の看板を掲げたタクシーはまるで彼が見えないかのように通り過ぎた。彼はにやりと笑い、一歩下がって私にジェスチャーで言った。「君がやった方がいい」。彼と場所を変わり、手を上げたか上げないかで、もうタクシーが停まった。私はムファルメに「ああ、そういうことね」という表情を見せ、私たちはタクシーに飛び乗った。これが「黒人男性生活入門」の最初のレッスンだった。

彼は、自分のエゴからではなく、黒人が生きてきた大きなストーリーの一部として、私に自分のことを知ってほしかったようだ。短く刈り上げた頭は荘厳な黒檀の彫刻のようだった。思わずじっと見つめてしまうような風貌だったが、本人はそれに気づいていないみたいだ。問わず語りが上手で、錆びた声を持つ謙虚な自作の哲学者だった。彼は私の話も聞きたがり、世界のなかでの私たちの存在について、そしてなぜ私たちがこの瞬間に出会ったのかについての理解を深めるために、二人をつなぐ場所を掘り起こした。

彼の人生はピーター・ジェフリーズとして始まった。クロード・ジェフリーズとライラ・ジェフリーズの六人兄姉の四番目だった。ジェフリーズ家はハーレム・ルネッサンスの時代に、機会と人間としての尊厳を求めて、ノースカロライナからニューヨークに移住してきた。父親はタクシー運転手として働き、母親は自分たちが住んでいたハーレムのアパートの管理人をした。母はお針子の腕が立ち、アパートの女性たちのために服を作って家計の足しにした。ピーターが生まれる頃には、一家はブロンクスに引っ越していた。当時はまだ「住みやすい地区」だったが、彼の成長とともにブロンクスは没落していった。ドラッグが貧しいアイルランド系、黒人、プエルトリコ系の間のもろい同盟を粉々に打ち砕いた。少年時代、泣きながら家に帰ると、母親は彼を玄関から追い返したそうだ。「外に出て、負けずに自分の立場をしっかり守ってきなさい」。自分のことを醜いアヒルの子だと思って育ったピーターは、芸術家としての才能に恵まれていた。彼と一緒にいる間に、彼は私の顔を鉛筆でさっと描き始めた。その繊細さと細部は驚きだった。しかし、学校の白人教師や管理職の人々は、黒人少年の才能をまったく見ようとはしなかった。彼らの仕事は少年たちの野心を押しとどめることだったようだ。ピーターがプエルトリコ系の少年たちとの乱闘に巻き込まれると、いつも悪いのは彼だということになった。肌の色がより黒かったからだ。
夏には、アニーおばあちゃんを訪ねて兄弟と一緒に南部に旅行し、厳しい暑さと治安の悪いストリートの生活から逃れた。祖母とその夫は、綿花の小作人からノースカロライナ州のレイリーという街の二つの区画を所有するまでになっていた。アニーは自分で食べ物を栽培し、寄宿舎とレストランを経営して、一日に一〇〇人以上を食べさせていた。ピーターはレイリーでたくさんの愛と自由、そしてアニーおばあちゃんのおいしい料理を経験した。「おばあちゃんはいつも僕たちのポケットに小銭が入っているようにしてくれた。僕は自分が金持ちだと思っていた！」

彼の人生の第二章は、ピーターX時代。マルコムXの演説を聞いた日から始まった。「一七歳だった。姉のアンが連れて行ってくれたんだ」。姉は銀行で良い仕事についていたが、兄弟のことを心配していた。マルコムは抑圧を知るすべての世代に真実を語った。お母さんもマルコムの話を聞きに来た。そしてお母さんは勇敢にもマルコムに感想を伝えたそうだ。

ピーターは「奴隷の名前」とそれに結びついた抑圧を捨てる準備ができた。Xは未知なるもの、自分がなれる可能性のあるものを象徴していた。ピーターXは、自分を拒絶する国（ネーション）ではなく、むしろ受け入れてくれる国、尊厳と秩序と人生の目的を約束してくれる国、アメリカを超える国の一員となった。それがネーション・オヴ・イスラムだった。一九五八年から一九六五年にマルコムXが殺されるまで、ピーターXはマルコムの献身的な歩兵であり、ボディガードであった。マルコムは彼の師であり、男としての道しるべであった。彼は私に、「マルコムは僕に目で見える以上のものの見方を教えてくれた」と語った。

ピーターXは善良なイスラム教徒となり、東海岸にネーションのためのモスクをいくつか設立する手助けをした。イスラム教徒の女性と結婚し、クレイグとアイシャの二児をもうけた。彼は規律正しく、責任感が強く、目的意識に満たされていた。アパートの塗装業を成功させ、迅速かつ正確な効率で働く黒人塗装工のチームを育てた。彼は裕福な白人顧客の度肝を抜くことを楽しんだ。「あいつらは黒人がこんなに速く動くのを見たことがなかった。コーヒーやランチをごちそうしてまで、僕たちのペースを落とそうとした。その魂胆はお見通しだったけどね」。ブラザー・マルコムと同じ政治的、精神的意識を抱き、波乱に満ちた危険な道を歩んだことで、彼の人格が形成された。マルコムとネーションとの間の苦い分裂のなかで、彼は揺るぎない信念でマルコムへの忠誠を貫いた。

一九六五年二月二一日の午後、彼はタクシーに乗って一六六丁目とセント・ニコラス通りのオーデュボン・ボールルームに向かっていた。マルコムが「アフリカ系アメリカ人統一機構（Organization of Afro-American Unity）」を前に演説するところだった。ピーターは遅刻した。ピーターはラジオから速報を聞いた。マルコムが撃たれた。

マルコムXが死んだ瞬間、ピーターXも死んだ。罪の意識という言葉では表すことができないほど強く、どんな井戸でも深さが足りないほどの痛みを彼は感じた。マルコムの支持者たちは四方八方に分裂し、ピーターXも道を外れた。迷子になり、無以下になった。名前を持たない存在として、忘却の人生を送った。ハーレムの地下の暗い巣窟に身を沈め、汚い射撃場のなかでヘロインの注射針を共有した。刑務所を出たり入ったりしながら、絶望のどん底、影の影の下でさえ兄弟愛が存在すること、人間性が存在することを学んだ。それでも、彼は良心から逃れることはできなかった。

ある日、刑務所の独房で芸術制作に没頭していた彼は、かつての自分を思い出し始めた。「刑務所にいたとき、ようやく思い当たった。これがマルコムが僕に望むことなのだろうか？」マルコムのためなら死ねただろう。今はマルコムの仕事を引き継ぐために生きなければならない。

彼の人生の第三章である「ムファルメ」は、生者としての再出発であった。マルコムのヴィジョンとのつながりを取り戻し、「新アフリカ共和国」の市民となったのだ。他者に奉仕することは、自分自身を癒す方法でもあった。黒人民衆の苦しみ、黒人男性の傷を理解していた。どん底にいることがどういうことなのかも知っていた。彼は人々をヘロイン中毒から回復させる仕事に就いた。彼自身も知り尽くしたドラッグだ。「体制は僕たちを受動的な犠牲者にするために、黒人コミュニティに麻薬を氾濫させている。私たちはそれを逆転させて、革命家を育てるんだ」

太陽が昇ったとき、私たちはまだ、西九一丁目五二番地にある私のブラウンストーンの家の極寒の廊下に座っていた。私たちが発した言葉が、水蒸気を含んだ雲のように辺りに漂っていた。新しい日の灰色の光が、玄関の扉の霜が降りた窓から差し込んでいた。食事をした覚えも、熱いコーヒーを飲んだ覚えもないが、二人は起きて、暖かく語り合っていた。あと一〇歩を歩くとアパートの自分の部屋だった。でもまだそのドアに入る準備はできていなかった。八時近くになって、彼は時計を確認した。「もう行かなきゃ」リンカーン病院のデトックス・プログラムに出勤しなければならなかったのだ。

私は彼の旅路に心を動かされた——三二年間生きて、多くを失ってきたにもかかわらず、彼の精神は無垢だった。ユーモアのセンスがあり、生命への愛があり、善良な人々への愛があった。白人も含めてだ。もう彼は白人を悪魔とは見ていなかった。怒りは彼の精神を政治活動へと集中させていた。だから苦々しい気持ちはなかった。

出会って数日後、流れに身を任せて落ちていく瞬間が私たちに訪れた——心が未知の世界へと開き、信頼し、恋に落ちる、あの無心で魔法のような傷つきやすい瞬間。落ちていく感覚に心地よさを感じ始めた、まさにそのとき、もう一人の女性がいて、彼女と暮らしていることを彼は告白した。

嫌よ、ダメよ、違うのよ。すぐに気がついた。もう一人の女性は私なんだ。まだ遅すぎない。知恵と腕につける浮き輪をかき集めて、このプールから泳ぎ出せるかもしれない。私は彼に言った。「ニューヨークを離れる準備をしていたの。三年間のここでの生活が詰まった箱を梱包して、もう発送できるわ。ロサンゼルス行きの片道切符を手に入れる。ここから出て行く。もうここにはいられない」

「まだ行かないでくれ」

彼の言う通りだった。立ち去ることはできなかった。自分が他の女性の場所に侵入していることはわかっていた。最初は知らずにだったが、知ってからも止められなかった。立ち去ることはできなかった。間違いだということはわかっていた。政治的にも良くないことだ。アジア系と黒人のコミュニティを私たちは繋ごうとしていた。なのに今、一人の黒人女性から私は黒人の男性を奪おうとしている。

「二人を会わせたいんだ」

何ですって？　最初は抵抗した。でも、もし会えば、彼女は実在の人物になる。想像の世界でいなかったことには、もうできない。

バビージャは優しくて寛容だった——寛容すぎた。私には理解できなかった。私なら激怒していたろう。屋上に向かって叫んだだろう。「出て行け！　あんたなんか見たくない。知りたくもない！　私たちの生活から出て行って！」しかし、自分が侵入者であることに私が抵抗を感じた以上に、彼女は侵入者を許そうとした。それが彼を引き留める方策だったのかもしれない。彼女は彼を理解していた。二人は同じ世界で暮らしていたのだ。私はまたしても部外者になってしまった。それから数週間、私は恋人でありながら侵入者でもあるという不安な状態のなかで暮らした。彼の世界への観光客となった。彼が私に知らせたいことが、まだ残っていた——彼が本当は何者であるのか、美点と欠点。そして、彼の断層まで。彼の世界を知ってもらいたかったのだ。

ムファルメは大学には行っていなかった。ストリートの知識で修士号を取得した。翌日、彼は私をハーレムに連れて行き、かつてマルコムとともに歩いた通りを案内した。マルコムはハーレムを「カスバ（要塞）」と呼んでいた。朽ち果てたブラウンストーンの建物の前を通りかかると、彼は言った。「この家を見て。あそこでよく射撃練習をした」。ハーレム・ルネッサンスの希望に満ちた全盛期には裕福なハーレム黒人の優雅な邸宅だったかもしれない。今、そこは絶望した人々が、針や瓶の底で夢を忘れようとする場所だった。

「歌手のエスター・フィリップスが、落ち込んでいるときによくあそこに出入りしていた。僕たちは『リル・エスター』と呼んでいた。いいシスターだったよ」

セント・ニコラス通りと一二五丁目の角で、トムフォード・アイスクリーム・ショップに立ち寄った。その店ではユリがウェイトレスをしており、アイスクリームを給仕しながら政治的な会合に参加した。バナナ・スプリットを食べるマルコムXを囲んで、よく人だかりができていた、と彼女は言った。

アポロシアターのすぐ近く、一二五丁目と七番街の角で、彼は色あせたハーレムの商店や酒屋のなかにひときわ目立つ店構えを見せてくれた。ナショナル・メモリアル・アフリカン・ブックストア。公民権運動のための読書室。ルイス・H・ミショーが一九三二年に創業した書店だった。今では床から天井まで、黒人やその他の有色人種の歴史、文化、政治について書かれた二〇万冊の本で埋め尽くされている。「知識は力であり、いつでも必要である」というのが、ミショーの信念であった。この本屋がレノックス街にあった頃、マルコムは店先を演説の場所として使い、ピーターXはマルコムについて回り、警護に当たった。私たちが店内を歩き回っている間も、ミショーは教えを説いていた。店は一九七四年についに閉店し、ミショーは一九七六年に八二歳で亡くなった。

ぼろぼろになったとはいえ、ハーレムにはまだ人が集まり、連邦政府ビル建設に反対する抗議デモが毎日のように行なわれていた。ラングストン・ヒューズの詩、アポロ・シアターやコットン・クラブの音楽など、文化的な記憶もまだ響いていた。ハーレムは歴史と希望と帰属意識を備えた空間だった。しかし、川を渡ってすぐ、偉大なヤンキー・スタジアムを通り過ぎたところにあるブロンクスは別だった。ムファルメが生まれたこの場所は、まるで別の国のようだった。

その日はツアーをするには寒く、灰色に見えたが、ガラスの破片、倒れたレンガ、廃棄されたテレビ、ヘロインの針、つぶれたコーラの缶、ポーチの階段に集まる失業中の男たち、壊れたビルの巨大な廃墟で遊んでいる子どもたちを避けながら、ブロンクスの歩道を案内してくれたムファルメの足取りは軽やかだった。荒廃した街というだけでなく、都市紛争地帯でもあった。ブロンクス縦断高速道路は、かつて繁栄していた中産階級のユダヤ系、黒人、プエルトリコ系コミュニティを切り裂き、その心臓を奪ってしまっていた。ブルックリンでは木が育つかもしれないが、ブロンクスで私が見た数少ない木は、保険金目当ての地主の放火によって空洞化した黒焦げの建物に魅力を与えるほどの元気はなかった。白人の逃亡、資産価値の暴落、強欲な地主、犯罪のドミノ効果で、スプレー缶を持ったタガーたちが落書きに落書きを重ねて叫んでいた。「破られた約束！」「私はここにいる！　私は生きている！　まともな生活を！」下品なタグもあれば、カラフルなアート作品もあった。この後しばらくして——一九七〇年代半ばにもなると——体制からも、運動やその指導者たちからも見放されたと感じていたサウス・ブロンクスの若者たちが、この荒地の暴力と絶望からエネルギーを得て、それを創造的な力に変える新しい方法を模索するようになるとは誰が想像できただろう。音とリズムは弾丸のような速さの言葉と身体性が織り成すビートとなり、スクラッチとなった。彼らは何もない世界を、今日私たちがヒップホップと呼ぶものに変えたのだ。

「おい、クレイグ！」ムファルムは通りの反対側を歩く息子の姿を見つけた。彼は走って息子を捕まえ、私を紹介するために連れてきた。クレイグは一四歳で、父親と同じような屈託のない笑顔を浮かべていた。彼は私に対して礼儀正しかったが、少し戸惑っていた。彼が立ち去るのを見送りながら、ムファルメはこう告白した。「子どもたちには父親らしいことがほとんどできていない。子どもたちがいつか理解してくれることを願っている。今やっていることは、より良い世界にするためなんだと」。ブロンクスでの生活は想像もつかなかったが、彼にとっては自分の縄張りであり、世界だった。彼はブロンクスを捨てたのではなく、変えようとしていたのだ。資産価値が低下するなか、新しい建設が増えつつあった。ムファルメの組織化活動の一部は、「マイノリティ建設労働者連合」と協力し、ブロンクスに住む黒人やプエルトリコ人労働者に仕事を与えるよう、建設会社と対峙し「教育」することだった。彼らに変化を迫るのは危険な仕事だった。

私たちは、奴隷制度廃止に貢献した大統領の名を冠した病院に向かっていた。リンカーン病院は一八三九年、南部から逃れてきた元奴隷を受け入れるために建てられ、それ以来ほとんど変わっていなかった。リンカーン病院はムファルメが生まれた場所であり、今は彼が取り組んでいる薬物プログラムが入っている。私たちが建物に向かって歩いていると、人々は彼に挨拶し、麻薬から足を洗う手助けをしてくれたこと、命を救ってくれたことに感謝した。彼に対する尊敬と愛情が感じられた。

リンカーン・デトックス・センターが革命的な薬物プログラムだったのは、ブラック・パンサーとヤング・ローズが地域社会の支援を受けてリンカーンを「乗っ取って」、設立したからだけではない[2]。革命的であったのは、ブロンクスを衰弱させていた薬物の蔓延に対する、彼らのアプローチの仕方だった。彼らは、奴隷制度から薬物（東南アジアからの薬物の流入による）、大量収監に至るまで、黒人が組織的に抑圧され続けていることを理解している思想家だった。彼らはヘロインをメサドン、つまり体制に追随するもう一つの薬物に置き換えることを拒否した。ムファルメの同志、ムトゥル・シャクールが息子の怪我を治そうとしたとき、ユリ・コチヤマが鍼治療を提案した。そこからムトゥルが、薬物を使わない解毒方法としての鍼治療を知ったのだ。そこで彼は、鍼治療によって身体を薬物から離し、浄化する戦略の陣頭指揮を執った。彼は鍼灸師となって、鍼灸師養成プログラムを立ち上げた。リンカーン・デトックスは、現在、薬物を使わない治療法として国際的に使用されている「耳介五点」療法のパイオニアである。癒しのプロセスで重要なのは、人々を薬物に走らせる状況や抑圧的なシステムを理解することだった。それがムファルメの専門分野だった。彼は薬物中毒者の政治教育を指導するカウンセラーだった。中毒者を被害者から革命家に変えようとした。中国の革命的な裸足の医者の伝統である鍼治療は、こうしてブロンクスに根づこうとしていた。リンカーン・デトックスは地域社会に受け入れられ、その画期的な活動を評価して国連代表団が訪れたこともあったが、病院行政や政府からは常に攻撃を受けた（最終的にはプログラムは一九七九年に閉鎖された）。

ある日、ムファルメは映画に連れて行ってくれた。チケットを買う列に並んでいると、彼の親友が出迎えた。フライという物腰の柔らかいハンサムな、リンカーン・デトックスの同僚だった。カーティス・メイフィールドの音楽が流れ、バルコニー席はみんなノリノリだった。これまで見たこともないような黒人対黒人の映画で、ハーレムの麻薬ディーラーを描いたアクション満載の作品だった。バルコニーから劇場全体が黒人の観客で埋め尽くされているのが見えた。観客全員が映画の一部であるように、それに参加していた。ゴードン・パークス・ジュニアという黒人監督が作った『スーパーフライ』というタイトルのこの映画は、ハリウッド初の黒人文化を盗用（ブラックスプロイテーション）して人気を取る作品だ。私たち二人が映画館からネオンがピカピカ光るタイムズ・スクエアに出ると、ムファルメが教えてくれた。「あの主人公――スーパーフライ――は、実はフライなんだよ！　このストーリーは彼の人生をモデルにしているんだ」。こりゃまた、ぶったまげた。

人種差別に関しては、ムファルメは科学者だった。長年の経験と内省から高度に発達したセンサーを持っていた。彼は人種差別に立ち向かい、自分の仲間に対してでさえ、植民地化されたマインドに穴を開けた。「僕より色が黒いのに、プエルトリコ系を名乗るんだね」。人種差別があるからといって、彼は白人を憎んでいたわけではなかった。まず相手を人間として受け入れ、楽しんだ。もし彼があなたを気に入っていて、あなたが不当な扱いを受けたなら、肌の色に関係なくあなたのために、彼は命を捨てるだろう、と彼の友人たちは私に言った。イスラム教徒になったのは、イスラム教では「黒人も白人も黄色人種も関係ない」からだ、と彼は語った。イスラム教では肌の色や階級に関係なく誰もが平等なんだ、と彼は信じていた。私はそれまでイスラム教徒を一人も知らなかったが、一日に五回祈るということは聞いたことがあった――彼はそれをしなかった。お酒も飲まないと聞いていたが――彼は飲んだ。しかし、彼が忠実に守っていたルールがある。豚肉は食べなかったのだ。「ブタ」は大嫌いだった。パンサーたちが使い始めてから広く使われるようになった「ブタ（警察の意）」という言葉を避けるように、彼は豚を避けた。豚肉を調理した同じグリルで焼いたもの、それどころか同じキッチンで調理された食べ物ですら、食べて自分を穢すことはしなかった。彼の母親は私にこう言った。「あんな毒を腕に注射することはあっても、ベーコンには触ろうともしないんだからねえ」。彼の「ブタ」に対する嫌悪感がもっと深い何かを表していることは想像に難くなかった。

彼のこだわりを尊重して、私も豚肉を断とうとした。もっともジューシーな肉である豚肉はアジア系の大好物であるから、これは簡単なことではなかった。決断した初日から私は試練にさらされた。ムファルメはコンガ奏者で、クリス、チャーリー、私と一緒に初めてハンター・カレッジでライヴをやった。コンサートの後、軽食のレセプションがあった。目玉は私の大好きな豚肉たっぷりの湯気の立つ白い肉まんの山だった。肉まんへの愛とムファルメへの愛との綱引きだった。なかなかの接戦だった。豚肉を避け、刺激的な香りに包まれたフワフワの皮を慎重に剝がして食べることで、どうにか食いしん坊な自分を満足させた。接戦ではあったが、ムファルメがまさった。それから今日まで、私は豚肉は一切食べていない。

ある日、彼は私にこう尋ねた。「別の名前はないの？　君のことをジョアンとは呼べない」

私にはもうひとつ名前があった。日本語の名前だ。日系人のほとんどは日本語のミドルネームを持っている。それが当たり前だと思っていて、アメリカ人になるために努力するなかで、それを名乗ろうとは誰も考えなかった。今まで自分の出生証明書を数え切れないほどの回数見てきたけれど、その名は目に入らなかった。「ファーストネーム

＝ノブコ、ミドルネーム＝ジョアン、ラストネーム＝ミヤモト」。本当の名前はノブコだったんだ！　この名はいつもそこにあった。私に見えていなかっただけだ。今まではミドルネームへと押しやり、ほとんど存在を押し殺してきた。彼が初めて気づかせてくれた。さらに調べてみると、その名は、信念や信仰を意味することがわかった。

「ノブコか！」彼は手をたたいて、万歳した。「そうだ、それが君だよ！」

ノブコになったことで、自分に対する見方が変わった。名前には力がある。名前は私たちに最初に貼られるレッテルだ。口に出して言うことで、音、振動、歴史、一連のつながりや関係性を帯びる。一九六〇年代から一九七〇年代にかけて、多くの黒人が政治的主張として名前を変えた。メアリー・コチヤマはユリになった。娘のローリーはアイチになった。私がノブコを名乗ったとき、ジョアンとしての私の人生と価値観は粉々に砕け散った。ムファルメや誰かが私をノブコと呼んだとき、私は新しい自分のイメージを吸い込んだ。私は根を下ろしたと感じた。自分としてすべてが揃ったと感じた。本名を名乗るには、他の人たちにも一緒に参加してもらわねばならない。自分に新しいラベルを貼ったからといって、それまで自分を知っていたすべての人が、その流れに自動的に乗ることを期待することはできないのだ。何人かは数週間つまずいたが、最終的には再プログラムされた。ジョアンに固執し、私が多くを求めすぎている、と呆れ顔をした人もいた。出生証明書にファーストネームをノブコと書いたのは母なのに、母が一番大変だった。が、やがては彼女も順応した。移行できなかった人たちに対して、私が寛容になることも学んだ。でももう、自分がノブコであることは揺るがなかった。

私たち二人の関係は、アジア系と黒人運動の間の共同体構築の一部だった。ＲＮＡのムトゥルやムファルメたちとの同志意識は、「大地を解放せよ」という曲のなかでも称えた。ムファルメはアルバム『一粒の砂（*A Grain of Sand*）』でコンガを演奏している。音楽が二人の世界の架け橋の一部となった。ようやく私は、正しいことをする決意をし、ムファルメから自分を引き離した。航空券を買い、三年分の箱をロサンゼルスに郵送し、同志たちに別れを告げた。コンサートやイベントのために短期でニューヨークに戻る計画は持ちつつも、ついに故郷に戻ることにしたのだ！

そしたら妊娠がわかった。

すでに三三歳だったが、自分の時間が刻々と過ぎていくようには感じたことがなく、それまで子どもを持つことは考えなかった。子どもを持つことに反対していたわけではない。いつかはそんなこともあるかも、と思っていた。でも、このあり得ない状況のなかで驚いたのは、自分が喜びを感じたことだ。彼も幸せだった。その幽玄で、時間を超越した、想像上の非現実的な場所では、表向きは何もかも間違っていたにもかかわらず、なぜか大丈夫な気がした。喜んで良いのだ、これで正しいのだ、という気持ちが湧いた。私たちは異なる世界から来たが、二人の間には何か真実が、確かなものがあった。もしかすると、私たちの二つの世界が一緒になれる唯一の場所は、この子どものなかだったのかもしれない。

この時点では、結婚なんてどうでもよかった。アントネッロは結婚せずにパートナーとの間に二人の子どもをもうけていた。しかし、この妊娠は想定外だった。私は本当は何を望んでいるのだろう？　この子には何が必要なのだろう？　ムファルメを求めてしまうことも、彼から少しでも何かを求めることも怖かった。彼は奥さんと別れ、私はブロンクスで彼と一緒に暮らそうとした。でも生活は不安定で、彼の政治活動は困難を極めた。この不安定な場所で子どもを育てられるのだろうか？　決断するには距離が必要だった。しかし、目に見えるもの、知ることのできるものを超えて、何か深いものが私たちの人生を形作っていた。

私が去る前に、彼はバラの花束を持って、一緒に母親を訪ねた。その日は母の日で、彼はママが大好きだった。ジェフリーズ夫人は、息子が日系女性を家に連れてきたことへの戸惑いを隠した。ピーターという子は何をするかわからないとわかっていたのだろう。アパートは、額縁に入った家族の写真とアートが散りばめられたギャラリーだった。

「これは刑務所にいたときに作ったんだ」と、彼は王のような頭像の彫刻を指さした。

彼の母親はすらりと背が高かった。エプロンをつけていても、その威厳は隠せない。台所の目玉はミシンだった。私の母が使っていたようなシンガーではなく、プロ仕様の電動ミシンで、周囲には作りかけの布や洋服が山積みになっていた。私たちの母親は二人とも優れた裁縫家で、子どもたち全員の服を手作りした。ハーレムのアパートの管理人だったジェフリーズ夫人は、冬には石炭かきもしたが、それでも子どもたちの学校には仕立てたドレスで堂々と現れた。裁縫の技術を、彼女は四人の息子と二人の娘の全員に伝授した。実際、高校を卒業するときには、子ども一人一人に電動ミシンをプレゼントしたのだ、とムファルメが教えてくれた。ジェフリーズ夫人は、ブロンクスでトリミング・ショップを経営していた。実に勤勉な企業家だった。

帰る前、彼は母親に私が彼の子を妊娠していることを告げた。彼女は動揺しなかった。腕組みをしたまま、友好的でも敵対的でもない目で私をじっと見つめた。何を考えているのか、私には想像もつかなかった。「あなた、いくつなの?」

悪いことをして叱られる子どものように感じながら、「二三歳」と答えた。

彼女は笑みを浮かべた。「結構な歳ね。どうしてそんなに時間がかかったの?」

第二〇章

他人(ひと)はどう思うかしら？

What Will People Think?

外の世界で人種の境界線(カラーライン)を超えることも大変ではあるが、自分の家族やコミュニティでそれをするのは、よほどの覚悟があっても難しい。私は一生取り返しがつかない、日系家族にとっては恐ろしい大罪を犯してしまった。黒人男性との恋愛は、私と家族に恥をもたらし、海の底へと沈める錨のように重くのしかかるだろう。しかも、私は二重のジレンマを抱えていた。当時、シングルマザーは日系コミュニティではあり得ず、見えず、考えられない存在だった。軽率な行動があったとしても――そしてそれはもちろんあったのだが――妊娠したカップルは、少なくともほとぼりが覚めるまでのしばらくの間――あるいは一生――結婚した。日系人にショットガンは必要ない。[*1] 私たちの武器は、伝統であり、恥であった。

私は南カリフォルニア大学のすぐ近くにある洗心寺を訪れた。仏教について知っていたのは、ヨーロッパ系のヘルマン・ヘッセが書いた『シッダールタ』という大好きな本からだけだった。洗心寺の住職であるマサオ・コダニ開教師は、物事をよくわかっている人として、運動に参加していた友人たちには評判だった。ワッツ生まれの三世

【写真 17】マサオ・コダニ開教師、2012 年。写真：筆者蔵。

で、黒人の若者たち（ブラザー）とつるんで育った。子どものころ、宗教に触れた経験といえば、ペンテコステ教会に連れて行かれたときくらいだった。その教会の音楽が気に入っていた。大学に入ると、彼は一転して仏教の僧侶になることを決意した。父親はパニックした。「僧侶と弁護士が二つの最悪の職業だ！」それでもマス住職（私たちは親しみを込めてこう呼んでいた）は京都に行き、日本の伝統としての仏教に没頭した。洗心寺の開教師になることが決まった彼は、革命的なアイデアを携えて戻ってきた。日系仏教徒の子どもたちが「イエスは僕を愛してる（ジーザス・ラヴズ・ミー）」をもじって、「ブッダは僕を愛している。そうだ知ってるよ。（ブッダ・ラヴズ・ミー・ディス・アイ・ノウ）」と歌うのを尻目に、彼は門徒にサンスクリット語と日本語でお経を唱えるよう仕向けたのだ【写真17参照】。

寺の青い瓦屋根には見覚えがあった。そうだ、思い出した。ハツエおばさんとフレッドおじさんが門徒だったお寺だ。日本語学校に通わされたのも、ここだった！ 一〇歳のとき、日本語を習ったりひらがなを書いたりすることに土曜日を費やす気はさらさらなかった。バレエを習いたかったのだ。でも二〇年後の私は、まるで伝書鳩のように（鳩は大嫌いなのだが）ここに戻ってきた。生死のかかる問題、「やるか、やらないか」問題を抱えて帰ってきたのだ。ニューヨークでの三年間を終えて戻ってきたのは、ここに根を張り、故郷で活動するためだった。この地にこそ、私は所属したかった。自分のコミュニティから爪弾きにはなりたくなかった。

「妊娠しました」と、即本題に入った。「でも結婚するかどうかわかりません」。マスは、善悪を決めつける素振りを見せず、私を見つめた。彼の事務所に座っていた。小さな窓から鉢植えに陽が当たっていた。周りの棚は仏教の本で埋め尽くされていた。机の上には乱雑に積まれた紙と、説教の原稿を書くための、ＩＢＭのタイプライターがあった。彼は白いシャツと黒いズボンの上に紺色の木綿の上着を羽織っていた。いつでも自宅や病院で亡くなった門徒のために、儀式を行なえる格好をしていたのだ。それが日曜日以外の日の開教師の仕事だった。左手はオフィスチェアのアームに手のひらを上にしてそっと置かれ、何気ない瞑想のポーズをとっていた。手首には僧侶が一〇八の煩悩を思い起こさせるために瞑想する、一〇八玉の正式なお数珠のミニチュア版である二六玉のブレスレット、お数珠をつけていた。私とは同い年だったが、彼は私よりずっと知恵が深かった。聖職者というものは、混乱した人生を歩む私たちを助けるために、より賢くある必要があるのだ。

「それで、あなたは何を感じる？」彼は静かに言葉を返した。

何を感じる？　パニックを感じていた。恐怖を感じていた。家族の反応が怖かった。日系社会はどう思うだろう？　他の日系人が自分をどう思うかなんて、今まであまり気にしたことはなかった。でも、今は心配でたまらない。「彼はニューヨークに住んでいる。運動に――黒人運動に参加している。彼は黒人なの」。とうとう言ってしまった。声に出して言ったが、壁がガラガラと崩れはしなかった。私はまだ呼吸をしている。そしてマス先生はまだそこに座っていて、手のひらをゆったりと開き、優しく微笑み、うなづいている。

「他人（ひと）はどう思うかしら？」他人とは、私たちの民族、つまり物事を「ちゃんと、ちゃんと」抜かりなく行なう、我ら日系人のことだ。日系人は完璧な庭を作り、花瓶に三輪の花を生け、それを芸術のように見せる。ところが、ここにいる私は、彼らの決まりを犯し、掟を破ってしまった。私はさながら陶器店のなかの牛であり、彼らの繊細な陶器を粉々に壊してしまいそうなのだ。

「ああ、みんな、最初はいろいろ言うだろうけど、しばらくすると忘れるよ。で、君はみんなと同じになる」。私の呼吸が少し緩んだ。彼は日系人の性質を知り尽くしていた。たぶん、彼自身もいくつか決まりを破ったのだろう。「それで、どうしたいの？」

「子どもは産むべきだと感じます」。なぜだかわからないけれど、この感覚はあった。この子を産まなければならなかった。以前にも妊娠したことはあり、中絶したこともあった。でも、今回は何かが違っていた。確かに愛はあった。でも、それは不確かさに包まれた愛であり、未知の時空に宙吊りにされた愛だった。二人は違う世界に住んでいた。ブロンクスで子どもを育てている自分は想像できなかった。私はここにいたかったし、自分のコミュニティ、友人、家族の近くで働きたかった。もし受け入れてもらえればの話だが。かといって、ムファルメがここで生活できるとも思えなかった。彼の役目、運動における彼の価値は、マルコムXとともに歩き、働いたニューヨークのストリートにある。でも、私には仕事がなかった。どうしていいかわからなかった。まったくわからなかった。「赤ちゃんを産みたい」

彼は椅子の肘の上で手のひらを返した。「自分の気持ちに逆ってはいけないよ」

次のハードルは、さらにずっと高かった。向こう側の様子を見るための梯子のない壁だった。家族にどう言えばいいのだろう？　これが母のリストの最後にしてもっとも重い「絶対ダメ」であることはわかっていた。両親が愛情を表す方法はさまざまだ。料理で示す人もいれば、プレゼントで示す人もいる。母のやり方は裁縫だった。おそらく母は、放蕩者の反抗娘が故郷に戻ってきたことに安堵し、喜んでいた。母はズボンを縫い、試着に来るよう呼んだ。もう避けることはできなかった。妊娠四ヵ月で、やせているとごまかすことはできなかった。何もごまかしたくなかった。彼女が青い巻きズボンを私にはかせたとき、私は捉えられ、投げ縄をかけられ、逃げ場のない野生の馬のように囲い込まれたのだと観念した。今しかない。母は、父と一緒に寝ていたダブルベッドの横に膝をつき、フィッティングのために数本のまち針を唇の間に挟んでいた。心臓の音があまりにも大きく響き、部屋の灰緑色の壁をビリビリと振動させていた。

「ママ、このズボンは長くははけそうにないわ」。母の沈黙にはこれ以上ないほどの意味が込められていた。言葉を伝える簡単な方法はなかったし、和らげる方法もなかった。やろうとしても無駄だった。「赤ちゃんを産む。父親が素晴らしい人だから。私は幸せよ。恋をしているの。ママ、彼は黒人なの」

一つ一つの単語が、ナイフが皮膚を切り裂くように、骨を切り裂くように、願いや夢、恐れる心を切り裂くように、母を貫いた。母は絨毯に深く崩れ落ち、まち針が口から落ちた。最初、反射的に「ごめんなさい」と言いそうになったが、すでに愛情を注いでいたこの赤ん坊のことで謝罪する気持ちは、私にはなかった。今までサポートしてくれた母であり、私の夢／彼女の夢／私の夢を達成するために、努力、時間、洞察力、そして愛を注いでくれた母だった。私は母を求めていた。誰よりも母に、自分が体験していることを理解してもらいたかったし、誰よりも母を私は必要としていた。これは人生でもっとも難しい決断だった。彼女が事態を受け入れてくれるという奇跡を、心から願った。

ショックの次に出てきた低いつぶやきは、こうだった。「私があなたのお父さんと結婚したから、こんなことをしたのでしょ」。最初は理解できなかった。そして気がついた。混血児だったために拒絶された痛みで、私がこんなことをしでかしたのだ、と母は思っていた。心のどこか深いところで、そのことをずっと引きずっていたのだ。

次の言葉は、「他人（ひと）はどう思うかしら?!」だった。それは、良くも悪くも私たちの民族に社会秩序を保たせてきた深い伝統に由来する表現だった。「他人（ひと）はどう思うか」は、私のＤＮＡにも組み込まれていた。でも、母との暗黙の対話が展開されるなかで、もっと大事な何かが、私をその向こう側へと突き動かした。

彼らはどう思う？　私は失敗作、あなたも失敗作。他人（ひと）は、日系女性が黒人男性と一緒にいることを恥だと思うのだろうか？　そもそもなぜ恥なのか？　この人たちは何を考えているのだろう？　なぜそう考えるんだろう？　大体、この人たちに何がわかるんだろう？　二人の人間の間の神秘の何を知っているんだろう？　二人の心や気持ちの何を理解しているんだろう？　白黒や黄色だけの話ではない。ブルー、青緑（ティール）、藍（インディゴ）、サフラン、スミレ色（ヴァイオレット）、黄緑は？
結局、外側しか見ていないじゃないの――心が叫び声を上げていた。
「ハツエおばちゃんになんて言えばいいの？」母の姉、ネエサンは、母の文化的、道徳的な指針だった。彼女は日本出身の男性と結婚し、きちんと育った娘のケイは南カリフォルニア大学の教授と結婚した。ケイと私は同じスタートラインに立っていたはずだ。でも私の辿った道は南へと進み、混乱して、外道へと外れてしまった。「親戚にどう言おう？　みんなはどう思うかしら？」

　口に出す勇気のない台詞が、まだ頭のなかで続いていた。世間がこの混交を受け入れないと思うの？　おじいちゃんが赤褐色の髪と雪花石膏（アラバスター）色の肌の女性と結婚したときは、大丈夫だったじゃない。あなたがその息子と結婚したときも大丈夫だった。でも、私は上に上がる代わりに、下に下りたというわけね。これは、白人が一番上、黒人でも肌の色が黒ければ黒いほど下に来るピラミッドのなかで、私の位置が下がるということなのでしょう。

　私たち日系は距離を置きたいのでしょう。自分たちは黒人より優れているという妄想のなかで生きていたい。心の奥底では、彼らのような扱いを受けたくないから、距離を置きたいと思っているのよ。そうなのよ！　それだけなのよ！　日系人の扱われ方だけでも十分ひどかった。今、我が子はさらに重い重荷を背負うことになる。私の民族のなかに人種差別がある。カースト／階級制度がある。でも、その先に行くにはどうすればいいの？　母は私を守ろうとしているのかもしれない。でも、母はわかってくれない。これから味わう喜びも苦しみも、私には負う覚悟はできている。この子は重荷じゃない。贈り物なのよ。私の心が母を引っ張っていた。この壁を乗り越えてほしかった。私たちを分断するこの壁、カラーライン、人間性を制限している無意味な構造物を越えて、こちらに来てほしかった。それは思考の壁にすぎないのよ。石や木やコンクリートでできているわけではないのよ。その壁を通り抜けようと思えば通り抜けられるし、考えることで、あるいは考えないことで、壁を消し去ることもできるわ。ママ、お願い。壁を越えて。その一線を越えて。あなたならできる、きっとできる。

しかし、母の心の壁はあまりにも高かった。結局、私は母を寝室の床に置き去りにした。涙に暮れる母を。母は三日三晩そこから動かなかった。いつもは理性の代弁者である父までが恨めしそうに言った。「お母さんにどんな仕打ちをしたか、しっかり見なさい！」もう二度と二人に会えないかもしれないと思いながら、私はその場を去った。

それから数ヵ月、私はロサンゼルスとニューヨークを往復し、不安と希望の狭間をさまよった。この子を産むと決めたものの、どうやって生きていけばいいのだろう？　ニューヨークに住むべきなのか？　そして住めるのか？　この子にもまた、ムファルメは通りを渡って、あるいは国を横断して、「僕がこうして活動しているのは、子どもたちのためにより良い世界を作るためだということをわかってほしい」と言うのだろうか。このアフロ・アジア系の子どもは、父親不在で苦しむのだろうか？　そのギャップを埋め、生計を立て、母親であり、なおかつ自分のコミュニティや大きな世界のために変化をもたらすために働くにはどうしたらいいのだろう？

ムファルメがロサンゼルスに来たのは、私の世界を訪れ、そのなかで暮らす自分を想像するためだったのかもしれない。ニューヨークのコンクリート・ジャングルとロサンゼルスの整然としたバンガロー、翡翠色の芝生、並木道とのコントラストに、彼は歓声を上げげた。「僕はニューヨークに帰って、ブラザーやシスターたちに伝えるよ。ビラと銃を置けと。ここはすでに解放されたテリトリーだ！」

彼はムトゥルを連れてきて、「大地を解放せよ」と訴え、ニューヨークの雰囲気と革命精神をアジア系と黒人運動に関わる兄弟姉妹（ブラザーズ・アンド・シスターズ）に広めた。私たちの関係は、新たな絆と同盟を育んでいた。火花が散ったのは、この二人の政治的なニューヨークの黒人ブラザーたちが、イエロー・ブラザーフッドで血気盛んな若者たちと議論をしたときだった。ドラッグの蔓延や若い黒人たちとの対立に苦しんでいたアジア系のブラザーたちは、彼らの名言を吸収した。

リンダとヘンリー・オオモリ夫妻の結婚式で太鼓奏者たちと一緒に舞台に引き上げられたとき、ムファルメのドラマー魂に火がついた。私の仲間が彼を愛することは難しくなかった。それでもロサンゼルスに住んでいる彼を、私は想像できなかった。ここで何をするのだろう？　彼の目的意識がロサンゼルスの太陽の下で枯れてしまうのではないかと心配した。

ニューヨークに帰ったのち、ムファルメは人生の新たな章を歩み始めた。マルコムXが一〇年前、運動の精神的指導者となるべくタンザニアのダルエスサラームに修行に行かせた男が戻ってきたのだ。タウフィク師はマルコムの支持者たちを招集した。マルコムのビジョンを実現するために、ハーレムにモスクを建てる計画ができた。ムファルメは四つ目にして最後の名前、アッタラー・アユビを授かった。アッタラーとは「神の賜物」という意味だ。彼は一日に五回サラート（礼拝）をするようになった。酒もタバコも止め、肉も食べなかった。彼は清められ、再びあこがれの純粋な戦士の精神を取り戻した。彼は手紙に「正義に向かって進んでいる、アッタラー」と署名するようになった。

ある日、聞きたくないことを伝えるために、彼が電話をかけてきた。「バヒージャが妊娠した。双子だ」私たちの間に沈黙が漂った。彼が、物事を正す方法、想像を絶することを想像する方法、ムスリムとして正義を貫く努力と実際の生き方を一致させる方法を模索しているのを感じた。

彼が質問を口にするまでもなく、私は黙って答えた。いいえ、私はイスラム教徒にはなれない。第二夫人にもなれない。これから生まれてくる子どものためとはいえ、信者としての自分を受け入れることも、信者のふりをすることもできない。もう自分の人生を限界まで引き伸ばした。ムスリムになるのは無理だった。ありのままの自分であり、同時に彼が必要としている私になることはできなかった。私が口に出さなくても、彼は心のなかでわかっていた。私は自分の道を歩まなければならない。

ババージャにはすでに幼い子どもが二人いた。今度は双子だ。私が世話をしなければならないのは一人だけだ。私にはコミュニティからの支えがある。大丈夫。何とかやっていける。「彼女と結婚すべきだわ。私は大丈夫だから」

もちろん、出産のときは彼にそばにいてほしかった。普通の状況を望んでいた。しかし、アッタラーはモスクでの急用に巻き込まれていた。私と一緒に分娩クラスに参加し、出産の時期が近づくと、プール掃除の途中で様子を見に来てくれた。ロサンゼルスに来ることができず、その理由も説明できなかった。そこで弟が後見人になってくれた。私たちはアーリントン街と四三丁目のガレージの上にあるアパートをシェアしていた。正面の家には、ウォーレン・フルタニ、マーク・コンドウ、デイヴィッド・ムライ、タツオ・ヒラノ、ラリー・イバからなる集団が住んでいた。彼らはみな、政治活動のブラザーで、男性中心主義者でないことを証明したがっていた。各自が毎週七ドルの食費を出し、全員が週に一回料理をするというシステムを考案した。当時は週七ドルでちゃんと食事ができたのだ！　彼らは、身体にいい玄米を食べたいという私の希望（日系人には簡単な変更ではない）と豚肉を使わないという希望を尊重してくれた。赤ちゃんに豚を与えたくなかったのだ。赤ちゃんが本物のおむつを使えるように、中古の洗濯機まで買ってくれた。私たちはこの共同住宅をアーリントン・ラウンジと呼んでいた。私には夫はいなかったが、男手には恵まれていた。

角を曲がって路地を入ったところに、アントネッロの映画にちょい役で出演していた旧友のボビー・ファーリスと妻のニジェリが、ロフト付きの一軒家に住んでいた。一人娘のオシュンは美しく、この界隈の太陽だった。彼らの建物には、画家のアロンゾ・デイヴィスとその弟で教師兼アーティストのデール、映画監督のラリー・クラークといったアーティストたちの店が並んでいた。たった一平方ブロックに、素敵な第三世界コミュニティがあったのだ。

赤ちゃんは予定日より二週間遅れ、私は医師の指示で足を上げてソファに座っていた。デール・デイヴィスが毎日様子を見に来た。私は被りを振った。まだ出てこないのよ!

「今夜の学生ダンスに一緒に行かない? 付き添いが必要なんだ」。デールはドーシー高校で一番人気のある先生だった。常識はずれなアイデアに聞こえたが、落ち込んでいたし、気持ちも追い詰められていた。

薄暗い体育館に入ると、ダンスはすでに全開だった。黒人の生徒たち(ドーシー高校は黒人と日系人がほとんどだった)が驚いた顔で私たちを出迎えた。「こんにちは、デイヴィス先生! 奥さんですか?」私は巨大なスイカを飲み込んだような姿をしていた。

デールは仏像のような笑みを浮かべた。「違うよ」

「じゃあ、フィアンセ?」生徒たちは丁寧に質問した。

「いや、違う」デールはあきらめなかった。

彼らもあきらめなかった。「じゃあ、ガールフレンド?」

「違うね」。彼はその瞬間を味わいながら、私を連れ去った。デイヴィス先生はこれでまた、ドーシー高校の生徒たちからの評判を上げた。

彼は私とスイカのようなお腹を薄暗いダンスフロアに連れて行った。部屋には、どちらが上なのかわからないような回転するガラスの球があった。足取りをしっかりするため、注意深く動いた。マーヴィン・ゲイの「悲しいうわさ(I Heard It through the Grapevine)」はちょうどいいウォーミングアップになった。私は二〇ポンドのスイカ腹を両手で支えつつ、身体を揺らした。すると、オージェイズの「ラヴ・トレイン」がかかり、会場は盛り上がった。少し自信がついたので、スイカも一緒に動いた。スティーヴィー・ワンダーの新しいヒット曲「迷信(Superstition)」で盛り上がる頃には、デールと私は会場全体と一緒にロックしていた。何人かの先生たちが口をあんぐりと開けて、九一一に電話できるよう準備をしているのが見えた。でも気分は良かったし、デールと赤ちゃんも元気だった。

デールの目論見は成功した。翌朝、一九七三年一二月一〇日の日の出前、私の赤ちゃんはこの世に飛び出すのにいい日だと考えたようだった。ボブが病院に連れて行ってくれて、八時間にわたってラマーズ呼吸法を指導し、看護師といろいろと打ち合わせ、胎児モニターを見ながら、到着が遅れている医師を待った。赤ちゃんを手にしたときのボブの目が忘れられない。「男の子だよ。見て、この大きな足！」その日、ボブは、ボブおじさんになった。

ダンサーだった私は、身体を限界まで使うことには慣れていたが、出産という自然との格闘への準備はできていなかった。ほとんどの女性が出産を経験し、それを乗り越えていることは知っていたが、だからといって、恐怖、混乱、傷つきやすさ、頼りなさ、尊厳の剝奪を感じることは防げなかったし、自分のなかにあることすら知らなかったうめき声、うなり声、叫び声を発することを抑制できなかった。すべてが終わったとき、奇跡を体験したと思った。それは世界中の人々が経験するありふれた奇跡だったが、でもこれは、またとない私の奇跡だった。アッタラーがその瞬間を逃したことが辛かった。なぜ彼はここにいられなかったの？　何がそんなに重要だったの？　でも、奇跡は大切な奇跡だった。その奇跡の名はカマウだ。

父親の伝統に従って慎重に選んだ名前だった。彼は私に、名前には意味があるだけでなく、意思の力を伝える真言であることを教えてくれた。カマウはスワヒリ語で「静かな戦士」を意味する。日本語では「心配して世話をする」という意味もある。彼には日本語の名前もつけたかった。「シゲキ」は「まっすぐに伸びる、緑繁る木」の意味。そして最後に、彼の名字はアラビア語で、アッタラー・アユビの「ビン（息子）」。カマウ・シゲキ・アッタラー・アユビの息子（ビン・オヴ・アッタラー・アユビ）。気高い意志を反映した、長くて立派な名前だ。

一二時間後、私は車椅子に乗せられ、赤ん坊を抱いて世間に放り出された。私はパニックに陥った。待って！　この壊れやすい、新しい小さな存在をどうやって世話したらいいのだろう？　どうやって授乳すればいいの？　どうやって洗えばいいの？　そのとき、もうひとつの奇跡が起こった。母が大きな鍋にチキンスープを入れて、玄関に現れたのだ。寝室で泣いている母を見捨てて帰ったとき以来の再会だった。彼女がどうやって知ったのかはわからないが、タイミングは完璧だった。母は恐怖から喜びへと突然飛躍した。暗黙の了解が私たちの間の溝を埋め、母は祖母としての生活に身を投じた。カマウを抱きかかえ、着替えのさせ方、沐浴のさせ方、母乳育児の最初の耐え難い日々に耐える方法を教えてくれた。私の人生の多くのことと同じように、母なしにはできなかったことだ。そして、カマウが魂を伸ばしてくれなければ、母も魂を成長させることができなかった。それ以来、「他人（ひと）はどう思うかしら？」という話はなくなった。大事なのは色ではなく、愛だった【写真18参照】。

【写真 18】ノブコと息子のカマウ・アユビ、1975 年。撮影：メアリー・ウエマツ・カオ、許可を得て使用。

第二一章

あるものは一瞬を生きる

Some Things Live a Moment

Some things live a moment
A week, a day, a year
Nothing lives forever
That's clear

Some things in a moment
Can forever change
How you see, how you live
Will never be the same

あるものは一瞬を生きる
一週間、一日、一年
永遠に生きるものはない
それは明らかだ

一瞬を生きるものが
永遠に変える
どう見るか、どう生きるか
決して元には戻れない

カマウが生後一〇週になった二月の寒い夜中。電話が鳴った。かすれた声から長距離電話であることがわかった。

「バビージャよ」

彼女は双子を出産したばかりで、アッタラーともうすぐ結婚することも知っていた。

「アッタラーが撃たれた」

言葉は聞こえたが、意味が聞き取れなかった。彼女は話す速度を落とし、私が飲み込めるよう説明してくれた。

「彼はブルックリンの…モスクで開かれた…会合に出かけた。…そこが襲撃されたの」。彼女の声は暗闇を突き抜けた。「彼は死んだわ」

私の心は彼女の言葉を全力で否定した。死んだ？　どうしてアッタラーが死ぬの？　つい数日前、私たちは話した。私がいつ赤ん坊をニューヨークに連れてくるつもりなのか知りたがってた。昨日も手紙が届いたばかり。それが、死んだなんて？

アッタラーは現実にはいなかったが、私たちの毎日の生活のなかにいた。私は、頭のなかの映画でいつも彼を見ていた。壊れたブロンクスの通りを歩き、話し、時を早送りして、カマウと一緒に歩く彼の姿があった。難しいことではあったが、私はバヒージャや新しい赤ん坊たちとの生活も思い浮かべ、今後の生き方の不完全なパズルを組み立ててもみた。喜びと失望、痛みと赦しのジェットコースターのような不確かな日々の雲のなかで、私たちは皆つながっていた。これでいいんだと思いながら。でも今、誕生と死がひとつになった。

自分がこの知らせに耐えられないことを悟った。アッタラーが死んだ。すべての明日が私のなかを駆け巡った。彼はカマウに会えない。カマウを抱くこともない。カマウに愛情を注ぐこともない。カマウが父親を知ることはない。飲み込めなかった。息ができなかった。取り乱せなかった。しっかりしなければ。私はバヒージャに言った。「行くわ。ニューヨークに行く」

授乳の時間だと思ったのか、カマウはもぞもぞと動いた。あるいは、私たちの生活に巨大な氷河が崩れ落ちたように、何かを感じたのかもしれない。ベッドサイドのライトを点け、お下がりのベビーベッドの片隅で眠っている息子を見た。小さくて、暖かくて、生きていて、小さな足が毛布を蹴って伸びていた。息子を抱き上げた。まだここにいるアッタラーの一部を抱きしめることが、私には必要だった。裸足で冷たい床を踏みしめながら、人生が永遠に変わってしまったことを知った。

アッタラーに赤ちゃんを見せるためにニューヨークに行くつもりだったが、真冬だったし、カマウが小さすぎた。どうしてそうしなかったの？　なぜ行かなかったの？　今、私たちはニューヨークにいた。葬儀のためだけでなく、アッタラーの輝きを感じる必要があったから。

ハーレムをこれほど辛い場所に感じたことはなかった。雪が降っていたので、カマウをお腹の前の抱っこ袋に入れ、古いビーヴァーコートの毛皮のなかにふたりとも包み込んだ。アッタラーと歩いた道、カスバと呼んだ場所、彼がマルコムXと歩いた場所を歩く必要があった。ここでこそ私は彼を感じられる。ここここそが彼の魂が宿った場所なのだ。

友人のマーク・コンドウが葬儀場に連れて行ってくれた。彼は最期の日にアッタラーに会った最後の一人だった。アッタラーは、リンカーン・デトックスで鍼灸師になるためのインターンを始めるロサンゼルスの若いブラザー、タツオ・ヒラノを歓迎するために、マークの一二四丁目のアパートに立ち寄っていた。アッタラーがブルックリンのミーティングへと向かうとき、ドアの横に貼られたカマウの写真に目を止めた。微笑み、カマウにキスをしてから、ブルックリンのモスクへ向かう地下鉄に乗った。それがアッタラーの息子との最後の別れだった。

ハーレムの葬儀場で、アッタラーの遺体はイスラム教の伝統に従って白い麻布で包まれて、棺に安置されていた。見えたのは彼の顔だけだった。変わらぬ彫りの深い顔、変わらぬジェフリーズ家の人らしい額だった。でも、姿は変わっていた。彼らしくなかった。アッタラーの生き生きとした魂がなくなっていた。マークは私の手から赤ん坊を取り上げ、アッタラーの身体の上で円を描いた。カマウは泣き叫んだ。自分が失ったものを知ったのかもしれなかった。

バヒージャに会いに行った。私たちは異なる世界からやって来たけど、今では多くを共有していた。二人とも同じ血を引く赤ちゃんを持つ新しい母親だった。同じ男性を愛した。二人とも未亡人となった。私たちの間に敵意はなく、悲しみだけがあった。愛と痛みの絆が私たちを結んでいた。

ジェフリーズ一家は、私とカマウを家族として受け入れてくれた。ジェフリーズ夫人は言った。「私にはわかっていたはずなのに。こんなにたくさんの子たちがこの世に生を受けたら、誰かがこの世を出て行かなければならないことを」。でも、それがピーターだとは思わなかった。彼はまだ三三歳だった。カマウと私は初めて、このブロンクスのアパートに泊まった。その後、何度も滞在することになる家だった。

母親は葬式には行かなかった。葬式はもうたくさんだと。四人の息子のうち、三人が死んだ。一人はガンで、二人は銃で。寝室のクローゼットに連れて行かれたのを覚えている。アッタラーの左足の靴を見せてくれた。彼女が取っておいた三人の息子たちの遺品は、それぞれの片方の靴だけだった。サウスセントラル、ハーレム、ワシントンDC、デトロイト、シカゴ。母親たちのクローゼットには、どれだけの片方だけの靴があるのだろう。どれだけの黒人の子どもたちが父親を知らずに育つことだろう。一人ではなく、何人もの子どもを一人で育てている黒人女性がどれだけいるのだろう。いいえ、この喪失感はなんとしても埋め合わせなければ、と私は誓った。

タウフィーク導師（イマーム）が私に会いたいと言ってきた。マルコムXが数年前、イマームとしての訓練を受けるためにタンザニアのダルエスサラームに派遣した人物だ。ハーレムにマルコムのモスクを建てるという未完のミッションのために戻ってきて、アッタラーやマルコムの他の親しい信者を集めた人物だった。ブルックリンのモスクでの会合に一緒に行ったのも彼だ。アッタラーが銃撃から庇い、自分の命を捧げた人物だった。タウフィークはアッタラーの子どもに会いたがった。彼は何が起こったのかを私に伝えたかった。私は義務感と恐怖感を抱きながら行った。知るには、あまりに身近で、あまりに恐ろしく、あまりに辛いことがこの世にはある。

タウフィーク師のアパートに着いたのは、日が傾きかけた頃だった。玄関で靴を脱いだ。日系人とイスラム教徒の間ではおなじみの習慣だ。流れるようなアラビア文字で書かれた本に囲まれた峻厳な書斎へと案内され、床に座った。本の文字は理解できなかった。なぜアッタラーがもういないのかも理解できなかった。子どもに会えるこの瞬間に、なぜ彼はいないのか?

クフィというキャップを被り、ロングジャケットを身につけたイマームは、部屋全体の色調と合わせたかのように青く染まっていた。それは悩みの青（ブルース）、心痛の青、歌うことしかできない青だった。タウフィークが戻ってきて、アッタラーに新しい名前を授けてから数ヵ月の間に、多くのことが起こった。アッタラーはイマームからインスピレーションを受け、新たな信仰の実行として一日五回祈り、体と心を浄化した。彼の手紙や電話からは、マルコムのビジョンと再びつながりながら、人生の旅の次の段階に備える楽観主義が感じられた。

タウフィークは、マルコムの遺産の一部として彼らが建設しているモスクについて話してくれた。[1]「ブルックリンに打ち合わせに行きました。モスクの中に入ったとき、待ち伏せ攻撃を受けたのです。四人が殺されました。相手のグループから二人、私たちのグループから二人」。イマームは私と同じくらい驚き、混乱しているようだった。彼は部屋を出て、あの夜着ていた濃紺の革のコートを持って戻ってきた。コートを開いて、貫通した七つの弾痕を私に見せた。

「どうして助かったのかわかりません」

私は恐怖しか感じなかった。カマウをぎゅっと抱きしめた。正義などということは思いつかず、ただ自責の念に駆られた。何を聞いていいのかわからなかった。モスクを建てるために殺人を犯す理由がわからなかった。口から出てきたのは、「どうしてこんなことが起きるのでしょう?」という言葉だけだった(その瞬間には、政府の仕業だとは思わなかったし、多くの黒人指導者を抹殺し、パンサーを壊滅させ、私たちの運動を妨害したコインテルプロのことも知らなかった。今日に至るまで、誰がなぜこの襲撃を行なったのかはわかっていない)。

タウフィーク師はできるだけ謙虚な態度を保ちながら、アッラーが私たちを守ってくださると約束した。でも、私を慰められるものは何もなかった。別れ際に、彼は次の言葉をくれた。「もっとも強い鋼はもっとも熱い火から生まれる」。私はカマウとこの言葉にしがみつきながら、これからの日々を乗り切る助けになることを願い、その場を後にした。

ある者はアッタラーを殉教者、斃れた戦士と呼んだ。理解するには何年もかかったが、アッタラーはあの瞬間にそこにいるべきだったのだと思う。彼は正義のために、黒人の生活を向上させるために生涯を捧げた。それは犠牲ではなかった。人生への愛、民衆への愛、私たち全員への愛から生まれたものだ。彼はモスクを建てるために命を捧げた。タウフィーク師を守るために命を捧げた。マルコムを救うためにできなかったことを、彼は実行したのだった。最後にカマウの写真にキスをしたのは、カマウひとりのためではなかった。アッタラーは自分の子どもたち全員により良い世界を作るために、ブルックリンへと向かったのだ。

第二二章 壊れたものをいかに修復するか

How to Mend What's Broken

カマウの父親が失われたことで、両海岸の革命家兄弟姉妹（ブラザーズ・アンド・シスターズ）は並外れた共同支援に立ち上がった。カマウは二人の愛以上のものから生まれた。二つの運動の理想と夢の結晶だった。すべての人々、特にもっとも弱い人々を大切にする、公正で多元的な社会を求める二つの闘いから産まれた子ども。今こそ信念を実践する瞬間だ。

悲しんでいる時間はほとんどなかった。悲しみと愛が、私のなかで我が子をケアする場所と同じ空間を占めていた。彼が喪失感を満たしてくれた。カマウは私を笑顔にしてくれる奇跡だった。喉につかえた痛みを飲み込み、前に進まなければならなかった。傷が消えることはなかった。傷は私の隠れた一部となった。小さなカマウの魂は、彼を取り巻く悲劇には染まっていないように見えた。彼はアーリントン・ラウンジに喜びをもたらし、その喜びは、広く日系コミュニティにまで波及しているように思えた。ウェンディおばさん（私の友人で、運動に関わった数多くのおばさんやおじさんの一人）は、いつも一緒にいて、元気づけてくれた。ナガタニ夫妻のような二世世代でさえ、いつも優しく接してくれて、夏の海水浴にも招待してもらった。周囲からの温かい支えが、日系人社会から私たち親子が疎まれることはないだろうという希望を与えてくれた。

生活保護とフードスタンプを申請するために福祉局に行ったその日、私は自分が黒人の母親であり、黒人のシングルマザーであることに気づいた。ブラックマザーの悩みを私は抱えたのだ。世間はこの子をどう扱うだろう？　どうやって彼を守ればいいのだろう？　どうやって身を守るすべを子どもに教えればいいのだろう？　日系アメリカ人女性の私が、どうやったら彼を黒人男性に育てられるのだろう？　父親を知らずに、どうやって自分全体について彼は知ることができるのだろう？

ニューヨークのジェフリーズ一家を訪ねる旅は、毎年恒例の巡礼となり、アッタラーが私たち両家族に残した虚ろな空間を埋める助けとなった。私たちはブロンクスの東一六九丁目二三九番地にある彼らのアパートによく泊まった。この住所は今でも空で覚えている。地下鉄やバスを乗り継いで、冬の雪や夏の汗ばむ暑さのなかをカマウのベビーカーを押しながら歩くのは、とても大変だったからだ。私たちは、アッタラーの作った彫刻に見守られながら、リビングルームのソファから引き出す折りたたみベッドで寝た。おじいちゃんと一緒にフォルミカのキッチンテーブルに座り、ジェフリーズ夫人のおいしい南部風自家製ほろほろビスケットをトマト煮に浸して食べ、完璧な味のフライドチキンを楽しんだ。彼女は決して腰掛けることがないように見えた。私に緑茶の効能を訊ねたり、照り焼きチキンのレシピを聞いたりしながら、いつも料理し、給仕していた。

アッタラーの姉弟、アーノルド、ジャミラ、アンと、バスケットボール選手のように背が高くて私たちを圧倒する彼らの子どもたちとの親戚付き合いも楽しんだ。いつも彼らのところには「お礼」、つまり日系人独特の贈り物を持って行った。お土産はいつも決まっていた。ロサンゼルスの青果地区に、「ナッツ・トゥ・ユー」という大きな看板をかけ、店の前にいろいろな種類のナッツが山盛りになっている店がある。そこで買う、アーモンドを混ぜたカリカリの米菓子の箱がそうだった。ジェフリーズ家では、いつも部屋で黒人同士の政治談義が展開され、アーノルド叔父さんが頼みのカメラでその様子を記録していた。それから何年も経って、ジェフリーズお祖父さんが一〇五歳で亡くなって、みなで集まった。子どもたちはもう立派な大人になり、自分の子どもを持って忙しい生活を送っていたが、「ナッツ・トゥ・ユー」のクリスピー・ライス・キャンディーを楽しみにしていたことを、今でも覚えている、と懐かしく語った。些細なことが絆を作るものだ。

ジェフリーズお祖母ちゃんは、黒人の子どもを育てる上で必要な身だしなみの手ほどきをくれた。結局私にはマスターはできなかったのだが。彼女はあるとき、私を呼んで尋ねた。「あの子の髪はどうしてるの?」「いや、特に何も」。私は自然体が好きだった。彼のカールはかわいいと思っていたけど、だんだん髪がきつく絡まるようになってきた。

「その子の髪にはオイルが必要よ。さあ、カマウ、こっちへいらっしゃい」

彼女はいつもリビングルームの同じ椅子に座り、椅子が玉座のように彼女を縁取っていた。母なる女王だった。料理が終わり、お祖父ちゃんが皿洗いをしている間、彼女は椅子の上で長い指を組んで膝の上に置いていた。みんながその足元に座り、家族に伝わるストーリーを聞くのが大好きだった。それはアメリカ黒人史の授業だった。自分の祖母が奴隷であったときのこと（主人は懲罰として祖母の手の上にロッキングチェアを転がしたそうだ）から、一家がノースカロライナ州ダーラムからニューヨークにやってきた頃に最盛期を迎えたハーレム・ルネッサンスという希望に満ちた時代のことまで、いろいろと聞かせてくれた。

多くの黒人家族にとってそうであったように、ジェフリーズ家の息子たちは危険にさらされた種族だった。ジェフリーズ夫人の長男は、友人を裏切らないために刑務所に入った。出所後、彼はガンで死んだ。次男はハリー・ベラフォンテやサミー・デイヴィスの衣装デザイナーとして成功したが、恋人に撃たれた。そして、母がまだピーターと呼んでいたアッタラーは、もういなかった。残された息子はアーノルド一人だった。

私の母とアッタラーの母は超人的お針子だという共通の絆があった。アッタラーの姉のアンがアッタラーをマルコムＸに紹介したのだが、アンはマルコムの妻、ベティ・シャバーズの結婚式の衣装を縫ったのだった。子育てが終わると、ニューヨークのファッション・インスティテュートを首席で卒業し、デザイナーのフランク・コンポストの縫製室をファッション・ディストリクトで経営するようになった。アーノルド叔父さんは、いつも自分でデザインし縫製した新作を身につけ、ＮＢＡで有名なバスケットボールのスター選手になったアンの息子、マリク・シーリーもファッションラインをデザインした。彼の人生の光は、わずか三〇歳のときに交通事故によって、あまりにも早く消えてしまった。私たちは、ブロンクスにある一一Ｇ号室の暖かさのなかで、はかない人生の浮き沈みのすべてを分かち合った。

銀髪でハンサムなジェフリーズお祖父ちゃんはタクシー運転手で、いつも私の運転する車の車種を聞いてきた。耳が遠くなっていたが、テレビのニュースや膝の上の『ニューヨーク・ポスト』紙で世間には常について行っていた。南部には二度と戻らないと誓っていたが、南部人の礼儀正しさを失うことはなかった。お祖父ちゃんはいつも私たちを空港まで送ると言い張った。初めて彼のタクシーに乗ったとき、私たちは後部座席に座った。彼のＩＤ写真には、アッタラーと同じ目と、カマウも受け継いだジェフリーズ家に特徴的な額をしたアッタラーが私を見ているようだった。アッタラーが歩んだ道が、ジェフリーズお祖父さんのように、普通の仕事に就いて一〇五歳まで生きることではなかったことを思うと、胸が痛んだ。

アッタラーの同志たちが、カマウがアッタラーのことを知り、アッタラーがよく演奏していたコンガセットのベースドラムであるトゥンバを受け継ぐようにしてくれた。彼の葬儀の後、同志たちはアッタラーのためにサンテリアの儀式[*1]を行なったが、そこでアッタラーがドラムを叩く音が聞こえたと、みなが誓って言った。アフロ・キューバのリズムは彼の人格の一部だった。少なくとも週に一度はドラムを叩かないと気が済まない、と生前彼は言っていた。

ムトゥル・シャクールと妻のアフェニの家には、カマウが一緒に遊べる子どもたちがいつもたくさんいた。そのなかには、のちに暴れん坊ラッパーとなる暴れん坊な子ども、トゥパック・シャクールもいた。アッタラーとムトゥルがコーラスを歌う、新アフリカ共和国の歌「大地を解放せよ（Free the Land）」が収録された私たちのアルバム『一粒の砂（*A Grain of Sand*）』は、いつも彼らの家のターンテーブルの上にあった。ムトゥルはいつも嬉しそうに、トゥパックは私たちの曲の歌詞を全部覚えて大きくなったんだよ、と話してくれた。ハハ、本当かしら！

ムトゥルはカマウの名づけ親のような立場となり、私たち家族の一員であり続けた。リンカーン・デトックスでの仕事に加え、彼はハーレムにクリニックを設立し、鍼治療と助産で地域社会に貢献した。しかし、黒人解放闘争でリーダーシップを発揮した彼は、コインテルプロの標的となった。一九八六年、ムトゥルはユリ・コチヤマとともに政治犯の解放に取り組み、結局彼自身もその一人となった。三〇年以上もの間に、息子と妻を失い、仮釈放を八回も拒否されるなか、独房生活に耐えた。それでも、カリフォルニア州のヴィクターヴィル連邦刑務所（最高警備の複合刑務所で、現在は移民・関税執行局(ICE)が非正規移民の収監に使用している）に彼を訪ねると、彼の最初の関心事が他者であることに驚かされる。彼は自らの赦免のために闘う一方で、南アフリカのような「真実と和解の委員会」を米国にも設置することを提唱している。彼は私が知るなかでもっとも精神的に進化した人物の一人である。私にとっては、ムトゥルこそ、認知されない私たちのネルソン・マンデラだ。[*2]

私たちもコインテルプロを少し味わった。カマウは生後六ヵ月で、弟のボブはすでに引っ越していた後だった。ある日、家に帰ってドアを開けると、家じゅうがひっくり返っていた。すべての引き出し、食器棚、クローゼットが大きく開いていた。洋服、リネン、本など、私のものは全部床に落ちていた。何が起こったのだろう？　強盗でも入ったのだろうか？　私は一人でパニックになり、カマウを強く抱きしめ、逃げるべきかとどまるべきかわからなかった。我に返り、路地の先にいた隣人のボビー・ファーリスに電話をかけた。彼が駆けつけてくれて、一緒に家の中を調べた。裏口の鍵が壊されていた。テーブルの上に少しお金があったが、それは盗られなかった。ニコンのカメラが本棚にあった。それも盗られなかった。私の机の上にファイルフォルダーの山が開いていて、誰かが中身を写真に撮ったようだった！　強盗ではなかった。警察だった。何を探していたのだろう？

それから一〇年後、誰かが弟に、ロス市警の対アジア戦術班の元隊員が書いた脚本を渡した。その脚本には、日本の天皇殺害の陰謀に関わった日系アメリカ人女性歌手のアパートに警察が押し入るシーンがあった。脚本家は彼女の家に侵入し、そう、ファイルを写真に撮る場面を描いていた。そして一人の警官がもう一人の警官に、「黒ンボのファイル帳みたいだな」と言うセリフがあった。

私たちのニューヨークの家族であるコチヤマ一家は、いつも一二六丁目のアパートに泊まらせてくれたが、私はいつも、ジミーとトミーをベッドから追い出すのを申し訳なく思っていたた。カマウが少し大きくなると、コチヤマ家の娘、オーディーの家に滞在した。彼女は姉のアイチと同じアパートを借りていた。彼らの子どもたち、ズールーとアケミは、カマウより数歳年上の黒人と日系人が混ざった子どもで、カマウと同じような肌の色合いと髪をしていた。カマウにとっては完璧ないとこたちだった。あるとき、ズールーはカマウを連れてハーレムの近所を歩き、カマウを自分の弟だと誇らしげに紹介して回った。近所の人々は、急に現れた新しいコチヤマ家の子どもに、狐につままれたような顔をした。

そのうちに、カマウが黒人とアジア系、メキシコ系、ヨーロッパ系など、他の混血児の匂いを嗅ぎ分けていることに、私は気づいた。説明不能な本能的仲間意識があるようだ。自分たちが皆と違うことを、彼らは知っているのだ。当時、アメリカ生まれのアフロ・エイジアンの子どもはまだ珍しかった。第二次世界大戦の後には、日本人の戦争花嫁と黒人軍人の間に子どもが生まれた。アメリカで育った者もいれば、日本で育った者もいる(1)。しかし、コチヤマの娘たちのアイチとオーディーと同じく、私はカマウを運動という社会政治的文脈のなかで育てていた。彼らは革命から産まれた子どもたちだった。

私たちは、二つの海岸、二つの文化、そして二つの運動にまたがって、人種の境界線（カラーライン）を越えて生きることを学んでいた。これらの関係を紡ぎ合わせて私たちは家族となり、共通の悲しみ、葛藤、喜び、そして共通の信念を通して生きてきた。アフリカには、未来を知るために過去を振り返る、サンコファという伝説の鳥がいるそうだ。カマウは自分がどこから来たのかを知り、これから自分がどうなるかを導いてもらうために、両翼を必要としていたのだった。

How to mend what's broken
How to make it new
How to find the hope
To follow what is true

壊れたものをいかに修復するか
いかに新たなものにするか
いかに希望を見つけるか
真実のものに従うために

第三部

Third Movement

第二三章 空の半分を支えているのは女性

Women Hold Up Half the Sky

私の生活は激変した。カマウの母親であることがアイデンティティの重要な一部、私の存在理由となった。より大きな目的ができた。カマウが生きる世界を変えることだ。そのために、アーティストとしての私のスキルをどのように活かせるだろうか？ 子どもを産んでも、運動や音楽作り、仕事を止めることはないと誓った。カマウをずっと近くに置くために、二歳半まで授乳した。私が何をするにしても、カマウはその一部でなければならなかった。

これを成し遂げるには、どうすればいいのだろう？ 現実を考える。生活保護、フードスタンプ、低所得者のための生活保護（セクション8）プログラムでは間に合わない。もう少しお金を稼ぐ必要があった。友人がダンスを教えることを勧めてくれた。運動に参加しているシスターたちが、地域でダンス教室を開いてほしいと言っていたのだ。今まで教えたいと思ったことはなかった。ダンスのエリート教育を受けた私には、アーティストが教師となるのはプロの世界ではやっていけないからだ、と信じている秘密の部分が残っていた。でも実際のところは、教え方を知らなかったし、運動の世界はプロのアートの世界とはかけ離れたものだった。でも、運動の方は、そんな風な階層的世界に代わる世界を作ろうとしていたわけだから、ダンサーではない人たちにダンスを教える方法を学ぶのは、それはそれで良いスタートだと思い直した。

友人と連れ立って洗心寺に行き、マス住職に寺の講堂をダンス教室に使えないか相談した。マス住職は寺を道場、つまり仏教を学ぶ場所と見なしており、アートとは仏教の原理を実践する一つの方法だと考えていた。寺の講堂は古い方の建物で、一九三〇年代初頭に寺が設立された当初の建造物だ。[*1] 金色のビロードの幕がかかった小さな舞台は、かつては本堂の内陣（祭壇）であったが、現在は緊那羅太鼓のメンバーが手作りした数々の太鼓で埋め尽くされている。彼らはまた、日本から来た名人、東儀季信（とうぎすえのぶ）師に雅楽を習っていた。講堂は、イベント時には四〇〇人を収容できる。天井の高い開放的なスペースで、床は古い板張りだった。気に入ったのはその床だった。素足に最適で、モダンダンスのクラスには完璧な空間だった。

頼まれる前から、マス住職は私に二つの鍵を手渡した。一つは講堂の鍵、もう一つは駐車場の門の鍵だった。「条件として、寺の会員になってください」。唖然とした。見ず知らずの野良猫のような私を、どうして信用してくれるのだろう？ シングルマザーになる勇気をくれたこの人が、今度は寺の鍵を預けてくれる？ そして、寺の会員になるよう招待してくれた。これは私にとって、ダンスを教える場所を遥かに超える贈り物だった。マス住職は私にコミュニティを与えてくれたのだ。

ダンスを教えることの何がそんなに難しいのか？ 私は最高の指導を受けてきた。この五年間はほとんど歌い手として活動していたが、ダンスは私の第一言語だった。でも、今回の仕事は、違う文脈で、違う種類の人のために、違う目的でダンスを教えるのだ。生徒たちは、政治活動のオーガナイザー、教師、ソーシャルワーカー、アーティスト、映画制作者……すべて非ダンサーで、プロを目指すわけでもなかった。彼らは健康になりたかったし、自分を表現する方法を見つけたがっていた。でも、だからといって自分の最高水準を下げるべきなんだろうか？　私は、正しいフォームとテクニック、そして何よりも踊ることの純粋な喜びを味わってもらいたかった。

時間をかけて噛み砕いて説明し、生徒の能力と身体を読み、明瞭に、忍耐強く、思いやりをもって接することを学ばなければならなかった。後で知ったのだが、私はノブコという名前以外に、もうひとつ呼び名があったらしい。あだ名はノボカイン。クラス後にコカイン服用が必要なほど、スパルタだったからだ！

カマウと私は、一緒に洗心寺の講堂で育った。私がダンスの指導を学んでいる間、彼はハイハイから歩くようになり、やがてあの広いスペースを自由に走り回るようになった。私が振付の実験を始めたとき、彼は私たちと一緒に踊った。緊那羅とコラボしたとき、彼はお気に入りの毛布にくるまり、あのフローリングの床で、太鼓の爆音を聞きながら眠ることを覚えた。

ダンス教室は、教える方法以上のことを教えてくれた。他の子連れの女性たちもクラスに加わり、カマウには友だちができた。教えることで私は自分自身を癒し、他の人たちとコミュニティを築くことができた。クラスはどんどん大きくなり、毎週二クラス、四〇人近い生徒が集まった。レッスン代が安かったのもあるだろう。生計を立てる必要があったとはいえ、来たい人が誰でも参加できるようにしたかった（これは今も変わらない原則であり、習慣だ）。なので、払えるだけのお金を寄付するシステムにした。のちに、生徒の名前を記した帳面を作り、一応の月謝を定めた。ビジネスライクに見えたが、資金不足を理由に排除される人はいなかった。ほとんどのメンバーは女性だったが、勇敢な男性も何人かいた。カマウと私は二つの世界に属していたため、友人たちの肌の色を反映して、クラスにもいろいろな民族の人が集まった。私たちは日系寺院にも変化をもたらしていたのだった。

火曜日の夕方の私のダンス教室に続いて、二世に人気の社交ダンスの教室があった。ある夜、先生が少し早めに着いて、アジア系と黒人の汗まみれの集団を見てびっくりした。私たちは侵略者であったが、マス住職のおかげで、私たちはそこから動くことはなかった。

カマウはもともとオープンで友好的な性格だったが、五歳頃、自分が他人と違う扱いを受けることがあることに気づいた。ある日、講堂の駐車場で遊んでいる近所の黒人の子どもだと思った寺の会員が、「ここで何をしているの？」と彼に尋ねた。「僕はここの人間だよ。あれが僕のお母さんなんだ！」彼の言う通りだった。やがて社交ダンスの生徒や寺の会員も、私たちに慣れてきた。私たちは、いろいろな意味で洗心寺をよりカラフルにしていた。

運動のなかで、私たちは自分たちのアイデンティティやルーツを取り戻そうと議論したが、日本名を名乗ることはほんの手始めにすぎなかった。カマウと私は洗心寺でコミュニティの一員となり、伝統行事にも参加するようになった。お盆には先祖を偲んで踊り、新年には餅つきをした。週に何日か通ったことで、マス住職との普段の会話を通じて仏教を吸収した。その教えは新しい歌になったり、新しいコンセプトとして作品に取り入れられたりすることもしばしばあった。

私が訓練を受けたのは西洋の芸術――特に跳躍や足を上に上げることで、重力に逆らうことを目指す、バレエにおいてであった。でも今、私は瓦屋根のお寺の影のなかで教えていた。屋根は下に向かって広がっている。仏教の哲学は、謙遜を重視し、自我（エゴ）を抑えよと説く。マーサ・グラハムも、ジャック・コールも、ジェローム・ロビンスも、アジアのダンスや演劇を参考にしていた。彼らは反逆者であり、大地に根ざしたモダンダンスやジャズダンスの語彙を創造した探検家だった。今度は私が、彼らから学んだことを自分のコミュニティに持ち込み、自分のアイデアを探求する番だった。

毎月の寄付というシンプルな謝礼と引き換えに無料で使えるスペースがあることで、自由に実験することができた。ウェンディ、ジョニー、ジョージ、クリスら、緊那羅太鼓の友人と一緒に作品を作ったのが、私にとって初めてのコラボレーションとなった。私は太鼓の型（動き）が気に入っていた。武道を連想させるものだ。私たちダンサー

【写真 19】1978 年、ロサンゼルス、UCLA のシェーンバーグ・ホールで『空の半分を支えるのは女性（*Women Hold Up Half the Sky*）』を演じるリサ・フルヤ、ノブコ、ジェニー・ナカノ。写真提供：Great Leap Archives。

は、バチを振り回し、型を学んだ。太鼓奏者たちは、ダンサーのように空間を移動することを学んだ。このコラボによって、『ソンユー（*Sonyu*）』（一九七七年）というタイトルの作品が生まれた。太鼓奏者たちは振付をしっかりと表現できたが、私たちダンサーは、動きはできても、本物のドラマーのように太鼓を叩いて音を出すという機能のパワーを持ち合わせていなかった、というのがこの作品に対する私の感想だ。

私は短いダンス作品を作り始めた。最初の作品は『空の半分を支えているのは女性（*Women Hold Up Half the Sky*）』というタイトルで、私のダンス教室を主題として取り上げたものだった【写真19参照】。ダンスクラスが個人的な自己表現への渇望を満たしていたのと同じように、観客もまた、彼らの姿を反映するような作品を求めていた。地域のイベントや大学からも熱心な公演の需要があり、ときにはギャラまで支払ってくれた！　私たちは自分用レシピをゼロから作り上げていた。助成金もなければ、有名な歌姫でもない。床にモップをかけ、衣装を手作りし、自ら宣伝をし、子守を分担し、リハーサルをした。重責に圧倒されることも多かったが、自分にできること、共同体としてできることには満足を感じていた。そして教えることが大好きになった。クリエイティヴなアイデアを思いつき、それを実行に移せることが嬉しかった。子どもがいても、シングルマザーであっても、そのことが障害になることはなかった。

私は常に、自分のコミュニティで創造される芸術のレベルを上げようと頑張った。共産主義中国で創作されたバレエの映像を見たことがあった。バレエ・シアターやボリショイのような質の高いバレエだった。中国はどのようにして革命芸術を生み出したのか？　革命家を芸術家になるように訓練したのか、それとも芸術家が革命家になるようにもっていったのか？　私はその両方が必要だと考えた。そこでアジア系アメリカ人のプロのダンサーやアーティストを、コミュニティの場に招き入れることにした。彼らが洗心寺という場所を見つけて喜び、自分たちの経験や文化に関連したテーマを探求するために、才能を喜んで発揮することに気づいた。さらに彼らは、自分を理解してくれる観客のためにパフォーマンスできることが気に入った。みんな意気軒昂だった！　洗心寺は他にはない空間であり、私たちのアートの殿堂だった。

この講堂は、戦争の後に一時的な避難所として使われた。キャンプから戻ってきた日系人のための安全な空間だった。もし講堂の床が口をきけたら、マンザナーやポストン、ツールレイクの様子や、家もなく帰還して、ロサンゼルスの街に一人で買い物に行くのも怖かったときの気持ちを話してくれるだろう。日系人はここで眠り、シャワーを浴び、料理をし、泣き、笑い、私たちがリハーサルのためにお茶を入れているこのキッチンで、身の上話をし合ったのだ。

今やこの講堂は、日系人の歴史と伝統が息づく場所であり、わが子を育てるための安全な空間ともなった。ここは、私が人生で初めて、自分がしっかりと根づいたと感じた場所だった。洗心寺は、私たちに新しいアイデアを生み出す子宮、歌われてこなかったストーリーを歌い、向こう見ずに跳び、折れずに転び、美しい木の床の軋みや割れ目を知り尽くした素足で再び立ち上がれる場所を与えてくれた。マス住職は私に、自由に使える空間以上のものを与えてくれた。分かち合い、学び、成長し、他のアーティストたちと一緒に自分たちの声を生み出すための、神聖な空間を与えてくれたのだ。

第二四章

私たちが描くチョップ・スイ

Our Own Chop Suey

ベニー・イーの両親は洗濯屋を経営していた——近所にあるような、家族経営で、子どもたちが宿題をした後に仕事を手伝うような、小さな中国人の洗濯屋だ。彼らと話したことはある？　彼らが夜明け前に起きて、日が暮れて遅くなるまで店を閉めないという事実を考えたことがある？　彼らは愛想よく、いくら払えばいいか教えてくれる程度の英語は知っていたが、夏場の店は地獄のように暑く、洗剤の薬品臭が肌に染み付いていた。洗濯屋の経営者には、熱いアイロンから立ち上る蒸気とともに蒸発してしまった夢を胸にしまった詩人や学者もいたことを、あなたはきっと知らないだろう。イー夫妻は、子どもに教養を身につけさせたかった。彼らは決して休暇を取らなかった。働いては貯蓄し、貯蓄しては働き、上階にアパートがついたランドリーを建てる敷地を買う余裕ができるまで働き詰めた。アパートにはピアノを置くための特別なスペースがあった。それもただのピアノではなく、スタインウェイのベビーグランドだった。ベニーと姉妹たちは、皆、音階を学び、そのピアノでバッハやベートーヴェンを弾いた。

しかし、ベニーは魂で別のジャンルの音楽を聴き、そちらを追い求めた。ベニーと私は「虹の戦士（Warriors of the

【写真20】1978年、ロサンゼルスのエコー・パークで開催されたロータス・フェスティバルで演奏する「虹の戦士」のオリジナル・メンバー。左から右へ：アラン・フルタニ（フルート）、ボビー・ファーリス（タンバリン）、ノブコ（ヴォーカル）、ケニー・エンドウ（太鼓）、クリス・カワオカ（ベース）、ダニー・ヤマモト（ドラムセット）、ベニー・イー（キーボード）。写真提供：Great Leap Archives.

Rainbow）」というバンドを結成した【写真20参照】。一九七五年の結成時には、ドラマーのダニー・ヤマモト、ホルン奏者のアラン・フルタニ、パーカッショニストのボビー・ファーリス、そしてトラップと和太鼓奏者のケニー・エンドウが参加した。ケニーとは文字通り「血」のつながりがある。バークレーのラ・ペーニャでのライヴで、「私たちはアジア系（ソモス・アシアティコス）」を演奏していたときのことだ。ケニーは古いコーラの缶に米を詰めて作った自家製マラカスを振っていた。最後の歌詞に入ったとき、ケニーの缶が汗ばんだ手から滑り、ミサイルとなって私の左眉を直撃した。衝撃を感じたが、なんとか歌い続けた。**私たちの民はあなた方のために、あなた方の民は私たちのために……**。お辞儀をすると、血が床に滴り落ちた。ケニーは顔面蒼白になったが、今ではその話をするたびに「血が出るまでプレーしたんだ！」と宣言する。それを証明する傷跡がまだ残っている。

一九七〇年代から一九八〇年代にかけて、バンド「虹の戦士」は地元や全国をツアーし、会議や大学のキャンパスで演奏した。のちには、ラッセル・ババ、E・W・ウェインライト、ゲイリー・マーシャルら、驚異的なミュージシャンと共演した。[1]一番の思い出は、ジンバブエ出身の革命家グループZANUのため、ニューヨークでベネフィット・コンサートをしたことだ。ムトゥル・シャクールのプロデュースで、エディ・パルミエリとギル・スコット・ヘロンと一緒に演奏した。死んでも天国に昇れるほどの貴重な体験だった！

「虹の戦士」と私のダンス教室の噂が広まり、俳優のマコが主宰するイースト・ウエスト・プレイヤーズから声がかかった。イースト・ハリウッドに九九席の劇場を持ち、アジア系俳優が白人作家の有名作品やアジア系アメリカ人作家の新作を上演していた。イースト・ウエスト・プレイヤーズはいわゆる「ショー・ビジネス」への登竜門であると同時に、アジア系が自分たちのストーリーを語れるコミュニティ劇場でもあった。私は自分の「キャリア」の再開には興味がなかった。やりたかったのは、現代社会のアートのシステムに根本的に取って代わるものを創り出すことだ。昔から知っている年配の俳優たちは、私が革命家兼社会の撹乱者になって正気を失ったと思ったようだが、今、彼らは私たちと共通の交差点にいることに気づいたのだった。

イースト・ウエスト・プレイヤーズは、ロサンゼルス郡にある一〇の公園で一般の人々に無料で演劇を上演するための助成金を受けていた。そこでミュージカルを書かないかと誘われた。ミュージカル！　それはすごい飛躍だった。ベニーも飛びついた。「ロック・オペラを作ろう！」タイトルは彼の不遜な舌の先っぽにあった。『チョップ・スイ』。チョップ・スイとは、前にも書いたように、中国系が白人を喜ばせるために考案した料理である。ロジャース＆ハマースタインの歌で、私たちが白人の観客に出されたチョップ・スイなのだと気づかされた。逆襲のチャンスだ。イー＆ミヤモト・バージョンのチョップ・スイ、アジア系アメリカ料理を用意してやろうじゃないの！

脚本を書くことについては、ほとんど知らなかった。そこで、音楽、歌詞、そして動きのある歌でストーリーを進めようと考えた。ソングストーリーだ。オーソン・ウェルズの言葉を借りれば、私たちには無知による自信があった。しかしそれ以上に、私たちには使命があったのだ。自分たちの手で自分たちのコミュニティについての作品を作ることは、やりながら学んでいくタイプの実験をするのに安全な空間を提供してくれた。チャイナタウンで育ち、そこからさっさと抜け出したいと願う少女を描いた、大胆で、派手で、クレイジーなミュージカルだ。

黒人アーティストたちは、常に限界に挑戦していた。ニューヨークでは、メルヴィン・ヴァン・ピーブルズによるミュージカル『自然死とは無縁な俺たち（*Ain't Supposed to Die a Natural Death*）』を観た。この作品は、歌と振付がついた詩をフリースタイルに表現した「大胆不敵」な一連のストーリーから成り立つ、黒人のストリート・ライフを描いた作品だ。画期的な映画『スウィート・スウィートバック（*Sweet Sweetback's Baadasssss Song*）』の監督でもあったヴァン・ピーブルズは、まずサクラメントでこのショーを上演し、次にオフ・ブロードウェイに持っていき、ついにブロードウェイでの舞台に挙げた。それは、プロテストを超えた新しいタイプの大胆なブラック・ストーリーテリングだった。存在感を勝ち取ったのだ。

生演奏のミュージシャン、俳優、歌手、ダンサー、セット、衣装、照明、そのすべてを揃えてミュージカルを作り上げるのは簡単なことではないとわかっていた。私はブロードウェイのヒット作に出演したこともあれば、失敗作に出たこともある。有名な作曲家、演出家、大金を使ったとしても、ミュージカルはリスクの高いビジネスだった。でも、失うものは何もなかった。イースト・ウエスト・プレイヤーズには、セットや衣装の製作者、照明係の経験を積んだ少数精鋭のチームがあった。自分たちが育った時代にはなかったもの、つまり、自分たち自身が演じて自身のストーリーを語る舞台を創り出すのだという高揚感に、誰もが時間、汗、魂、才能を捧げた。

白人が英雄か敗者となり、労働者階級か上流階級であり、青春を送り、恋に落ち、過ちを犯し、大成功を収めるという文化に、私たちは慣れすぎていた。私たちは、彼らのストーリーのなかに自分を探そうとした。目の形、肌の色、胸の大きさなども、彼らの尺度で測っていた。私たちは隅に追いやられるか、あるいは見えない存在だった。ブルース・リーがアメリカではなく香港からスターダムにのし上がるまで、私たちは脇役だった。ほとんどの人は、自分が透明人間であることに腹を立てるほど自覚的ではなかったが、そのことが私たちみんなを蝕んでいた。自尊心の欠如が、アジア系の若者をドラッグに走らせたり、髪を金髪に染め、スコッチテープでまぶたを二重にさせていた。自己破壊の道を歩む者も多く、「自殺世代」とすら呼ばれていた。

『チョップ・スイ』は、自分を可視化する一つの方法だった。それは、私たちの存在宣言だった。それは、私たち自身、私たちの民族、私たちの闘い、私たちの伝統を見つめる方法であると同時に、私たちがどのように変化したか、これからどうなりつつあるのかを見つめる方法でもあった。舞台の上で自分の姿を創作し、目撃することは、自らに力を与える行為だった。独自のストーリーを語ることは、神話を打ち砕き、自分を（再）定義する方法だった。最初のバージョンでは、ベニーがカッコいい音楽を作り、私が作詞、演出、振付、演技を手伝った。薄っぺらいストーリーを支える一握りのかなりいい曲ができた。ミュージカルというより、四五分のミュージカル・レヴューだった。しかし、一つの種が地面に落ちた。

序曲が鳴り響き、ベニーがピットから歌って、舞台を整えた。

It was gold rush days when they first came,
you know they built the railroad.
They huddled together through all kinds of weather,
they were strong and oh so bold.
It was self-defense and a good business sense,
paint it red and trim it with gold.
The dream of a prosperous life

was buried inside of them.

最初にやって来たのはゴールドラッシュの時代だった、
ご存知の通り、彼らは鉄道を敷設した。
あらゆる天候のなか、身を寄せ合って生きた、
彼らは強く、とても大胆だった。
それは自己防衛であり、優れたビジネスセンスでもあった、
赤く塗り、金で縁取る。
豊かな生活への夢は
彼らのなかに埋もれていた。

コーラス：

Hey now.
Let's go down to Chinatown! Drums they beat,
dragons dancing in the street.

やあ。
チャイナタウンに行こうぜ！　太鼓が鳴り響く、

通りで龍が踊っている。

私たちは皆が知っているキャラクターを作った。サンフランシスコのチャイナタウンにあるお気に入りのレストランの無礼な中国人ウェイターを覚えているだろうか？　そう、彼をステージに立たせた。マイケル・ポール・チャンがこの役を完璧にこなし、客に向かって吠えた。**注文は何だ?!　これが俺の昼の仕事で、夜の仕事でもある。**歌うウェイターたちのコーラスが、彼に礼儀を教えようとする。**ご注文をお伺いします。ご注文をお伺いします、プリーズ？**

【写真21】『チョップ・スイ』のキャスト、1979年。中央がデボラ・ニシムラ、右端がノブコ。写真提供：Great Leap Archives。

私はニューヨークのチャイナタウンで活動家たちに囲まれていたので、汗水たらして働く女性たちが、自分は買うことのできない服を縫うのがどういうことなのか知っていた。マリリン、デニース、モモ、そして私が、彼女たちの苦悩を歯切れよく歌った。**汗水垂らして働かなくちゃ——店の中に——窓がなく——外を見ることもできません。**そしてウェイターとお針子たちが対旋律で合唱した。自分で言うのもなんだが、今でも十分通用する曲だ。

バンド「ヒロシマ」のオリジナル・ボーカルを務めたアトミック・ナンシーが、パンク・ロックにハマった頃の自分を歌った。両親が経営するリトル・トーキョーのレストラン「アトミック・カフェ」でウェイトレスをしているキャラクターを披露した。「メイク・イット・キンキー・フォー・ミー・チンキー！（Make It Kinky for Me Chinky!）」というナンバーで、反抗的な彼女をステージに立たせ、観客の度肝を抜いた。

しかし、もっとも心に響くのは、ソウルフルなバラード「アメリカン・メイド（American Made）」を熱唱するデボラ・ニシムラの歌声だった【写真21参照】。

People look at me, what do they know, what do they see
All I want and need is to belong, but they can't believe
I'm American made, just like you and I wanna say,
American made, it's my home and here I stay,(2)
American made

人は私を見て、何を知り、何を見る
望みは所属することだけなのに、信じてもらえない。
私はアメリカ製（アメリカン・メイド）、あなたと同じ、言わせて
アメリカン・メイド、ここが私の家、ここにとどまる、
アメリカン・メイド

『チョップ・スイ』は三つのバージョンを作った。そのたびに新しいアーティストがそれぞれの味わいを加え、それぞれのバージョンで学びや成長があった。イースト・ウエスト・プレイヤーズでは、若い才能とプロの俳優が次々と活躍の場を見つけた。ジョン・ローンは香港生まれで、京劇の訓練を受けていた。彼はまるで映画スターのような容姿をしており、すぐに実際にスターになった。『ラスト・エンペラー』を観たことがあるだろうか。その主演が彼だ。『ウエスト・サイド・ストーリー』の同窓会で、ホセ・デ・ヴェガにばったり出会った。チノを演じていた頃の彼の髪は黒かった。今は銀髪で、まるで彫刻のように骨に肌が吸いついていた。思い切って彼に、『チョップ・スイ』の父親役をやらないかと尋ねた。彼は飛びついた。「いいよ、歌えるならね」。よし、彼のためにも歌を書こう。

親しかったダンサーの友人、レイコ・サトウが、まるで精霊のように完璧なタイミングで再び現れた。ダンスと舞台のベテランである彼女は、忘れていたかつての日々を思い出させてくれた。

サブ・シモノは年季の入った俳優で、この作品では監督の帽子をかぶってくれた。彼は私に、特に苦しいときに忘れられない言葉をくれた。「続けているんだから、それで成功なんだ」

『チョップ・スイ』を観て、さまざまな人たちが立ち上がった。オレゴン大学の若い活動家だったマイク・カンは、ロサンゼルス工業専門学校でこのショーを観て、オレゴン公演のためのプロデュースを引き受けた。二三の草の根団体からなる連合を結成し、関係者二〇人をユージーンとポートランドに連れて来れるだけのチケットを販売した。公演した三日間、空席はひとつもなかった。あらゆる年齢層の人々がショーに足を運び、自分たちの姿やストーリーをとらえた、不完全ながらもエキサイティングなこのミュージカルに興奮した。草の根運動が電気のような衝撃を放った瞬間だった。目をみはるようなヘリコプターをステージに登場させる必要もなければ[*1]、ハリウッドから大金を受け取ったり、何が売れるかを教えてもらう必要もなかった。ステージ上でも観客席でも誰もが感じていた。『チョップ・スイ』は正真正銘、私たちの物語だった。

『チョップ・スイ』のプロジェクトは成長痛をもたらした。アーティストにギャラを払い、劇場を借り、衣装を作り、宣伝するためには、興行収入以上のものが必要だ。自分たちの物語を伝えることが重要だという信念以上のものも必要だ。サポートや仕組みがいるのだ。アフリカ系アメリカ人の振付師であるシェリル・ラングが、全米芸術基金からの助成金を受けることを提案してくれた。何ですって？　自分たちが批判している政府からお金をもらうの？　そこで彼女は私を諭した。助成金は私たちが払っている税金からの公的なお金よ。有色人種のアーティストが基金からの支援を今まで受けられなかったのは、私たちが事業を発展させたり、ゲットーの外で家を買うための銀行ローンを拒絶されたり、選挙権を奪われたりしてきたのと同じこと。私たちのコミュニティに貢献する芸術のための基金にアクセスすることは、間違ったことではないわ。

全米芸術基金にプレゼンテーションをするために、ベニーがワシントンＤＣに行ったときのことを覚えている。『チョップ・スイ』のビデオを見せたら、一万ドルの小切手をくれた。ブロードウェイやハリウッドに比べれば、はした金だったが、私たちにとっては黄金だった。私たちも大人になり、非営利法人を結成し、理事会を持ち、雇用者番号を取得することになった（おやまあ！）。ベニーの脳裏にある名前が浮かんだ。「グレートリープ」。中国の文化大革命の「大躍進（Great Leap Forward）」から拝借した組織名だ。「前進」は外した（そうしておいて本当に良かった）。もともとの文化大革命は大惨事となり、中国の芸術家や知識人の多くが再教育キャンプに入れられ、時代は逆戻りした。一方私たちは、一九七八年、合法的な非営利芸術団体「グレートリープ（Great Leap）」を結成したのだった。

グレートリープは一九六〇年代の意識転換運動が生み出した数多くの有色人種による小さな文化芸術団体のひとつである。私たち仲間は、ロサンゼルス・ミュージック・センターのような大きな文化機関の流れに逆らって、上流に向かって泳いだ。アフリカ系アメリカ人のミュージシャンでプロデューサーのＣ・バーナード・ジャクソンは、その時代の文化創造者としての私たちの役割を理解していた、先見性のあるリーダーだった。彼はヴァーモント通りとピコ街の近くにあったメーソン寺院を譲り受け、インナー・シティ・カルチャー・センター（ＩＣＣＣ）を設立した。ここはすべての人種のアーティストを受け入れ、劇、リハーサル、ダンススペースに使える施設だ。多文化主義という言葉が生まれる前に、多文化主義を実践したのだ。ピコ・ユニオン地区にはギャングやドラッグが蔓延していたが、ＩＣＣＣの門をくぐれば、そこはジャクソンが思い描いたクリエイティヴで色彩豊かな世界だった。私たちがジャックと呼んでいた彼は、雄弁さと高潔な心を持ち、有色人種のアーティストたちのコラボレーションと卓越した芸術性を促進していた。大変な事業ではあったが、私たちは自分たちのコミュニティを超えて影響力を拡張するという、重要な課題に取り組んでいた。みんなで大きな使命を担っていた。それは、より現実に近いアメリカの姿を描きだすことだった。

ジャックは一九九六年に亡くなった。あまりにも多くのアーティストをサポートしなければならず、ＩＣＣＣに明かりを灯し続けるストレスが大きすぎたのだ。私は彼を芸術界のマルコムＸだと見ている。もしこの国に文化大臣がいるなら、私はＣ・バーナード・ジャクソンを指名する。彼がいれば、大統領なんて必要ないだろう。

第二五章

愛は何色？

What Is the Color of Love?

私の歌「愛は何色？（What Is the Color of Love?）」は、アルバム『*Nobuko: To All Relations*』（Bindu Records、一九九七年）に収録されており、新しいバージョンは『*120,000 Stories*』（Smithsonian Folkways、二〇一一年）に収録されている。

I have a son and colors run through his bloodline
Into his crayons, pencils, charcoals, watercolors
Painting his toys, notebooks, walls, furniture
Painting a world he wants to live in

私には息子がいる、彼にはいろんな色の血が流れている

クレヨン、鉛筆、木炭、水彩絵の具で　おもちゃ、ノート、壁、家具に色を塗る　自分が住みたい世界を描く

アジア系アメリカ人コミュニティのアーティストとして、教え、創作し、リハーサルし、ときにはツアーをしていた私のクレイジーな人生に、いつもカマウはついて歩いた。彼には順応性があり、多くの文化やたくさんの私のアーティストの友人を受け入れていた。カマウは私のアイデンティティの一部であると同時に、彼独自のアイデンティティも持っていた。人種の混ざった子の母として、カマウが自分に含まれるすべての要素を経験できる場所と空間を見つけなければならなかった。

私たち親子が初めてマンザナー強制収容所の巡礼に参加したのは、一九七六年、カマウが三歳のときだった。それは私がサンタ・アニタに収容されたのとほぼ同じ年齢だ。たぶんほとんど記憶には残らないだろうが、彼に自分の民族の物語を知ってほしかった。彼の身体記憶に残しておきたかった。私たちは、一九六九年に最初のコミュニティ巡礼を始めたウォーレン・フルタニとヴィクター・シバタと一緒にキャンプを張った。太鼓と食料を持ち寄り、スピーチを聞き、先祖を偲ぶために、みんなが知っている伝統的な盆踊りである「炭坑節」を輪になって踊った【写真22参照】。四月、シエラ山脈にはまだ雪が残っていた。敷地内に入ると、白い慰霊塔が空を指し、一万人が収監されていたブロックやバラックの跡が見えた。人々が極寒の冬と炎天下の夏を耐え忍び、壁の隙間からは砂が吹き込み、食べ物や衣服、心のなかにまで砂が吹き込んだ収容所だ。今、吹きすさぶ砂は、私たちを通り抜けていた。

子どもや年長者の墓がある石造りの墓地で、死者を祀った。カマウは、かつて一世が日本庭園を造った場所で、岩や石の間で遊んでいた。割れた食器でいっぱいの奇妙な穴を見つけた。ここから解放される前に、日系人は記憶を

【写真 22】シンチップ（アジア系アメリカ人コミュニティの集会）で「炭坑節」をリードするジョアン／ノブコ、ロサンゼルス、1971 年頃。写真提供：ヴィジュアル・コミュニケーションズ。

埋めるように、政府から支給された食器を割って埋めたのだ。収容所巡礼は、アメリカ政府が行なった深い不正義を掘り起こし始めたばかりだった。

強制立ち退きは日系人だけの歴史ではない。アメリカの歴史を貫いている。先住民の排除、アフリカ人の強制連行、メキシコ人ブラセロの強制送還。そして今、ラテン系の人々が追い返され、さらには幼い子どもが家族から引き離される事態すら起こっている。かつてのキャンプの子どもであり、今、母親となった私にとっては想像もできないほど恐ろしいことだが、それが現実に起きているのだ。一九八〇年代、日系人のリドレス運動はコミュニティを活性化させ、私たちのストーリーに政府の耳を傾けさせ、謝罪と金銭的賠償を余儀なくさせた。[*1] 今日、「連帯の鶴（Tsuru for Solidarity）」のようなグループが、保護を求める人々のために立ち上がり、収容所を閉鎖せよと呼びかけている。

カマウはアフリカ系アメリカ人だけでなく、日系人の体験も背負っていた。それをどうすれば重荷ではなく、彼の人格を深めるものにできるのか？ カマウは小さい頃は、人とすぐに打ち解け、友人を作るのが得意だった。しかし成長するにつれて、口数が少なくなり、「静かなる戦士」の名により近づいたのかもしれない。私の知恵深い女友だちのニャは、「心配しないで。彼は耳を澄ませているのよ」と言ってくれた。そして彼は問うていた。私が尋ねたことがなかった問いを。

ヴェニス・ビーチで友人のハミルトン・クラウドと一緒に砂の城を作っていたとき、彼は六歳だった。カマウは手についた砂をこすり落とし、私を見た。「ママ、二人の黒人男性が日系人の女性といるのを見て、みんなどう思うのかな?」

私たちはこの一件で大笑いした。

アーリントン・ラウンジの集合住宅から引っ越した後、私たちはクレンショー通り近くのロデオ・ロードにある三棟バンガローのアパートに住んだ。そこは黒人と日系人が混在する地域で、ホリデイボウルという二四時間営業のコーヒーショップを併設したクールなボウリング場のすぐ近くだった。ここでは夜にうどんを出しており、また時間を問わず、グリッツと好みの調理法の卵、チャーシューを乗せたご飯を提供していた。駐車場に巨大なレンガの壁があり、真っ白な落書きにはこう書かれていた。「REVOLUTION!(革命!)」ボウリング場に入ると、黒人リーグがプレイしていたり、ラーメンを食べ終わる頃には日系人チームがレーンに入っていたりする。ビリヤード台では黒人、メキシコ系(チカーノ)、アジア系が一緒にプレイしていた。オーナーの一人であるポール・ウエムラは、火傷の痕があり、片目に眼帯をした、髪が薄くなりつつある男性だったが、キャンプから戻った後、あらゆる人種の人々が集まって楽しい時間を過ごせる場所が欲しくて、このカフェを作ったと語っていた。

しかし、住んでいたアパートは、バラ色の世界ではなかった。私たちの部屋に行くには、朝静かに家を出て、夜静かに帰ってくる中国人男性の妻で、専業主婦をしていた白人女性の部屋の前を通らなければならなかった。この女性は、私の友人たちが部屋の前を通るといつも、私たちに聞こえるような大声で不平を言った。「いやね。黒人がしょっちゅう出入りしているんだから!」私たちは我慢していたが、ある日、ニジェリと娘のオシュンがちょっとしたブードゥー教の儀式を実行した。泥の塊を拾って、彼女のドアの前に捨てたのだ。

ある土曜日の朝、その女性がゴミを出しに私の部屋の裏口を通り過ぎた。彼女の不平が私の神経を逆撫でした。私はドアを開け放ち、こう言った。「すみません、何か言いたいことがあるんですか?」カマウが聞きつけ、近づいてきた。

彼女はゴミ箱を落とし、腰に手を当て、私とカマウに憎しみを向けた。「黒人の子どもを産むなんて恥ずかしいと思いなさいよ!」

あたりが真っ赤になった。私は思わず彼女に詰め寄った。私の子どもの前でよくもそんなこと言ったわね! つかみかかろうとした寸前で、自分を抑えた。私の唯一の武器は、言葉だ。「中国人の夫を持つあなたがそんなこと言うなんて、あなたこそ恥ずかしいと思いなさいよ!」私は大股でキッチンに戻り、ドアをバタンと閉めた。心臓の音があまりにけたたましく、カマウに聞こえるほどだった。そして床にへたり込んだ。なぜカマウを守ることができなかったの? どうしてこんなことを子どもが聞かなければならなかったの? あの言葉がカマウの七歳の心のどこに着地したのかはわからないが、カマウのなかの「静かなる戦士」が私を慰めた。「ママ、あの女の人、どこか悪いの?」

気持ちを落ち着けた後、私は王道を行くことにした。日系二世の大家さんに手紙を送り、隣人の人種差別的発言と継続的な嫌がらせについて説明した。彼女にやめるように言ってほしいと頼んだ。そうでなければ、弁護士に依頼するつもりだ。数週間後、私は手紙を受け取った。立ち退き通告付きだった。私に出て行けという内容だった。憎悪と人種差別のために自分の家を追われた二世たちが、私に出て行けと言ってきたのだ! トラブルはごめんだ、ということだった。そうね、カマウ。たくさんの人が、どこか悪いのね。

八歳のとき、カマウは新たな疑問を抱きながら、学校から帰ってきた。「どうしてこんなに黒人は嫌われるの?」どう答えていいかわからなかった。でも、彼が途切れることなく、ずっと問い続けることを願った。

カマウが学校に上がったとき、マーカス・ガーヴェイ・スクールに行かせるのがいいと考えた。クレンショー近くの五四番街にある黒人学校で、読み・書き・算数と黒人の歴史に重点を置いている。学校に彼を迎えに行ったある日のことだった。廊下は黒人の子どもたちとその母親たちで賑わっていた。私がカマウの手を取ると、一人の少年がこちらの様子を怪訝そうにうかがった。私を見上げ、カマウを見下ろし、もう一度私を見上げた。この光景を理解しようと頭を捻っていた。そして明るく大きな声で言った。「その人が君のお母さん？」

カマウは私を守った。「そうだよ、僕の母さんだ！」

「君はごちゃ混ぜなんだね！」

他人が私たちの「ごちゃ混ぜ家族」をどう見るか、笑い飛ばすことを私たちは学んだ。それでも、どういうわけか私は、その学校に関わることを歓迎されているように感じなかった。

では、私たち二人がありのままでいられる場所を見つけるにはどうすればいいのか？　フェアファックス通りとヴェニス街の近くにあったコミュニティ・スクールは、生徒数三〇〇人の多様性に満ちたマグネット・スクールで、生徒は先生をファーストネームで呼び、親も学校に参加することが義務づけられていた。校長は、たまたま中学校時代の旧友で、アフリカ系アメリカ人のサンディ・ホスキンスだった。転校すると、彼はすぐに、私に学校の芸術プログラムを創設するよう、勧めてくれた。了解です、校長先生。アーティストのセンガ・ネングディ、彫刻家のマレン・ハッシンガー、ジャズ・ミュージシャンのロベルト・ミランダ、詩人のジャック・グレイプスらをこのプログラムに呼んできた。彼らはアートを教えるのではなく、生徒の内面に潜んでいるアーティストを引き出した。

もうひとつ、私たちの二人の居場所となったのは、レイマート・パークだった。古い隣人のデール・デイヴィスとアロンゾ・デイヴィスは、ブロックマン・ギャラリーのオーナーだった。関係者が「ヴィレッジ」と呼ぶこの地区の中心的施設だ。デグナン大通りを歩くと、黒人のイメージを描いたアロンゾの巨大な壁画があり、代表作である矢印が道を指し示していた。ジャンベ・ドラム、ジョン・コルトレーン、ボブ・マーリーなどのサウンドトラックを聴きながら、アフリカ工芸品、色とりどりの織物、宝石、本、衣服、アートを扱う店先を通り過ぎる。ヘアセット・サロンの近くの店先からは、アフリカン・ダンス教室の参加者たちが汗を飛び散らせながら通りに流れ出てくる。博物館の「ミュージアム・イン・ブラック（Museum in Black）」は、アフリカの部族の仮面やアメリカ南部の「白人専用」の看板といった遺物を通して、ストーリーを語っていた。奴隷たちの首や足首につけられた手かせ・足かせの実物に触れると、奴隷制度が現実味を帯びてくる。

一九六七年、ワッツ暴動と警察によるブラック・パンサー事務所包囲事件から間もない頃、アロンゾとデールは大胆にも、かつて住宅規約によって黒人の立ち入りが禁止されていたレイマート・パークに、黒人アートのギャラリーを作った。一九四八年に制限が解除されてから、この地域には中流階級の黒人や日系人が住み始め、もちろん白人は退去していった（現在は、地下鉄の発達と高級住宅地化によって白人が戻ってきている）。このギャラリーの名は、奴隷所有者と奴隷の息子で、解放後にチェロキー族の女性と結婚した、アロンゾとデールの曽祖父、ブロックマンにちなんだものだ。つまり、彼らもまた「ごちゃ混ぜ家族」だったのだ。ブラック・ナショナリストたちが奴隷の名前を捨てていった時代に、彼らは自分たちの家族の歴史に敬意を表して、ブロックマンの名前を使ったのだった。

ブロックマン・ギャラリーのビジョンは大きかった。CETA（包括的雇用訓練法）と呼ばれる連邦政府のプログラムから資金を得て、アーティスト、それも黒人アーティストだけでなく、ラテン系やアジア系、たとえばバンド「ヒロシマ」などを含む、さまざまなアーティストを雇い、アートを作り、パフォーマンスを行ない、普通の人と同じように年間を通して給料をもらえるようにしたのだ。なんと素晴らしいコンセプトだろう！　彼らの活動を気に入ったユダヤ系の地主からブロックマン・ギャラリーの両脇にある店舗を借り、そこをライヴ・スタジオにした。店のウィンドウは力強いイメージで埋め尽くされ、それが前を通る私たちにも反射した。レイマート・パークのお祭りでは、ロサンゼルス中からブラック・ヴィレッジのファンがやってきて、いろんなリズムと香りを運んできた。アフロ、ドレッド、三つ編み、アフリカ風シャツ(ダシキ)、赤、黒、緑のブラック・ナショナリスト・カラーのかぎ針編みの帽子を身につけたブラザーやシスターたち、冠のようにアフリカ式頭布を巻いたシスターたちが闊歩する。ここは今でも都会のブラック・ヴィレッジであり、常に変化し、変容し、成長し、コンクリートの隙間から根っこが芽吹く、文化のメッカである。

子どもが誰もそうであるように、カマウにも全身に流れる天性の創造力があった。鉛筆で、クレヨンで、水彩絵の具で、ノートに、スケートボードに、いつも絵を描いていた。彼は決して退屈しなかった。退屈な役員会やリハーサルのときでさえ、ノートを取り出して絵を描いていた。もちろん、彼にはアーティストになってほしかった。ロサンゼルスの大きな美術館に行く必要はなかった。アートはヴィレッジのストリートレベル、人々のレベルにあったのだ。チャールズ・ホワイト、デヴィッド・ハモンズ、ジョン・アウターブリッジ、ウィリアム・パジョー、その他大勢の芸術家の作品が、カマウにとっての自然な風景の一部だった。エリザベス・キャトレットの木の彫刻を抱きしめることさえできた。社会のなかで不可視化されたり、否定的なイメージで塗りつぶされたりしている人々にとっての視覚芸術の重要性を目の当たりにした。カマウが目にしたのは、黒は美しいというだけでなく、黒は複雑で、知的で、神秘的で、多様で、そして誰にでも語りかけることができるということだった。これがカマウを癒し、彼の持つあらゆる面を生かす道だった。

カマウは他のヴィレッジの住人たちに溶け込んでいた。シスターであり友人のニジェリは、私よりも色は白いが黒人としての核をしっかり保持した、印象的な青い目のエジプト王妃(ネフェルティティ)だった。皆が彼女を黒人だと認めていた。娘のオシュンや、他の子どもたち——マリク、トラネル、双子のプレシャスとレイディ——は、あらゆる色合いの黒人の子どもたちだった。みんな、私たちと同じように複雑なストーリーを持っていた。子どもたちに触発されて、じゃん

【写真 23】『ジャン・ケン・ポー』の舞台、ジーン・ダイナルスキー劇場、ハリウッド、1982 年。左から右へ：エリン・イノウエ、カマウ・アユビ、ノブコ、サンザ・フィッツ、アケミ・コチヤマ。写真提供：Great Leap Archives。

けんの歌――日本語では「ジャン・ケン・ポー」と叫ぶ――を作った【写真23参照】。(1) この歌をみんなでリハーサルしていたとき、双子らが私の名前を聞いて、「オビワン・カ・ノビコ」と命名した！　私はブロックマン・ギャラリーの役員になった。ここにはどうやら、私も溶け込んだようだ。

ここで、小さなカマウは、レイマートの名物詩人であり、神の声を持つ知恵の伝え手、「ビッグ」カマウ・ダアウードを見上げることができた。ジョン・コルトレーンの最後のアルバムのタイトル曲である「クル・セ・ママ（Kulu Se Mama）」の作曲者であり、謙虚な天才楽器職人でもある、不世出の伝説的ミュージシャン、ジュノ・ルイスのような人たちとも付き合いができた。イスラム教徒の商人ファディルは、かつてはダイヤモンドのカット職人だったが、今ではアフリカの織物を取引している。カマウが何も買わなくても、ファディルは小さなブラザーに時間をかけて問わず語りをしてくれた。黒人男性たちは、あまりにも多くの黒人の父親が姿を消し、命に危険にさらされている現実のなかで、空白を埋める方法をよく知っていた。

ザ・ヴィレッジは、今でも、選ばれ、思い描かれ、自己決定される場所であり、アート、とりわけブラック・アートの無限の可能性によってつき動かされ、神聖化されていることに変わりはない。ザ・ヴィレッジは文化のメッカであり、黒人コミュニティが安全で、自由に自分らしくいられる解放された領域なのだ。その瞬間、ザ・ヴィレッジはカマウと私に避難所、二人が同時に帰属できる居場所を与えてくれた。

Blue, green, orange, violet
Olive, caramel, hazel, chocolate
Color the world you want to live in
Color the world you want to live in

青、緑、オレンジ、紫
オリーブ、キャラメル、ヘーゼル、チョコレート
住みたい世界に色を塗ろう
住みたい世界に色を塗ろう

第二六章
トーク・ストーリー
Talk Story

アジア系アメリカ人の声と存在を創り出すための私たちの努力は、日系コミュニティ全体にも反映されつつあった。一九八三年には、五階建てで、ギャラリーとオフィススペースを持つ日米文化会館が建ち、イサム・ノグチ設計の巨大な広場と八八〇席の豪華な劇場が併設された。多くの個人商店やレストランが姿を消しつつあったリトル・トーキョーに、「私たちはここに留まるぞ」と宣言できる文化的支柱ができたのだ。日米文化会館はカリフォルニア最大のエスニック・カルチャー・センターと謳われた。ここのアーティスト・イン・レジデンスとして、バンド「ヒロシマ」の箏奏者、ジューン・クラモト、同じく「ヒロシマ」の和太鼓奏者ジョニー・モリ、写真家のパトリック・ナガタニとともに、私も招かれた。カリフォルニア芸術評議会（アーツ・カウンシル）からの助成金のおかげで、私たちは毎月、ほとんど「普通の仕事」のような報酬を受け取ることができた。日米劇場での公演も実現した！　天国に来たようだった。

日米劇場（現在のアラタニ劇場）のこけら落としは、日本から来た大歌舞伎がつとめた。カマウを連れて、バルコニーから観たのを覚えている。歌舞伎は日本の高尚な芸術で、オペラのようなストーリー、様式化された動き、豪華な衣装、彩られた顔、劇的な舞台効果、そして男女両方の登場人物を男性が演じる演劇形式である。圧倒的な舞台だった。カマウも夢中になった。グレートリープがこの同じ神聖な舞台で公演することなんて考えられるんだろうか？

より深く学んでいくと、一六〇〇年代初頭に歌舞伎が始まったときのルーツはそれほど神聖なものではなかったことがわかってきた。歌舞伎は当初、女性の大道芸人（よっしゃ！）の間で生まれた歌舞劇で、演者のなかには（おそらく芸を支えるために）売春をする者も含まれていた。売春を理由に禁止されるまで、あらゆる階級の人々を巻き込んで人気を博した。そして一六二九年に、男女両方の役を演じる男性たちに乗っ取られた（女性から文化を盗んだわけだ！）。それでも、歌舞伎はまだ下品なものとして人気があり、売春と結びつけて考えられていた。一六七三年に歌舞伎はようやく飼いならされ、公認の芸ごととなった。今日、歌舞伎は日本芸術の宝であり、世界中で賞賛されている。

威圧されないようにするにはどうすれば良いのか？　それには、歌舞伎の女性創始者たちに倣って（売春は除くが）、図々しく、自由にやらなければならない、と考えた。新たな劇場の美しい舞台が、何か大きなことをやれと、私を招いていた。オリジナルの音楽を使ったアジア系アメリカのモダンバレエを作りたいと思った。『三つのムーヴメントの旅路（*Journey in Three Movements*）』は、移民からアメリカ人への変遷を描いた作品だ。これまでに試みたなかで、もっとも音楽的に複雑な構成だった[1]。気がふれたようにシンセサイザーとシーケンサーでダイニングルームを埋め尽くし、かつて踊ったことのある作曲家たちの音楽が降臨してくるのを待った。語りかけるように歌うだけでなく、仲間のパフォーマーたちと一緒に踊ることにも挑戦した。私たちは第一級のチームを編成した。音楽監督兼プロデューサーのデレク・ナカモトは、師匠であるミシェル・コロンビエから学んだ編曲技術を生かし、ポップミュージックの枠を超えた活動を展開していた。ドナ・ホダカ・エバタがパートタイムの事務局兼プロデューサーで資金集めを担当した。振り付けはホセ・デ・ヴェガが引き受けた。

私がグレートリープの母親だとしたら、ホセはその父親になった。『ウエスト・サイド・ストーリー』の後、イタリアで数年間をローマ現代舞踊団の活動に費やした。ハリウッドに戻った彼は、褐色肌の俳優の役が限られていることに再びつまずいた。『チョップ・スイ』はお金にはほとんどならなかったが、ホセに芸術表現の自由を与えた。彼は庭師として生計を立てていた。といっても、私の父のような庭師ではなく、映画スターのシドニー・ポワチエのような顧客のための、屋内の庭師だった。『三つのムーヴメントの旅路』では、ホセは振付師としても演出家としても、持てる創造性をすべて発揮できた。彼の禅のような美学は、できないことは何もないと感じさせてくれた。

私のダンス教室からはかなり実力のあるダンサーが輩出していたが、そこに一流のプロが加わった。ハワイを経由してニューヨークからやってきたルイーズ・ミタは、才能あふれるダンサー兼振付師で、若者を指導する天才でもあった。カリフォルニア大学アーバイン校で生物学の分子の運動を研究していた韓国生まれのヤン・エー・パークは、マース・カニングハムに出会ったことで運動への情熱をダンスに振り向け、UCLAの世界芸術文化研究科で修士号を取得した。アフリカ系アメリカ人の男性ダンサー、レイモンド・ジョンソン、ディアナー・ヤング、ダリル・コープランドが飛び入り参加。ナタリー・ワイズ、ウォリス・ラーティナン、トゥルーディ・ウォーカー、そしてロサンゼルス統一学区の教師であるジャネット・サイトウが、我々の多文化軍団を完成させた。ほとんどの人間は、ダンスを創るために何が必要なのかを理解していない。私がダンサーを好むのは、彼らが自分の技術を完成させるために多くの時間とエネルギーとお金を費やす稀有な生き物だからだ。ダンス人生は短く、不可能なことを簡単に、美しく、魔法のように、喜びに満ちたものに見せてくれることに、十分に感謝をされることはない。『三つのムーヴメントの旅路』、『ソンユー』、『ブリッジ』など、日米文化会館の舞台やそれ以外の場所で踊られた作品を、一緒に汗を流して創り上げてくれたすべてのダンサーにここで感謝したい。

グレートリープは波に乗っていた。ときにはジェットコースターに乗ったように、目まぐるしく事態が展開した。

私たちは「コミュニティ・アート」がどのようなものかに関する認識を高めていた。同時に、ダンスの分野にも変化が起こっていた。言い換えれば、私たちのようなグループが現れたことで、新たな分野が生まれたといってもいいかもしれない。カリフォルニア芸術評議会は、グレートリープの運営のために技術的な支援をしてくれた。予算作り、助成金の申請、報告書の作成、マーケティング、そして公演予約のための会議への派遣など、楽しい業務もこなさければならなくなったからだ。アーティストたちは、生活のためにアルバイトをしていることが多い。ドナとグレートリープのオフィスで過ごす時間が、私の昼間の仕事だった。長期的に生き残るためには、知恵と戦略が必要だった。

しかし、全員が生き残れたわけではなかった。エイズの流行は、芸術界に猛威を振るった。毎週、ダンス・コミュニティの友人や同僚の誰かが亡くなっていくようだった。一九八七年、ホセ・デ・ヴェガがＨＩＶと診断された。新しいミュージカル『トーク・ストーリー』を創作している最中だった。演出は負担が大きすぎるが、出演はまだ望んでいた。アルベルト・アイザックとドム・マグヴィリという代役を用意したが、代役が必要だったのは一回だけだった。

「トーク・ストーリー」とは、ハワイのピジン語で、キッチンテーブルや玄関先で、いろんな人や状況について語り合うことを意味する。私たちのショー『トーク・ストーリー』は、このコンセプトをアジア系アメリカ人ミュージカルの叙事詩に仕立てた。白人のボーイフレンドに虐待される韓国系移民の悪夢「昨夜、ヘレン・ケラーになる夢を見た！」、メキシコ系と日系の混血少女が抱えるジレンマを歌った「スキゾフレニック」、アジア系の若者集団が溜まり場とする「二二番街ビーチ」、アジア系家族の一日を描いた「ファミリー・ビジネス」などなどだ【写真24参照】。

ホセはゲイであったが、差別と人種主義の長い歴史から生まれたフィリピン系の男らしい男性に共感を寄せていた。フィリピンから女性を連れてくることも、白人女性と結婚することも法律で禁じられていたため、生涯独身で

【写真 24】『トーク・ストーリー』のキャスト、一九八七年。左から右へ：デボラ・ニシムラ、マイケル・ポール・チャン、ヤンエー・パーク、ホセ・デ・ヴェガ、ノブコ・ミヤモト。写真提供：Great Leap Archives。

過ごした長老（マノン）たちについて、彼は語りたかった。週末になると、彼らはレクリエーションと女性と抱き合う貴重なチャンスを求めて、ダンスホールに出かけた。『ピリピノ・タンゴ』の語りには、ファンキーなベースライン、バックシンガー、そしてタンゴがついていた。[2] セクシーで痛快で、いつも拍手喝采の場面だった。ホセはその歌に、マノンたちに相応しい思いやりと尊厳を吹き込んだ。

『トーク・ストーリー』はハワイの三つの島を巡った。ホセはずっと一緒に公演について回った。サンフランシスコのシアター・アルトーで上演し、ロサンゼルス・シアター・センターでは六週間、公演を行なった。彼はどんどんとやせ細り、弱々しくなっていた。マリセル・パグラヤンがプロデュースしたパシフィカ・ラジオのために『トーク・ストーリー』を録音し、ホセはそこで素晴らしい歌を披露した。KPFKのインタビューで、『ピリピノ・タンゴ』をかけると、数分後、次の番組でディージェイをすることになっていた有名なバンドリーダー、ジョニー・オーティスが飛び込んできた。「あの曲は何だい？　僕の番組でもかけたい！」

ロサンゼルス・シアター・センターの公演の千秋楽から数ヵ月後、ホセは入院した。彼は芸術性、自身のストーリー、そして寛大な心を、グレートリープと地域社会にもたらしてくれた。彼はエイズとともに生き、自分のストーリーを聞かせるために、最後まで頑張った。それは自己中心的な意味ではなく、私たちアジア系が存在し、私たちの生命・人生が重要なのだと伝えたかったのだ。ホセは今、先祖とともにいる。彼を忘れてほしくない。彼の声と彼の民族のストーリーが『ピリピノ・タンゴ』に収められ、保存されていることを嬉しく思う。

I close my eyes, music fills my ears
Before you know it, my true nature appears
My pockets may be empty, but my heart is full
When I hear
The Pilipino Tango

目を閉じると、音楽が耳を満たす。
いつの間にか、僕の本性が現れる
ポケットは空っぽでも、心は満たされている
耳にするのは
ピリピノ・タンゴ

一九九〇年代初頭、新しいタイプのアート制作が、アート・シーンに爆発的に広がっていた。ソロ・アーティストたちが、小さなステージ、店先のスペース、ブラックボックス・シアター、駐車場、橋など、メッセージや観客を集めることのできるあらゆる場所で、自らのストーリーを語るユニークな方法を見出していた。パフォーマンス・アートは一九六〇年代に登場し、アーティストたちが、絵の具、言葉、メディア、身体を使ってキャンバスを突き破り、体制に挑戦した。この運動は、裸で、政治的で、無政府主義的で、反抗的で、そして、ほとんどが白人によるものだった。有色人種のアーティストにとっても、ソロ・パフォーマンスは、大きな作品を作る経済的余裕のない場合にぴったりだった。一九九一年、私はエイミー・ヒルの『トーキョー・バウンド』を観た。日本生まれの母とスウェーデン人の父という、自分の両親の入浴フェチを比較して書いたショーだった。がっしりした体格、大きく垂れ下がったヘーゼル色の目、マイクを必要としない豊かな声。彼女は予想を裏切り、これ見よがしに自分の異質さを振りまいた。そして、彼女はめちゃくちゃ面白く、彼女の境遇と観客自身の境遇について考えさせ、観る者を笑わせた。ダン・クォンの『サムライ・センターフィールダーの秘密（*Secrets of the Samurai Centerfielder*）』（一九八九年）は、「三人の姉妹と原子炉を母に持つ」家庭で、中国人と日本人のハーフとして育ったことを描いた作品だ。楽しくて、肉体的で、洞察力に富み、彼がアジア系アメリカ人男性として成人する過程で経験した複雑な状況と狂気を描いていた。エイミーとダンは、私が今まで考えもしなかった方法で、自分のストーリーを語っていた。こんなアーティストは他にもいるのだろうか？　アジア系アメリカ人のストーリーを独自の方法で伝えたいと願うもっと多くのアーティストを支援できる方法が、グレートリープにはあるかもしれない。

こうして生まれた『薄切りの米（*A Slice of Rice*）』フェスティバルは、丸二日間にわたって、たくさんのアーティストが一五分ずつのソロ作品を披露するショーだった。ハリウッドのバーンズドール・ギャラリー・シアターは満員になった。これらの「薄切り」の話は、アジア系アメリカ人の経験の多様性をパノラマ的に見せてくれた。長い間アメリカ人の頭のなかで私たちアジア系を特定のイメージに閉じ込めていた小さな箱を壊して、こじ開けた。自分たちのストーリーを自分たちなりの方法で表現するたくさんの若いアーティストたちの、奔放な想像力を見せてくれたのだ【次頁の写真25参照】。ロサンゼルス・ミュージック・センター・オン・ツアー・プログラムは、『薄切りの米』のミニ・バー

【写真25】『薄切りの米』の出演者、ロサンゼルス、1989年。左から右へ：ノブコ、シシール・クルップ、ジュード・ナリタ、エイミー・ヒル、ロン・ニューエン、ダン・クオン（赤ちゃん人形を持っている）、ルイーズ・ミタ（横たわっている）。写真提供：Great Leap Archives。

ジョンを学校に持ち込んだ。幼稚園児から高校生まで、年間五万人の子どもたちを動員した。ロサンゼルスの多様な若者たちと触れ合いながら、彼らを楽しませた。もちろん子どもたちは、ダンの野球の話や、カルビン・ジャンによるアジア系男性のフットボールの話が大好きだった。ルイーズ・ミタがハーレム育ちの日系人である生い立ちをラップとともに踊ると、そのアイデンティティの葛藤を理解した。同時に、ヤンエー・パークの抽象的なダンス作品や、ダンサーのロン・ニューエンがヴェトナムで僧侶が焼身自殺するのを目撃してしまった悲惨な幼少期の物語にも、子どもたちが魅了されたのには驚いた。アートには効果があるんだ！　四五分のショーの後は、アジア系のパフォーマンスを見たことのない子どもたちと、楽しくも深い質疑応答をした。この若者たちと一緒に何かを変えているんだという、確かな手応えを感じた。

やがて大学やカレッジのツアーも行なった。アジア系の若者や、この世界で自分が何者なのかを見つけようとしている人たちにアプローチするためだ。Q＆Aは、フィードバックをもらうためだけでなく、パフォーマーと観客の間の壁を壊すために、常にパフォーマンスに組み込んだ。観客にもまた、語りたいストーリーがあった。カルフォルニア州立大学ノースリッジ校での『薄切りの米』公演の後、ヴェトナム系学生のグループに取り囲まれた。「ワークショップをやってもらえませんか？　クラブ・オー・ヌードルズというグループの一員なんです。キャンパスでショーをやっているんです」。フン・ニューエンとその仲間たちは元気いっぱいだった。「一回だけのワークショップでいいですから、お願いします！」

一回のワークショップのはずが、一年以上の付き合いになった。私は何に巻き込まれたのだろう？　無給、助成金なし、スケジュールなし。私はヴェトナム戦争に抗議したが、彼らはヴェトナム戦争を生き抜いた子どもたちだった。過酷な経験にも、彼らが恨みを抱いていないことに心を打たれた。たくましく、大胆不敵で、面白いのだ。そして彼らには語るべきストーリーがあった。どうすれば彼らがそのストーリーを共有できるのか？　ワークショップのリーダーから、フンとの共同ディレクターになった私は、どうすればこの学生たちを演劇アンサンブルに引き込むことができるかを考えた。どうすればそれぞれのストーリーを長編作品にできるだろう？　それはヴェトナム系コミュニティにとって癒しとなり、それ以外の人々にとっても新たな知識となるだろう。演劇にできること、それは、他者の目を通して出来事を経験し、自分が経験していないことを見るのを助けることだ。そうすれば、他人はもう「他人」ではなくなるのだから。

毎週土曜日の洗心寺で一緒に稽古した。ダンサーでない人を教えた経験が役に立った。呼吸と身体を使ったウォームアップは、彼らのストーリーを掘り起こすための基礎となる作業だったからだ。訓練を受けていない役者にとって、集団でストーリーを語る方が簡単だった。舞台の上で身体を動かすことは、言葉以上のことを語ることがある。彼らはお互いをよく知っていて、なかにはいとこ同士もいたくらいだ。これならば、深く内面まで探索しても大丈夫だった。何人かはヴェトナムから逃れるために同じ船に乗った。子どもは防水シートの下に隠され、女の子は海賊にレイプされないように顔を泥で汚した。初めてマクドナルドでフライドポテトを注文したときのことを、可笑しそうに話してくれたメンバーもいた。ＪＶが話してくれたストーリーはこうだ。お腹を空かせていたが、家族の食料を買うためにどんどんと家具を売ってしまって、家は空っぽになり、壁にはホー・チ・ミンの写真だけがかかってた。ある日、彼は宝物、小さな塩の包みを見つけた。舌で指を濡らし、塩に浸した。ホー・チ・ミンを見ながら、彼はため息をついた。「チキン」と唱えて、塩を舐める。次に「ビーフ」と唱えて、一舐め。「ポーク」と唱えて一舐め。想像上の一口一口は、自分たちの家、生活、食べ物を破壊したと彼が思っていた男への反抗だった。

このワークショップは、やりながら学ぶプロセスだった。最近になって、この方法には名前があることを知った。「創作演劇」というものだ。すべてをゼロから作った。予算ゼロ、衣装は自前の服、古いヴェトナムの新聞で作った印象的なセットの前で、彼らは何もないところから、とても不思議で、面白くて、痛快で、芸術的な舞台を作り上げた。ロサンゼルスとサンノゼのヴェトナム人コミュニティで『戦争の子どもたちからの笑い（*Laughter from the Children of War*）』を上演するのは、緊張の連続だった。彼らの両親の世代の多くは激しい反共産主義者で、臆することなく抗議の声を上げる人たちだ。会場の照明が落ちて幕が上がると、青い光に照らされ、くしゃくしゃの新聞紙が垂木からぶら下がっているのが見えた。紙で覆われた床から、子どもたちがスローモーションで目を覚まし、ステージで立ち上がった。一瞬にして、観客から緊張が解け、マジックに引き込まれていくのがわかった。彼らは笑い、「戦争の子どもたち」である我が子の姿に涙した。この人たちのストーリーがついに語られたのだった。

私たちの共同作業は、全員に変化をもたらした。多くのメンバーがワークショップのリーダーとしてここで学んだ技術を使い、新たな舞台作りに挑んだ。たとえば、かつてのクラブ・オー・ヌードルズの学生たちが企画した『ネイルサロンの物語（*Stories from a Nail Salon*）』（一九九九年）がその一つだ。フン・ニューエンはコロンビア大学のティーチャーズ・カレッジで博士号を取得し、教師や指導者の間に瞑想を広めた。ＪＶはヴェトナムに戻り、俳優兼プロデューサーとして、映画を通してストーリーを伝えるようになった。私にとっては、クラブ・オー・ヌードルズとのコラボは、コミュニティにそれぞれ自分のストーリーを語る声を与える、力強い方法を身につける機会となった。

第二七章

ユイヨー、ただ踊れ

Yuiyo, Just Dance

アメリカで生まれたほとんどのアジア系と同じように、私の経験もアメリカ文化にどっぷり染まりながらも、自分はアメリカ文化に受け入れられていないという、奇妙なミックスだった。芸術的訓練や仕事の経験も同じことが言えた。歌作りでは、慣れ親しんだ現代音楽の形式を使っていた。一九八四年、マス住職が私に、慣れ親しんだ領域を外れて、今までやったことないことをするように依頼してきた。「英語でお盆の歌を作って欲しいんだが」

お盆は日本仏教の伝統のなかでもっとも重要な儀式のひとつであり、アメリカに来て一〇〇年になる私たち日系も守り続けてきたものだ。それは祖先を思い出す儀式だ。日本語が話せなくても、伝統的な日本料理の作り方を知らなくても、私たち日系人は法被(はっぴ)や浴衣を着てお盆の輪のなかで踊るのが大好きだ。日本ではお盆は八月中旬に行なわれ、人々は故郷に帰り、家族の墓を掃除し、線香と花を供える。そしてお寺に集まり、音楽を奏で、踊り、ときには一晩中、あるいは数日間踊り続ける。アメリカでは、お盆は七月の初めから八月中旬まで、さまざまなお寺で行なわれるため、家族でお互いのお寺を訪れて親睦を深めたり、子どもたちに集らせたりすることができる。夜遅くまで踊りが続く日本では、かつては、この行事は保護者なしで若者が出かけられる貴重なひとときのひとつだった。お盆の九ヵ月後には、多くの結婚が成立し、赤ちゃんが生まれたと聞いたことがある。

アメリカでは、日本から届いた傷だらけの古いレコードの録音テープから音楽を流して踊った。レコードの傷から生じる雑音も、独特の雰囲気を醸し出した。私たち三世のほとんどは歌詞を理解できなかったが、そんなことは問題ではなかった。祖国からの雑音まじりの音楽は、冷たいご飯に熱いお茶をかけて臭いのきつい漬物を食べるようなものだ。懐かしく、ホッとする食べ物なのだ。でも、マス住職にとっては音楽は重要だった。若者たちに、なぜ自分が踊るのかがわかるように、英語のお盆の歌を聴かせたかったのだ。

「マス、私はお盆の音楽について何も知らない！　これは私がやるべきじゃないわ」

彼は私の懇願を無視した。私にさまざまなスタイルの日本の民謡が入ったカセットテープの束が入ったビニール袋を手渡し、こう言った。「聞いてみて！」

これは依頼ではなかった。任務だった。断ることはできなかった。洗心寺は野良猫のような私を引き取り、家を与えてくれた。私みたいな反抗的な三世でさえ、恩、つまり義務感というものは感じる。しかもこれは任務以上のものだった。信頼の行為だった。アメリカで作られたお盆の歌は他にもいくつかあったが、英語で書かれるのはこれが初めてだ。お年寄りの気分を害さないだろうか？　伝統的な民謡のスタイルに英語が挿入されるのは奇妙に聞こえるのでは？　もしちゃんとできなかったら、私は永遠に涅槃から締め出されるのだろうか？　その可能性はあるし、多分そうなる。いや、絶対そうだ！

それから数週間、テープを聴き、マス住職にあれやこれやと日本の知恵や言葉について質問した。そしてようやくタイトルが決まった。「唯踊（ユイヨー）」、つまり「ただ踊れ」という意味だ。意味は、自我（エゴ）を捨て、目立ちたがらず、他人の目を気にしない。ただ踊れ。マス住職は同時に教訓をくれていたのだ。私はただ、この三世の不適合者ができる最善の方法で曲を書かなければならなかった。一番大変だったのは、意味が合っていて、なおかつ聞こえがいい英単語を探すことだった。英語と違って日本語には二重母音がなく、音節が多く、「r」は柔らかい「d」のように聞こえる。メロディー作りはもう少し楽しかった。洗心寺でもっとも邦楽に堪能だったのは、笛奏者のジョージ・アベと太鼓奏者のジョニー・モリだった。バンジョーに似た弦楽器の三味線は、ロックギター奏者のダグ・アイハラが、押入れからおばあちゃんの三味線を出してきてくれた。簡単な旋律を覚えて、バチで弾いてもらった。三、四人の勇敢な若い女性を説得して、かけ声を謡わせた。私は自分の声が伝統的な女性歌手のようには決して響かないことを知っていた。なので、そこは諦めて、ただ歌うしかなかった【写真26参照】。

【写真26】2015年、ロサンゼルス、洗心寺のお盆でのファンダンゴお盆のバンド、歌手、ゲスト出演者。左から右へ：藤本容子、ジョージ・アベ、アトミック・ナンシー、ケイト・メイニュー、PJ・ヒラバヤシ、ノブコ、カーラ・ヴェガ、フランコ・インペリアル、ジョニー・モリ。写真提供：Great Leap Archives。

この曲の最初のテストは、マス住職に聴かせることだった。受け入れてくれるか、それともまったく気に入らないか？　お寺の鍵を取り上げられるかしら？　聴きながら、最初、彼は目を伏せていた。私たちゴロツキの日系アメリカ人バンドが祖父母のようなサウンドを出そうと奮闘しているのを見て、笑うかもしれない。英語の詩と日本語のコーラスが混ざって、めちゃくちゃに聞こえるかも？　でも結局のところ、これは彼のアイデアだったわけだし。伝統的な「炭坑節」と比べられても困るしなあ？　すると、彼はリズムに合わせてうなずき始めた。なんだか、いい感じ。彼に笑顔がこぼれた。踊れるでしょ？　どう？　オーケー、大丈夫？　「悪くないね」。彼はようやく目を合わせた。やった！　合格だ！

次の試練は、盆踊りの先生たちに「ユイヨー」を教えるよう、マス住職が私に命じたことだった。踊りの先生たちには、盆踊りを保存し、寺の会員に広めるための特別なシステムがある。カリフォルニア州南部地区にある一八の寺院には、それぞれ数人の踊りの先生がいて、毎年早い時期に集まり、夏のお盆シーズンに使う踊りを選び、検討する。彼らは日本から持ち込まれた古い踊りの記憶の継承者なのだ。お盆の数週間前になると、彼らは練習に来たメンバーたちに動きを教え、記憶をリフレッシュさせる。ほとんどの人は事前の練習には来ない。当日やって来て、「ただ踊る」だけなのだ。私もいつもそうだった。マス住職は、あろうことか、部外者である私に、古くからの伝統のプロたちに新しい踊りを教えさせようとしていた。彼は私を紹介するでもなく、曲について説明するでもなく、ただ狼の巣穴に羊のように私を放り込んだ。もちろん彼らはとても礼儀正しく、控えめな笑顔で挨拶してくれた。しかし、内心ではきっとこう思っていたに違いない。英語の単語を使った奇妙な新しい踊りを教えている、この見たこともない人はいったい誰だろう、と！

私は洗心寺の踊りの先生であるグレース・ハラダと一緒に踊りを作ったことはあったが、ほとんど普通の盆踊りの動きを使ったものだった。でも、今回の曲では、私たちがその上で踊っている、この大地に敬意を表する動きを加えたかった。そこで、オープニングにアメリカ先住民のフレンドシップ・ダンスから簡単なステップを取り入れた。これで、たとえそのことを知らなくても、踊っている人は身体で敬意を表することになる。

曲をレコーディングし、一九八四年に初めて、南カリフォルニアの一八の盆踊りでこの曲を踊った。その後、南カリフォルニアのすべての寺院が集結し、一〇〇〇人を集めて、特別な「喜びの集い（Gathering of Joy）」と題して、リトル・トーキョーにある日米文化会館の広場で、「ユイヨー」のライヴを行なった。彫刻家イサム・ノグチがお盆のために広場にレンガの輪をデザインしたのだが、このような目的で使われているのを見たのは初めてだった。音楽家が演奏し、人々がその周りで踊る四角い枠組みである「やぐら」が輪の中心に建てられた。部品はお寺からトラックで運ばれ、すべてのネジの位置を知っている係の男性たちの手で組み立てられ、立ち上げられた。その日、彼らは若い人たちに組み立て方を教えた。若い人たちがお盆のすべての要素を受け入れて初めて、お盆はアメリカで生き残ることができる。

私はまだ、浴衣を着て、帯を締めることには慣れていなかった。それはファッションの折り紙で、包み、折り込み、結ぶ。それで歩行の足幅が決まるのだ。一方、長方形の袖は、腕の動きを強調する。日本女性の伝統的なセクシーさを生むのは、胴体の前の部分ではなく、うなじが見えるように襟を背中の方へ下げることだった。帯を締めると、歌うために十分に息ができない。足は黒いビロードの鼻緒がついた三枚の木でできた下駄にくっついていた。これもまた、動いたり、バランスを取るのを難しくする。日本女性は下駄を履いても優雅に見える、特別な不屈の精神を持っているのだ。そしてこの下駄なるスリッパは、やぐらの梯子を登るにはまったく適していない！　浴衣と法被（はっぴ）を着て、楽器を担いで不器用に梯子を登る、慣れない三世たちの姿は、さぞかし見ものだったことだろう。

何世紀にもわたって私たちの身体の記憶に刻み込まれてきた伝統的な踊りを一通り踊り終えると、日が沈んでいった。今度は新しい踊り、日本語と英語による奇妙な歌の番だ。私たちはやぐらの島から、お数珠のように私たちを取り囲む、四つの巨大な同心円を眺めていた。膝がガクガクした。マス住職の軽快な開会の詠唱が始まった。「なむあみだぶつ、ただ踊れ！」三味線奏者が最初の音を打ち、完璧に正確ではないが、なんとか決まった拍子に落ち着いた。太鼓がリズムを刻む。私の肋骨は帯に押し込まれながら、どうにか歌うための空気を吸い込んだ。さあ、始まる！

Sunset . . . sky turning indigo
Moon and stars begin their evening dance
Circle in the sky
Voice of wind, rhythm of trees
You can feel it if you dance . . . just dance.
Anno mama—yuiyo! Sonmo mama—yuiyo!
Konmo mama—yuiyo! Tada odore—hi hi!

夕焼け……藍色に染まる空
月と星が夜のダンスを始める
空には輪
風の声、木々のリズム
踊れば感じられる……ただ踊れ！
あのまま、ユイヨー！　そのまま、ユイヨー！
このまま、ユイヨー！　タダ　オドレ、ハイ　ハイ！

宇宙の海が私の周りで踊っていた。女性や幼い子どもたちの袖が夜風になびく。浴衣姿の勇敢な男たちが下駄を蹴り上げる。法被姿の若者たちはテニスシューズを蹴り上げる。お年寄りは赤ん坊を抱いて踊っていた。千の魂が躍動し、屈託なく、微笑み、踊り狂う！　ユイヨー！　ただ踊れ[1]。宇宙に浮かぶ踊りの輪を見ていると、神秘と感謝の涙がこみ上げてきた。我を忘れて、藍色の空に向かって歌った。みんながつながっていた。輪のなかにいる人、もうこの世にいない人。みんな、ひとつになって動いていた。

あの歌は私から生まれたのではなかった。私を通じて生まれた。遙かに賢明で信頼できる誰かが、私を丸め込んで書かせたのだ。曲は、歌、夢、輪舞、そして時間のサイクルといったいくつもの層の上に浮かんでいた。英語で日系アメリカ人の仏教の歌を誕生させるちょうどいい瞬間であり、幸せなことに、それを届ける役割を私が担うことができたのだった。

どういうわけか、コロンビア映画が、日米文化会館の広場に一〇〇〇人が集まった、この巨大なお盆の輪のことを聞きつけた。映画『ベスト・キッドII（*Karate Kid II*）』（一九八九年）のフィナーレにちょうど必要なシーンだった。音楽コーディネーターから電話があり、「ユイヨー」をスクリーンに登場させたいと言われた。私は監督のジョン・アヴィルドセンとプロデューサーに会った。言い寄られているのを感じた。ちょっと変な感じだった。口調があまりにも丁寧、親切だったのだ。ハリウッドから仕事を依頼されたのは初めてだった。カメラの反対側で仕事をするのも初めてだった。

彼らは本物のお盆を望んでいた――プロではなく、伝統的な衣装、などなど、を着た一般人が必要だった。彼らは日本文化への尊敬を盛んに口にした（ただし、この映画の舞台は沖縄で、お盆の音楽は違うスタイルなのだが）。日本人でありながらアメリカ人であり、日本の伝統に精通し、ハリウッドで働いた経験があり、ハリウッドが何を求めているかを知っている人物。それが私だ、ということらしい。求めていたのは、コミュニティから三〇〇人のお盆ダンサーを集めることだった。それは可能だ。ミュージシャンや太鼓奏者も必要だった。それも問題ない。踊り手には伝統的な衣装を着せたい。はい、できます。私は、あの曲は正確には伝統的なものではないことを伝えた。歌詞は英語だった。そのことは耳に入らないようだった。彼らは私をソングライター兼振付師として雇い、今までに稼いだことのない金額を日当として支払ってくれた。プロデューサーたちは満足した。音楽コーディネーターは、私の腕によだれを垂らさんばかりだった。

ホセ・デ・ヴェガ（当時まだ生きていた）とルイーズ・ミタをアシスタントに迎えるだけの資金があった。彼らはノウハウを持っていた。ジョニー・モリとマス住職に太鼓を叩いてもらった。計画では、三つのお寺を回り、それぞれから一〇〇人のダンサーを集めることになっていた。そこに電話がかかってきた。プロデューサーが会いたいと言った。

彼らは伝統を重んじると口火を切ったが、しかし、白と黒の木綿の着物は大スクリーンではうまく映らない、と告げた。そこで、ダンサーたちに色とりどりの絹の着物を着てもらうことはできないか？と聞いてきた。夏だし、暑いし、伝統は木綿だと伝えた。彼らは懇願した。仕方なく、コミュニティの人に聞いてみると言った。人々は、「いいよ、いいよ、喜んでやるよ」と言ってくれた。ホセとルイーズと私は三つの寺院を訪ね、それぞれのダンサーに自分の絹の着物を二、三枚持ってくるように頼み、一番いい色を選べるようにした。すると、またプロデューサーから電話があった。映画の音楽を担当するビル・コンティに、曲のテープを届けてほしいというのだ。彼は私の家からほど近いゲーテッド・コミュニティ、ハンコック・パークに住んでいた。[*1]ゲートの中には入れてもらえなかった。門番にテープを預けなければならなかった。

そして撮影の一週間前、また電話がかかってきた。制作の最終打ち合わせで、ダンスをクリックトラックでやると言われた。私は立ち止まった。クリックトラックとは、音楽なしでビートを与えるだけで、出演者全員のタイミングを合わせるものだとは知っていた。なぜクリックトラックなの？　音楽はあるじゃない。すると彼らは、作曲はビル・コンティがするからだと告げた。ビル・コンティ？　彼はお盆の音楽について何も知らないじゃない！　あの音楽は、私がマス住職と一緒に書いたもので、踊りとは一体になっている。あの踊りは私の音楽と一体なのだ。すると彼らは、でも、コンティが音楽を書く権利を持っている、と言う。それが彼との契約だった。ということは、彼は楽譜を書くだけでなく、曲を書いた印税は彼に入るということになる。私は説明した。あの歌は私のものではありません。仏教の伝統の一部であり、コミュニティのものであり、盆踊りの踊りとセットなのです！　あなたたちはプロデューサーではないのですか？　彼らは、イエスと言った。私は迫った。「最終決定権はあなたにないのですか？」「あります」「それなら」と私は返した。「元の音楽を使います」とコンティに言えばいいのです。とっさに事態を理解して、私の頭はすっかりやる気を削がれた。彼らは映画の大フィナーレを望んでいた。絹の着物の衣装を着た三〇〇人のダンサーを、出来合いの振り付けで撮影現場に呼びたかったのだ。その方が時間もお金も節約できる。彼らはお盆などどうでもよかった！　ビル・コンティに曲を書かせるということは、場面が本物であるかどうかなんて、どうでもよかったのだ。彼らは村が必要で、とにかく三〇〇人のダンサーをスクリーンに映したかったのだ。

その瞬間、もうハリウッド映画なんてどうでもいい、という気持ちになった。お金なんてどうでもよかった（確かにあるに越したことはないけれど）。もっと大切なものがあった。あの歌、あの踊り、そして私のコミュニティは一つになっていた。それをバラバラにさせるわけにはいかなかった。突然気が楽になり、私は立ち上がってこう言った。「では、私の曲を使わないのなら、三〇〇人のダンサーは集められません」。私はオフィスを後にした。後ろを見なくても、彼らが呆れて、あんぐりと口を開けているのがわかった。

私はこの映画の主演をしていたノブ・マッカーシーとパット・モリタに事情を話しに行った。彼らは理解してくれた。ホセとルイーズには、もし私抜きでやりたければ、そうして構わないと伝えた。また、お寺に行き、踊り手たちにも同じことを伝えた。みんな私に味方してくれた。私たちの音楽が使われないなら、ダンスはやらない。私たちは団結した。

数日後、音楽コーディネーターから電話があった。今度は、前のように感じ良くはなかった。よだれは氷に変わっていた。彼は、プロデューサーたちの気が変わったと言った。私の音楽を使ってくれると。

撮影は予定通りに進められた。夜明けとともに仏教のお寺から三〇〇人のダンサーがバスで運ばれてきた。映画撮影のスケジュールは過酷で、撮影の合間には多くの待ち時間があった。しかし、日系人コミュニティは、私の母を含めて年長者が多く、協力的で、撮影に参加できることに興奮し、楽しい時間を過ごしていた。最初の二、三日は、三〇〇人のダンサーを円で動かすのに精一杯だった。そして気がついた。朝の六時にダンサーたちを連れてきて、夕方の六時まで一二時間も働かせている。組合の規則違反だ。そこで、アシスタント・ディレクターに言った。「エキストラは一日一〇時間しか働けない。残業代を払わなければいけませんよ」(三〇〇人に三日間分の残業代を支払えば大変な額になる)。彼らは、この大人しい日本人は自分たちが騙されていることに気づかないだろう、と考えていたのだろう。その後、プロダクションの人たちは、笑顔もなく、世間話もなく、撮影現場で冷ややかに対応するようになった。でも、私は自分の仕事をしているだけだ。気にしなかった。

映画が完成し、試写会に招待された。監督のジョン・アヴィルドセンが、みんなにプレゼントをくれた。黄色いトレーナーに、各自の名前と『ベスト・キッドII』での役名が書いてあった。私のは「ノブコ・ミヤモト、振付師」と書いてあった。彼は、私の貢献に感謝し、芸術的にベストな作品にするために奮闘したことを認める、お礼のメモを書いてくれた。映画の最後にクレジットが流れたとき、私は見た。「ノブコ・ミヤモト、振付師」。作曲家としてのクレジットが書いていない。あのクソ野郎ども！　今日に至るまで、私は音楽使用料を受け取っている。つまり、私が作曲者であり、マス住職が曲の共同作詞者であるということは、法的に認められているのだ。しかし、映画でクレジットを与えない？　それが、現場でのトラブルメーカーである私への復讐だったのだろう。

クレジットに適切に名前を入れてもらえなかったことについて戦う価値はなかった。しかし、このベンチャーからは教訓を得た。ハリウッドでは、アジア系は言いなりになると見られているということだ。大体の場合、人々はプライドを飲み込んで、お金のため、あるいはこのビジネスで出世するために、与えられた待遇を受け入れなければならない。私は映画のキャリアに興味がなかったので、抵抗して正しいことを要求するのは簡単だった。個人としての力はほとんどなかったが、コミュニティが後ろ盾になってくれたおかげで、私は抵抗することができた。運動に参加したために、あの『ベスト・キッドII』の瞬間に備えることができたのだ。

第二八章 雲のように手を浮かべる

Float Hands Like Clouds

私はお見合い結婚をしたのよ、と人をからかうために言うことがある。伝統的な意味ではなく、運命的な意味で。この運命を現実に結びつけたのは、友人のノーマン・ジャヨだ。どの棒をこすり合わせれば火が出るか知っているような人だった。オークランドに住むフィリピン系同志であったジャヨは、ラジオ・プロデューサー、作家、オーガナイザーであると同時に、ルネッサンス的な意味での天才だった。タラブ・ベツライ・カークランドは彼の同志であり、魂のブラザーだった。

ジャヨは、日系人と黒人コミュニティのたまり場であった、クレンショーにあるボウリング場を題材にしたミュージカル『ホリデイ・ボウル（*Holiday Bowl*）』に、私が取り組んでいることを知っていた。私はすでにオープニングの夢を描いていた。ボウラーたちがレーンに登場する大きなミュージカル・ナンバーだ。ボウリング場と喫茶店にたむろする型破りな登場人物のなかに、日系三世の男と黒人のシスターのロマンスも描かれていた。そのとき、タラブも『ジューク・ボックス』というミュージカルに取り組んでいた。舞台は都市再開発に抵抗するオークランド（どこかで聞いたような内容ね）で、黒人男性と二世女性の異人種カップルが経営するレストランを主題とした物語だ。ジャヨは私たち二人を会わせることを思いついた。

タラブが最初に訪問してきたとき、私たちの二つのプロジェクトについて話し合うために、彼をホリデイ・ボウルに連れて行くのがいいだろうと考えた。「REVOLUTION!」と書いた落書きの下にある駐車場に車を停め、ボウリングのボールの喧噪のなかを通り抜けて、日本食レストランの静かな一角を見つけた。私は寿司を注文した。彼は緑茶を注文した。そのとき、彼が四〇日間の断食を終えようとしていることを知った。四〇日間どころか、私なら三日も断食なんて無理！　どうりで痩せているわけだ。彼はマンモスでの執筆リトリートから戻ったばかりで、そこで断食をしながら『ジューク・ボックス』の執筆に取り組んでいた。私はお腹が空いていては、ものは書けなかった。

毎朝四時半に起床し、ベイブリッジを渡って、サンフランシスコのチャイナタウンにいる師範（シーフー）のもとで太極拳を習う武道家だった。頭を剃るのも毎日の鍛錬の一部。彼はいろいろな意味で輝いていた。単なる寿司では、彼の日々の鍛錬を揺るがすことはできない。私は彼の「気（chi）」を感じた。そう、タラブにはまだ会ったばかりだった。

タラブはニューヨーク州バッファローで、九人姉弟の末っ子として生まれた。生まれたときの名前はアルバート・カークランド。黒人大移動の一環としてジム・クロウ支配下の南部から避難してきた、アルバートとメイミー・カークランドの息子だったが、成人になるまで生き残った男の子は彼だけだった。鉄鋼労働者だった父親は、アルバートが九歳のときに心臓発作で亡くなった。彼の母親に会ったとき、彼の母に対する愛情深い接し方に感銘を受けた。彼女は背が低く頑丈で、その足で長い道のりを歩いてきたことが伝わってくるような女性だった。七七歳にして苦難に次ぐ苦難を乗り越えてきた彼女は、生き生きとした精神と機転の利くユーモアセンスに溢れていた。しっかり地に足がついていて、自分のあり方に自信を持った女性だ。彼女は、彼女なりの「気」を持っていたのだ。母と息子の間には特別な絆があった。姉のマーガレットは彼に音楽を教えた。ドラッグに夢中になる周囲の若者を尻目に、彼はジャズにのめり込んだ。一六歳になると、バッファローのダウンタウンのジャズクラブに潜り込むために、童顔に口ひげを描き、アフロの上に目深に帽子をかぶった。マイルズ・デイヴィス、リー・モーガン、ウェズ・モンゴメリー、ホレス・シルヴァー、ニーナ・シモンといった偉大なミュージシャンたちの演奏を漏らさず聴いた。

バッファローは、脱産業化以後の下降スパイラルに陥った黒人や白人の荒涼とした町だった。バッファローの名声の源は、ナイアガラの滝が近くにあることと、極寒の気候だった。肌寒い灰色の五月のある日、ベネット高校のクロスカントリー・ランナーだったアルバート・ジュニアは、オール・ハイ・スタジアムのスタートラインでブルーとゴールドのショートパンツ姿で構えていた。左肩に何かが触れ、次に首筋に何か湿ったものを感じた。顔を上げると、雪の結晶が見えた。五月だというのに、雪が素肌の肩の上で溶けていた！ スターターのピストルの音が灰色の空気を突き破り、彼は駆け出した。雪片をかき分けながら、彼の頭はハイパーモードに入った。「ここで…暮らす…のは…もうたくさんだ！」その日は、オール・ハイ・スタジアムで走ったが、カニシアス・カレッジを卒業した後は、陽光降り注ぐカリフォルニアに向かうことにした。

一九七一年、ベイエリア[*1]は太陽が輝いていただけでなく、あらゆる色のフラワー・チルドレンで熱狂していた。初めて黒人と白人のカップルが手をつないで歩いているのを見たときには、アルバートは仰天した。そこはフリースピーチ運動、第三世界ストライキ、ブラック・パワー、イエロー・パワー、チカーノ・パワーを生み出した揺りかごだった。オークランドにあるアパートは、ブラック・パンサーの事務所から通りを隔てたところにあり、インドのスピリチュアルな導師であったムクタナンダが毎日散歩をしながら、孔雀の羽で人々に祝福を浴びせていた。ある日、教祖がパンサーたちに言うのを、彼は見た。「君たちがやっていることはとても良いことだが、君たちにはスピリチュアリティが必要だ！」

ベイエリアでアルバートは早くから超越瞑想を実践していた。トランペットとアフロ・キューバン・ドラミングを学んだ。彼はラジオに自分の声を見つけた。ＫＰＦＡでは、ボブ・マーリー、アンジェラ・デイヴィス、アミリ・バラカといった人々にインタビューし、大好きな音楽をかけ、サンフランシスコのインターナショナル・ホテルからの立ち退きに反対する人々の闘いなどのストーリーを実況した。彼とジャヨはＫＰＦＡラジオ内部で革命を先導し、有色人種をラジオの番組作りに参加させるためのトレーニング・プログラムを設立した。その過程で彼は、スワヒリ語で「音楽は愛」を意味する「タラブ」という新しい名前を見つけた。彼の選んだ名字ベッツライは、「助ける、支援する」という意味だ。どちらも彼にぴったりの名前だった。

出会ったとき、私は四七歳、彼は三七歳だった。黒人は実年齢よりもしっかりしていることは認識していたが、それでも私には若すぎると思った。それに、そのときはひとつの愛の章を閉じたばかりで、アートを禁ずる尼僧として、シングルマザーの役割を続ける方が楽だと考えた。タラブとは友だちでいよう。彼が初めて白人女性と恋愛したときも、応援してあげた。彼は私に、九インチのスクリーンを備えた、アップル社のマッキントッシュという初めてのコンピュータを紹介してくれた。私の健康法のひとつである肝臓洗浄を彼に紹介した。私たちは親友になった。

ある週末、ベイエリアに行ったとき、タラブは私を朝の太極拳に誘った。朝の五時、骨身にしみるほど寒く、私の感覚ではまだ夜だった。雁がまだ眠っているメリット湖公園を歩いた。大理石の美しいガゼボへの階段を登ると、音楽コンサート用に作られたものではあったが、太極拳にも完璧な空間だった。グレーのウールキャップが綺麗に剃られた頭を温め、黒いスウェットが細い体躯に垂れ下がっている。白い大理石の上に足を肩幅に開き、息を吸い込んでポーズをとった。輝く湖を目の前にして、彼は両腕を天空へと伸ばし、宇宙を自分の身体のなかに呼び込んだ。私にも同じ動きをするよう促した。藍色の空に白い雲を吐き出した。左足が開き、ダンスが始まった。**野生の馬のたてがみを分ける…白い鶴が翼を広げる…雀の尾をつかむ…雲のように手を浮かべる。**私は今までずっと身体を動かしてきたが、この動きはアジアに根ざした深い知識だった。タラブは古代のスーフィーによって定められたパターンで、優雅に正確に動いた。彼は白い大理石の上の黒猫であり、太陽を昇らせた。彼の影になり、一緒に動いたとき、私は自分が恋に落ちていくのを感じていた。この人は何かすごく特別なものを持っている。

結局、私がまだ『ホリデイ・ボウル』を夢見ている間に、タラブは『ジューク・ボックス』を完成させた。彼は私に異人種カップルの妻役を依頼してきたが、スケジュールの関係で渋った。その後、彼は『カラー・パープル』でスターダムにのし上がったばかりのダニー・グローバーとの打ち合わせに、私を同行させた。『リーサル・ウェポン』の撮影の真っ最中だったが、ダニーは夫役に同意し、リハーサルのために週末に飛行機でベイエリアに来てくれることになった。なんてことだ。ダニー・グローバーにできるなら、私もスケジュール調整できるはず！『ジューク・ボックス』は、一九八六年八月二三日と二四日にレイニー・カレッジで上演され、KPFAでも生中継された。素晴らしい音楽、舞台上の生の俳優、昔のラジオ番組のような効果音を使ったラジオ劇という斬新なアイデアだった。ジャヨが演出し、タラブが脚本と素晴らしい音楽を書いた。ホットな作品だった！ダニー・グローバーをはじめ、バークレーで最高の歌手やパフォーマーたち、そして特別ゲストとしてマルコムXの娘アッタラー・シャバーズを迎えたショーは、完売となった。

リハーサルは、ダニーが映画撮影の仕事で眠いけれども時間が取れる週末に行なった。彼は大スターになったばかりだったが、まだコミュニティにも足を置いていた（それに、彼は椅子でもソファでもテーブルでもどこでも眠れた。のちに「居眠り病（ナルコレプシー）」だと判明した）。私も毎週末ロサンゼルスとベイエリアの往復で眠かったが、太極拳を日頃の活動でも実践しているタラブの働きぶりに感心した。彼の歌が好きだった。私たちの間にいつも交わすジョークがあった。彼が「君はいつか僕と結婚する」と言う。私のお決まりの返事は「ない、ない！」だった。しかし、ある日曜日の夜、彼が私をオークランド空港のサウスウエスト航空一二番ゲートまで送ってくれたとき、私は尋ねた。「お母さんはショーを観に、バッファローから来るの？」

「来るよ」

「うちの母も来るの。お兄さん、お姉さんも来る?」

「来るよ」

「うちも弟妹が来る」そして、私は思わず、「最後のショーが終わったら、結婚しましょうか」と付け加えた。どこから出てきたのかわからない。それまで再婚するつもりはなかった。タラブは、ロサンゼルスに来て一緒に暮らそうかと話していた。実際、ロサンゼルスでKPFKラジオの局長の仕事のオファーがあったのだ。でも、結婚の話はしなかった。タラブは笑って、ゲートに私を残し、帰って行った。

それは現実的なアイデアであり、賢明なアイデアであり、結婚式を『ジューク・ボックス』の千秋楽のフィナーレにする、理にかなった簡便な方法だった。タラブは車に戻ってから、私からの衝動的な提案の重大性に、はたと気がついた。ゲートに駆け戻ってきて、搭乗直前の私を捕まえた。「さっきの、本気なの?」

「ええ、そうよ!」自分でも驚きながら答えた。

私はいつも普通から外れているような人間だった。自分の生きたい世界を作るためには、ときには普通を壊さなければならない。カマウと私は突拍子もなくカラフルなパッチワークのような生活を作り、それが私たちの普通だった。そして今、この特別な人が、そんなことができるとは想像もしなかった空間を埋めてくれる。まず、タラブの姉であるマーガレット牧師による、キリスト教式の結婚式を挙げた。マス住職が取り仕切った仏式結婚式では、タラブが漆塗りの盃で日本酒を三口飲み、私の母が三口飲み、そして私が彼の母と三々九度の契りを交わした。そして三つ目の結婚式では、二人で一緒に太極拳をした。私は裸足で、気温が華氏九五度(摂氏三五度)の気温のなか、酒をすすったことで少し足元が怪しいなか、バークレーのティルデン公園で演舞した。それでも、太極拳のエネルギーで私たち二人は地に足がついていた。異なる歴史、文化、宗教、精神修行を持つ二つの家族を結びつける旅に出るにあたり、これらの儀式はすべて礎を築くものだった。タラブの母親は、新しい娘と孫を確固たる決意で受け入れた。彼女は洗心寺の元旦の法要にやってきて、マス住職の話を大変気に入ったが、刺身は受け付けなかった。私の母は、相手がどんな色であれ、とりあえず私が結婚するのを見てホッとしていた。タラブが私の父のような立派な人であるのを見て、カマウに本当の父親ができたことを喜んでいた。

愛する女性のために、一七年間愛した街での生活をあきらめるという困難な選択をタラブはした。しかもティーンエイジャーを引き受けたのだ。黒人の男性は、他の人種に比べて、他人の子どもをたやすく受け入れるように見えたが、私たちの場合、彼は私たちの親子の特別な事情という重荷も背負わなければならなかった。タラブはカマウのちっちゃくてキュートでラブラブな時期を逃していた。一三歳になった彼は、まだ礼儀正しく、おとなしかったが、戦士としての自立の兆しを見せていた。二ヵ月に一度のヘアカットのとき、彼は私の手から電気鋏を奪い、四角く切りそろえたアフロにデザインを入れる技を披露した。お見事！　私が彼の散髪をしたのは、それが最後だった。すぐに我が家のバスルームは彼の友人たちの床屋となり、友だちはバズカットにクールなデザインを施すために二、三ドルを支払った。彼はティーンだった。

もちろん、カマウがタラブにどんな反応を示すか不安だった。カマウは私の支えであり、存在理由であり、最大の贈り物だった。彼は私の破天荒な生活と芸術的使命を我慢しなければならなかったが、私たちにはそれなりのリズムと内的言語があった。苦しい時期を乗り越え、充実した生活を共に歩んできた。タラブと結婚すると言ったとき、彼はこう言った。「えー？　今度は二人から指図されるのかあ！」それ以上話すことなく、彼は家を出て自転車に飛び乗った。「ジェロームのところに行ってくる」。この生活の変化を消化する時間が必要だったのだ。

たしかに混乱はあったが、この結婚は、私たちを落ち着かせ、安定を与えてくれる良いものだった。カマウにとってタラブが良い薬になることはわかっていたが、タラブのために私たちの絆を緩めることがどれほど大変なことかはわかっていなかった。何かを決定をする前にタラブに相談するなど、新しい習慣を作る必要があった。また、タラブと私はコミュニケーションの方法が異なっていた。タラブはとても直接的だ。私は間接的で、決断する前にいろいろと思い巡らせる。彼のローコンテクストなあり方と私のハイコンテクストなあり方の違いは、深い文化的パターンに基づいていることを、後で知った。日系人は非常にハイコンテクストだ。私たちの違いは肌の色ではなく、文化の違いだった。でも、ペパーミント石鹸を使うこと、玄米を食べること、豚肉を食べないことなど、重要な点では意見が一致した。

タラブはガールフレンドの子どもの父親替わりをした経験があり、そのうちの何人かは生涯の子どもになった。しかし、カマウは宿題を手伝ってもらったり、ボール投げの相手がいることに、いつも感謝するわけではなかった。それがタラブの気持ちを傷つけることもあった。彼は、カマウの父親ができなかったことをやってくれる贈り物だった。数年が経ち、カマウが書いた詩が、学校で良い成績をとって帰ってきた。彼はそれをタラブに読ませた。それは、タラブの剃った頭を比喩に使った、感謝の辞のようなものだった。その詩のタイトルは「僕の光輝くボール」だった。

シングルマザーになったばかりの頃、私は珍しく賢明なことをした。家、といっても二世帯住宅のうちの片側、を買ったのだ。同じくシングルマザーで、アイシャという黒人と日系人の美しい娘を持つドナ・モリと一緒に、私たちは二世帯住宅を買うために借金をなんとか工面した。私たちは二人とも、不動産を所有することを資本主義的と見なす運動の一員だった。一九七〇年代には、安い物件を見つけることを鼻にかけていた。しかし、何年も放浪者として大家の指先一つで追い出されるような生活は、一つの教訓をくれた。ビリー・ホリデイが歌ったように、「自分のものを持っている子どもは幸せだ」

サン・ヴィセンテに近いハイランド・アヴェニューに、一九三〇年代のクリーム色の白いスタッコの家が並んで建っていた。かつて通ったロサンゼルス高校の近くだ。ハイランド通りという名前だったが、私たちはローランドと呼んでいる。金持ちはハリウッドのほうにある大きな家に住み、私たちが住んでいるのは端のほうで、小さな家は「ピット」と呼ばれる、黒人や今ではラテン系住民がドラッグを使用する場所として汚名を着せられている場所に近いからだ。私が最初に二ベッドルームの鉄道アパートを借りたのは、ロジャー・タケモトという二世で、政府の補助を受けた生活保護者用住居の賃貸人として私を受け入れてくれた。一年後、彼が家を売るつもりだと言ったとき、私は「いや、お願いです、買わせてください！」と言った。なぜか彼はイエスと言った。後で、マス住職に聞いたところでは、開教師であるロジャーの兄が、私がロジャーの命を救ったと言っていた、と教えてくれた。どういうことかというと、通りを挟んだ向かいに家があったロジャーは、奥さんがオーストラリアに休暇に行っている間にインフルエンザで家に一人になった。そのとき、たまたま私がチキンスープとニンジンジュースを持って行ったことに感謝したらしい。それで彼の命が救われたとは思わないが、もしかしたら彼は、私が隣人であることが嫌ではなかったのかもしれない。家の値段を下げ、私がお金を用意できるまで、売り出し中の看板を下ろしてくれた。

他人の家に引っ越してくるのは、たとえ愛のためであったとしても、特に子どもがいる場合は難しい。しかしタラブは驚くべき自信を持って、芸術家の目や大胆不敵な便利屋の勘で、私の家だったものを、私たちの家に変えた。母が教会のヤードセールで買ってくれた古いオーク材のテーブルを三人で囲んだ最初の夕食の後、彼はこう言った。「この黄色いキッチンは気に入らない」。ロジャーがキャビネットを作り、黄色に塗り、シアーズにおそろいの黄色の床タイルを貼らせたものだ。

「私もそう思う」と同意した。

「ダイニングルームとリビングルームに敷いてある、あの醜い緑色のラグの下には何があるんだ？」彼は答えを待たなかった。彼は立ち上がり、我が家の工具の引き出しからドライバーを探し出し、キッチンとダイニングの床の間にある金属の帯をこじ開け、ラグを一面に引き剝がした！

「ちょっと、何してるの？」これは修復困難な事態になりそうだ。

「わあ、この下はいい床だ」彼はさらに緑の絨毯を破り続けた。私は椅子から立ち上がり、彼を止めようとした。「この醜い絨毯を捨てて、床を敷き直そう」

あの絨毯は気に入っていなかったが、どうにか我慢していた。あれほど大きな美化作業は、私の能力と懐事情では無理だったからだ。それに、仕事が忙しすぎて、そんなことを考える暇もなかった。しかし、タラブが臆することはなかった。「三週間で終わらせることができる」。それもロサンゼルスの過激で手に負えないKPFKの局長の座に就きながらだ。その仕事の初日、朝五時から裏のパティオで太極拳をし、少林刀を振り回し、そして瞑想した！まるで戦いに行くかのように「気」を鍛えていた。そう。まさに闘いに臨もうとしていたのだ。それでもタラブは、私たちのためにより良い家を作ろうとするエネルギーと願望を持っていた。

このプロジェクトは、私たちにタラブの人となりを教えてくれた。床の美しさを手に入れるということは、リビング・ダイニングにあったもの（ソファー、本棚、ダイニングテーブル、椅子、机、古くて重いアップライトピアノなど）をすべて、鉄道アパートの廊下か寝室に移さなければならないということだった。私たちは三週間ではなく、三ヵ月間そのようにして暮らした。床には壊れた薄い板があった。彼は直し方を知らなかったが、それを解決する忍耐力があった。木材を完璧にサンディングすると、バラセーヌを通常の二回ではなく、五回塗った！

その結果、靴を履かない家に住んで三〇年になる今日でも、玄関のドアを開けると私たちを迎えてくれるような美しさが生まれた。この初仕事は、その後、キッチンの改造、ガレージのスタジオ化などへと引き継がれた。タラブは私たちの大胆不敵なリーダーであり、私は良き従者だった。カマウはといえば、まあ、ティーンはティーンだ。楽しかったし、大変だった。最終的にカマウが裏庭の大きな壁に巨大な易経の円の壁画を描いた。私たちの家は、すべてタラブのおかげで、私たち自身の手で作られた。

私と違って、タラブは近所の人たちと親しくなるのが得意だった。彼らの名前を覚え、時間をかけて話をした。彼は向かいのロジャーにアドバイスを求めた。彼は何十年もシアーズで働いていたため、ガレージは工具でいっぱいだった。タラブが必要とするものがなければ、ロジャーは隣人のラリーに尋ねた。ラリーはアフリカ系アメリカ人の長老で、同じく工具でいっぱいのガレージを持つ便利屋だった。私たちの近所では、この親友たちはロジャー氏とラリー氏と呼ばれていた。定年退職した彼らは喜んで手を貸し、たくさんのアドバイスをくれた。私たちはただ家を修理するだけではなく、家族としての生活を築き、近所の一員となったのだ。

タラブは、メリット湖の大理石の輪に足を踏み入れたように、私たちの生活にも足を踏み入れた。愛をもたらし、気を使ってくれた。彼は我が家の裏庭を、庭の道場へと変えてくれた。毎朝、私たちは一緒に朝の鍛錬をし、それが私たちを今でも結びつけている。

Float Hands Like Clouds
His tai chi feet gliding on the marble
Capturing my heart
Carry Tiger to the Mountain
He let me know for certain
This time was forever
We would never part

雲のように手を浮かべる
大理石の上を滑る太極拳の足
私の心をとらえる
虎を山に運ぶ
彼は私に確信させた
この時間は永遠だと
私たちは決して離れない

第二九章 深い断裂

Deep Is the Chasm

私の曲「断裂（The Chasm）」は、アルバム『*Nobuko: To All Relations*』（Bindu Records、一九九七年）に収録されている。

一九九二年四月二九日、我が家のすぐ近くで、黒人の若者が店にガソリンをかけた。近所の人が彼に「やめろ！やめて！」と懇願した。しかし、彼は自分を止められなかった。何かが手に乗り移っていた。今まで、自分が持っていることを知らなかった力だ。決して自分のものにはできないと思っているものを燃やしてしまうために、彼はマッチを擦った。ノーマンディ街に火の手が上がる。ラ・ブレア通りに火の手が上がる、クレンショー通りにも火の手が上がる。ロサンゼルスの血管に広がるウイルスのように燃えさかる火。これがジェイムズ・ボールドウィンが発した、「次は火だ（fire next time）」の予言だったのだろうか？

タラブと私は、不安げな近所の人たちと一緒に、通りの真ん中に集まり、煙が周囲に立ち昇るのを眺めた。家がどうなるか心配で、庭のホースを手に屋根を湿らせ、落ちてくる火の粉を消せるよう準備をした。

家庭用ビデオカメラ（携帯電話のカメラができる何年も前のことだ）に映し出されたロドニー・キングに対する警察の残忍な殴打は、テレビの真言（マントラ）となって私たちの精神を巡り、古傷に新たな侮辱を上塗りした。警官たちに対する「無罪」の評決がマッチの火種となり、数時間後にはロサンゼルスは燃えていた。三日間、我が家のテレビは眠らなかった。メディアが映すロサンゼルスの街頭で繰り広げられる狂気のマラソンを、私たちは観た。ギル・スコット＝ヘロンは間違っていた。[*1] 革命はテレビ中継されるのだ。ロドニー・キングの残忍な殴打は、アメリカで連綿と続く抑圧の歴史の一部であり、奴隷所有者からクラン、そして警官へと受け継がれてきた恐怖の儀式であった。これは、私の家族も含め、アメリカのすべての黒人や褐色人種にとっての脅威であり、未だ癒えぬトラウマであり続けている。不正義に注意を向けさせるために叫ばれた黒人の怒りの標的となったのは、組織的に不公平な判決を出し続けるロサンゼルス高等裁判所でも、ビジネスローンを拒否する銀行でもなかった。狙われたのは、より身近な敵だった。サウスセントラルには七三五の韓国人経営の市場、ガソリンスタンド、酒屋が点在していた。韓国系の側に文化的な知識の欠如があったことに加え、彼らの存在が日々の生活で黒人コミュニティに人種主義や経済格差を思い起こさせており、この混合が、一度引火すれば爆発するカクテルになっていたのだ（韓国人は何もわからずに、黒人が長い間経営から締め出されていた地元のビジネスを安く買い取るための融資を受けて、アフリカ系アメリカ人コミュニティに入り込んだ。彼らが享受した融資がもし黒人コミュニティに対して行なわれていれば、黒人も地元ビジネスを育み、経済成長を達成できたはずだった）。

黒人の怒りの爆発として始まったロサンゼルス蜂起は、一九六五年のワッツ蜂起のようにゲットーに収まることなく、ハリウッド・ヒルズに向かって北上していった。夫はそのとき、ウィルシャー大通りを車で走っていた。かつて油田やラ・ブレア・アスファルト池（タール・ピット）だったところが、ミラクル・マイルと命名されて、ハイトーンのモダン様式やアール・デコ様式の建築物が建ち並ぶ、上流階級のための車に優しいショッピングセンターへと変貌させた場所だ。しかし、四月二九日、タラブは、主にラテン系の人々（戦争で荒廃した国からの難民かもしれなかった）が暴徒化して歩いているのを見た。店頭の警備用の格子を破り、店に何度も出入りしながら、欲しいもの、必要なもの、あるいは決して買うことのできないものを解放しているのを目撃した。ソファーやテレビのほか、もっともたくさん略奪されたものはパンパースのおむつと酒だった。一部の人々にとっては、ワイルドなパーティーだった。黒人コミュニティでは、企業が「黒人所有の店」の看板を掲げ、近隣住民に守ってもらった。私たちの家の角を曲がったところにあるラ・ブレア通りでは、友人のジョー・グッドマンの楽器店が空っぽにされ、商品がトラックに積み込まれる様子がビデオカメラに収められた。強盗には格好のチャンスだった。そして、コリアタウンの商店主たちが、ロサンゼルス市警にまったく警護してもらえないため、ライフルで武装して店の屋上にいる恐ろしいテレビ映像もあった。韓国系にとっては、これは全面戦争だった。

狂気の三日間で、死者五五人、負傷者二〇〇〇人、火災三六〇〇件、建物一一〇〇棟が破壊された。騒乱は収まったが、怒りは収まらなかった。煙のにおいがまだ空気中に充満していたが、私は残ったロサンゼルスの姿を自分の目で確かめたかった。友人でアート・パートナーのマグダ・ディアスと一緒に、カメラを片手に外に出てみた。そのとき取り組んでいたパフォーマンス作品のための映像を撮りたかったのだ。暴動の中心地へと向かった。空になったテレビの箱や酒瓶、灰が雪のように積もり、プラスチックの残骸が散乱する、巨大な不良パーティーの末路のような通りを通った。暴動の発火点となったフローレンス通りとノルマンディー街の交差点に行き、さらにサウスセントラルの奥へと進んだ。韓国人が経営する大型店舗が焼け落ち、道行く人々の気分と同じように、まだくすぶっていた。ベージュのドッジのバンを運転し、マグダが窓から顔を出してビデオを撮っているのを、怒りに満ちた目が追ってきた。私たちは紛争地帯への不法侵入者だった。

信号で停まると、カマウに似ているが、もう少し浅黒い黒人の青年が立ちはだかり、目に炎をためて私をにらみつけた。彼にとって私は敵だった。「ねえ、あなたは俺の息子かもしれないのよ！」なんて言えるわけがない。彼は私を知らない。だから、自由に私を憎むことができる。彼が角の店でお金を渡した黄色い女性、彼に微笑みかけたことのない女性、無表情で、もしかしたら人種差別の風習を持った場所から来た女性に私が似ていたから、彼は私が憎いのだろう。彼女が英語を話せなかったから、彼は私を憎んだのかもしれない。その黄色い女性は、毎日コーラのボトルを買うお金を彼が持って来ていたにもかかわらず、名前を聞くこともなく、彼の一挙手一投足を怪しげにじっと見つめたのだろう。彼もまた彼女の名前を知らなかった。彼女は、同郷の二人の店主と同じように自分も死ぬかもしれないという恐怖から、肩が石のようにこわばり、いつも万引きをされて損をしていることを忌々しく思っていたのだ。

彼が私を憎んだのは、キング殴打事件のわずか一三日後に、黄色い女性が若い黒人女性、ラターシャ・ハーリンズを殺したからだ。忌々しい一パックのオレンジジュースを買おうとカウンターにお金を置く前に、ラターシャは殺された。ロドニー・キングを殴った警察と同じように、撃った女性は釈放された。だから、彼は私が憎いのだ。もし殺されたのが韓国人で、殺したのが黒人だったら、犯人はもうとっくに死んでいるか、永遠に刑務所から出られないことを、この若者は知っていた。

息子に似た青年の目に宿った炎は、私の言葉では消えないだろう。信号が赤から緑に変わっても、私はその光景から離れることはできなかった。

私が生活しているのは、この交差点、この中間の場所、両方の世界にまたがる空間だ。私は毎日、毎時間、黒人の夫、黒人と日系人が混ざる息子と一緒に、一つの世界からもう一つの世界へと道を渡る。私は、違いと共通点を学ぶ機会を得た。喜びを受け入れ、両方の重荷を背負っている。私たちはキッチンのテーブルを囲み、それぞれのストーリーに耳を傾けることで学ぶ。ストーリーが合わさって、私たちは家族となる。アーティストとして、人々をひとつにし、自分のストーリー以上のものを知ってもらうために、私には何ができるだろうか【写真27参照】。

What can a song do?
Can it stop a bullet
Can it tell the truth
Can it help the homeless
Can it talk to the youth
What, what can a song do?

歌に何ができるのか？
弾丸を止められるか
真実を伝えられるか
ホームレスを助けられるか
若者に語りかけられるか

【写真27】一人芝居『一粒の砂』より「断絶」を演じるノブコ。ロサンゼルス・シアター・センター、1995年。写真提供：Great Leap Archives。

歌に何ができるのか?

災害宣言が発令された。互いに誰が悪いのか、指差し合った。地域のリーダーが集まった。委員会が設立された。警察の捜査方法が問われ、彼らの人種差別、過剰暴力、沈黙の規範が明らかになった。人種関係に関する委員会が設置された。文化の違い、貧困、ギャングが非難された。サウスセントラルは改名され、サウス・ロサンゼルスとなった。これで事態はより良くなるはずだ。これに対するロドニー・キングの返答は、私たちが今も答えようとしている素朴な疑問だった。「みんな仲良くできるのだろうか?」

しかし、競争と個人主義で栄え、奴隷制度と虐殺の上に築かれた資本主義システムにおける抑圧と文化の混交の歴史を掘り下げれば、単純なことは単純ではなくなる。私にも疑問があった。息子に似たあの黒人青年に、私のストーリーを知らせる方法はあるだろうか? どうすれば私は、彼のストーリーを知ることができるだろう? もしあの韓国人店主がラターシャのストーリーを知っていたら、彼女は引き金を引いただろうか?「その人のストーリーを知っていれば、その人を殺すことはできない」という、古くからの言い回しを聞いたことがある。どうすれば私たちは肌の色を越えて、それぞれのストーリーを分かち合うことができるのだろうか?

アジア系アーティストのストーリーを一緒に舞台に載せることの有効性は、『薄切りの米(*A Slice of Rice*)』ですでに確認済みだった。ならば、アジア系、ラテン系、黒人のストーリーを隣り合わせにすることで、私たちの心を脱ゲットー化できるのではないか? グレートリープは、このことを確かめる旅を開始した。『薄切りの米、インゲン豆と野菜(*A Slice of Rice, Frijoles and Greens*)』は、私たちの日常生活にはない交差点を提供する舞台だ。普段の現実では起こらない交差。これはアートが作り出せるものだ。

ポーリーナ・サハグンは、二つの言語と二つの文化とともに育った。彼女の作品は、アメリカとメキシコの国境の両側から生まれたものであり、メキシコのムーヴメントの一翼を担ったテアトロでの訓練と活動から生まれたものである。アステカの王女であると同時に、アメリカ生まれのメキシコ系女性（ポチャ）であり、二つの世界の矛盾を身体的なユーモアで表現した。

シック・ストリート・マンは、歌と語りを織り交ぜることで、白人男性にレイプされて口がきけなくなった彼の祖母のような、もっとも辛いストーリーにも心を開かせる手法をもった、稀有なブルース・マンだった。祖母はギターを手に取ったとき、声を取り戻したそうだ。祖母はシックにギターを教え、もっとも硬直した白人至上主義者の心にさえ突き刺さるような、愛に満ちた許しのあり方を伝えた。

ワッツ・ヴィレッジ・シアター・カンパニーを立ち上げたリン・マニングは、二三歳のときに銃弾で失明した。暗いサングラスをかけた彼は、かつての柔道の強豪（彼は全盲の柔道元世界チャンピオンだった）のように、介助なしで舞台に上がった。彼の足は、ステージ中央に張られた、どちらが正面かを示すロープの十字のところで止まり、突然の失明に至った暴力についてゆっくりと語った。観客の心は彼の語りに釘づけになった。

アーリーン・マリノウスキーは、「白人はみんな……」という認識を打ち破った。彼女の言葉と手話は、別の種類の差別を伝える。耳の聞こえない両親の子ども（CODA）で、話し方がおかしいためにバカだと見下されたり、虐待されたりする親たちのための翻訳者となり、保護者となったストーリーである。

トランスジェンダーのタミル系スリランカ系アメリカ人俳優兼コメディアンの先駆者であるドローは、ユーモア、思いやり、稀有な洞察力をもって、性別と文化の過渡的混乱と格闘する自分自身と母親を演じた。

これらのアーティストたちは、私たちアジア系チームとともに、ある使命を担っていた！　一人ではできないことを、みんなでやったのだ。グレートリープは多文化的な組織へと成長し、コミュニティを拡大した。全国の学校や大学を巡り、この舞台作品は、人種や違いについての会話を巻き起こした。有色人種と障がい者のストーリーを並べることで、説教することなく心を飛翔させ、自分の無知を笑い、共通の人間性を見出すことができた。それは対立的でない共有の方法だった。形式自体が民主的だった。それぞれの特徴を希薄にすることも、他者を萎縮させることもなく、一人一人を拡大するものだった。「分断と征服」を止め、「仲良く」するための方法を探るプロセスの一部として、アートを利用していたのだ。

Can it kill the hate
Can it stop the fear
Can it give you hope
Can it make you hear
What can a song do?

憎しみを殺せるか
恐怖を止められるか
希望を与えられるか
あなたの耳に届けられるか
歌に何ができるのか？

第三〇章
すべての命のつながりへ
To All Relations

一九九二年、ロサンゼルス蜂起が起こったのと同年の一〇月一二日は「コロンブス・デー」であった。いわゆる「新大陸発見」の五〇〇周年に当たった。先住民にとってこの日は、アメリカ大陸のみならず、世界中での五〇〇年にわたる征服と虐殺の歴史の一つの区切りであった。

アメリカ神話は、私たちにヨーロッパ人の目を通して「発見」について考えさせる。だから当然、私たちは、一四五二年にローマ教皇ニコライ五世が宣言した、「全世界の非キリスト教徒に対する戦い」という大航海時代の教義について教えられていない。この宣言は「非キリスト教国とその領土の征服、植民地化、搾取」を公認した。異教徒を略奪・捕獲して「永久奴隷」にすることを奨励した。(1) この教義の結果、私たちが現在暮らす、今日の世界が形成された。私たちに馴染みのある「教育」では、コロンブスが野心的で貪欲な暴君であり、支配と服従のために拷問と屈辱を用いたという部分も省かれている。

一九九二年一〇月一二日は、神話を解体する瞬間だった。多くの運動が、この記念式典に反対するデモや教育イベントを計画した。ジョン・ファンメーカーは、多くの部族を含む「アイアン・サークル・ネーション」を結成した精神的指導者だった（運動内部には、彼の国際的なアプローチを批判する伝統的な傾向も見られた）。カリフォルニア州サンペドロで、彼らは「たくさんの冬の長老の集い（Many Winters Gathering of Elders）」を創設し、あらゆる方面から部族を集め、先住民以外の人々が先住民の知恵に耳を傾ける道を開いた。

アジア系アメリカ人運動の初期から、私たちは先住民族と政治的・精神的な親近感を持っていた。ワトソンヴィルの日系漁師たちは、一九七一年の先住民によるアルカトラズ島占拠の際に、支援物資を運び込んだ。[*1] モー・ニシダ、キャシー・マサオカ、タツオ・ヒラノなどの活動家は、一九七三年のサウスダコタのウーンデッド・ニー占拠の際に、薬や支援物資を現地に運んだ[*2]（私は妊娠六ヵ月だったので行けなかったが、アメリカン・インディアン運動の指導者ラッセル・ミーンズを集会まで車で送ったために、警察に追われて逮捕されるという怖い経験をした！）。一九九二年、モー・ニシダはジョン・ファンメーカーとともに、キャンプから五〇年、コロンブスから五〇〇年を記念して、ロサンゼルスからマンザナー巡礼までの二二〇マイルを走る「五〇／五〇〇ラン」と呼ばれるイベントの企画に携わった。このイベントはその後何年も続いた。

「五〇／五〇〇ラン」を走ったチャヴェラは元気いっぱいのシスターで、カリフォルニア州サンペドロで開催された「長老の集い」に私を招待してくれた。「長い木綿のドレスを持ってきて。スウェット・ロッジを経験してもらいたいの」。一九九二年は重要な出来事がいくつも起こった年だった。ロサンゼルス蜂起の影響で街は傷つき、私たちの魂はまだショックから立ち直れていなかった。私たちにはスピリチュアルな知恵が必要だった。癒しの瞬間が必要だった。

タラブと私がエンジェルス・ゲートへの丘を登ると、海の匂いとフライヴレッドの香りが混ざり合っていた。太平洋を臨む険しい丘の頂上に近づくにつれ、三つのティピーの先端が大きくなってきた。シンプルだが力強いティピーが青空に突き刺さり、「私たちはここにいる。私たちはずっとここで暮らしてきた」と主張していた。詠唱と太鼓の音に引かれ、私たちは皮で覆われた大きな太鼓と、白髪の長老二人組に率いられた若者を中心としたグループを囲む群衆のほうへと向かった。これは映画ではなく、荒々しくリアルだった。自分たちの歌を知っている若者たちの誇りを感じることができた。お盆の輪のように、それはパフォーマンスではなく、儀式だった。

ロープが張られた場所を通り過ぎると、ポールを曲げて毛布をかけた小屋があった。そこは神聖なスウェット・ロッジ、「イニピ」で、多くの観光客は立ち入ることができない。外では、無料の食べ物やフライヴレッドを求める人々が列を作っていた。ピクニックや子どもたちが昼寝をするための毛布を持参している人もいた。公園というより、村のようだった。あずま屋には、四日間燃え続けた焚き火を囲んで、大勢が集まっていた。この日は集会の最終日だった。さまざまな人種が混在していたが、先住民とメキシコ系が大多数を占めているようだった。ジャケットや毛布にくるまって数少ないベンチに座っている人もいたが、ほとんどの人はゴワゴワした芝生の上にいた。

さまざまな部族の長老のスピリチュアル・リーダーたちが次々と演説した。はるか遠くから来た人もいた。太鼓の音が静かになり、お話が始まった。各長老が話をする前に、それぞれの言語で挨拶をしたが、多くの長老がラコタ族の神聖な言葉「ミタクエ・オヤシン（*Mitakuye Oyasin*）」を口にした（ウーンデッド・ニーの闘争によって、先住民の間に同盟意識が生まれていた）。それぞれが穏やかに、ときに部族の言葉を織り交ぜながら話した。ある長老が「ミタクエ・オヤシン」と言った後、「二本足の者だけでなく、四本足の者、翼のある者、水の民、母なる大地、父なる空、友人、家族、敵、すべての命のつながり」を意味する言葉だ、と説明した。私の呼吸はゆったりとなり、四時の風が身体を吹き抜けた。私たちは永遠の時間のなかにいた。「ミタクエ・オヤシン」が何度も何度も心を揺さぶり、「すべての命のつながり」という、とてもシンプルでありながら奥深い言葉の意味が身に染みた。この世界の不平等や暴力の根源が、政治体制をはるかに超えたところにあることに気づき始めた。私たちは精神の欠落のなかで生きており、簡単に分断され、互いからだけでなく、私たちの源である母なる地球からも切り離されているのだ。

コロンブスと植民地支配の過程は、この土地から先住民の人々、言語、そして文化を消し去るためにあらゆることを行なった。それでも五〇〇年経った今、彼らはまだここにいて、私たちに教えを授けている。もし先住民がこの土地の管理人であり続け、私たちを「入植者（セトラー）」として受け入れていたら、アメリカ（タートル・アイランドともいう）はどんな場所になっていただろう？

空が藍色に染まり、海の霧が私たちを包んでいた。チャヴェラが私を見つけ、着替えるように言った。私は唯一持っていた木綿の長着である浴衣を着た。イニピに近づくと不安を感じた。二〇人の女性たちの列の最後尾に陣取ると、みんなが褐色の肌をしていた。若い女性たちに混じって数人の年長者もいた。もし耐えられなくて外に出なければならないことを考えて、最後尾にいたかった。閉所恐怖症になるのではないかと心配した。

指示は具体的だった。イニピに入り、手と膝をついて円を描くように時計回りに這った。中央の溶岩の山から熱気が伝わってきた。円陣が完成すると、肩と肩が振れるほどに並んで、あぐらをかいた。さらに赤く光る溶岩が運ばれてきた。テントの開口部が毛布で覆われたとき、私はパニックする自分を抑えなければならなかった。目を開けていようが閉じていようが、これほど漆黒の闇に包まれたことはなかった。岩に水がかけられた。熱い蒸気の波が私たちを包み込んだ。息が苦しかった。長老が歌を唱え始めた。女性たちのコーラスがそれに応えた。私たちはそこで身を清め、汗が心身を浄化し、持久力が試された。もう耐えられないと思った。身体の芯が熱くなった。息ができなかった。外に出ようと動いたが、誰かが私の頭を地面に押し付けた。少しひんやりとした空気にほっとした。どうにか最後まで耐えた。時計回りに他の女性たちに続いて這い出した。これは再生の儀式だった。

私は生まれ変わっただろうか？ それはわからないが、世界の軸がずれたように感じながら、家に帰った。それから数日後、「ミタクエ　オヤシン」という歌が浮かんだ。

To all relations—Mother Earth and Father Sky
To all relations—every nation, every tribe
Every family, every stranger, every friend and every foe
Every form and every creature
To all relations(2)

すべての命のつながりへ——母なる大地と父なる空
すべての命のつながりへ——すべての民族、すべての部族
あらゆる家族、あらゆる他人、あらゆる友、あらゆる敵
あらゆる形、あらゆる生き物
すべての命のつながりへ

曲作りとは不思議なプロセスだ。ときにはそれは旅のようなもので、どこに連れて行かれるかわからない。メロディー、リズム、音の断片、フレーズなど、頭のなかに何かヒントが聞こえてくる。それをただ待って聴くこともある。ときには、千ピースのパズルのように、組み立てようと懸命に取り組まなければならないこともある。「すべての命のつながりへ」は、とても早く、とても明確に私のなかに浮かんだ。まるで私がそれを紡ぎ出すための媒体であるかのように、私を通じて流れ出てきたのだった。こういうことは、ごくたまにある。そんな歌は、後から聴いて、「本当に私がこの歌を作ったのかしら？」と思う。

グレートリープの音楽ディレクター兼プロデューサーのデレク・ナカモトには、ウォレス・ブラック・エルクを祖父に持つミュージシャンの友人、ダンカン・ペインがいた。私たちのレコーディングでは、ダンカンがラコタ語の祈りを織り込んでくれた。そしてブラック・エルクが曲を祝福する儀式を行なってくれた。これは単に名誉なことではなく、この曲をうまく使わなければならない、正しい方法で使わなければならない、という責任感を私に与えてくれた。

Mitakuye Oyasin
We're in the circle of oneness

ミタクエ・オヤシン
私たちはみな、一つの輪のなかにいる

第三一章

ビスミッラー・イル・ラーマン・イル・ラーヒム

Bismillah Ir Rahman Ir Rahim

「やあ、ママ」

日曜の朝の、いつもと同じような寮からの電話だった。カマウはサンフランシスコ州立大学で美術を専攻していた。私たちの収入でも行かせられる学校だった。休日に家に帰るには十分近かったが、一八歳で自分の羽ばたきを試すには十分遠かった。彼はベイエリアには精通していた。高校時代、彼は私の友人であるジェフ・モリが結成した「日系コミュニティ・ユース・センター（ＪＣＹＣ）」のために、サンフランシスコでサマーキャンプのカウンセラーとして働いたことがあった。この経験から、彼はコミュニティに属し、他人に奉仕する大切さを学んだ。サンフランシスコ州立大学では、昔アーリントン・ラウンジの隣人だったボビー・ファーリスが「教育機会プログラム（Educational Opportunity Program：EOP）」で働いており、カマウの守護天使となってくれた。コミュニティのクッションを持つことは、世の中で自分の道を見つけようとする若者にとって大事なことだ。

カマウは一〇代の危うい時期を、ラップグループでダンスをしていた高校時代を除けば、比較的問題を起こさずに乗り切った。ラップグループのマネージャーは、クールなジャケットとアトランタへのラップ大会への旅行でカマウを誘惑し、大学進学を諦めようという狂った夢で満たした。「まさか、ダメよ！」タラブと私はその誘惑の芽を摘んだ。

高校を卒業してすぐ、彼は南アフリカを題材にしたドキュメンタリー映画プロジェクト『アンコモン・グラウンド（*Uncommon Ground*）』（エイミー・ウィリアムズ監督）に参加する五人の有色人種の若者のうちの一人に選ばれるという機会に恵まれた。それは一九九一年の夏、ネルソン・マンデラが二七年間の獄中生活を終えて釈放された数ヵ月後のことだった。彼らは南アフリカ国内をあちこち回り、アパルトヘイトを終わらせる国民投票の直前のアフリカ民族会議の指導者たちと会った。グラハムズタウンでは、それぞれの若者が貧しい黒人居住区の家庭に滞在した。レイマート・パークの友人であり、毎週のビデオ会議で私たちと子どもをつないでくれた映画監督のベン・コールドウェルの指導のもと、それぞれがドキュメンタリーのための短い映像を撮影した。カマウが撮影したのは、村の長老たちから教えを受け、森のなかで一週間一人で生き延び、割礼を受け、村中を走り巡って祝福される、若者の伝統的な通過儀礼だった。カマウにとって、変わりゆく南アフリカの文化的、政治的現実に身を置くこと自体が通過儀礼だった。リオデジャネイロに立ち寄った帰り道、電話がかかってきた。「ねえ、ママ」と彼は懇願した。「お願いだから、もう二、三日滞在してもいい？」と。彼は一ヵ月ぶりに温かいシャワーを浴び、青い海に太陽を浴び、「イパネマの若くて可愛い女の子」を垣間見た。まさか、ダメよ！

でも、この朝の電話では、カマウの声のトーンが違っていた。「シャハーダを受けたところだ」

「何ですって？」

「シャハーダを受けた。イスラム教徒になったんだよ」

一九年前の真夜中の電話の記憶が強く襲ってきた。問題はイスラム教ではなく——イスラム教が私たちから奪ったものだった。カマウについて、私が何か見落としていたのだろうか？　なぜ息子が感じてきたことに気づかなかったのだろう？　イスラム教徒になることは、父親とつながる方法なんだろうか？　一九六〇年代にアフリカ系アメリカ人がイスラム教を受け入れたのは、精神的な行為であると同時に政治的な行為でもあった。イスラム教は黒人を奴隷にしたキリスト教から距離を置き、自らの解放を支える秩序と規律をもたらした。イスラム教徒として、彼らはアフリカのルーツとつながった。

しかし、一九九三年はムスリムになるには良い時期ではなかった。そのわずか数ヵ月前の一九九三年二月二八日、世界貿易センターに対する最初のテロ攻撃が発生し、六人が死亡、一〇四二人が負傷した。アメリカのイスラエル支援と中東への介入に対する復讐行為だった。犯人はイスラム諸国出身者だった。

私は電話をタラブに渡した。夫はいつも私より手際よく、知恵を絞って物事を処理してくれる。

カマウの八歳の誕生日、初めて二輪の自転車を買ってあげたときのことを思い出した。歩道を走り去る彼を見ながら、最初は少しグラグラしていたが、一ブロック走り終わるころには、楽しそうに自由に走っていた。いつか彼が私のもとから走り去る日が来るとはわかっていた。彼には彼の人生の旅がある。彼はどこまで遠くへ行くのだろう？　カマウを失ってしまったら？

彼は寮を出て、ルームメイトのタケオ（旧友パティの息子）とキャンパス外で暮らし始めた。大学に通い、必要な美術のクラスに入るために奮闘し、ＪＣＹＣでアルバイトをし、ヨガと瞑想を学んでいた。これならバランスが取れると私も思っていた。彼がイスラム教徒になったことにはまだ葛藤があったが、彼の善の本能を信じていた。カマウは羽を伸ばし、羽ばたこうとしており、彼の行動は私の精神力も試すことになった。

また電話がかかってきた。「ママ！　僕は今学期を休学するよ。友だちのムハンマドが（私は胃がギュッと縮んだ）

モロッコに招待してくれた。カサブランカの彼の家族のところに泊まれるよ」。これはハンフリー・ボガートとイングリッド・バーグマンが出演した白黒映画の『カサブランカ』でも、ヒッピーがたむろするマラケシュでもなかった。一九九四年のモロッコとは北アフリカのアラブ人の国であり、イスラム教地域である。

一九九四年一二月、彼が二一歳の誕生日に無事戻ってくるまで、私は気が気ではなかった。息子は、前よりも自信を持ち、小さなお土産と写真、モロッコでの冒険と、惜しみなく世話してくれた謙虚なイスラム教徒の家族とのホームステイの物語を携えて帰ってきた。敬虔なクリスチャンであるタラブのママ、マミーが訪ねてきたり、カマウが一日に五回サラート（お祈り）をする場所を見つけたりと、休暇中は家が満員だった。神様のおかげで、ありがたいことに豚肉を食べる者はいなかった。あ、神様というのはアッラーのことだ。そして、ボブおじさんの家でのクリスマス・ディナー。妻のデブと二人の息子たちは、イスラム教徒となったカマウを理解しようとしていた。洗心寺でマス住職のその年最後の法要を聞かなければ、大晦日とは言えない。マス住職は、新しい年に新しいことを行なうスペースを空けるために、年末に家と精神の大掃除をするという日本の習慣について説いた。無執着を実践することは、今の私にもっとも必要なことだった。マス住職はいつものように気さくで、イスラム教への「投降」についてカマウと気軽に会話した。

アフリカ系アメリカ人の祝日クワンザは、友だちのクリシュナの家で過ごした。(1) その日、カマウは新しい若い女性を家に連れてきた（カマウにはそれまでガールフレンドはほとんどいなかった）。親からもらった名前はエンジェルだったが、ムスリム・ネームはマリカと言った。チョコレート色の肌、マスカラで強調された美しい目をした彼女は、我が家の冷蔵庫に寄りかかり、天使のような声でこう説明した。「高校のときに一度ショッピングモールで出会ったことがあるの」。彼女は突然カマウに電話をかけてきて、カマウがクリシュナの家に一緒に行こうと誘ったのだ。

シーク教徒であるクリシュナは、白い服に白いターバンを巻き、白い壁と白い家具の家に住んでいた。クワンザ七日目のこの日、私たちがクリシュナのフロアで輪になって座っていると、彼女のヨガスタジオでもある広い白いリビングルームは、ゲストが身につけるアフリカ式の模様、ケンテ布、そして泥染めの布の鮮やかな色で賑わっていた。クリシュナが最後のキャンドル（イマニ、つまりスワヒリ語で「信仰」を意味する言葉を表している）に火を灯すと、彼女はこう読み上げた。「私たちは、私たちの民族、私たちの両親、私たちの先生、私たちのリーダー、そして私たちの闘いの正義と勝利を心から信じます」。一番幼い参加者を祝福し、また一番高齢の参加者、メイミーからの言葉を聞いた。メイミーは当時八六歳だったが、クリシュナの家の階段を駆け上がることができ、頼まれれば喜んでバンプを踊った。私たちの輪は、シーク教徒、キリスト教徒、仏教徒、ニューアフリカ教徒、そして今はイスラム教徒も入った輪だった。それが私たちの家族であり、コミュニティだった。

一九九六年二月一七日、また電話がかかってきた。「サラーム・アレイクム、ママ」。彼の声は上ずり、興奮していた。答え方を覚えつつあった。「ワ・アレイクム・サラーム」

「僕、結婚したんだよ！」

「なんですって？」

彼は笑った。「結婚した」

「え？　誰と結婚したの？」

「マリカだよ。冬休みに来たときに会ったよね。クリシュナの家に一緒に行った。彼女はムスリムなんだ。ヤシール導師（イマーム・ヤシール）が、イスラム教徒は若いうちに結婚するのが良いと言った」

知り合って数ヵ月しか経っていないイマームが、彼に結婚を勧めた？　私の体温は天井まで昇っていた。導師がアッタラーを死に導いたのよ。今度はカマウが、見ず知らずのイマームの助言に従って生きるなんて？

「僕たちは手紙のやり取りをしていたんだ。二人ともラマダンのために断食していた。そしたら、ビジョンを見た」

私にもビジョンはあった。でも、カマウは私たちとは関係なく、人生の重要な決断を下した。彼の飛躍は大胆で、ときには周りの景色を見ずに行動することもあった。それは彼自身の声に耳を傾け、彼独自の人間になっていったこともあるが、部分的には、私やタラブのような二人の影響力の強い人間を両親に持ったことも大きいのだろう。私たちが良いと思うことに逆らいたくはないので、彼は私たちの意見を聞かないのだ。あるいは、私たちの理解を超えた、もしかしたら彼自身の理解を超えた生き方をしていたのかもしれない。彼は自分の道を進み、全身全霊で世界に飛び出し、信念を持って躍動していた。

しかし、これは黙って受け止めるには、あまりに大きな出来事だった。私はオークランドに行った。そのイマームと面と向かって話したかった。息子に変わって物事を決める権利は彼にはなかった。彼はカマウのことも、私たちのことも、カマウの父親のことも何も知らなかった。彼には何の権利もなかった。

約束の会談の前に、カマウは私をディクル（追憶の輪）という土曜の夕方の集まりに連れて行こうとした。私はアッタラーと一緒に宗教的なイスラムの集まりに行ったことがなかった。何を期待していいのかわからなかった。私が望んでいたのは、あのイマームと話をすることだけだった。

壁一面に礼拝用の敷物が敷き詰められた、オークランドの四六番街にある小さな店舗を転用したモスクに入ると、まるで外国にいるようだった。人々は靴を脱いで床に座り、頭にクフィをかぶった男性たちが部屋の片側に集まり、ヒジャブとゆったりした服をまとった女性たちは反対側に集まっていた。カマウは私を女性たちに先に紹介した。中東系の年長者もいれば、黒人、褐色人種、白人若い女性もいた。小さな子どもがまとわりついている人たちもいた。「サラーム・アレイクム」と温かく迎えてくれた。私は答えた。「ワ・アレイクム・サラーム」。カマウが私を男性仲間に紹介した後、私は髪を覆うことなく、カマウと一緒にあぐらをかいて座り、男たちの間で会話をした。

イマーム・ヤシールがゆったりとしたガウンに緑色のターバンを巻いて入場してくると、誰もが立ち上がった。イマーム・ヤシールが前列に向かうと、カマウが私を紹介するために彼を呼び止めた。彼はとても礼儀正しく、「座りたいところに座ってください」と言った。通常、サラートでは男性と女性は別れて座り、男性が女性の前に座る習慣であったが、私が快適に過ごせるようにと規則が和らげられた。しかし、私はカマウに、自分は女性の方に加わると言った。イスラム教徒で女性であることはどういうものなのかを感じたかったからだ。女性を男性の後ろに座らせるのは、慎み深さを保つためで、サラートの最中に女性が前かがみになることで、女性のお尻が男性の気をそらすことがないようにするためだそうだ。ふーん、そうなの？　このとても規律正しい宗教のなかで、男性は自分の思考や感情をコントロールできないってこと？

私は見知らぬ人だったが、女性たちは肩を寄せ合って私を仲間に入れてくれた。サラートの最初の姿勢である手の組み方を教えてくれた。祈りの呼びかけの音が心地よかった。男性の声が空気を貫き、私たちを神聖な空間へと引き込んでいく。ダンサーだった私は、動きを追ったり予測したりすることに慣れていた。唱えられる言葉も、なぜ何度も何度もお辞儀をするのかも理解できなかったが、流れに従った。音楽とアラビア語の言葉は意味はわからなかったが、とても心を動かす音だった。

サラートの後、ヤシール師はコーランのなかのいくつかの物語を説明した。それは、人々に何をすべきかを教える話ではなかった。ストーリーの語り口と優しいユーモアで人々を導くものだった。話が終わると、みんなで大きな輪になった。そのときまでに、部屋は四五から五〇人の人で埋まっていた。ヤシール師はギンブリ（バンジョーの粗末な版）を手に取り、ベースのビートに合わせて弾き始めた。カラキブ（荒い手のシンバル）が音を切り裂くと、ヤシールは男女の輪とのコール・アンド・レスポンスを始めた。人々は今、空に向かって手のひらを開いて立っている。「アッラーのほかに神はない（ラ・イラハ・イル・アッラー）」。詠唱はエネルギーを高めていた。詠唱が幾重にも続くなか、人々は水の入ったボトルを持ってきて、輪の真ん中に置いた。詠唱の振動が水を祝福してくれると信じているのだ。子どもたちが輪のなかで踊り始め、何人かがゆっくりと回転し始めた。それはまるで荒いヴァージョンの回転するイスラム僧のようだったが、ここはオークランドだ。

モスクを出たとき、頭がクラクラした。予想していたのとは全然違った。私が抱いていたイスラム教のイメージはごく限定的なものであったが、それが打ち砕かれた。カマウの父親はマルコムと同じスンニ派のイスラム教徒だったが、これは別のイスラム教だった。カマウはナクシュバンディ教団のスーフィーになっていた。詩人ルーミー、音楽、そして神、アッラーと一体化するための神秘的な旅を愛する人々だ。

後日、ヤシール師の家を訪ねた。モロッコ出身で、水泳の元チャンピオン、現在はバークレーで水泳を教えている。彼はときどき、演奏する民族楽器でライヴをやっていた。私の好きなキューバ人ミュージシャンの一人、オマール・ソーサとアルバムで共演したこともある。妻はユダヤ系で陶芸家だったが、やはりスーフィーであった。その頃には私の火は冷めてはいたが、それでも私は、一人のイマームがカマウの父親を死に追いやり、今度は別のイマームが一人息子に見知らぬ女性との結婚を勧めたことに対する、衝撃と懸念を表明した。彼は深く謝罪した。確かにイスラム教は信者に若いうちに結婚することを勧めるのだが、彼は二人が高校時代からの知り合いだと思っていた、と説明した。謝ってもらっても、カマウの人生を困難な道へと導いたこの誤解を消し去ることはできなかった――最終的にはこれはカマウ自身が選んだことではあったのだが。

カマウの次の電話には、もう驚かなかった。子どもが生まれるのだという。赤ちゃんは生活に順応するにあたって不安定な時期にこの世にやってきた。この女の子はニコニコと明るい、美しい贈り物だった。アシヤという名前は「強い柱のある家」を意味する。幼い両親のかすがいとなる赤ちゃんだった。彼女は全身全霊でそれを成し遂げた。両親には信仰があり、ナクシュバンディの精神的指導者であるシェイク・ヒシャムが彼らを導いていた。

「ジハード（聖戦）」という言葉を人々は恐れるようになっていた。しかしカマウは、本当のジハードとは内的なものだと説明した。精神的な努力、エゴとの闘い、責任を果たすための努力という意味だ。カマウとマリカにとって、ジハードはお互いの精神的な努力であり、特に後に続いて生まれてくる子どもたちのために必要なものだった。二人目の子どもがムハンマドだった。この名前に相応しい人になるのは大変だ。クリシュナは彼を見て言った。「この子はいつかブッダになるだろう」

一九九九年にかかってきた電話では、カマウの社会的立場について、今までとは違った形が見えてきた。彼は、ジュンマ（金曜の礼拝）で初めて話をするので、私とタラブにオークランドまで来てほしいと言ったのだ。カマウが大勢の人の前で話すなんて、私には想像もできなかった。彼はいつも聞き役で、静かな戦士だった。緊張するだろうか？私は緊張していた。カマウは天に到達する助けとなるといわれる、尖塔のついた緑色のターバンを巻いていた。金縁メガネの下には、かすかな口ひげとあごひげがあった。その彫りの深い風貌はマルコムXに似ていると多くの人が言うが、彼の話は穏やかで自然で、内なる調和、平和へと導く。アラビア語のフレーズや「預言者ムハンマドのご加護を」という言葉をちりばめながら、彼は教えの形をとりつつ、独自のストーリーの語り口を学んでいた。話の展開を見ながら、私は新しいカマウを見ていた。彼は私の子どもだったが、私の子どもではなかった。自分の道を歩む求道者だった。彼は導師になるための精神的な旅の途中だった。話が終わると、彼は私たちのところに向かって来た。彼の顔には大きな笑みが浮かび、堅苦しくならなくていいと言うかのように笑い声をあげた。彼は急に、私のカマウに戻ったのだった。

アッタラーからイスラム教徒になるように頼まれたときのことを覚えている。そのときは、自分の文化からあまりにもかけ離れていると感じたし、彼を喜ばせるためだけに改宗するつもりはなかった。今ではイスラム教は自分の鼓動と同じくらい身近なものになった。何世代にもわたって、私の家族は仏教とキリスト教の分裂とともに生きることを学び、神と無神のような過激な違いも、大きな問題にすることなく受け入れてきた。日本では、敬虔な仏教徒であった曾祖母ハツが、いつかアメリカで暮らすことになるからと、母と妹をキリスト教会に連れて行った。モルモン教徒のルーシーおばあちゃんは、ハリー・ミヤモトへの愛ゆえに破門されたと思われる。母はカマウへの愛によって、肌の色の違いに対する恐怖を乗り越えた。今、タラブのクリスチャンのママ、メイミーは仏教のお寺に行き、カマウが夕食を食べる前にイスラム教のお祈りをするのを聞く。人種、文化、宗教的信条の分裂とともに生きることは、日々、ますます多くの人々にとって普通のことになってきている。それは、多民族国家である私たちが理解し、共存し、拡人していくための機会なのだ。しかし、世界は反対の方向に動いていた。

二〇〇一年九月一一日の朝六時、一本の電話が朝のサーダナ（ヨガ）の練習を中断させた。隣の家のドク・フレザーからだった。彼の朝の瞑想はニュースを観ることだ。「テレビをつけて！」

傷ついたニューヨークのワールド・トレード・センターのノースタワーから、黒煙が私たちの寝室にまで立ち上った。裏庭で太極拳をしていたタラブを大声で呼んだ。UCLAでのグレートリープ公演の後、うちに泊っていたシック・ストリート・マンも私の声を聞いた。私たち三人は茫然と立ち尽くし、飛行機がサウスタワーを切り裂くのを見た。英雄的なレスキュー活動と何度も繰り返される映像が混乱を伝えていた。煙と灰が立ち上るなか、唖然とした報道機関が「攻撃……テロリスト……テロ攻撃」という言葉を使い始めた。

太平洋標準時の午前六時三七分、ペンタゴンに飛行機が墜落するという考えられない事件が起こった。ハリウッド映画ではなかった。飛行機がペンタゴンに墜落したのだ！　パニックに陥ったニュースキャスターたちは、煙と灰を吸い込みながら、一九九三年二月のワード・トレード・センター爆破テロを思い出していた。記者たちはイスラム教徒のテロリストについて言及した。恐怖が私を満たした。

カマウは？　家族はどこ？　カマウはどこ？　カマウに電話しなきゃ。カマウはオークランドからサンフランシスコに向かう途中だった。彼は毎日ストリートで死に直面する恵まれない子どもたちのために働いていた。マリカはアシヤとムハンマド、そしてモロッコ系イスラム教徒の隣人と一緒に家にいた。彼らは大丈夫。無事だ。

午前六時四二分、すべての飛行機の民間便が着陸した。午前六時四三分、シックはレンタカーを借りた。シアトルにいる妻と息子のもとへ車で向かうつもりだった。ニューヨーク時間の午前九時五九分、サウスタワーが倒壊する直前、シックと私はテレビ画面に釘付けになったまま、天使のように手をつないでタワーから飛び降りる二人の人間を見た。地獄のなかで人命を救おうとする消防士や市民の無私の勇気を目撃した。その日は、たくさんの天使がこの世にいた。

政治活動に参加した経験から、テロリズムとは無力な者が声を上げようとする行為であることを私は知っていた。あの日、資本主義権力の頂点であった世界貿易センタービルから煙が立ち上り、そしてビルが崩れ落ちた。テレビに映し出される小さくもろい姿を見て、世界中が呼吸を止めた。さらに多くのビルが倒壊し、古代文明の柱が永遠に消し去られるだろう。その日、罪のない多くの人々の命が失われた。そしてその後、イラク、アフガニスタン、そのほかの多くの国々で、石油の支配権をめぐって戦いが繰り広げられ、罪のない人々が人質に取られ、拷問を受け、投獄され、法的な曖昧な施設に拘束され、数知れない命がさらに失われることになる。世の中全体が崩れていき、終わりはまだ見えていない。

恐怖の煙と灰から逃れるために、外に出て、深呼吸しなければならなかった。裏口の網戸の外で、私は外の階段の手すりにしがみついた。ロサンゼルスの空を見上げた。空は妙に静かで、その後の三日間は、飛行機が飛ばないので、空の青さが増した。私は古いクチナシの茂みを見下ろした。何ヵ月も休眠状態だったが、今日、一輪の花が朝もやに花びらを押し開き、昇る太陽に向かって押し広げ、煙に満ちた私たちの生活に甘い香りを吹き込んでいた。花はその美しさを隠すことなく見せていた。世界がこの日、完璧なクチナシの花を必要としていることを、この花は知っていた。

翌日、「リドレス／補償のための全米連合（National Coalition for Redress/Reparations: NCRR）」の友人たちは、リトル・トーキョーの日米文化会館広場でロウソクを持ち寄り、夜警を呼びかけた。彼らは、真珠湾攻撃の翌日に日系アメリカ人に起こったことが、イスラム教徒にも起こりうることを知っていたのだ。最初の報復攻撃は、アリゾナ州メサで起こった。白いターバンを巻いたシーク教徒の男性が、アラブ系イスラム教徒と間違われた。アメリカでムスリムであることが好ましい時代ではなくなった。新たな憎悪が生まれていた。イスラム恐怖症（イスラモフォビア）。今、これは私にとって、とても個人的に身近な問題となった。

二〇〇二年、ＮＣＲＲはラマダン中に一連の断食明けイベントを行なうことで、ムスリムへの支援を継続した。ラマダンとは、イスラム教徒が四〇日間続ける日の出から日没までの断食期間である。その時点ではほとんどのアメリカ人はイスラム教徒に会ったことがなく、彼らの信仰や習慣についてほぼ何も知らなかった。私はイスラム教徒といろいろな信仰を持つ人々を一つのワークショップに集め、お互いの伝統を分かち合い、共通点を探る場を作り始めた。グレートリープは、ＮＣＲＲが洗心寺で開いたムスリムを招待する断食明けの行事に参加した。カマウが九・一一の一ヵ月後に生まれた女の子を含む家族を連れてやってきた。新しい赤ちゃんの名はノーラ。「光」を意味する名前だった。断食明けの祈りを導いてくれるはずだったイマームが都合が悪くなりキャンセルしたので、カマウが祈りを取り仕切ることになった。

洗心寺の本堂（チャペル）は、お寺のメンバーと日系人コミュニティが表明した連帯に感謝するムスリムの家族で満員だった。私たちのグループは、観客席の端に立ち、連帯の詩を披露した。マス住職がお経を読んだ。そして、長い断食の一日を終えるための祈りの呼びかけの時間となった。カマウは正面に歩み出ると、目を閉じてしばらく立ち、長い指を目の前で握りしめた。驚くほど落ち着いた様子で、両手を耳の後ろにかざした。伝統的な祈祷時間告知係（ムエジン）のような美しい方法で呼びかけの声を出さなかった。彼は自分の声で、シンプルに、優雅に歌った。「アッラーフ・アクバル、アッラーフ・アクバル」彼はマス住職の前で、彼のストーリーを知り、彼を育み、洗心寺の講堂で初めてハイハイをし、初めて歩くのを見守ったコミュニティの前で、祈りを行なっていた。今では二九歳になり、三人の子どもがいる。私たちは、彼が新しい役割に踏み出すのを見守っていた。「ラ・イラハ・イル・アッラー」祈りが終わると、彼は目を開け、あのカマウらしい笑顔で、場を解放した。「さあ、食べましょう！」

二〇〇三年三月、核兵器に関する虚偽の非難を口実に、アメリカはイラクに侵攻し、広島の何倍もの死と破壊の長雨を降らせるように、高性能爆弾とロケット弾を浴びせかけた。九・一一後の復讐と報復の世界が、宗派主義、テロリズム、石油への飽くなき欲望、そして貪欲を解き放つのを見ながら、私たちは集った。アーティスト、詩人、癒す人、活動家、スピリチュアルな求道者、イスラム教徒、仏教徒、キリスト教徒、黒人、ラテン系、アメリカ出身の日系人と日本からの日本人が、洗心寺の講堂に一年間毎週集まった。私たちは詩で暴力に応え、ストーリーで分断について訴え、『聖なる月の歌（*Sacred Moon Songs*）』のパフォーマンスで恐怖と悲しみを受け止めようとした。イースト・ウエスト・プレイヤーズの劇場を神聖な空間に変え、多くのコミュニティの癒しと統合の手段としてアートを使った。私たちのアートは、あの煙に包まれた世界に甘い香りを吹き込んだ一輪のクチナシだったのかもしれない。

The moon, it disappears
But I know it will return
Like peace—like love—like hope
It will return
Shalom, heiwa, paz, salaam alaikum

月は消える
でもきっと戻ってくる
平和のように——愛のように——希望のように
それは戻ってくる
シャローム、平和、パズ、サラーム・アレイクム

第三二章

タンポポの種

The Seed of the Dandelion

The seed of a dandelion
Scatters in the sky
A windblown weed a wildflower
Let it fly

タンポポの種
空に散る
風に吹かれた雑草、野の花
飛んでいけ

親愛なる友人であり、クンダリーニ・ヨガのマスターであるクリシュナ・カウルのもとで、私はヨガを学んでいた。朝四時半から、サッド・ハナ、つまり太陽が昇る「神々への供物（アンブロージャ）」の時間にチャンティングをする修行をした。これに加えてタラブと太極拳をすることで、私は強く健康でいられた。一九九九年一一月、私はクリシュナ・カウルが統率する組織である国際黒人ヨガ教師協会（ブラック・ヨガ・ティーチャーズ・アソシエーション）が主催した旅行で、主に黒人のヨガ指導者と実践者七〇人とともにキューバに行き、一五〇人のキューバ人とヨガを分かち合った。

キューバは感動的だった。アメリカの海岸からわずか九〇マイルしか離れていないこの小さな島国が、人民革命を起こし、革命を維持できたという事実は、信じられない偉業だった。運動のなかで私たちは、かつて奴隷を使って砂糖やコーヒーのプランテーションを経営し、組織犯罪の巣窟としてハバナを支配していたバティスタ独裁政権を打倒した英雄として、チェとフィデルをロマンチックに描いた。革命は労働者と貧困層に権力を与え、民衆に住む場所を確保し、無料の教育と無料の医療を提供し、地球上でもっとも高度に進化した音楽を生み出した。

一九六〇年代初頭に始まり、現在も続いている禁輸と経済封鎖を、私たちは破った。経済封鎖のために不足していたヨガマット、衣服、シャンプー、石鹸、アスピリンなどのささやかな贈り物とともに、医薬品、物資、器具を持ち込んだ。苦難が彼らの熱意を冷ますことはなかった。参加者のほとんどは医師や医療従事者で、自然治癒力を高める道具にヨガを加えることを熱望していた。

私たちが出会ったキューバ人たちはエネルギッシュで、機知に富み、革命のためには犠牲を厭わなかった。肉、トラックの燃料、肥料が不足するなか、彼らは街の近くで小さな有機農園を始め、野菜や果物で市場を繁栄させた。ハバナは絵のように美しく、一九五〇年代の車は美しく修理して使われていた。しかし、それらの車や私たちが乗ったタクシーは、一酸化炭素をまき散らしていた。ヨガのクラスは、ハバナ郊外のコヒマルにあるホテルの屋上で行われた。ツアーバスがエンジンをかけたままホテルをぐるりと囲み、屋上まで排気ガスが上がってくるなか、私たちは深呼吸をしていた。人々、音楽、文化に酔いしれて、旅行中には気づかなかったが、二週間のキューバ滞在を終えて、スモッグ立ち込めるロサンゼルスに降り立ったときに、声が出なくなった。

ささやき声も、うなり声も、一言も話せない。どうも疲れているみたい。少し休もう。しかし、私の沈黙は、一週間でも一ヵ月でもなく、一年以上続いた。私にとっては永遠の時間だった。声は生まれながらにして持っているもので、当たり前にあるものだった。今、私の歌は沈黙させられている。カイザー病院の医師たちは何の答えも、何の手がかりも、何の治療法も示せなかった。身体的なものなのか、感情的なものなのか。キューバでヨガをしたせいで環境汚染の犠牲者になったのか？　できるだけパニックに陥らないように努めたが、ヴォイスセラピーもハーブも鍼治療も何も効かないまま、時間だけが過ぎていった。いつも、ダンスよりは歌の方が、歳をとっても続けられると考えていた。声なしでどうやって生きていけるだろう？

グレートリープの初代マネージャーである、友人のドナ・エバタは、治療にはさらなる後押しが必要だと考えた。彼女は私を二人の女性アーティスト、サンノゼ太鼓のＰＪ・ヒラバヤシと、鼓童のメンバーで日本のシンガー、藤本容子と会わせた**【本書三一三頁の写真26参照】**。「でも、ドナ、容子と一緒には歌えないわ！　彼女は女神のような声だもの！」しかし、ドナは資金を調達した。二〇〇三年から二〇〇七年まで、ＰＪと容子と私の三人は定期的に合宿を行なった。これが私の恐れやエゴを克服するのを助け、姉妹愛と愛が私の声をこじ開けてくれた。「トライアングル・プロジェクト」と命名された三人の公演は、女性アーティストたる私たちひとりひとりが、音楽を使って文化的な絆を深め、変化を生み出す方法を探求する機会を与えてくれた。ＰＪと夫のロイ・ヒラバヤシは、一九七〇年代初めにサンノゼ太鼓を設立し、洗心寺の緊那羅太鼓とともに、アメリカ初の太鼓グループのひとつとなった。パワフルなシャーマン・ドラマーであるＰＪは、今でも太鼓の精神を世界中に広めることに貢献している。東京生まれの容子は、戦後の西洋化する日本で育った。彼女は、日本の伝統文化を活性化させる方法として和太鼓を採用したグループ、鬼太鼓座、のちの鼓童のメンバーだ。佐渡という離島で彼らは共同生活を送り、日本の民俗様式の鍛錬を積み、一日二六マイルを走った！　容子は伝統的な民謡を歌うことで力強い歌声を発見した。私たちはほぼ同時期に活動を開始し、女性音楽家として語るべき並行するストーリーを持っていた。それを併せて、音楽劇『タンポポの旅』が出来上がった。

　容子がリハーサルと探検のために、日本海に浮かぶ佐渡ヶ島にPJと私を招待してくれた。それまで、母国である日本を訪れたことがなかった。先祖を偲ぶ踊りのためにお盆の音楽を書いたことはあったが、「故郷」に行ったことはなかったのだ。日本は故郷なのか？　それは私が自分の場所だと主張できる場所なのだろうか？　日本は三世代も隔てている私を自分のものだと考えてくれるのだろうか？　佐渡で伝統的な地方の暮らしを体験するのは楽しみだったが、それ以外にも日本でやらなければならないことがあった。母の家族、母のストーリーに登場する人々の子孫に会いたかった。母が祖父母と過ごした場所を見たかった。

　日本に行く前、伯母のハツエに親戚に紹介する手紙を書いてくれるかと尋ねた。「ダメよ！　そんなことをしたら、親戚がこちらを訪ねて、ディズニーランドに連れて行ってほしいって言うわ！」悟りを開いた仏教徒であるはずの叔母の、この返事は奇妙だった。彼女の答えのなかの「ノー」は、ちょっと強調されすぎていた。もしかしたら、ディズニーランドの問題ではなかったのかもしれない。もしかしたら叔母は、長い間行方不明になっていたミツエの反逆児を親戚がどう思うかを恐れていたのかもしれない。私は自分が本物の日本人でないことを知っていた。他の日系人の子どもたちも私にそう言った。でも、自分が白人でないことも知っていた。そして私は黒人の子どもを産み、黒人男性と結婚した。そしてその子どもは魂の探求者になり、イスラム教に帰依した。ああ、神様！　ああ、仏様！　ああ、アッラーの神よ！　やっぱり、日本の親戚には会おうとすべきではないのかもしれない。これほど遠くへ流れてしまった人間を受け入れろと言われても、彼らも消化できないだろう。きっと私は別の種族、雑種、ポイドッグ、支流が多すぎる川の血を引く人種に変身してしまったんだ。自分のルーツから遠く離れすぎてしまったんだろう。

それでも、このような機会はもう二度とないかもしれないという心配が、私に伯母の「ノー」を受け入れさせなかった。私たちを分断している、目に見えず、言葉では言い表せないような壁、レンガをひとつ取り除くだけでガラガラと崩れ落ち、私たちのような複雑なモザイクが姿を現すような妄想の壁を、私は受け入れない。その美しくも雑然とした空間に私は生きている。そこから学び、そのおかげで成長してきたのだ。私の内側の何かが、私たち一家が一〇〇年にわたる別離の間にどのような人々になったのか、その真実を親戚たちにも知ってほしいと訴えていた。ありのままの自分として、彼らに会う勇気が欲しかった。そんなことをしても世界は変わらないかもしれない。最初はショックや混乱、無秩序を生むかもしれない。恐れや古い信念が掘り起こされるだろう。しかし、舞い散った埃が床に落ち、その場に落ち着きが戻ったとき、よりしっかりとして、開かれた、自由な大地に私たちは暮らせるようになるだろう。

たとえ親戚に拒まれることになるとしても、彼らに会わなければならなかった。ミツエの子どもが存在したこと、ミツエが祖父母のことを覚えていたこと、祖父母の手紙を大切に保管していたこと、彼らとの幸せな日々の話を私に聞かせてくれたこと、アメリカの原爆で長崎の従兄弟が亡くなったときには怒りを露わにしていたことを、知らせなければならなかった。私は親戚に自分の真実を話す決意を固めた。黒人の子どもを持ち、今では黒人の夫を持っていることを恥じてはいなかった。もし日本の文化や親戚がそのことで私たちを敬遠するなら、それはそれで仕方がない。この変わりゆく世界のなかで、私たちがどのような人間になったのか、人間としての顔を見せようと努めることにした。

昔のルームメイトのジューン・ババが東京に住んでいて、いろいろ調べてくれた。親類の電話番号を見つけてくれた。連絡すると、彼らは私の来訪を歓迎してくれた。

私が誰なのか、どうやって説明すればいいのだろう？　日本語は話せなかった。言葉もなかった。そこで家族の一〇〇年にわたる旅を綴った写真集を作ることにした。それは、福岡で着物を着て、家族に囲まれた母と姉のハツエの古い白黒写真から始まった【本書二六頁の写真３参照】。最後は、息子とその家族、クフィをかぶった息子のブロンズの笑顔、ヒジャブ姿の妻と四人の子どもたちの写真で終わった。私たち家族は一〇〇年の間に長い道のりを旅した。

親戚のなかでは若い世代に属する西村眞次と東京で会えることになった。友人のジューンが、私と一緒に彼に会った。しかし、夕食に出かける前、彼女は私に警告した。「日本人はとても人種差別的なところがあるのよ！」「わかってるわ、ジューン。だからこの本を作ったの」。そう言われても、ジューンは少しも気が楽にはならなかった。彼女は私以上に緊張していた。眞次さんとは東京の素敵なレストランで会った。彼はロサンゼルスの日系企業で九年間働いたことがあり、英語は完璧だった。私は自己紹介のつもりで、すぐに本を見せたかったが、ジューンは私の腕を押し下げ、「後でね」とささやいた。

夕食の途中で眞次が言った。「家族がとても会いたがっています。ベジタリアンかどうか聞いていています」。彼らは私をもてなそうとしていた。でも、私は彼らを喜ばせることができるのかしら？　私はまた本を取ろうとしたが、またもやジューンに腕を押さえられた。夕食が終わり、私はジューンを見て、それから抹茶色の表紙の美しい写真集を取り出した。ジューンは目を大きく見開き、無理やり微笑んだ。私はその写真集を彼の前に置いた。「これが私の家族の物語です」

眞次が表紙を開いた。祖母とその姉妹、曾祖父母と一緒に写っている写真は、彼にも見覚えがあった。足が私の足を押すほどジューンは私に密着しながら、眞次の反応を固唾を飲んで見守っていた。母と私の白人ハーフの父との結婚写真、それから私とタラブの写真、そして最後に私たちの息子カマウとその家族の写真を眞次は眺めた。首をかしげ、戸惑った表情をした。私は彼を直視し、悪びれることなく「息子です」と指差した。

彼は本を閉じ、うなづいた。ジューンと私はずっと息を止めていたので、顔が青くなっていた。突き放され、勘当され、会ったこともないこの家族から永久追放されるのかしら？　判決は？　眞次は顔を上げて微笑んだ。「私たちの一族、とても国際的ですね！」ジューンと私は気を失いそうになった。彼らへの信頼が足りなかったようだ。あの古い写真のように時が止まっていたわけじゃないんだ。彼らも変化していた。私たちも変化していた。世界が変化していた。そう、私たちの一族は、とても国際的。そして、私たちの一族はみんな人間なのだ。

眞次は一緒に福岡に飛んでくれた。まず彼の父で、私の大叔父である西村謙八郎の家に連れて行ってくれた。竹の門を開け、靴を脱いで家に上がるとすぐ、謙八郎さんは仏壇にお線香をあげるよう私を導いてくれた。洗心寺で練習しておいてよかった！　畳の上に座ると、茶道の師範である奥さんがお茶を点ててくれた。私が粗茶碗から三度お茶をすすると、彼は妻に言った。「彼女はルーツ探しの旅に来たんだよ。」なるほど！　アレックス・ヘイリー監督の『ルーツ』（一九七六年）は、はるばる日本でも強い印象を残していたんだ。謙八郎さんは、私がなぜここまでやって来たのか、なぜだか理解していて、私を受け入れてくれた。

私たちの壮大な家族のストーリーがだんだんと明らかになってきた。謙八郎は、私の母とその姉と一緒に祖父母の家で育った。謙八郎の父、健吾は、私の祖母の道楽者の弟で、母の写真には一枚も写っていなかった。謙八郎は言った。「ひいお祖父さんはかつて石炭ビジネスで大富豪になったんだよ」。でも、一人息子だった健吾は酒に溺れ、ギャンブルで一家の財産を使い果たしてしまった（一九一五年には二つの映画館に投資もしたようだ！）。彼が妻と息子を残して家を出て行くと、私の曾祖母ハツは、謙八郎を引き取ることにした。ハツは謙八郎の母親に告げた。「あなたの息子の面倒はうちで見ます。自由にどこへでもお行きなさい」。一族は家名を継ぐ男子を必要としていた。悲しいことに、謙八郎は母親と二度と会うことはなかった（母がそう遠くないところに住んでいたことを後で知るのだが、時は遅すぎた）。曾祖母は三原藩の武士の家柄であった。言いつけに黙って従う日本女性という話とは裏腹に、ハツは一家の女家長であり、一家が財産を失った後、美しい長女をアメリカに住んでいた私の祖父と結婚させる手配をするなど、重大な決断を下せる立場と身分があった。

謙八郎さんは翌朝、息子の眞次を通訳に従えて、ルーツを巡る旅を開始した。私たちは福岡県の久留米という、職人の町として知られる町へと車を走らせた。ここが祖先が元々暮らしていた土地だった。その家はもうなかったが、昔の家を窓から想像できるような、通りのすぐ向かいにあるレストランで食事をした。出されたご飯には、黄色い粟の斑点が入っていた。謙八郎は手をつけなかった。飢えに苦しみ、粟を食べることを余儀なくされた戦争を思い出す、と彼は言った。彼は八月九日の朝、妻の実家の庭に立っていたことを覚えていた。見上げると二つの太陽が見えた。それは長崎に投下された原子爆弾だった。一瞬にして四万人が亡くなった。その一人は彼の母方の従兄弟だった。東京に戻る途中に、私を広島に連れて行くよう、眞次に命じた。戦争中に一般の日本人が経験した苦しみを、私に理解してほしかったのだ。

次に、久留米にある曾祖母ハツの菩提寺にお参りした。曾祖母のハツは、自殺した娘が灰になって日本に帰ってきた後、娘のためにお墓を建てた。ハツは悲しみから私の祖父を責めた。酒飲みで女たらしだった、と言っていたそうだ。しかし母によれば、ミサオは自分が結婚させられた男性を一度も愛してはいなかったそうだ。料理、掃除、洗濯など、妻としての仕事をこなすことは学んだが、夫は年上で、結婚が幸せであったときはなかったという。息子を亡くした後、彼女は悲しみを終わらせるために漂白用洗剤（ライソール）を一瓶飲み干した。私は、母の喜びと悲しみが生まれた大地に立っていた。コートのポケットに、持参した母の遺灰を入れた小瓶を握りしめていた。母をその母のミサオと一緒にいさせてあげたかった。しかしミサオの遺灰は、伝統に従って、彼女の夫の実家である大刀洗の墓地に移されていた。

私たちはさらに車で一時間走り、かつて祖父、大賀家の農地だった太刀洗に向かった。多くの次男坊がそうであったように、祖父も土地を相続することができず、アメリカで運を試そうと旅立ったのだった。都会の家よりも大きなその家は、今では他の家々に囲まれていた。私は祖父や曾祖父母がくぐったのと同じ、木の鳥居をくぐった。私は時間を超えて歩いていた。

その家は古ぼけて見えたが、古い床に座り、祖父の家族が使っていたテーブルでお茶を飲むこの時間を慈しんだ。教師で学者だったこの家で暮らす祖父の甥は、祖父為次郎のことを覚えていた。一〇〇年も離れてしまっていたが、彼はアメリカにいる私の家族のことを知っているようだった。彼はテーブルの上に転がっていた本を開いた。各ページに白黒の写真があり、その下に日本語が書かれていた。本を私の方に動かして、お供え物のようにページをめくった。祖父の若い頃の写真には見覚えがあった！　別のページをめくった。フレッドおじさんだ！　おじさんたちがなぜこのアルバムにいるんだろう？　この親戚の男性が、本にはこの村を出た一人ひとりのストーリーが記載されていて、アメリカのどこに住み、どの収容所に収容されたかが書いてある、と説明してくれた。そうだったのか。私たちはただ船に乗って出て行って、消えてしまったわけではなかったんだ。日本にいる親族は、私たちのことを覚えていて、私たちを恋しがり、私たちのために苦しんだんだ。なのに、私たちは彼らのことをほとんど知らなかった。生き延びることに精一杯で、必死にアメリカ人になろうとした。私たちの別離が双方にトラウマを植え付けたことに気づかなかった。

祖父の母親——名前も知らない曾祖母——は、二人の息子を失った。一人はアメリカへ、もう一人はブラジルのサンパウロへ行ってしまったのだ。ある寒い冬の日、彼女は橋から凍った川に飛び込んで、生涯を終えたそうだ。道を一マイルほど行ったところに、大きな城があった。石碑には「三原藩」と書かれていた。曾祖母が出た武家だ！　車をバックさせて外に飛び出し、その大きな屋敷を見た。大賀氏と三原氏は同じ町の出身だった。武士は上流階級だが、地主である農民は武士のすぐ下の身分だった。曾祖母は祖母のミサオの結婚相手として、大賀のお祖父さんという良い夫を見つけたと考えたのだろう。

謙八郎さんは、私が母から聞いていた銭湯を見たがっていることを知っていた。代わりに、母の近所の銭湯よりもずっと立派な、山のなかの温泉に連れて行ってくれた。そこは伝統的な旅館で、大きな近代的な屋内の温泉に天然鉱泉が引かれていた。男女別の浴場でさっぱりした後、畳の上に座り、渡された浴衣を着て、豪華な食事を共にし、早目に床に入った。過去を巡る長い一日だった。眠る準備はできていた。

私が泊まった狭い部屋の畳の上に敷かれた一人用の布団は、ベッドよりも固かった。私は浴衣の帯を緩め、掛布団の下に潜り込んだ。豆の入った枕を頭の下で調整し、畳の新鮮な匂いを吸い込んだ。先祖はこうして寝たんだ。山の頂は静寂に包まれ、夜風を切る音だけが響く。しかし、眠りは訪れなかった。家族の話で胸がいっぱいになり、理解できない日本語で頭が混乱しながら、まだ起きていた。暗闇のなかでうつらうつらし始めたとき、布団の上から女性の声が聞こえてきた。声は私の身体をかすめた。私の頭のなかの声ではなかった。部屋のなかから聞こえていた。日本語を話していたが、私には意味がわかった。「ワタシヲユルシテ…ユルシテ。」私は目をこすって飛び起きた。暗闇のなかでその言葉の源を探した。でももう、その言葉は頭のなかにしか感じられなかった。横になって、もう一度声が聞こえるのを待った。ずっと待った。何が起こったのかを理解しようとしながら、朝まで待った。ずっと先延ばしにしてきたこの旅について理解しようとした。私は自分の人生よりももっと昔にまで手を伸ばしていた。母のために、時間を遡ろうとしていた。お母さんを亡くした少女、お母さんをほとんど知る機会のなかった母のために。私はミサオがなぜ娘たちを捨てたのか、時間を遡って確かめようとしていた。息子を失った悲しみや苦しみの最中だとはいえ、なぜ？　その夜私に話しかけたのは、祖母である彼女だと、私にはわかっていた。

漆塗りのテーブルの上に広げられた朝食。魚、豆腐、漬物、そして祖母が出したかもしれない伝統的な料理の数々。謙八郎さんが、よく眠れたかと聞いてきた。私は彼を見て、本当のことが言えると思った。彼は八七歳で、私たちの間には大海のような隔たりがあったが、その瞬間、彼のことが自分の父親よりも近くに感じられた。私は涙を流しながら、聞こえた声のことを話した。「お祖母さんの声だった。私の許しを求めていた。お祖母さんはなぜ、母や母の姉を捨てたのかしら？　息子である夕より、生きている娘たちの方が大事ではなかったの？」

長い沈黙の後、謙八郎さんは言った。「家に飾ってある愛する家族の写真があるでしょう？　あれは五〇年経ったら撤去するんだよ。その時が来たんだ。許してあげなさい」。彼の言葉を、彼の知恵を、彼の優しさを深く吸い込んだ。彼の答えを完全に理解することはできなかったけれど、私はそのとき、謙八郎さんに感謝した。そして、これからもずっと感謝し続けるだろう。

福岡市内に戻ってからは、親戚の女性たちが古い着物や扇子をプレゼントしてくれる間に、桜を愛でた。彼女たちは縮こまったスミレではなかった。八〇代以上の彼女たちは、元気満々だった。女性たちは家事と男性陣を切り盛りしていた。生け花の先生である千都子さんをずっと見ていた。その笑顔と顔の形は、母の姉であるハツエおばさんを彷彿とさせた。日本語と英語がごちゃ混ぜの言葉で、私は彼女に言った。「あなたを見ていると、ハツエおばさんを思い出します」

「いえいえ」彼女は言った。「あなたこそ、ひいお祖母さんのハツさんにそっくりよ」

「いえいえ、そんなことありません」と私は言った。「あなたこそ、ハツエおばさんにそっくりです」

彼女は私を遮って言った。「初めてあなたを見たとき、ゾクッとしたの。あなたは曾祖母のハツさんに似ている。動きも仕草も似てる」

私は唖然とした。今までの長い年月で、特に日本では日本人として受け入れられることを期待してはいけない、と習ってきた。しかし、ここ福岡の親族の家で、千都子さんは、私が会ったこともない、名前も知らない誰かに似ていると言った。私がこの一族の一員であることを教えてくれた。時間、距離、文化を通して、どんなに遠くへ旅したとしても、私は彼らの一部なのだ。私は日本人なのだ！

帰る前に、私は女性たちに、ミツカ叔母さんがよく弾いていた、琵琶という弦楽器の話を母がよく聞かせてくれたことを伝えた。叔母さんが琵琶を弾きながら歌っていると、おもてを通る人たちが立ち止まって聴いたそうだ。私がその話をし終わる前に、孝代が家の裏へと走っていき、その琵琶を持って戻ってきた。私は琵琶を手にして震えた。頭のなかで、琵琶の音色を聴こうとした。母がその琵琶の音を聞いてから一〇〇年が経っていたが、その振動はまだ私のなかに響いていた。

ミサオお祖母さんのため、私の母のため、夫と息子のため、そして孫たち、家族全員の癒しのための、故郷への巡礼が終わった。日本では、お盆は故郷に帰って家族の墓参りをし、輪になって踊り、先祖を偲ぶ時期である。お盆は八月にあるが、二〇〇三年二月は私にとってのお盆だった。私はタンポポだ。風に吹かれて飛び散ったタンポポが、また故郷に戻ったのだった。[1]

Through all the forces
Through the shadows and the light
The unknown forces

Dandelion

Okagesama de . . .

すべての力を通して
影と光を通して
未知の力を通して
タンポポは旅する
おかげさまで……

第三三章
菜園を夢見る
I Dream a Garden

最近、私は庭の世話をするようになった。カリフォルニア州の干ばつで水やりが禁止されていることで茶色くなってしまった芝生を玄関の部屋の窓から眺めるのが嫌になったのだ。市は芝生を取り除き、節水型の景観に変えるための資金を提供していたので、私はそのチャンスに飛びついた。ドレッドヘアに囲まれ、背筋がピンと伸び、頭脳明晰で、食べ物を育てるのが大好きな青年を見つけたのだ。ローレン・アトキンスはカマウの同級生で、環境保護がクールとされるずっと前から、クレンショー高校で「エデンの特別菜園（スーパー・ガーデン・オブ・エデン）」での栽培を手伝っていた。

夕食のサラダ用にルッコラやケール、キュウリを収穫するために小さな畑に足を踏み入れるのは楽しい。有機栽培の野菜を食べ、お金を節約し、ガソリンを節約し、水は——まあ、正直に言うと、とても高価なオレンジを一つ育てるのに、私は二年間水をやり続けたわけだが。ガーデニングはまた、いろいろなことを教えてくれる。たとえばコンポスト。生ゴミをすべてボカシと混ぜて埋めて、完璧な土に変える。これは最高レベルのリサイクルだ。それから草取り。ある日、長いドライバーを使って、終わりのないメヒシバの塊を掘り出していた。根は多くの支流を持ち、さまざまな方向に伸びていた。それをすべて取り除くのは不可能だった。そこで閃いた。これが、運動でいうところの「草の根」という考え方の由来なのだと！「草の根」とは、人々を組織する強力な形態であり、根絶やしにすることは不可能なのだ。

ガーデニングに対する情熱は、長年の政治活動家であり哲学者でもあるグレース・リー・ボッグスが、デトロイトに招待してくれたことから始まった。彼女のことを知らなければ、ドキュメンタリー映画『アメリカの革命家――グレース・リー・ボッグズ（*American Revolutionary: The Evolution of Grace Lee Boggs*）』（二〇一四年）を観てほしい。一九七〇年には、すでに彼女は有名だった。中国系アメリカ人で、『アメリカの革命――ある黒人労働者のノートから（*The American Revolution: Pages from a Negro Worker's Notebook*）』（一九六三年）を書いた黒人急進派自動車工場労働者、ジェームズ・ボッグスと結婚していた。二人は革命的な夫婦で、多くの共著を出している。

グレースは、一九七一年にペース・カレッジで開催されたアジア系アメリカ会議の基調講演者だったが、クリスとチャーリーと私は、楽屋にこもって最初の曲の演奏をどのように合わせるかを相談していて、話を聞きそびれてしまった。彼女のことはほとんど知らなかったが、このアジア系女性が、ユリと同じように、黒人闘争において重要な存在であることはとても素敵だと思った。私たち駆け出しの若者は、彼女を運動の「重鎮」として尊敬していた。

一九九九年、クリスとチャーリーと私は、二五年ぶりに、全米各地で再結成コンサートを行なった。その頃、クリスはマンハッタン島での生活を捨て、ハワイ島で法学の教授職に就いていた。〝チャーリー〟・チンは、ニューヨークのチャイナタウンとクイーンズを離れ、カリフォルニア州サンマテオで息子を育てていた。公演に招待されると、私たちは現場で落ち合い、昔のようにリハーサルを経て、再びステージに立つ、という塩梅だった。このときはデトロイト郊外、ミシガン州アナーバーで開かれたアジア系アメリカ人会議に呼ばれていた。

ちょうど私たちの演奏が終わったとき、年配のアジア系女性が駆け足で近づいてきた。輝くような笑顔で、銀髪に少し斜めになった素敵な前髪、ムーヴメント時代に着ていたようなヴィンテージの青い中綿入りのシルクの中華風ジャケットを着ていた。グレースの目は、八五歳の老人ではなく、ティーンエイジャーの熱意でキラキラしていた。「素晴らしかったわ！　デトロイトにも来て。デトロイトでの私たちの活動を見に来てちょうだい！」グレースに頼まれたら、やるしかない。一九九八年に出版された彼女の自叙伝『変化のために生きる（*Living for Change*）』が会場で売られていた。一冊買い求め、彼女をロックスターのように扱う大勢のアジア系の若者たちと一緒に、サインを求める列に並んだ。このグレース・ボッグスとは何者なのか？　多くの運動の盛衰を見てきたこの年配の活動家が、希望と熱意と笑顔を持ち続ける原動力は何なのか？　答えは本のなかにあるかもしれないが、私はデトロイトに行かなければならないと感じていた。

　デトロイトを初めて訪れたのは、二〇〇〇年の初め、大雪の直後だった。街は殺風景に見えたが、新雪の山が絶望的な印象を少し緩和していた。一ブロックに一軒か二軒の家がある地域は、まるで白い農地のようだった。雪のない二度目の訪問では、廃墟や瓦礫、かつて自動車産業で栄えた黒人居住区がポツポツと残っているのが見えた。もっとも不気味だったのは、一六階建てのすべての窓ガラスが割れた巨大なビル、かつての都市間旅客鉄道のミシガン・セントラル駅だった。一九八八年に閉鎖され、現在は麻薬使用者とホームレスが住んでいる。かつて星を目指したセントラル駅は、デトロイトの産業革命の失敗の象徴として建っていた。

　グレースはピカピカの青いコンパクトカーで、街のあちこちを回ってくれた。彼女とのドライヴは、コニーアイランドのジェットコースターよりも怖かった。この革命的な高齢者と、彼女の予測不可能なUターンや車線変更に、他の車は道を譲った。グレースはプライドの高い母親が我が子を自慢するように、デトロイトを披露した。デトロイトは、彼女の台所であり、実験室であり、教室であり、そして何よりも彼女のコミュニティだった。多くのデトロイト市民がグレースを黒人として見ていたのは、ジェームズ・ボッグスとの結婚と政治的パートナーシップ、それに黒人週刊誌『ミシガン・シチズン（*Michigan Citizen*）』のコラムのおかげだと思う。一九九三年に夫が亡くなった後、グレースは自ら脚光を浴びるようになり、多くのアジア系アメリカ人がデトロイトから学ぶようになった。彼女は黒人と白人の対立の街に、アジア系のことも知らせようとしたのだと思う。スコット・クラシゲやエミリー・ローシンのような献身的な活動家たちがロサンゼルスからここに移り住み、コミュニティ・オーガナイザーや学者として深く根を下ろし、ここで家庭をも築いた。二〇一一年、ボッグズとクラシゲは『アメリカの次の革命——二一世紀の持続可能なアクティヴィズム（*The Next American Revolution: Sustainable Activism in the Twenty-First Century*）』を共同執筆した。

朽ち果て、時代遅れになったデトロイトでは、政治家や億万長者の開発者たちが、街の苦境を解決するためとして、巨額の政府補助金を得て、カジノやスポーツ・アリーナなどを建設しようと、主に黒人が暮らすインナーシティの土地の強奪を進めていた。しかしグレースが見せてくれたのは、夢想家や行動者、都市の先見者、芸術兼活動家（アーティヴィスト）、園芸家など、草の根の人々があふれる、もうひとつのデトロイトだった。脱工業化のあおりを受けたデトロイトで生きるこの人たちは、単に雇用を創出しているだけではなかった。二一世紀の新しい生き方を模索していたのだ。地球温暖化に対する警鐘はまだ一般社会では鳴り響いてはいなかったが、産業廃棄物で汚染された都市に住む彼らは、経済的にも環境的にも持続可能な未来を創造するために母なる大地と調和して生きることの重要性を、すでに認識していたのである。

グレースが最初に紹介してくれた人物のひとりが、ポール・ウィーアツだった。黒人教育者アセナス・アンドリュースが設立した一〇代の母親たちのための公立高校、キャサリン・ファーガソン・アカデミーの科学教師だ。

「農夫のポール（ファーマー・ポール）」と呼ばれていたウィーアッツは、若い母親たちに異なる種類の学びを授けていた。生徒が学校に通う間に赤ん坊を預ける子ども部屋には、流し台が必要だった。彼は流し台の取り付け方を教えた。「こんなに簡単なんですか?」というのが、少女たちの反応だった。母乳育児が自然で赤ちゃんにとっても良いのだと教えるために、ヤギ、牛、ウサギなどの動物を連れてきて、観察したり世話をさせたりした。動物たちの餌となるアルファルファを使われていない畑に植えた。私が学校を訪れたとき、彼女たちは納屋を建てている最中だった。そう、納屋！　ハンマーで釘を打ち付け、のこぎりで切り、建設中の建物に登り、電気、配管、数学、物理、農業について学んでいた。そして、一番学んでいたのは、自分に自信を持つことだった。ほぼ全員が大学に進学し、再び望まない妊娠することはなかった。農夫のポールは、たくましい女の子たちを育てていた。

そしてグレースは、ジェラルド・ヘアストンという元自動車工場労働者に私を引き合わせた。彼の家族は、多くの黒人同様、南部から移住してきた。工場を解雇された後、先延ばしにしていた夢をガーデニングに見出した。ボロボロの車で自分の庭を案内しながら、白髪交じりのジェラルドは、亡くなった母親の古い家で何年も不毛な裏庭を眺めて過ごしたことを話してくれた。それが彼の最初の庭だった。今の彼の夢は、デトロイトの空き地をすべてオーガニック・ガーデンに変えることだった。彼は「ガーデニング・エンジェルズ」というグループを立ち上げた。主に南部生まれの黒人高齢者で結成され、自分たちや近隣住民のために健康的で安価の食料を育てるだけでなく、若者たちに自然のプロセスを尊重する心を育成する庭づくりを行なうのだ。ジェラルドの数多くのプロジェクトは、デトロイト農業ネットワークの一部となり、デトロイトの癒しに不可欠な要素として都市農業を推進している。

ジェームズ・ボッグスの講演からインスピレーションを受けて、「アバロン・インターナショナル・ブレッズ（Avalon International Breads）」を設立したジャッキー・ヴィクターとアン・ペローは、白人女性のカップルだ。二人はパン作りを学び、事業計画を考案した。アナーバーの禅宗寺院から融資を受け、キャス・コリドーにあるウィリス街に店舗を構え、地元のオーガニック食材を使ったパンを売っている。このビジネスは、仏教の「正しい生き方」（地球との正しい関係、従業員との正しい関係、地域社会との正しい関係）の原則に基づいている。地域の組織や活動を支援するアバロン・インターナショナル・ブレッズは、朝のコーヒーやミーティングにいつも使われる場所になっていた。さらには他の中小企業も誘致し、これが起爆剤となって、活気あるコミュニティが広がりつつある。

デトロイトはまた、クリエーターやプランナーを惹きつけていた。アーティストであり建築学の教授でもあるキョン・パークは、この「縮小する都市」でがっつりと活動するために、ニューヨークを離れた。「都市エコロジーのための国際センター（International Center for Urban Ecology）」を設立し、学生や建築アドバイザー、コミュニティと協力して、デトロイトのイーストサイドの都市計画を練った。「大地の」という意味の「アダマー」計画は、都市農業を中心としつつ、年間を通じて食料を供給できる温室、動物、放牧地、酪農場、エビ養殖場などから構成されている。発電は風車で行ない、運河がレクリエーションを提供し、共同住宅も建設される予定だった。実現はしなかったのだが、このような種は、いつかどこかで育つかもしれない。パークの壮大な思考は、ボッグズ・センターの壮大な思想家たちとも交わり合っていた。ボッグズ・センターは「デトロイト・サマー」というプロジェクトを進めていた。「デトロイトを一から再建し、再定義し、再び奮い立たせる」ためのプロジェクトだ。オーガニック・ガーデンを作り、アーバン・アートを奨励し、若者のリーダーシップを育成する、多文化的で世代を超えた運動だった。

やがて、グレートリープのマネージャーであるジェニー・クイダと夫のトニーも、デトロイトの旅に加わってくれるようになった。地元の一〇代の若者たちと一緒に土に手を入れ、古い家の修復を手伝い、ユニテリアン教会で無料の食事やミーティングに参加した。トニーはコミュニティと一緒に壁画を作りたいと考えていた。ジェニーは卓越したオーガナイザーで、物事を実現させる方法を知っていた。壁画計画は実現した。デトロイトには、マトリックス・シアターの劇作家ショーン・ネザーコットや、アンジェラ・ジョーンズ、キビビ・ブラウント=ドーンのような若い詩人、ジョー・ライリーのようなミュージシャンなど、「デトロイト・サマー」で育ち、リーダーや「問題を解決する革命家（solutionaries）」となった献身的な活動家やアーティストたちが、そのスキルを駆使して困難な問題を解決しようと取り組んでいる。

グレースは、アーティストで造園家のアシュリー・カイバーとも私を引き合わせた。気さくで大胆不敵な、闘う白人女性で、ジェラルド・ヘアストンを含む、あらゆる人々と打ち解ける才能と気品を備えていた。グレースが醸造している社会変革レシピを理解し、深く飛び込んだ。私たちグレートリープも一緒に夢を見始めた。文化も町も分野も違う人たちが、同じ言葉を話していた。

二〇〇二年八月三日、ジェラルドが会員であったジェネシス・ルーテル教会の敷地内で、大地を祝福し、都市のガーデニング運動を祝うイベントの計画が動き始めた。カイバーが、素晴らしいガーデン・ステージを作り上げた。子どもたちが枝を編んで背景を作り、そこでガーデニングのリーダーたちが話をした。アシュリーは、資材の魔術師だった。無料で手に入れた粉々に割れた車の窓ガラスをトラックに積んで運んできて、それで地面に巨大な易経の模様を描いた。「魔術師」だと言ったのは、このガラスの上で、私は裸足で踊ることができたからだ！

私は、コミュニティ全体が参加できる方法を探した。そして思いついた。先祖のように輪になって踊ること以上に良い方法があるだろうか？　ジェラルドのストーリーがインスピレーションとなって、「菜園を夢見る（I Dream a Garden）」という歌を作った。デトロイトなのだから、もちろんゴスペルの合唱隊に歌ってもらわなくちゃ。日系人女性の私が、なんとか勇気を振り絞って、ジェネシス・ゴスペル・クワイアに歌をお願いした。彼らは快く引き受けてくれたし、私のことをおかしな侵略者みたいに見たりもしなかった。「炭坑節」からヒントを得た日本の盆踊りが、デトロイトのガーデニング運動のなかで、新たな目的を帯びた。先住民のフレンドシップ・ダンスを織り交ぜ、もちろんモータウンも取り入れて、新たな踊りを作り上げた！　テンプテーションズの歩き方を真似ながら、地面を掘る

「炭坑節」の動きを踊ったのだ。変に聞こえるかもしれないけど、みんなで一緒に踊ったことはとても気持ちよかった。

このイベントを開催する直前、私たちのインスピレーションの源であったジェラルド・ヘアストンが心臓発作で倒れた。「菜園を夢見る」の歌は、ジェラルドへのオマージュとなった。ジェラルドは、草の根がさまざまな方向に広がっていくように、さまざまな方法で種を蒔き続ける多くの夢想家を生んだのだった。

グレースは年齢を理由に自分を甘やかしたりしなかった。彼女の好奇心と答えへの探究心に、私たち全員がついて行こうと必死だった。私たちはあるプロジェクトの打ち合わせのためにアパラチアに行き、友人の家で寝泊まりした。グレースと私は一つのダブルベッドに一緒に寝なければならなかった。しかもただのダブルベッドではなく、くねくねと波打つウォーターベッドだった。翌日、身体を動かさないようにと気を遣った私は寝不足だったが、グレースはアパラチアの剝き出しの鉱山、汚染された小川、巨大刑務所を見ようと張り切っていた。夜になって私がもう寝ようとする頃、彼女はまだ若い活動家たちと会話を続け、ビールを飲み干していた。

グレースの世界に国境はなかった。当時は九・一一の後で、イラク戦争が始まったばかりだった。デトロイト都市圏の一部であるディアボーンには米国でもっとも多くのイスラム教徒が住んでおり、イスラム恐怖症に対する懸念をグレースは高めていた。

グレースはまた、公民権運動に根ざした長老たちの輪のなかに私を入れてくれた。クレアモント・カレッジの名誉学長であるジョン・マグワイアは、一九六一年に最初のフリーダム・ライダーとして参加した人物で、マーティン・ルーサー・キング・ジュニアの側近だった。グレースと一緒にキング牧師の哲学に基づいた「愛されるコミュニティ（Beloved Community）」というプロジェクトを始めようとしていた。「民主主義再生のためのインスティテュート（Institute for Democratic Renewal）」という組織のプロジェクトである「愛されるコミュニティ」は、「正義、急進的包括性、民主的統治、健康と全体性、そして社会と個人の変革という深遠な追求に献身し、それを実践するコミュニティのネットワークを見定め、探し、形成する」ことを目的としたイニシアチヴであった[1]。「愛されるコミュニティ」を通じて、私は神学者ヴィンセント・ハーディング博士、およびノースカロライナのネルソンとジョイス・ジョンソン夫妻に出会った。ジョンソン夫妻は、一九七九年にクー・クラックス・クランとアメリカ・ナチ党のメンバーによって正義を追求していた五人のオーガナイザーがグリーンズボローで虐殺された事件に関する「真実と和解」に取り組んでいた。スイート・ハニー・イン・ザ・ロックのバーニス・ジョンソン・レゴン、ニューメキシコのテワ・ウィメン・ユナイテッドの陶芸家キャシー・サンチェスなどのアーティストや、アパラチアのアンソニー・フラッカヴェントといった環境保護運動のオーガナイザーたちにも出会った。フラッカヴェントは、タバコ農家に有機栽培へと切り替えて、協同組合を組織させようとしていた。これらの歴史的で心を広げるミーティングは、テネシー州クリントンのアレックス・ヘイリー農場で開催された。グレートリープから若い人たちを連れて行くことができたので、カマウと石原正法（しょうぼう）（日本から来た僧侶）を連れて行き、彼らは社会の変革者たちの広大なシンクタンクの一員となった。私たちは、この国における人権と尊厳のための長い闘いに加え、気候変動やイスラム恐怖症といった新たな課題も抱えていた。スピリチュアリティは、公民権運動や先住民族の闘いの中核をなしていた。この時期のグレースのテーマのひとつは、「今は魂を成長させるとき」であった。彼女は私の魂の成長も助けてくれた。

「愛されるコミュニティ」のメンバーはロサンゼルスでも計画を練っていたので、グレースは、対立と暴力が渦巻く「我々対彼ら」の世界のなかに私たちを閉じ込める二項対立のパラダイムを超えるためのプロセスとして、アートと創造性の力を示すアート・ワークショップを企画することを、私に「課し」た。ワークショップは一日一二時間、二日間のリトリートとして行なった。初日は洗心寺で、午前六時から、瞑想からヨガまでの朝の鍛錬を分かち合い、昼食を作り、夕食前に終了した。翌日も同じ時間から、南カリフォルニア大学の向かいにあるモスク、マスジド・オマール・イブン・アル・カッターブまで四ブロック歩き、モスクでのサラートで一日を始めた。二一人の参加者のひとりに、マス住職の娘であるマユミ・コダニがいた。彼女はこのリトリートについて次のような文章を残している。

「すべての生命のつながり——信仰を紡ぐ芸術（To All Relations: The Art of Weaving Faiths）」は、私たちを愚かに、楽しく、厳粛に、子どものように、そして急速に凝固していくユニットのように感じさせるエクササイズから始まった。呼吸やストレッチの動き、全身で自分の名前を表現するジェスチャー、グループに分かれて動く人間彫刻を作るなど、声や体をほぐすエクササイズを行なった……初日が終わるころには、私たちはグループとして、それまでに学んだ行動ルールに頼ることが減り、集合的なエネルギーという第六感に頼るようになっていた。私たちは一種の家族にもなっていた。(2)

この文は、イベントを私よりもうまく要約してくれている。ありがとう、マユミ。そして、グレースは最初から最後までずっと参加した！　私はコミュニティ・アートをより大きな絵の一部として見ていた。アート、創造的なプロセスは純粋なエネルギーの一形態だ。共通する、あるいは異なる背景を持つ人々と一緒に使えば、個人や共同体の変化を誘発する強力な霊薬になるのだ。

このころの私は「オルタネート・ルーツ」からロバータ・ウノの「ニュー・ワールド・シアター」まで、コミュニティに根ざした素晴らしいアーティストや数々の組織とつながりつつあった。「監督およびアンサンブル創造のための全米インスティテュート（National Institute for Directing and Ensemble Creation）」の指導者としての仕事では、パレスチナから南アフリカ、ニカラグア、日本、ニューヨーク、ニューオリンズ、アメリカ先住民、ハワイ先住民まで、さまざまな背景をもつアーティストと出会い、彼らとトレーニングを行なったり、作品を共有し、ストーリーを語り、価値観を定義し、より多くのアーティストを育ててきた。どこにでも出かけて行った。私たちは、高い意識と創造的な知性を併せ持つカルチャーメーカーの伝統の一部であり、コミュニティや紛争地、癒しを必要とする空間で魔法をもたらすフィールドワークを展開した。本当はもっと、もっと、もっと、あの頑固なメヒシバのように、こういう活動が広がっていくことが必要だ。

グレースは、資本主義体制を打倒する一つの革命的政党のもとで統一的な努力をすることによって革命が起こると急進派が考えていた歴史的な時代を生きた。しかし彼女は今、社会変革のための別の種類の運動を目撃し、それに貢献している。この運動には中心がなく、地球上のいたるところに存在し、「イズム」によってではなく、私たちの人間性、公正さ、私たちの場所、私たちのコミュニティ、私たちの地球を大切にすることを押し進めるアイデアや実践によってつながっている。私たちの活動はほとんど注目されず、レーダーの下に隠れているが、数は増え続けている。特権と権力を失うことへの恐怖に突き動かされている白人至上主義者による反動を憂慮するのは簡単だが、有色人種とそれに味方する人々は多数派になりつつある。私たちは自分たちのルーツに根ざしながらも、新しいものに対してオープンである。中心を持たないこの運動を踏みつぶすことはできない。私たちの行動と存在はあまりにも多様だ。スタンディング・ロックから #MeToo、そしてブラック・ライヴズ・マターまで、私たちはあきらめないからこそ、インパクトを与えている。私たちは大物、大企業、ダム、リーダーを倒すことができる。叩かれても回復力があり、耐え忍ぶ。庭のメヒシバのように私たちは粘り強いのだ。

二〇〇六年、カマウからまた電話がかかってきた。「ミシガンに引っ越すことにした」。なんですって？ 妻、三人の子ども、そしてもう一人赤ん坊がもうじき生まれるのに。彼はミシガン州バートンにセンターを持つ、ナクシュバンディ・スーフィー教団のシェイク・ヒシャムのもとで学びたいと言っていた。私は彼が気が変になったと思った。そんな彼に生活の糧を提供したのも信仰だった。デトロイトのボーモント病院がイスラム教のチャプレンを必要としており、カマウはその養成プログラムに参加することになった。[*1]

彼は自分の信仰を生かし、人々に奉仕し、生計を立てられる道を見つけた。やがて彼は、アナーバーのミシガン大学病院でチャプレンの職に就いた。このことで私は、年に一、二回彼らを訪ね、家族、特に孫たちをグレースに会わせることができるようになった。孫たちはグレースのすべてを理解することはできなくても、彼女の愛とエネルギーを感じることはできた。またその気になれば、大きくなってからもっと多く彼女について知ることができる。グレースはいつも、「子どもたちには天才だと言ってあげて」と言っていた。そして彼女は本気で、子どもは天才だと信じていた。

二〇一四年、グレースに会うため、家族全員でデトロイトに車を走らせた。これが最後の訪問となった。アバロン・インターナショナル・ブレッズに立ち寄り、グレースが大好きだったブリオッシュを買った。肌寒い一二月だったが、いくつかのことが変わっていた。二〇〇〇年に初めて訪れたときから、雪の量は明らかに減っていた。地球温暖化はデトロイトにも影響を及ぼしていた。そしてグレースはもう、玄関まで私たちを出迎えることも、かぎ針編みの毛布をかけた古い肘掛け椅子で私たちとおしゃべりすることもなくなっていた。彼女は今、車椅子に乗り、七八回転レコードのコレクションと本の山に囲まれていた。ヒップホップ世代の歴史についてのジェフ・チャンの本『キャント・ストップ、ウォント・ストップ（*Can't Stop Won't Stop*）』（二〇〇五年）を読んでいたのには驚いた。それはグレースそのものだった。彼女は学ぶこと、夢見ることを決して止めなかった。九九歳になってもオープンであり続け、変化への準備を整えていた。私たちは彼女を単なる政治的な人物としてだけでなく、光であり、スピリチュアルな存在として見ていた。私は、彼女が車椅子に座り、膝の上にピカピカのマック・コンピュータを置いている写真を撮った。これはアップルのためのイメージではなく、人類すべてにとって完璧な「発想を変えよう（Think Different）」のイメージだと思う**【写真28参照】**。

【写真28】「発想を変えよう！」自宅でパソコンに向かうグレース・リー・ボッグズ、デトロイト、2015年。撮影：ノブコ・ミヤモト。

別れる前に、彼女は私に最後の課題を与えた。「本を書きなさい。それはあなたの人生を変えるでしょう。私の人生を変えたのだから」。グレースは人生の師匠として、もうひとつ私に教えてくれた。彼女とは多くのことを分かち合い、私の創造的なプロセスを活用するために多くの形で私の背中を押してくれた。そして最後にもう一度背中を押してくれた。今度は行動せよではなく、行動を止めて、振り返れ、と。

グレース・リー・ボッグスは、「変革のために生きた」一世紀を経て、二〇一五年一〇月五日に帰天した。デトロイトでの追悼式の最後には、ニューオリンズ式の「セカンドライン」パレードのように、ブラスバンドに続いて人々がデトロイトの通りに流れ込んだ。デトロイトのために「聖者が行進する」としたら、それはグレースだろう。しかし、私はジェネシス・ルーテル教会で輪になって踊っているグレースの姿を決して忘れない。壊れた街のために、他人が不可能だろうと思うことを夢見る、その姿を。

With your hands, with your hearts
With this land we can make a new start
I dream a garden

あなたの手で、あなたの心で
大地とともに新しいスタートを切ろう
私は菜園を夢見る

第三四章

もったいない——無駄をなくそう

Mottainai–Waste Nothing

グレース・ボッグスは、「グローバルに考え、ローカルに活動しよう」が単なるスローガンではないことを教えてくれた。有色人種が人種差別と闘う一方で、地球温暖化が進んでいる。すべてはつながっているのだ。ニューオーリンズのハリケーン・カトリーナやプエルトリコの巨大ハリケーンの犠牲者が、その事実を証明している。私たちの共犯関係は、私たちの生活様式、つまり車、便利なもの、食べ物、エネルギーの獲得方法と絡み合っている。私たちは皆、大小さまざまな選択によって、この惑星の不均衡に一役買っているのだ。その関係を噛み砕いて人々に理解してもらうには、どうすればいいのだろうか?

私は特に、自分のコミュニティにおいてどうやってそれを行なうか、に関心があった。すると突然閃いた。割り箸だ! 私たちが使ってはゴミ箱に捨てている、どこにでもある割り箸。私たちは割り箸のために森林を伐採している! 木は地球の肺だ。これは私たちの文化と直結しており、日本食を食べる人なら誰にでも関わる問題だ。マス住職は、寺の行事で使用する割り箸の無駄遣いについて話していた。せめて、再生が早い竹の箸に変えることもできる。が、文化的な習慣を断ち切るのは難しい。寺の女性たちは、日本の木の箸から中国の竹の箸に変えることを渋っていた。ある日、洗心寺の台所を訪ねると、マス住職が引き出しのなかから割箸を発見した。彼はそれを全部半分に割って、目立つようにゴミ箱に捨てた。僧侶にしては手荒いやり方だ！　私も手伝ったが、もっと多くの人にもっと上手くメッセージを伝える良い方法があるかもしれない。

そこで二つ目の閃きがやってきた。ミュージックビデオ！　キャッチーな歌とユーモアを交えた映像で有益な情報を伝えれば、地球を害する利便性に自分たちがいかに加担しているかを知らせることができる。誰かを責めることなく、マイ箸を持参するという選択肢に気がつき、小さな行動が地球に大きな変化をもたらすことに満足感を覚えてもらうことも可能だろう。そこで、ペンのようにポケットに入る携帯用の箸を作り、これを広告販売するキャンペーンを行なった。最初は良い資金調達にもなったが、私たちの本業は、箸の流通ビジネスではなかった。

アイデアは安いが、ミュージックビデオの制作にはお金がかかる。特にグレートリープのような小規模で予算も少ない組織にとっては、制作費を捻出するのは大変だ。初めての試みだったので、ワクワクしていた。でも、理事会への説明をどうするか？　助成金を取るために何と説明すればいいのか？　このプロジェクトは、補助金基金が想定するような、決まった小さな枠には収まらない。むしろ、その枠を飛び出すにはどうすればいいのか？　年々気温が上昇するなか、助成金なんて待っていられない！　そこでもっとも手っ取り早く自由な方法は、友人たちに五〇〇ドルずつ出してくれるよう説得することだった。スタンとメアリー、ウォーレン、エイミー、ジェニー、ブルース、ニキ、マリセル、マイク、フン、レンのところに行き、五〇〇〇ドルをかき集めた！　これはビデオの制作費用全体のほんの一部だったけれど、私たちの主張をとにかくみんなに見せなければならなかった。

「マイ箸を持とう（B.Y.O. Chopsticks）」は、グレートリープの他のプロジェクトと同様、アーティストとコミュニティが協力したことで実現した。ダン・クウォンが監督となり、デレク・ナカモトが音楽監督を務めた。若者の耳に届くように、グレートリープで事務を担当するラッパーのルーク・パターソンが韻を踏む歌詞を書いた。石井雪子が私が演じる箸の幽霊というキャラクター用にワイルドなコスチュームを作り、ディック・オオバヤシが彼のレストラン「あづま」を撮影所として無料で使用させてくれた。「マイ箸を持とう」は、二〇一〇年八月にユーチューブにアップされた。(1) こうしてグレートリープは、有色人種が演じ、私たちの文化を中心に添えて環境問題を訴える一連のミュージックビデオ「エコビデオ（Eco-Vids）」の制作に取りかかった。「持続可能性」はすでに答えを知っている熱心な白人がやることだと思われていたが、私たちの祖先にとっては生き方そのものだった。彼らは伝統的な環境知識を持つ大地の守り人だった。私たちは何を失ってしまったのだろう？　どうすれば思い出せるのだろうか？　今日の環境問題に対処するために、伝統文化が育んできた知恵をアートを使って再活性化するにはどうしたらいいのだろう？

「もったいない」とは日本語で「無駄をなくす」という意味である。ゴミを「減らし（リデュース）、再利用し（リユース）、リサイクルする」ことが呼び掛けられるずっと前から実践してきた習慣だ。ケニアの政治的環境保護活動家で、ノーベル賞受賞者でもあるワンガリ・マータイが、日本で講演した際にこの言葉を耳にした。「もったいない」という言葉からアフリカの価値観を思い起こした彼女は、講演でこの言葉を地球上のいたるところに広めた。彼女が組織した「グリーンベルト運動」は、ケニアに何百万本もの木を植えている。そこで、グレートリープの二つ目のエコビデオは、『もったいない』で世界をつなごう！　ということで制作することにした（たとえうまくいかなくても、壮大なアイデアは必要だ）。ビデオ「もったいない（Mottainai）」は、日系コミュニティ内で若者たちが祖父母に意味を尋ねるようになって、多くの対話を呼び起こした。(2) ちょうど仏教のお寺をより環境に優しいものにする方法についての議論と時期が重なったので、いろいろな変革が導入されることとなった。

アーティストたちは常に、身の回りにあるものを利用し、再利用しながら、わずかなもので生活を工面し、「もったいない」を生きている。私たちアーティストは、社会の「忘れ物保管所」なのだ。物だけでなく、人々のストーリー、悩み、過ち、文化など、捨てられ、忘れ去られた廃棄物を掘り起こし、愛のエネルギーと想像力を使って、それを意味のあるもの、美しいもの、役に立つものに変える。アートは打ち捨てられた物語を味わったり、それに合わせて踊ったり、笑ったり、泣いたりできるものに高め、このことを通じて人々は自分に目覚めたり、強くなったり、勇気を持ったりできるようになる。アートはそれまで気づかなかったものを見る手助けをしてくれる。外側の世界を変えるために、内なる世界を癒し、変えることができる。アーティストには誰でもなれる。人はみな創造的なのだ――創造することは、私たちが生まれながらにして持っているものなのだから。それは物事のやり方であり、プロセスなのだ。ケツァルとマーサに聞けば、それを教えてくれる。

次のエコビデオのアイデアは、自転車の素晴らしさを歌った「サイクル・オヴ・チェンジ（Cycle of Change）」だったが、正直行き詰まっていた。そこに「ケツァル（Quetzal）」というバンドを組んでいるケツァル・フローレスから電話がかかってきた(3)。彼とはイースト・ロサンゼルスでのライヴで会ったかもしれない。レコード『イマジナリーズ（*Imaginaries*）』のリリースの際に企画されている共同討議に参加しないかと誘われた。ＫＰＣＣラジオで、彼らはアルバムを生演奏した。ケツァルのギターは緻密にアレンジされたアコースティック・アンサンブルを、音の宇宙へと導いていた。バンドの鼓動の原動力となる音を奏でるベーシスト、ホアン・ペレスは、キューバの葉巻箱を改造した弦楽器も演奏した！　クラシック音楽の訓練を受けたタイラナ・エノモトのヴァイオリンは、自由な即興へと突き進む。そしてマーサ・ゴンサレス！　彼女は歌の女神だった。優れたパーカッショニストでもある彼女は、ときおり小さな木製の台の上に乗ってリズムでタップを踊り、バンドを視覚的にも面白いものにしていた。各ミュージシャンが多面的な才能を最大限に発揮する。彼らのソウルフルなサウンドは、ラテン系のルーツを巧みに紡ぎ、美しく構成された曲を無限に生み出していた。政治色の濃い歌詞の多くはスペイン語だったが、彼らの音楽を理解するには歌詞を理解する必要はなかった。彼らはフエゴ、つまりファイヤーだった！

ケツァル・フローレスとマーサ・ゴンサレスは、芸術、社会運動、家庭生活、コミュニティをひとつのパッケージに織り込んだ「芸術家兼活動家（アーティヴィスト）（artivists）」だ。そのアルバム『イマジナリーズ』はグラミー賞を受賞したが、イースト・ロサンゼルスのコミュニティにしっかりと足をつけて活動を続けるためには、いろんな世界を股にかけなければならない。二人の拡大家族は全員がミュージシャンであり、なおかつ環境保護活動家、アーティスト、そのすべてを兼ね備えた人々だった。彼らは、育児、リソース、ライヴイベントなど、すべてを分かち合っていた。

そのころ私は、自転車の歌と格闘していた。どうも車輪が動かなかった。もしかしたら一人では作れない、あるいは作るべきでない歌だったのかもしれない。ふむ、ケツァルは興味を持ってくれるかしら？　彼はまだ私のことも、私の仕事も知らなかったが、思い切って聞いてみることにした。数分の一秒で「イエス！」と言った。彼らの家のリビングルームでの最初のセッションで「サイクル・オヴ・チェンジ」の骨組みが出来上がった。「自転車の妖精」役の私が、働く母親のマーサに、二輪車での生活が多忙な生活を彼女や家族にとってより健康的で、より幸せで、より楽しいものに変えると説得する、という筋になった。彼女ならうまくやることはわかっていた。ケツァルは、マーサがポール・ロドリゲスのテレビ番組に子役として出演していたことを打ち明けた。ケツァルも番組に関わった。ビデオには、使いやすい子役が必要だった。ケツァルは息子のサンディーノはどうかと提案した。今回も監督を務めたダン・クォンと私は、七歳では演出を受けるには幼すぎるのではないかと心配した。大間違いだった！　サンディーノは並外れた音楽の才能と知性で、私たちの度肝を抜き続けた。フローレス一家全員が当たりくじだった。

この曲は彼らのホームスタジオでレコーディングし、彼らのアパートでいくつかのシーンを撮影した（ときどきケツァルが背景で料理をしていた。もちろんリズムに合わせて）。マーサにはコメディアン的な才能があり、ダンは遊び心で、彼女と私が魔法の自転車で空を飛ぶシーンをアニメーション化した。食事、楽しみ、創造性、そしてコミュニティと、すべてが自然に流れていった。このビデオは私たちが目論んだみたいに話題をかっさらったわけではなかった。でも、動画はまだ公開されている。ユーチューブは、そういうところがありがたい。

しかし、もっとも重要なことは、企画を完遂することよりも、そこから先へ進める人間関係を作ることである場合がある。このプロジェクトで、私たちは家族(ファミリア)になった。ケツァルが言った。「君のために、あることを目論んでいるんだ」。今度は彼とマーサが、プラサ・デ・ラサで教えているファンダンゴのクラスに私を誘ってくれた。ファンダンゴとは、メキシコのヴェラクルス州に伝わる伝統的な集会で、参加型の音楽とダンスを伴うコミュニティの集まりだ。音楽はキューバからヴェラクルスに飛び火した、スペイン、先住民、メキシコ、アフリカの影響をミックスしたソン・ハローチョである。ケツァルとマーサは、ファンダンゴを全米のチカーノおよびラテン系コミュニティに広めるための「運動(movimiento)」の一翼を担っているのだ。

小劇場に足を踏み入れたとき、彼らのクラスは進行中だった。ケツァルが近づいてきて、私の手にハラナ(手作りの小さなギター)を握らせた。「弾いて!」と彼は命じた。言いつけに従い、タリマと呼ばれる木製の台の周りに集まったハラナ奏者たちの輪に入った。ウクレレで覚えたコードを思い出すのに指は苦労したが、みんなと一緒に弾いていると安心できた。プロの歌手のマーサではなく、コミュニティの一人が一節を歌い始めた。みんながそれに応えるように演奏すると、彼女の声はだんだん自信に満ちたものになっていった。マーサがハラナを後ろに置いて、小さなストラップのついた黒いパンプスを履いて、タリマに乗った。「カフェ・コン・パン、カフェ・コン・パン……」と簡単なリズムを刻み、私を台の上に引っ張り上げた。ああ、わかったわ、私たちは太鼓のようにビートを足で打つわけね! 二〇人以上の輪だったが、傍観者はいなかった。全員が参加し、学び、演奏していた。とても楽しかった。ファンダンゴがいかに病みつきになるかがわかる。これなら一晩中踊れる。何となくお盆に似ていると感じた。でも、お盆の伝統ではミュージシャンは中央のやぐらの上で演奏し、人々がその周りで踊る点が違っていた。

教室を出るとき、私はケツァルにお礼を言い、あるアイデアを投げてみた。「ファンダンゴとお盆を一緒にしたらどうなるかしら?」でも、それをするには、ファンダンゴとお盆とをひとつの空間で替わるがわる演奏だけではだめだ。新たな歌が必要だった。リズムもコードもスタイルも歴史も異なる二つの文化を、どうやって一つの歌にするのか? この課題に取りかかる前に、ケツァルとマーサにマス住職に会ってもらうことにした。いつものように、

【写真29】2014年、ロサンゼルスのリトル・トーキョーにある日米文化会館イサム・ノグチ・プラザにて、ファンダンゴお盆のコミュニティと共演するノブコとマーサ・ゴンサレス。左から右へ：セサール・カストロ（ギター）、アドリアナ・デルフィン、コロンバ・B・マルドナード、E・M・アブドゥルムミン、ノブコ、マーサ・ゴンサレス。撮影：マイク・ムラセ、許可を得て使用。

彼は知恵を授けてくれた。会合でタイトルが決まった。「万物——のつながり（All Things Connected）」。彼はまた、私たちの文化の羅針盤となる課題を与えてくれた。「フュージョン（融合）ではなく、元々の形を残した対話であるべきだよね」

今回も、歌は生まれ出るのを待っていた。ショーン・ミウラの三味線、ダニー・ヤマモトの太鼓、そしてもちろんジョージ・アベの笛を伴奏にした、いくつかの歌詞と曲のシンプルな導入部を作った。そこへケツァルがハラナで入ってきて、対話が始まる。彼は、ベラクルス生まれでソン・ハローチョを聴いて育ったセサール・カストロに、マーサと一緒にスペイン語の歌詞を書いてもらった。この若きマエストロは、即興で歌詞を作ることができ、マイクを必要としない声量の持ち主だ。数回

のリハーサルで、アトミック・ナンシーが私たちの歌詞に日本的なフィーリングを歌い込み、私とカーラ・ヴェガが「かけ声(シャウト)」で彼女をバックアップすることで、歌は完成した【写真29参照】。「万物——のつながり」をケツァルの自宅スタジオでレコーディングした。(4) 魂がこもっていて、舞い上がり、踊りたくなる音楽だ。カリフォルニア州南部仏教寺院連合の盆踊りの教師長であるエレイン・フクモトは、お盆の伝統に染まってはいるが、それに囚われてはいなかった。彼女がファンダンゴとお盆の動きを織り交ぜた振り付けを作るのに、力を貸してくれた。

私たちは伝統に手を加えていた。しかし、京都国立近代美術館の館長である内山武夫がこんな言葉を残している。「伝統とは単なる保存ではない。それは、創造的な芸術において、核心は変わらないが、表現において絶えず変化する要素である」。(5) そうだ。私たちは正真正銘の私たちであり、私たちが共有するコミュニティ、私たちが育った地域、私たちが生きてきた共通の歴史という文脈のなかで、自分たちの伝統を表現していた。そして今、私たちには共通のニーズがある。それは自分たちのコミュニティを継続・持続させることだ。

そして数週間後の二〇一三年六月に、共同の曲作りが始まった。日系文化会館の館長であるレスリー・イトウがノグチ広場を提供してくれた。そう！　一一月八日が本番と決まった。それはロサンゼルスで開かれる、死者を思い出すメキシコの祭日「死者の日(ディア・デ・ロス・ムエルトス)」の次の日だった。そうだ、お盆も死者を追悼する日だ。そして、ルビア・イゲラに、コミュニティの皆を招待するための最初の葉書をデザインしてもらった。尊敬するビジュアル・アーティストのホセ・ラミレスとクリス・ヤマシタは、ファンダンゴとお盆を表現した人物のアートを提供してくれた！　そして、ルビアがファンダンゴとお盆をくっつけた正式名称を思いついた。「ファンダンゴお盆（FandangObon）」だ！

では、どうやってこの実験にコミュニティの人々を参加させるのか？　ワークショップが必要だった。いつもコミュニティのベースとして使っている洗心寺から、ワークショップは始まった。それからケツァルの父と妹のアンジェラが、ソン・ハローチョのクラスを開催する美しいコミュニティ・スペースを持っていた。エル・セレーノのイーストサイド・カフェだ。ケツァルの父親ロベルト・フローレスは、その昔、チカーノ・ムーヴメントの革命家ブラウン・ベレーで、ボイル・ハイツのイーストサイド・コレクティヴに所属していた日系アメリカ人の活動家たちと一緒に動いていた。ファンダンゴお盆の中心的オーガナイザーの一人であるキャシー・マサオカは、そのコレクティヴに住んでいて、ケツァルと妹が子どもの頃、彼らの子守をしていたことがわかった。やっぱり、私たちはすでに万物のつながりを持っていたのだ。その上、ケツァルは日米文化会館の劇場スタッフとして働いたことがあった。彼は文化の紡ぎ手なのだ。

フローレス一家は、メキシコのチアパス州におけるサパティスタ運動に深い影響を受けており、それはイーストサイド・カフェの価値観にも反映されている……。「私たちはコミュニティをベースとした相互依存的、多民族的な組織、そして誰もが持ち寄れるものを提供するような組織を目指しています。私たちは、自分たちが何者であり、何ができるかを大切にしています」。[*1] つまり、ファンダンゴお盆は、資金もなく、思いつきで始めたものだったが、自分たちが何者であるか、自分たちに何ができるか、という出発点から生まれ出たのだ。このアイデアを生み出し、翼を与えるためのリソースを、私たちは持っていた。旅を進めるうちに、すでに多くの方法で私たちがすでにつながっていることが明らかになった。ファンダンゴお盆を作っていく過程そのものが、つながりをどんどん明らかにする絶え間ないプロセスだった。

最初のファンダンゴお盆には数百人以上が集まった。もちろん、「死者の日」の祭の直後ということもあり、ファンダンゴ奏者の多くは、パーティーのやりすぎで、大分気が変になっていた。でもその日、ラテン系の人々は「炭坑節」を覚え、日系人はタリマに乗って「ラ・グアカマヤ」のリズムを踏み鳴らした。子どもたち（サンディーノ、マヤ、サラ、ロケット、ゾーイ）が「もったいない」を歌うなど、世代や文化を超えた参加はスリリングだった。ファンダンゴお盆は大成功だった！

実験は終わったと思ったが、ファンダンゴお盆は、まだ始まったばかりだった。翌年も再びこの曲が求められた。そうこうしているうちに、日系コミュニティが夏の盆踊りに私たちのテーマソングを使うようになった。何千人もの人々がお盆に「万物――のつながり」を踊る。民謡の伝統によくあるように、民衆は気に入れば、それを広める。そして「万物――のつながり」は、独自の生命を持ち始めた。

ファンダンゴお盆は参加型アートを組織原理として使い、最初はメキシコ系と日系のコミュニティを結びつけ、その後アフリカ系アメリカ人などを招待するまでに拡大した。かつて私たちが持っていたすべての文化は、感謝を捧げ、雨を呼び、作物を祝福し、癒しを求めるために、参加型の音楽と踊りの伝統を使っていた。足で地面にビートを打ち鳴らし、大地と一体化する。私たちの祖先は、自分たちが生態系の支配者ではなく、その一部であることを理解していた。ファンダンゴお盆の焦点は、異なる民族同士の関係を深めるだけでなく、地球のために一緒に何かをすることだ。シンプルな歌が、私たちをさらなる旅へと紡いでいった。

第三五章

ブラック・ライヴズ・マター

Black Lives Matter

私の曲「ブラック・ライヴズ・マター（Black Lives Matter）」は、アルバム『*120,000 Stories*』（Smithsonian Folkways、二〇二一年）に収録されており、ミュージックビデオは https://www.youtube.com/watch?v=eX5pI9qLCcM で観ることができる。

Dirty secrets lie in the shadows, waiting for the light
Talking story round kitchen table, clear as black and white
How many lives have been taken?
How many names we don't know?
How many young men in cages
With dreams nowhere to go?

汚れた秘密は影に潜み、光を待っている。
台所のテーブルを囲み、白黒明らかな話をする。
どれだけ命が奪われたのか？
知らない名前はいくつあるのか？
どれだけの若者が檻のなかで
行き場のない夢を抱くのか？

黒人男性や黒人の子ども、あるいは黒人女性が警察に殺されたという記事が朝刊に載らない日はないみたいだ。二〇一五年にはサウスカロライナ州チャールストンの教会で起きた虐殺事件が、我が家の食卓にも飛び込んできた。一〇〇歳以上の高齢者のほとんどは、そのようなことに興味もないし、意識もしていない。でも、私の義母、メイミーは違う。

二〇年以上もの間、バッファローが雪に閉ざされる一二月中旬から五月中旬まで、タラブの母親が我が家で暮らしてくれたことで、一〇〇年にわたるアメリカの歴史と特別な知恵と触れ合う機会という贈り物を、私は受け取った。メイミー・カークランドは二〇一九年、一一一歳であの世へと旅立ったが、彼女の魂は今も私たちの生活のなかで強い存在感を放っている。義母はファッションの女王だった。自分なりのスタイルを持っていた。他の誰もかぶれないような、きらびやかな帽子をかぶることができた。メイシーズのセールが大好きで、日曜日にハリウッドのファーマーズ・マーケットに喜んでついてくるほどの賢い買い物好きだった。これは彼女が一〇〇歳のときの話だ。一〇六歳になってようやく使うことに同意した歩行器を使って、メイミーは一九四〇年代のデューク・エリントンの曲「もうあまりあちこち行けないのよ（Don't Get Around Much Anymore）」を口ずさみ、爆笑しながらキッチンに入ってきた。歩みはゆっくりになったが、それでもまだ、彼女は歩き回り、そして私もそれについて歩いた。

メイミーは類まれな人だった。身長一四五センチで、歯に衣を着せない生きる磐石のような彼女は、あらゆる苦難を生き抜いた。一九〇八年にミシシッピ州エリスヴィルで生まれ、七歳のときに父親のリンチを避けるために一家で逃亡を余儀なくされた。一九一七年のイースト・セントルイスの人種暴動を生き抜き、オハイオ州アライアンスでクー・クラックス・クランの十字架焼却事件から生き延び、マーカス・ガーヴェイと一緒に行進したこともある。[*1]読書が好きで学校の成績も良かったが、父の家の下宿人アルバート・カークランドと恋に落ち、一五歳で結婚して、バッファローに引っ越した。最初の子どもが生まれたときはメイミー自身もまだ子どもだったが、最終的に九人の子宝に恵まれ、うち六人が生き残った。「子どもが死んでしまったときには、悲しくて自分も死にそうだったわ」と彼女は語った。夫から料理を教わった彼女は、大恐慌のなかでジム・クロウの南部から逃れてきた親戚を世話し、食事を用意して、狭いアパートで何とかみんなで暮らす方法を考えた。自分の子どもの世話をしただけでなく、他の女性たちが日々の退屈な生活から逃れるためにパーティーに出かけるときに、家にいてその人たちの子どもの面倒を見ることも厭わなかった。嫉妬のかけらもなく、友人について「きれいな女性で、着こなしもシャープだったのよ！」とニッコリ話すのだった。

三五年三ヵ月と一六日連れ添った夫を亡くしたメイミーは、エイヴォン・レディとなり、バッファローの町を一軒一軒訪ね歩き（当時はそんなことが可能だった）、自分と末っ子で一人息子のアルバート・ジュニア、別名タラブ、私の夫となる人、を養うために美容製品を売り歩いた。エイヴォンは彼女にとって一種の聖職だった。愛情をもって他人の話を聞き、顧客のカウンセラーとなった。「仕事は楽しかったわ」と彼女は振り返る。「おかげで誰にも助けを求めなくてよかったしね！」

一〇八歳になっても、メイミーは人の手を借りることを好まなかった。自分のことはほとんど自分でやった。自分で下着を洗い、手を丈夫に保つために洗濯物の水を絞った。「ゴリラバス」と呼んでいた泡のお風呂で、毎日入念に入浴した。私が台所仕事をしているときは、メイミーは台所に近づかなかった。というのも、ものすごく几帳面な性格で、彼女のように私が有機栽培のキャベツを三回洗わないのを見たくなかったからだ。私は水を節約しているつもりだった。彼女は私のことを野蛮人だと思っていた。

ひとつだけ、満たすのが難しい条件があった。義母は熱い料理が好きだった。でも、食べるのがとっても遅い人だったから、これは難しかった。メイミーはよく噛んで物を食べた。これが長生きの秘訣だった。でも、食事の途中で料理が冷めてしまって、好みに合わなくなるのだ（大嫌いな電子レンジに、これだけは感謝）。凍えるようなバッファローで六人の子どもたちに食事を与えなければならなかったとき、どうやって自分の食事を温かく保つことができたのかと、彼女に尋ねた。彼女はこう答えた。「ああ、みんなに先に食べてもらったのよ。それが私のやり方なの」

メイミーは、クローゼットの高いところに物を収納するのを手伝ってもらう以外は、ほとんど自分で身支度などもしていた。色彩感覚に優れ、輝くジュエリーをたくさん身につけ、毛髪が薄くなっていたため自分で「髪の毛九本」と呼んでいた頭を覆う、素敵なキャップをかぶった。タラブが買ってくれた赤いナイキを履いて、足を蹴り上げるのが大好きだった。真のファッショニスタであり、ちょっと目立ちたがり屋。乳がんを克服し、おっぱいは片方だけ、補聴器は「福祉用耳」と自分であだ名をつけたお粗末なもの二つ、そして五〇歳のときからずっと使っている入れ歯をつけ、彼女は笑って「私はシンデレラよ」と言った。たしかにその通りで、タラブと私は基本的に年に六ヵ月間は、彼女の召使いだった。残りの六ヵ月は、世界のどこにいても、タラブが毎日彼女に電話をかけた。

メイミーのもうひとつの並外れた点は、その記憶力だった。黒人が選挙権を獲得するために命を落とした時代を記憶していたので、選挙では毎回必ず投票した。バラク・オバマの大統領就任式のときは、テレビの方に身を乗り出して、曲がった指で画面を指して、誇らしげにこう言った。「あれが私たちの大統領よ！」（トランプの後は、「あれはあなた方の大統領よ」とよく言っていた）。タラブは一〇七歳の誕生日にメイミーをオバマに会わせようとしたが、まだ一〇六歳の気の強い黒人女性に先を越されてしまった。

　私は先週何を食べたか覚えていないことが多いが、メイミーは昨年誰と食事をしたか、何を食べたかなど、すべて覚えていた。一度、友人の娘がバーで遅番をした後に交通事故に遭ったという話を聞いたことがあった。二年後、その友人と再会したとき、メイミーは彼に言った。「あなたの娘さんが他の仕事に就いて、そんなに遅くまで働かなくてもよくなるように、ずっとお祈りしていたのよ」。メイミーはそんな人だった。彼女の秘密は、今このときに神経を集中することだった。誰かと一緒にいるとき、彼女は一〇〇パーセントそこにいて、その人に注意を払うのだ。

　彼女がはっきりと覚えていたのは、ミシシッピで生まれた小さな家のことだ。ある寒い夜、父親が大慌てで家に駆け込んできて、子どもたちを今すぐ身支度させて、セントルイス行きの朝一番の列車に乗るように、母に告げた。父親と友人はクランに追われていて、直ちに出発しなければならなかった。七歳のメイミーは、二度と自分の生家を見ることはなかった。四年後、父親の友人はエリスヴィルに戻り、リンチで殺された。彼女はその話を何度も何度も家族に聞かせたが、タラブはそれが現実なのか、母の想像なのかわからなかった。そんなある日、友人がタラブに「イコール・ジャスティス・イニシアティヴ」のウェブサイトを教えた。この団体は、一八七七年から一九五〇年までのリンチの歴史を記録しており、そこには人種的テロの犠牲者三九五九人の名前も含まれていた。ミシシッピ州エリスヴィルを検索すると、『ジャクソン・ミシシッピ・ニュース』の記事が出てきた。「ジョン・ハートフィールドが午後五時にエリスヴィルの群衆にリンチされる予定」。それは一九一九年六月二六日、タラブの母の家族がミシシッピを逃れてから、ちょうど四年後の見出しだった。タラブはノートパソコンを手に取り、母親の寝室に走った。「これって、リンチされたお父さんの友だち？　ジョン……えっと……」。彼女は稲妻のように答えた。「ジョン・ハートフィールド！」

それは、何百人もの黒人が白人暴徒の手によって殺害され、恐怖にさらされ、さらに多くの人々が負傷した、「赤い夏」と呼ばれた時代のもっとも恐ろしいリンチのひとつだった。南北戦争後の再建期から徐々に生活水準を改善させ、第一次世界大戦では兵士として戦って、ヨーロッパで人間として扱われた黒人たちが、より高い期待を胸に抱いて戻ってきた。白人は自分たちの支配を維持するために、暴力を行使した。ハートフィールドは白人女性を暴行したかどで告発されていた。しかし、メイミーの話では、彼と相手の白人女性とは恋愛関係にあったそうだ。メイミーの父親はミシシッピに戻らないよう彼に懇願したが、ハートフィールドは戻ってきた。クランは彼を追跡して、肩を撃ち、二四時間のあいだ診療所で生かしておき、間近に迫った殺人の予告を『ジャクソン・ミシシッピ・ニュース』に広告として出したのだ。

タラブはミシシッピに行かなければならないと思った。母親も連れて行きたかった。彼女のストーリーを語り伝える時が来たのだ。あと数ヵ月、二〇一五年九月三日に、母は一〇七歳になる。それは、母が家族と逃亡を余儀なくされてから、ちょうど一〇〇年に当たる。『ミシシッピから一〇〇年（*100 Years from Mississippi*）』が、母のストーリーを伝えるドキュメンタリー映画のタイトルとなった。ミシシッピに行こうというタラブへの誘いへの彼女の答えは「ノー！」だった。これは南部から逃げてきた多くのアフリカ系アメリカ人に共通する答えだった。「はい、奥様」「いいえ、奥様」と言い、白人が通りやすいように、自分は歩道から降りる毎日に耐える南部の生活だった。メイミーは、父親が牧師の友人たちと、また黒人の死体が木に吊るされているのを見た、と話しているのを聞いたことを覚えている。どんな些細な出来事でも白人の暴力を引き起こす可能性があった。それは、黒人に恐怖を植え付け、白人至上主義を維持するための恐怖政治だったのだ。この記憶に対するメイミーの反応は、こうだった。「ミシシッピなんて地図の上にも見たくない！」

メイミーが一度決心したら、彼女を動かす方法はなかった。だが、ある日朝食をとりながら、私はいつものように『ロサンゼルス・タイムズ』の記事をメイミーに聞かせていた。この週（二〇一五年四月一九日）のニュースは、ボルティモアでフレディ・グレイが警察によって殺害され、「ブラック・ライヴズ・マター」の抗議デモが起こった、という内容だった。メイミーはコーヒーを飲みながら、その状況を噛みしめていた。そのときだ。彼女が、マーカス・ガーヴェイと一緒に行進したことを話したのは。若き日のメイミーは、マーカス・ガーヴェイと行進したのだ！「彼らが呼びかけたら、必ず馳せ参じたものよ！」そして、ミシシッピで彼女の家族に起こったことが、南部だけでなく、オークランド、ファーガソン、ブルックリン、ボルティモアで、今日も黒人に起こっていることを、ニュースは彼女に気づかせていた。「Tは一人でミシシッピに行くの？」

息子が一人でミシシッピに行く、という私の「イエス」の回答に、彼女はまるで母熊のような反応を示した。「一人で行かせたくはないわ。私がついて行かなくちゃ」。こうして九月、一〇七歳の誕生日を祝った数日後、私たちはカメラマン兼プロデューサーの友人であり、特別なメイミー信奉者であるジェームズ・セリグマンとともに、ミシシッピ州ジャクソン行きの飛行機に乗った。これは単なる感傷的な旅（センチメンタル・ジャーニー）ではなかった。タラブの映画『ミシシッピから一〇〇年』は、真実と癒しを求める巡礼の旅だった。母は旅が大好きだったが、今回のタラブは不安でいっぱいだった。母に無理をさせているのじゃないか？　彼女の心臓は耐えられるだろうか？　私は、やってみる価値があることもある、と夫を説得しなければならなかった。ギャンブルではあったが、宝くじには慣れている彼女は、賭けに出る意思を示していた。着陸したとき、彼女は窓の外を見て言った。「信じられない。ここは私の生まれた場所だわ」。彼女は興奮の面持ちだった。

メイミーとの旅は、有名人と一緒にいるようなものだった。エリスヴィルの市長は、リンチ「事件」についてはよく知らないが、お好きなだけエリスヴィルに滞在してください、と歓迎してくれた。地元のコーヒーショップのウェイトレスたちは、黒人も白人も彼女に寄り添い、この生き生きとした一〇〇歳を超す女性とセルフィーを撮りたがった。アフリカ系アメリカ人の元エリスヴィル市会議員が私たちを車で案内してくれ、彼女の父親が一九〇一年に聖職に召されたバプテスト教会であるマウント・エイド教会が、まだ存続していることを教えてくれた。学校が一九七二年まで人種隔離撤廃されなかったことは認めながらも、地区の変化をバラ色に描いた。私たちだけでドライヴしたときには、荒れ果てた黒人居住区はまったくバラ色には見えなかった一方、白人居住区には広々とした家、なだらかな緑の芝生、そしてディキシーの旗が散見された。[*2]

「イコール・ジャスティス・イニシアティヴ」の二人のアフリカ系アメリカ人弁護士、ジェニファー・テイラーとキアラ・ブーンが、珍しいリンチの生き残りであるメイミーにインタビューをしに来た。この組織は、アラバマ州モンゴメリーに「遺産博物館(レガシー・ミュージアム)（Legacy Museum）」を建設中だった。モンゴメリーはストーリーで満ちた街だ。奴隷にされた人々がボートから下ろされ、川の縁を歩いて、家族が子どもと引き離されて売られた広場。通りの向かい側には、ローザ・パークスが悪名高いバスに乗り込んだバス停。その二、三ブロック先には、マーティン・ルーサー・キング・ジュニアが一九五六年のバスボイコットを指揮したデクスター・アヴェニュー教会。レガシー・ミュージアムは、かつて奴隷たちを入れていた倉庫を利用した建物で、奴隷制度からジム・クロウ時代のリンチ、そして今、一八五〇年当時の奴隷の数よりももっと多くの黒人を刑務所に閉じ込めている現代の体系的な人種差別政策までを結びつけて説明している。私たちはミシシッピの後に、メイミーのストーリーが保存されることになる博物館のオープニングのために、モンゴメリーに行くことになっていた。博物館の横には、一八七七年から一九五〇年の間にリンチされた何千人もの男性、女性、子どもを記念する六エーカーの神聖な記念碑、「平和と正義のためのナショナル・メモリアル（National Memorial for Peace and Justice）」もある。ジョン・ハートフィールドのものも含め、荘厳な吊り下げられた墓に一人一人の名前が刻まれているのを見ると、この恐ろしい遺産があまりにもリアルに感じられた。カマウはかつて私に、黒人のストーリーを知るまではアメリカのストーリーを知ることはできないと言った。この残酷な過去に向き合い、ここから癒えることができない限り、私たちの国は完全なものにはならないのだ。

ジェニファーとキアラは、以前、エリスヴィルに来たことがあった。彼らはリンチ現場の土を集め、それぞれの犠牲者の名前を記したガラス瓶に入れて博物館に展示していた。彼らはジョン・ハートフィールドのリンチが起こった場所を知っていた。翌日、私たちはまさにその場所に立った。怯えるメイミーの家族をイースト・セントルイスまで運んだ列車の線路から、ほんの数歩のところだった。ハートフィールドを吊るしたユーカリの木はなくなっていたが、広場の反対側には、アリス・ホテルが見えた。ここのバルコニーで、ぞっとするような光景を目撃するために子どもを連れてきた親たちを含む、嬉々とした群衆に、リンチの首謀者たちは、怪我をしたハートフィールドを見せたのだった。

いったいどんな憎しみがあって、人口一二〇〇人の小さな町に、二四時間以内に一万人の群衆が押し寄せたのかを、私は理解しようとした。一人の人間を木から吊るし、身体に二〇〇〇発の銃弾を撃ち込み、その後、遺体に火をつけるには、どんな憎しみが必要なのか。彼の手足を切り落とし、絵葉書と一緒に記念品として売るには、どんな憎しみが必要なのか。そしてこの憎しみは子孫に何をもたらすのか？ 子どもの頃にリンチを目撃した白人が名乗りを上げ、その後の人生で自分がどれほどその光景に苛まれ続けたかを語っていることを、「イコール・ジャスティス・イニシアティヴ」で知った。黒人にとって癒しがたい、世代を超えたトラウマがあると同時に、この国の白人の心と魂にも深い傷が残っているのだ。

憎しみがジョン・ハートフィールドを人身御供にした聖地で、私たちが輪を作ると、義母は私の手を強く握り、ほとばしる彼女のエネルギーを送ってきた。タラブは痛切な言葉で、ハートフィールドの犠牲と、同じような運命をたどった他の多くの犠牲者への追悼を語った。そして地面に供養の水を注いだ。車椅子に座って頭を下げている義母を、私は見下ろした。義母は涙をこらえていた。でも、崩れなかった。彼女は今この瞬間に意識を集中していた。自分たち家族を難民として故郷から逃れることを余儀なくした恐怖、家族のなかでずっとこだまし続けた、あのジョン・ハートフィールドのリンチの記憶と、真正面から立ち向かっていた。「あれは私のお父さんでも不思議ではなかったのよ」と、彼女は言った。

『ニューヨーク・タイムズ』紙の記者がミシシッピを訪れ、この出来事に立ち会い、メイミーにインタビューした。彼女は信念と優しさをもって語った。二〇一五年九月一五日、彼女の記事は日曜日の『ニューヨーク・タイムズ』の一面に掲載された。メイミーのミシシッピへの旅についての記事は、ローマ法王のキューバ訪問に関する記事のすぐ隣にあった！

【写真 30】イコール・ジャスティス・イニシアティヴのレガシー・ミュージアムと、彼女が表彰されたアラバマ州モンゴメリーの「平和と正義のためのナショナル・メモリア」のオープニングでのメイミー・カークランド、2018 年。左から右へ：タラブ・ベツライ・カークランド、メイミー・カークランド、ノブコ、イコール・ジャスティス・イニシアティヴのブライアン・スティーヴンソン所長。撮影：カイル・ミヤモト。

数ヵ月後、アラバマ州モンゴメリーにある「イコール・ジャスティス・イニシアティヴ」の「レガシー・ミュージアム」と「平和と正義のためのナショナル・メモリアル」での表彰式のため、私とタラブは再びメイミーと一緒に旅をした。彼女は、一言スピーチするよう頼まれた。もうメイミーは自分の思いを他人に話すことを恐れなかった。彼女は機転が利き、生意気なウィットで知られている。しかし、この場には政治に精通した白人と黒人のブルジョワが六〇〇人も集まり、その多くは弁護士だった。イコール・ジャスティス・イニシアティヴの創設者であり、ベストセラー本『ジャスト・マーシー（*Just Mercy*）』（二〇一四年）の著者であるブライアン・スティーヴンソンが、「奴隷制とテロリズムを生き延びたすべての母親を代表する人物」として、雄弁にメイミーを紹介した。義母は歩行器なしで、一人息子の手をしっかりと握って、壇上に上がった【写真30参照】。

一〇七歳のファッショニスタである義母は、燃えるような赤いスーツにきらびやかな帽子をかぶり、身長一四五センチの体躯で背筋を伸ばし、観衆を受け止め、その瞬間を味わっていた。一〇八歳でも、まだ生きて、皆に語れるんだという新たな役割を担っていた。腕を上げ、曲がった指を、息を呑んで見守る聴衆に向けた。「若い人たち、私より若いすべての人たち」。彼女はクスリと笑った。「私は恐怖に苛まれた小さな少女として、ミシシッピを離れました。でもね？　もう怖くないわ」。聴衆を見渡しながら、彼女はこう付け加えた。「私たちにはまだまだたくさん仕事が残っていますよ」。この言葉には彼女自身も含まれてることに注目してほしい。義母の仕事はまだ終わっていなかったのだ。他の観衆とともに、私も立ち上がり、この恐れを知らない記憶の番人、この平凡でありながら並外れた女性に、彼女がこの世に存在することで私たちに与えてくれた愛のほんの一部を、拍手で返した。

メイミーはかつて「もうあまりあちこち行けないのよ（ドント・ゲット・アラウンド・マッチ・モア）」と歌ったが、彼女なしでは絶対に行けなかった場所に、私を連れて行ってくれた。私たちの社会では年長者に対する敬意が十分に払われていない。しかし、私はメイミー・カークフンドやグレース・ボッグスを知ることができて、本当に恵まれていたと感じている。二人とも、自分なりの方法で成長し、最期まで自分も育ち、周りを教えることを止めなかった。私ももうかなり歳をとっているのだが、いくつになってもメイミーの言葉は決して忘れない。「私たちにはまだまだたくさん仕事が残っていますよ」

第三六章

万物——すべてのつながり

Bambutsu–All Things Connected

私の曲「万物——のつながり」は、アルバム『*120,000 Stories*』（Smithsonian Folkways、二〇一一年）に収録されている。

In the circle we dance
No beginning no ending
In the circle we dance
I am you, you are the other me
Bambutsu—no tsunagari

輪になって私たちは踊る

始まりも終わりもない
輪になって私たちは踊る
私はあなた、あなたはもう一人の私
万物――のつながり

二〇一八年一〇月七日、日曜日。ファンダンゴお盆の第六シーズン最後の祝祭。リトル・トーキョーの日米文化会館前の広場に埋め込まれたレンガの輪の上に、私は立っている。秋のはずなのに温度計は華氏九〇度を超え、太陽は夏のようにレンガの輪に照りつけている。かつて私たちの祖先は火を囲んで踊った。今では、火が私たちを囲んで踊っている。地球温暖化はまさに足元まで迫り、大規模火災、干ばつ、ハリケーン、洪水を引き起こしている。でも私たちの政府は、今日の利益のためだけに子どもたちの明日を否定する。気温が上昇すればするほど、石油と石炭は奨励される。有色人種が多数派となるなか、大統領はイスラム教徒を追放し、壁を築き、移民を脅し、子どもたちを投獄し、白人の恐怖の炎をあおることに喜びを感じている。今は異常な時代であり、煽動的で分裂的な時代である。そう、炎が私たちの周りを舞っているのだ。

私は浴衣を着ている。かつて日本のうだるような暑い夏に、私の民族が着ていた木綿の着物だ。みぞおちは帯で縛られている。足には下駄と呼ばれる三枚の木でできていて、かつて、収容所で夏の埃や冬の泥から足を守ってくれた履き物を履いている。お盆の時期に踊りに参加するために、浴衣を着るようになった。私には最初このいでたちは外国のものに思えた。でも今は、浴衣は単なる衣装ではなくなった。これは民族衣装なのだ。手縫いの着られる折り紙で、無駄な部分がない。使い捨ての世界に生きる私を、無駄をなくした伝統へと、帯が結びつけてくれている。そのシンプルさ、日本人の心のなかにある驚きの模様や色が好きだ。実用的で美しく、時代を超越し、そしてタイムリーでもある。浴衣は、私たちがここにとどまり、消えることがないことを示している。

しかし、リトル・トーキョーは縮小の一途をたどっている。一九四二年以前には三万人の日本人がロサンゼルス市庁舎の影で暮らす、賑やかな場所だった。私たちはやがてファースト・ストリートの橋を渡ってボイル・ハイツに入り、メキシコ系の隣人たちに囲まれて暮らすようになった。私たちはセントラル・アヴェニューを南下した。セントラル・マーケットを日系人農家の農産物が埋め尽くし、それから日系人が経営する園芸場は、西の方向へはジェファーソン通りとアダムス街に向かって伸び、黒人コミュニティとも混ざり合うようになった。過去一五〇年間、私たちの出入りを見守ってきた、古いグレープフルーツの木の下に、私は立っている。一九四二年に私たちが強制移動させられたとき、この木は八万人のアフリカ系アメリカ人がリトル・トーキョーに押し寄せるのを目撃した。黒人たちは人種隔離が厳しい南部を逃れ、戦時中に増えた仕事の需要に応えてやってきたのだ。リトル・トーキョーは、ジャズクラブ、ジューク・ジョイント、ソウルフードの香りが充満するブロンズヴィルへと変貌を遂げた。また、一八七二年に、解放奴隷で看護師、助産師だったビディ・メイソンが、ロサンゼルスのダウンタウンで土地を持ち、リトル・トーキョーから目と鼻の先のスプリング・ストリートに、ファースト・アフリカン・メソジスト・エピスコパル教会を設立した。彼女はボイル・ハイツのエヴァーグリーン墓地に埋葬されている。

第二次世界大戦後に日系人が戻ってくると、黒人は姿を消した。リトル・トーキョーは小さくなったが、私たちの文化の中心であり続け、年月とともに変化していった。真夜中に湯気の立つチャーシュー・ラーメンを食べられるのは、パンクとジャパニーズ・ポップスをミックスしたナンシーのジュークボックスが流れるアトミック・カフェ以外にどこがあるだろうか？　トロイ・カフェがその隣に移転してきて、チカーノ・ロッカーたちのヴァイブをつけ加えた。アメラジア・ブックストアは、私たちアジア系が誰なのかを知らせてくれる本が、床から天井まで並んでいた。

そこの経営に携わったジョージ・アベは、そこにあるすべての本を読んでいた。それらのスペースはなくなってしまったが、今では、アーティヴィストのトレイシー・カトウ・キリヤマが設立し、ショーン・ミウラとクインシー・スラスミスのような若いアジア系のクルーが運営するチューズデー・ナイト・カフェがある。彼らは、若手アーティストの声を発信できる、愛すべきコミュニティを作り上げた。都市再開発は、良い結果も悪い結果ももたらした。地下鉄と人口密度の高い都市区域が、相応な高い家賃で高層ビルを建てる強欲なデヴェロッパーを呼び込み、そのせいで、古いホテルや手頃な価格のアパートが消し去られ、通りはホームレスで埋め尽くされた。私たちは環境の持続可能性を求めると同時に、地域経済や文化の持続可能性のためにも闘っている。だから私たちは、あの古いグレープフルーツの木のように、今も根を張り、新しい実を結んでいるのだ。

全米日系人博物館、日米文化会館、イースト・ウエスト・プレイヤーズ、リトル・トーキョー・サービスセンターといった、コミュニティの中心施設がある。新しい武道館スポーツ・コミュニティ・センターは、若者の流れを呼び込むだろう。それは私の孫たちにとっても重要なことだ。孫たちは、自分たちの文化の宝庫であり、私たちの民族の歴史が生かされているこの場所を体験するために、ここに来るのが大好きなのだから。しかし、大事なのは建物だけでない。私たちがここにいることで、文化の新たな層が生まれ、魂のテリトリーが生まれ、この場所が私たちのものになるのだ。

だから私は、このイサム・ノグチが作ったレンガの輪のなかにいる。この広場は彼がお盆のために作ったものだが、日米文化会館の広場を人々が忙しく駆け抜けるときには、そのことはほとんど無視される。円は力強いシンボルだ。ノグチは私たちに、輪を完成させるための見取り図とメッセージを残したのだ。この輪は、日系人、メキシコ系、アフリカ系アメリカ人の交差点であると同時に、ロサンゼルスの中心部に元々暮らしていたトングヴァ部族の土地の上に乗っている。だから今日、私たちはノグチの意図を二一世紀のお盆という形で実現し、複数のコミュニティをこの輪のなかに招き入れ、互いに絆を築き、そして母なる大地とのつながりを祝うのだ。

ファンダンゴお盆の前日、私たちは「環境エンクエントロ（Environmental Encuentro）」を開催し、ミミズと一緒に土に手を入れ、種やコンポストの作り方を共有し、それぞれの文化の料理を食べ、レシピを交換し、アートや詩を作った。その後、マーサとケツァルの指導のもと、日米文化会館のアラタニ・シアターのステージで、五〇人近くがワークライトの下、輪になって椅子に座り、集団で作詞作曲するワークショップを行なった。子ども、お年寄り、大学教授、環境保護活動家、園芸家……全員が思いついた言葉を投げかけ、マーサがそれを黒板に書き留めた。そして、みんなで園芸に関する歌のフレーズを作った。マーサとケツァルの一三歳になる天才息子サンディーノがキーボードでコードを見つけ、私の孫娘アシヤはハンドドラムでリズムを見つけた。全員が創造的な魔法のプロセスに参加したのだ。ここで何を学んでいるのか？　歌を作ることだけではない。創造性は自分をアーティストと呼ぶ人たちだけのものではない。誰もがクリエイティヴになれる。私たちは創造性から神秘を剝がそうとしていたのだ。私たちは芸術を民主化し、集団で取り組み、問題を解決し、祝福する方法として、アートを日常生活に組み込もうとしている。ケツァルが言うように、「この試みは、私たちが文化を通じてどうやってコミュニティに参加していくのかを問うています。大切なのは、自然生態系と文化生態系がどのように結びついているのか、みんなで集まることで、どうやって生態系を一緒に強めていけるのか、なのです」[(1)]。これで、広場で祝う準備が整った。

イースト・ロサンゼルス出身のチカーノで「デーモン・ドラマー」の異名を取るマセオ・ヘルナンデスが、太鼓で私たちを輪のなかに呼び込む。彼のリズムがレンガとコンクリートに振動を与え、まるで全人類を呼び寄せているかのようだ。行列が始まる。古いグレープフルーツの木を象徴する三つの巨大な木の人形が広場に入ってくる。ル・バレエ・デンバヤのダンサーで生みの親でもあるジャン・ブラント、芝生を菜園に変えるようサウス・セントラル地区で手ほどきをしているマスター・ガーデナーであるフローレンス・ニシダ、そして祭壇に供物を捧げる巫女のオフェリア・エスパルサという、三人の栄誉ある長老が、都市の菜園から収穫した供え物を運び、オフェリアの家族（ファミリア）によって作られたメキシコの祭壇であるオブレンダに捧げた。祭壇は、オレンジや黄色のマリーゴールド、果物、種子、緑の吹き流しで飾られている。八九歳になるオフェリアは、民俗・伝統芸術の分野で全米最高の栄誉であるＮＥＡナショリル・ヘリテージ・フェローシップを授与されたばかりだ。

ル・バレエ・デンバヤのドラマーとダンサーが広場で踊り、ジャンベでマセオの太鼓による呼びかけに応える。カラフルなダシキに身を包んだ黒人青年たちのドラムを打つ喜びを見るのが大好きだ。彼らはドラムを叩き、踊る家庭で育った。彼らはドラムが心拍と同期するという科学的事実を知っている。携帯電話ではそれができないことを知っているのだ。フランシス・アウエのトーキング・ドラムが会話に加わる。彼はナイジェリア出身の第一世代のドラマーだ。彼とダンサーである妻のオモワレは、何十年もの間、ロサンゼルスでナイジェリアのこの文化を教え、広めてきた。私たちの活動はもう世代を超えたものだ。

ファンダンゴの演奏者とお盆の担い手が続いて入場し、広場にいた一般参加者も加わる。常連が集まっている。新しい顔ぶれも登場し、踊る準備は万端だ。私たちが開催したワークショップの参加者も来た。広場に迷い込んで出られなくなった人もいる。今年のイベントは今までと何かが違う。ファンダンゴお盆が根づいたのだ。サークルを囲むように、労働者が経営する青果組合「コーペラ（Coopera）」が、オーガニックのメキシコ料理を販売している。コミュニティ・ガーデナー、ミミズ育成者組合、ボカシ・コンポスト・クラブ、フリー・ハーヴェスト食品などのテーブルもある。日米文化会館のバルコニーには巨大なバナーが吊るされている。追憶（remembrance）、抵抗（resistance）、立ち直る力（resilience）。

エレイン・フクモトが、日本の桜を歌った古い盆踊り「さくら音頭」をリードして、踊りを始める。全員が参加する。次は、西アフリカの収穫の踊りだ。ジャハンナ・ブラントの美しい長い手足を、みんながそれぞれのやり方で真似よ

【写真 31】2015 年 10 月 25 日、ロサンゼルスの日米文化会館、ファンダンゴお盆のミュージシャンたち。左から右へ：アシヤ・アユビ、ノブコ、ジューン・カウシス、ナンシー・セキザワ、カーラ・ヴェガ、ショーン・ミウラ、ケツァル・フローレス、サンディーノ・フローレス、タイラナ・エノモト。撮影：マイク・ムラセ、許可を得て使用。

うとする。次に、ヴェラクルスからの特別ゲスト、フリオ・ミズミと妻のベレムが、ヴェラクルスから姿を消しつつあるオウムを題材にした「グアカマヤ」という踊りをリードする。フリオは日系四世のメキシコ人で、日系人の顔に囲まれていると、メキシコのおばちゃんやおじちゃんを思い出すという。フリオとベレムはともにファンダンゴ奏者であり、日本から来た彼の曽祖父にちなんで名づけられたコミュニティ・ガーデン、ジャルディン・コジマを作った。そこで彼らは、子どもたちにヴェラクルスの伝統音楽であるソン・ハローチョを教え、ファンダンゴを主催し、ペットボトル収集でコミュニティ活動の資金を集めている。彼らは、ファンダンゴお盆が目指すものの生きた見本だ。そして、ヴェラクルスに住んでいるファンダンゲロたちは、今日、ライヴストリームを通して、すべてを見ているのだ！

後半は、デトロイトのために書いた曲「菜園を夢見る」を歌う。デトロイトも輪のなかにいる！　サウンドチェックのときに初めてリハーサルをしたのだったが、ケツァルは見事にハラナを操り、ドラマーもリズムをすぐに習得した。アトミック・ナンシー、カーラ、マーサ、サンディーノ、アシヤが歌う【写真31参照】。桂冠詩人のルベン・ゲヴァラの言葉を借りれば、「私たちは祈りを混成(ジャミング)」

していた。アシヤと目が合った。最高だという気持ちをみんなが持っていた。

次の曲は「ラ・バンバ」。ハローチョの伝統を受け継ぐなかではもっとも有名な曲だ。リッチー・ヴァレンスは、ハラリをエレキ・ギターに持ち替え、一九五八年にこの曲をヒットさせた。今回は、伝統的な唱法で美しく歌われている。歌の途中で聞き慣れない女性の声が空間に入り込んでくる。マーサとベレンはタリマの上で踊り、その足元にマイクを持った年配の女性が座っている。「パラ・バイラ・ラ・バンバ、パラ・バイラ・ラ・バンバ、セ・ネセシタ・ウナ・ポカ・デ・グラシア、ウナ・ポカ・デ・グラシア」。私たちは皆、彼女が歌いながら新しい歌詞を作り、魂を捧げて歌うのを感じていた。

後で知ったのだが、彼女の名前はティア・リチャ・ニエヴェス。ヴェラクルス出身で、夫とアメリカを旅行中、夫が病気になった。夫が入院している間、彼女は何ヵ月もロサンゼルスで足止めを食っていたのだ。彼女は心の痛みや悩みを、この輪に持ち込んで歌った。私は彼女のことも彼女のストーリーも知らなかったが、声のなかにそれが聞こえた。私たちの輪は彼女を抱きしめ、愛を与えた。それがファンダンゴなのだ。

ティア・ニエヴェスのように、私も自分の心配事をこの輪に持ち込む。アフロ・アジア系ムスリムの孫たちのために、そして、地球温暖化だけでなく、人種差別とも闘わなければならないすべての若者たちのために。世界をより良くするために貢献することで、彼らが自分たちの声、自分たちの解放を見つけることを願って歌う。踊りながら、これが私の七九回目の太陽一周であることに気がついた！　ときどき、自分をつねらないと年齢を思い出せない。自分がまだ踊れることに感謝し（より穏やかにかもしれないが）、生まれたがっている歌をまだ聞くことができることに感謝し、この輪の一員であることに感謝する【次頁の写真32参照】。

ハイ ハイ！（ライフ！）。息子が唱える。カマウがミシガン州から来てくれて嬉しい。彼は今、スーフィー・ムスリムの伝統であるハドラ（儀式）を指導している最中だ。彼は私たちに回転の仕方を教えてくれている。回転する修

【写真 32】2014 年、ロサンゼルスのリトル・トーキョー、日米文化会館のイサム・ノグチ広場でのファンダンゴお盆・フェスティバル。タリマの上に立つノブコと歌手たち。撮影：マイク・ムラセ、許可を得て使用。

行僧のスローモーション・バージョンだ。「原子の方向に回転します」と彼が説明する。何か量子的な変化がここで起こっているのは間違いない。娘のアシヤの美しい声とハンドドラムが空気を突き抜ける。ジャンベと太鼓が彼女に続く。私たちも一緒にアラビア語で歌う。「タ・ラ・アル・バダル・アライナ、ミン・タ・ニ・ヤ・ティル・ワダ」。何百もの身体が回転している。夫、タラブも輪のなかにいる。ゆっくりと、ゆっくりと、私たちは一体へと溶けていく。私たちのエネルギーがノグチ・プラザを満たし、全世界の動きを減速させる。ここには愛があり、団結があり、言葉を超えた一体感がある。最後の踊り「万物――のつながり」に入ると、私たちはすべての事象と一体となるのだ。(2)

私たちの多くが、長方形のデバイスを通して世界を観察することに多くの時間を費やしている現代において、ファンダンゴお盆の輪に足を踏み入れることは、強力な共同行為である。輪になって、私たちは自分の力、自分の創造性を取り戻す。私たちは自らの手で、自らの声で音楽を紡ぎ出す。足で大地を丸く踏みしめ、自分が地球に属していることを思い出す。輪のなかでは誰もが平等であり、誰もが見えていて、誰もが居場所を持っている。輪のなかに国境はなく、「私たち対彼ら」の対立もない。輪を広げる余地はいくらでもある。輪になって、多くの根を紡ぎ、多様性こそが強さであることを知る。輪になって、私たちは自分たちが生きたい世界を実現する。輪になって、輪になって……。

In the circle we dance
No beginning no ending
In the circle we dance
I am you, you are the other me

BAMBUTSU—NO TSUNAGARI

輪になって私たちは踊る
始まりも終わりもない
輪になって私たちは踊る
私はあなた、あなたはもう一人の私

万物——のつながり

Caracter ceremonial
El fandango rompe el orden
Celebración especial
En donde las almas borden

Ceremonial character
Fandango breaks with order
A special celebration
Where souls intertwine

祝福の儀式
ファンダンゴが秩序を破る
特別な祝典
魂が絡み合う場所

Con sus ritmos, melodías
Que al día de hoy celebramos
Ancestral sabiduría
Con la cual nos abrazamos

With its rhythms and melodies
From which we celebrate today
Ancestral knowledge
Which we used to embrace

BAM BAM BAM BUTSU—NO TSUNAGARI

そのリズムとメロディーで

今日の日を祝おう
先祖代々受け継がれてきた
リズムとメロディーで

バンバン 万物——のつながり

In the circle we dance
Like the moon and the sun
In the circle we dance
Let our hearts be the drum

BAMBUTSU—NO TSUNAGARI, BAMBUTSU

輪になって私たちは踊る
月と太陽のように
輪になって私たちは踊る
鼓動が太鼓になる

万物——のつながり、万物

Empecemos a remediar
Con los ancestros del son
Que es tiempo de celebrar
La vida y fandango Obon

Let's start healing
With the ancestors of the son
It's time to celebrate
life with FandangObon!

BAM BAM BAM BUTSU—NO TSUNAGARI

癒しを始めよう
息子の先祖とともに
さあ、祝おう
命とファンダンゴお盆を

バンバン 万物——のつながり

In the circle we dance

To remember the dead
In the circle we dance
Oneness is moving

BAM BUTSU—NO TSUNAGARI, BAM BUTSU—HORE MI!
BAM BUTSU—NO TSUNAGARI, NO TSUNAGARI

輪になって私たちは踊る
死者を偲び
輪になって私たちは踊る
動く一つの輪になって

バンバン 万物——のつながり、万物——ホレ、ミ！
バンバン 万物——のつながり、のつながり

Somos la fe y esperanza We are faith we are hope
Somos nuevo amanecer We are the dawning
Y la energía que alcanza And the energy that we reach

Dara vida a un nuevo ser
Que el baile y el canto juntos
Rieguen campos de alegría
Y que crezca entre la gente
Frutos de sabiduría

Will give life to new beings
Let the dance and the song together
Make fields of joy
And let it grow among people
The fruit of knowledge

BAM BUTSU—NO TSUNAGARI

私たちは信仰であり、希望
私たちは夜明け
私たちが手にとるエネルギーは
新しい存在に生命を与える
一緒に踊り、一緒に歌おう
歓喜の畑を作ろう
人々の間に芽生えさせよう
知識という果実を

万物——のつながり、万物

エピローグ
Epilogue

私がこれまで書いたなかでもっとも長い歌であるこの本に最後のピリオドを打つ前に、この瞬間を刻んでおきたい。私たちは今、コロナウイルスのパンデミックの真っただなかにいる。この前代未聞の瞬間は、私たちが知っていた生活を、地球全体で停止させた。二〇二〇年五月二五日、この時が止まっている最中に、私たちは警察官が黒人男性ジョージ・フロイドを殺害するのを目撃した。これは前例のないことではなく、奴隷制度から大量投獄に至るまでのアメリカの遺産に根ざした、現在進行形の未治療ウイルスの一部である。

コロナウイルスが黒人やラテン系住民の間でより多くの死亡や感染を引き起こしていることを見れば、これらの一見異質なウイルスが、実は人種の分断と交錯していることがわかる。人種は、医療、住宅、仕事、教育、刑務所に収監されているとき、あるいはただ道を歩いているときにも、重大な影響を持つのである。

この瞬間は私たちに何を教えてくれるだろう？　私が最初に考えたことは、こうだった。もしコロナウイルスのために世界を止めることができるのなら、なぜ地球温暖化のためにそれができないのだろう？　それに、ほら見て！　世界は相互につながっていることが証明されたじゃない！　私たちは皆、つながっている。そして、フロイドの死に抗議して、毎日、毎週、人々が通りに繰り出すのを見て、その光景が、今こそ覚醒のときなのだと、私に希望を与えた。黒人だけでなく、さまざまな文化や世代の人々が混ざり合って行進し、人里離れた場所に住む白人も立ち上がる必要性を感じ、世界中の人々が声を上げている。これが、私たちが長い間必要としてきた「清算」の瞬間なのだろうか？

前進するためには、両方のウイルスに対処しなければならない。新型コロナウイルスは、私たち全員がマスクをすることで、自分を守り、他人を守ることを求めている。簡単に言えば、私たち全員が互いに責任を持つことで、皆が利益を得るのだ。このことは、アメリカにおける黒人の奴隷化や先住民からの土地の強奪を清算することで、私たち全員が利益を得て、癒されることと重なる。そして、もう一つ、今の混乱のすべての底流となっている事実がある。それは、有色人種が多数派になることへの恐怖である。だから、皆で清算しなければならないことは、たくさんあるのだ。

変化は一夜にして起こるものではない。変化には忍耐と継続が必要だ。変化とはプロセスなのだ。それは単に勝つことではなく、生き方であり、信念を貫くことだ。私たちの人間性を広げるには創造性が必要だ。魂を成長させるにはアートが必要だ。私たち芸術家は、いつになったら人々が再び劇場で肩を並べて座れるのかと考えている。再び広場で輪になって踊るのは、いつのことだろう。アーティストは道を見つけるだろうし、私たちが大切にしている輪は、広場よりもずっと大きなものだ。道なき道から道を切り開く。それが私たちの仕事だ。

では、二つのウイルスのストーリーをどのように今後動かしていくのか？　どの世代にも課題があると言われる。あなた方には大きな仕事がある。

メイミーの言葉を思い出してほしい。「私たちにはまだまだたくさん仕事が残っていますよ」

ノブコ・ミヤモト

二〇二〇年七月二〇日

謝辞

Acknowledgments

洗心寺のマス・コダニ住職が、ある説教のなかで、「私」というのはいくつもの関係で出来上がっているのだ、と言っていた。私たちが皆、今の自分になったのは、それまでの人生の旅で出会った人々や出来事がそうさせているのだ。なので、まずはマス住職に、私に知恵を授けてくれたこと、そして私のような反抗的な仏教徒にとって偉大な先生で居続けてくださったことを感謝したい。彼はたくさんの歌のインスピレーションとなった。そして、私の仕事と人生に家を提供してくれた。この本は、私が「私」となる道行きのなかで築いてきたたくさんの関係を振り返り、それを読者と共有するチャンスをくれた。

グレース・リー・ボッグズがいなければ、本を書くという冒険には漕ぎ出さなかっただろう。彼女が宿題をくれたのだ。「自分の本を書きなさい」。二〇一四年一二月、私はデトロイトの彼女の家を離れ、ロサンゼルスに戻って、この長い旅路の一歩を踏み出した。今まで書いたなかで一番長い歌だ。これまでほとんど三連の詩とコーラスばかり書いてきた私にとって、これはまったくの異郷への旅だった。始めてはみたものの、気が狂いそうになっている私を、自分が修了したばかりだったジャック・グレープスのライティング教室に、夫のタラブが賢明にも誘導してくれた。私たち夫婦がそれぞれ思いを書き留めるのに持ったポケットサイズの小さなノートが、今まで慣れ親しんできた舞台の上で演じるのではなく、言葉だけで自分のストーリーを伝えることができるのだと教えてくれた。

京都にある同志社大学の和泉真澄が、私が作った「断裂（The Chasm）」という歌の歌詞からとった『歌に何ができるのか？（*What Can a Song Do?*）』という本のタイトルを最初に提案してくれた。最終的に本の題名は違うものになったが、この本のそれぞれの章は、私が関わった歌——ほとんどは自作でいくつかは借りたもの——から始まっている。私のストーリーは長い歌でつながっていて、歌が私の民族のストーリーや自分たちの声を求める探索の旅のいろいろな要素を繋いできた。最初のタイトルは最終的には本には現れなかったが、スタート地点となった。

両親が音楽とダンスへの愛を私に与えてくれた。アメリカの強制収容所に監禁されて、失ったものを取り戻すことに奮闘しながらも、両親は私のダンサーになりたいという願いを汲み取り、それに必要なトレーニングを受けられるよう、多大な犠牲を払ってサポートしてくれた。どんな子どもも自分だけで夢を達成することはできない。私が受けた厳しい訓練は、ダンサーとしてのキャリアを後押ししてくれただけでなく、私に卓越を求めて踏ん張る強さを植え付けた。これはその後の人生においても非常に役に立った。

「私」を形成したもう一人の重要な人物が、ユリ・コチヤマだ。ユリが私をアジア系アメリカ人運動に引き込み、そこでクリス・イイジマと出会った。クリスがいなければ、自分の声を見つけることはできなかったろう。私たちの声が未来の世代から失われないように、アルバム『一粒の砂（*A Grain of Sand*）』を録音してくれたのは、パレドン・レコードのバーバラ・デインだった。

一九七八年から（現在まで四二年間）ずっと、多くのアーティストを巻き込みつつ、私の仕事やプロジェクトを支えるためにグレートリープのようなアートの組織を運営し続けるのは、安全網のない場所で高い綱渡りをするようなものだ。一緒に活動してくれた多くのアーティスト、そして支えてくれたコミュニティに心から感謝したい。グレートリープは、二人の事務担当者、ドナ・エバタとジェニー・クイダがいなければ存続できなかった。それぞれに人生での義務や責務を果たさなければならないなか、二人は数々の奇跡を呼び起こしてくれた。副芸術監督のダン・クウォンは、ほとんどどんなことでも解決できる創造的な力と芸術的な技巧の持ち主だ。時代の変化に対応し、組織を回してくれる、小さいけれども頭がよく、とてつもない力を持った理事たち、メリル・マーシャル、ケン・ハヤシ、ユージーン・アン、クララ・チュー、そしてケツァル・フローレスにも感謝したい。

本書を作るに当たって、写真を提供してくれた人々にもお礼を言いたい。運動期に時代のアイコンとなる写真を撮影したボブ・シアン、ヴィジュアル・コミュニケーションズ、UCLAのマージョリー・リーとメアリー・カオ、リトル・トーキョー・サービスセンターのマイク・ムラセ、そして家族の写真を撮ってくれたハリー・ハヤシダ、息子カマウのスーフィー・コミュニティのモーセン・フセイン、そして有名な写真家で祖父である宮武東洋の写真を提供してくれたアラン・ミヤタケ。また、メイバオ・リーは、マリポーサで冬に執筆のために籠る場所を提供してくれた。

盆踊りの先生でファンダンゴお盆の振り付けを担当したエレイン・フクモトが、私が自伝を書いているのを知って、太鼓仲間の民族音楽学者、デボラ・ウォンと繋いでくれた。デボラは、実際に本を出版するに当たって、完璧なガイドとなってくれた。ワシントン大学のミシェル・ハベル＝パラン教授に原稿の一部を読んでもらい、エスニック・スタディーズと女性学のアーティストや研究者にとって、私のストーリーがいかに重要なものであるかをわからせてもらった。デボラはまた、カリフォルニア大学サンタバーバラ校のジョージ・リプシッツにも原稿を渡した。リプシッツ教授がわざわざ時間を取って、原稿の最初の完成版を作成する作業を手伝ってくれた。彼は、私の独りよがりな句読点の使い方などを懇切丁寧に直し、特に筆致が力強く歌っている部分を指摘して、美しいコメントをつけてくれた。最初は一四万五千語という大部であった原稿を出版可能なサイズにスリム化するために、デボラ・ウォンは編集を引き受け、ストーリーに本当に必要な部分を選抜するための俯瞰的目線で文章を練り直した。こうして私は、一一万四千語の原稿を完成し、カリフォルニア大学出版会からの出版にこぎつけた。長年の友人であり、同志でもあるカレン・イシズカと和泉真澄が、カリフォルニア大学出版会にアウトサイド・リーダーとして踏み込んだフィードバックを返してくれた。彼らが名前を明かしてくれたことを心から嬉しく思う。
カリフォルニア大学が本書を出版すると知って、またスミソニアン・フォークウェイズがデレク・ナカモトとケツァル・フローレスという音楽の奇才をプロデューサーとして、私の昔の歌と最近の歌の二枚組のアルバム『一二万のストーリー（*120,000 Stories*）』をまもなくリリースしてくれることを知りつつ、この惑星での八〇年目の年を祝うことができるのは、この上なく幸せなことだ。私の音楽の表現のほとんどが、生きながら、学びながら、献身的なアーティスト、オーガナイザー、教師、環境保護活動家、文化実践者たちと一緒に築き上げてきたものである。特に、ファンダンゴお盆に関わったアーティストたちとは、過去の悲しみを精算し、今後の変化を模索する今このときに、私たちそれぞれの伝統の重要性を探るという作業をみんなで行なっている最中だ。

【写真 33】ノブコの家族、2018 年。中央、着席：タラブ・ベツライ・カークランドとノブコ、周囲：カマウとマリカ・アユビ夫妻と子どもたちのアーメド、アシヤ、ムハンマド、ノーラ。撮影：Zohair Mohsen、許可を得て使用。

この旅路を、私は人生の伴侶、愛する夫、タラブとともに歩んでいる。タラブはその知的な思索、芸術性、毎朝の鍛錬によって、私が怠惰に陥らず、「気」の流れが滞らないよう、どこまでも支えてくれる。私の家族、ミヤモト家、カークランド家、ジェフリーズ家、そしてアユビ家は、いろいろな色と信仰のジグソーパズルだ。これはこれから生まれようとしている世界に見られるラディカルな包摂性を先取りするものだ。この本は、私たちのストーリーと闘いを伝えている。アシヤ、ムハマド、ノーラ、そしてアーマド。私の孫たちが、彼らが受け継いだものを知り、それぞれの道で変革を歌うことを希望して、筆を置くことにする。

原註

◉第一章

（1）仮収容所に先生としてやってきたゲストのなかには、有名な芸術家のイサム・ノグチもいた。彼は日系コミュニティとの団結を示すためにポストン収容所に収容されることを自ら志願した。

◉第四章

（1）一九四八年のボイルハイツは、多文化主義という言葉が生まれるずっと前から多文化な場所であった。ユダヤ系、ロシア系、メキシコ系、そして戦後に戻ってきた日系人が混ざり合って住んでいた。ここには人が何層もの波になってやってきた。一八五八年、まだカリフォルニアがメキシコの一部だった頃、この地区はパレドン・ブランコ（白い壁）と呼ばれていた。スペイン人は先住民を追い出し、この地に牧場を築いた。一八七六年、南太平洋鉄道がロサンゼルス川のすぐ西側に駅を建て、当時この土地を所有していたアンドリュー・ボイルが、成長しつつあるロサンゼルスのダウンタウンから川を隔ててすぐのこの区画を、富裕層が将来住むのに理想的な場所として切り分けた。その頃の大きな家の痕跡を今日もいくつか見ることができる。しかし、ボイルの思い通りにことは進まなかった。当時のロサンゼルスの良いエリアでは、ユダヤ系、アジア系、ラテン系、黒人、先住民などが住んだり、気に入った家を買ったりできないように人種制限規約のついた地区がたくさんあった。そのなかでボイルハイツ地区は、次第に望ましいと考えられた場所から拒否された人々を惹きつけるようになったのだった。

◉第五章

（1）Daniel Berrigan, "Coda," in Judith Ault, *Come Alive!: The Spirited Art of Sister Colita* (London: Four Corners Books, 2007).

◉第六章

（1）映画『魅惑のパリ』のなかのこのシーンは https://www.youtube.com/watch?v=wLxvAp1X_7Y で観ることができる。

◉第八章

（1）「エド・サリヴァン・ショー」に出演した『フラワー・ドラム・ソング』のキャストは https://www.youtube.com/watch?v=jkYQaNHI2K8 で観ることができる。

◉第一二章

（1）これらのノートは、UCLA文書館のユリ・コチヤマ・コレクションの何百という箱のなかに所蔵されている。

◉第一五章

（1）これらの歌と「ジョナサン・ジャクソン」はアルバム『*A Grain of Sand : Music for the Struggle by Asians in America*』（Paredon、一九七三年、Smithsonian Folkways より再リリー

ス、一九九七年）に収録。「ウィー・アー・ザ・チルドレン」「大地を解放せよ（Free the Land）」、および「黄色い真珠（Yellow Pearl）」は、私のアルバム『*120,00 Stories*』(Smithsonian Fo kways、二〇二一年）に収録されている。

（2）当時、ニューヨークにはメキシカン・レストランがなかった。ニューヨーク中を探しても、トルティーヤのパッケージを調達できなかった。なので、カリフォルニアに戻ったとき、トルティーヤは同志たちへの黄金のお土産となった。一パック一ドルで、スーツケースにも簡単に詰められたからだ！

（3）緊那羅太鼓は一九六九年、マサオ・コダニ開教師がジョージ・アベ、ジョニー・モリらの活動家とともに、日本の俳優の三船敏郎が『無法松の一生』（一九五八年）という映画で主演したのを見てインスピレーションを受けて創設した。太鼓は一年に一回、日系仏教会で使われるお祭りのドラムだ。アベとモリは太鼓の数を増やして、より力強く、団結的なものにし、女性の奏者を多く呼び込み、聴き慣れていた黒人音楽のリズムを取り入れることで、より民主的なものへと変えた。緊那羅太鼓とサンノゼ太鼓は、アジア系アメリカ人運動の魂に完全に染まったグループである。太鼓は雷のように轟くウイルスとして広がり、やがて日系アメリカ独自の音楽の形に発展した。強制収容は多くの日系アメリカ人を故郷のルーツから引き裂いたが、太鼓は故国との繋がりを編み直す一つの道だった。太鼓は日本のことを勉強する、より深い興味関心を呼び起こした。若い太鼓奏者でジャズ・ドラマーでもあったケニー・エンドウは、日本の音楽に深くのめり込んだ最初のミュージシャンの一人だ。日本の太鼓（鬼太鼓座）とアメリカの太鼓（緊那羅）の大きな違いは、アメリカの太鼓にはアフリカに影響されたリズムがほのかに存在することである。

（4）これがのちに、カリフォルニア州サンファン・ボティスタという小さな町を本拠とする「テアトロ・カンペシーノ（Teatro Campesino）」の設立につながった。ヴァルデズは、やがて『ズート・スーツ（*Zoot Suit*）』という画期的な劇（一九七八年公開）と映画（一九八一年公開）をプロデュースした。闘争のど真ん中で、民衆とともに、民衆のための劇場を作ろうという彼のアイデアは革命的であった。

（5）壁画や公共作品で知られるトミエ・アライ、画家でガラスアーティストのアーレン・ファン、ニューヨークのチャイナタウンで青少年を支援する団体を運営した詩人のフェイ・チャン、弁護士で活動家のタカシ・ロバート・ヤナギダ、「GIジョー」シリーズを生み出したコミック作家のラリー・ハマ、ニューヨークのエイジアン・アメリカン・アート・センター所長兼学芸員のボブ・リー、現在香港を拠点に活動する国際的アーティストのダニー・ヤンなどが当てはまるだろう。

◉第一六章

（1）「私たちはアジア系」は私のアルバム『*A Grain of Sand: Music for the Struggle by Asians in America*』（Paredon、一九七三年、Smithsonian Folkwaysより再リリース、一九九七年）に収録。再録音したバージョンは私のアルバム『*120,000 Stories*』（Smithsonian Folkways、二〇二一年）に収録されている。

（2）ヴェンセレモス・ブリゲードは歌集『*Venceremos Cantando*』をまとめ、一九七五年と一九七六年に出版した。そのなかに私たちの二曲、「ウィー・アー・ザ・チルドレン」と「私たちはアジア系」が入っていることをとても誇りに思っている。

◉第一八章

（1）私たちの歌「ノミの戦争（War of the Flea）」は『*A Grain of Sand: Music for the Struggle by Asians in America*』（Paredon、一九七三年、Smithsonian Folkwaysより再リリース、一九九七年）に収録されている。

（2）ウォーレン・フルタニのプロデュースで、チャーリーとクリスは、片面がチャーリーの曲、もう片面がクリスの曲というアルバム『*Back to Back*』（East/West World、一九八二年）も出している。

◉第一九章

（1）Dan Berger, "'Free the Land!': Fifty Years of the Republic of New Afrika," *Black Perspectives*, April 10, 2018, https://www.aaihs.org/free-the-land-fifty-years-of-the-republic-of-new-afrika. を参照せよ。

（2）追加の情報は以下を参照せよ。Vicente "Panama" Alba and Molly Porzig, "Lincoln Detox Center: The People's Drug Program," *The Abolitionist*, March 15, 2013, https://abolitionistpaper.wordpress.com/2013/03/15/lincoln-detox-center-the-peoples-drug-program/.

◉第二一章

（1）イスラム・ブラザーフッドのモスクは、今でもハーレムの西一一三丁目一三〇番地に建っている。

◉第二二章

（1）脚本家のヴェリナ・ハス・ヒューストンは、自らのアフロ・エイジアンとしての体験を踏まえた劇をいくつも発表している。

◉第二四章

（1）「虹の戦士」の未公開の曲のいくつかは、私のアルバム『*120,000 Stories*』（Smithsonian Folkways、二〇二一年）に収録されている。ハワイの公共テレビで公開された一九八一年の公演は、https://www.youtube.com/watch?v=RMr0LqFrgD8 で観ることができる。

（2）「アメリカン・メイド」は、私のアルバム『*Best of Both Worlds*』（Great Leap、一九八三年）、および『*120,000*

Stories』(Smithsonian Folkways、二〇二一年）に入っている。

●第二五章

（1）「ジャン・ケン・ポー」は私のアルバム『*Best of Both Worlds*』(Great Leap、一九八三年）に収録されている。

●第二六章

（1）『二つのムーヴメントの旅路』の最初の部分は、私のアルバム『*Best of Both Worlds*』(Great Leap、一九八三年）に収録されている。

（2）「ピリピノ・タンゴ」は私のアルバム『*120,000 Stories*』(Smithsonian Folkways、二〇二一年）に収録されている。

●第二七章

（1）「エイヨー」は、CD付きの本、クリス・イワナガ・アイハラ編『喜びの集い——アメリカのお盆の音楽と伝統的踊り（*A Gathering of Joy: Obon Music and Dance Tradition in the U.S.*）』（ロサンゼルス：日米文化会館、一九九三年）にまとめられた。また、私のアルバム『*120,000 Stories*』(Smithsonian Folkways、二〇二一年）にも収蔵されている。

●第三〇章

（1）Steve Newcomb, "Five Hundred Years of Injustice: The Legacy of Fifteenth Century Religious Prejudice," *Shaman's Drum*, Fall 1992, 18-20. 本論考は次の URL で読むことができる。http://ili.nativeweb.org/sdrm_art.html.

（2）「すべての命のつながりへ——ミタクエ・オヤシン（To All Relations—Mitakuye Oyasin)」は、私のアルバム『*Nobuko: To All Relations*』(Bindhu Records, 一九九七年）にあり、孫のアシヤ・アユビが一緒に演奏する新しい録音は『*120,000 Stories*』(Smithsonian Folkways、二〇二一年）に収録されている。

●第三一章

（1）クワンザはブラック・ナショナリストで、ブラック・パンサーとは一時期激しく対立したマウラナ・カレンガによって、一九六六年に発明された。クリスマスに代わる祝祭として、クワンザでは七日間の間、一日ごとに異なるアフリカ文化が大切にしている価値観を讃えて、ろうそくに火をつける。

●第三二章

（1）私の「タンポポ」の歌は『*120,000 Stories*』(Smithsonian Folkways、二〇二一年）に収録されている。

●第三三章

（1）Bill Moyers, *Bill Moyers Journal: The Conversation Continues* (New York: New Press, 2013), 225-26.

（2）この文は、補助金の評価のために参加者に感想を募ったなかにあった文章である。

●第三四章

（1）「マイ箸を持とう（BY.O. Chopstix）」は https://www.youtube.com/watch?v=n65SuQKverM で観ることができる。

（2）「もったいない（Mottainai）」は私のアルバム『*120,000 Stories*』（Smithsonian Folkways、二〇二一年）に収録されており、ミュージック・ビデオは https://www.youtube.com/watch?v=TrMLqbxL0E0 で観ることができる。

（3）「サイクル・オヴ・チェンジ」は私のアルバム『*120,000 Stories*』（Smithsonian Folkways、二〇二一年）に収録されており、ミュージックビデオは https://www.youtube.com/watch?v=3EtzCKLCk7E で観ることができる。

（4）「Bambutsu—No Tsumagari」は私のアルバム『*120,000 Stories*』（Smithsonian Folkways、二〇二一年）に収録されている。ダンスのチュートリアル・ビデオは https://www.youtube.com/watch?v=24FEYJYTknQ で観ることができる。

（5）"Living Kagai Culture," *Kyoto Journal*, no.89, (Spring 2017): 23.

◉第三六章

（1）「環境エンクエントロ」の要旨を解説したビデオは https://www.youtube.com/watch?v=bi71xAwg3Gw で観ることができる。

（2）「Bambutsu—No Tsumagari」はアルバム『*120,000 Stories*』（Smithsonian Folkways、二〇二一年）に収録されている。ノブコ・ミヤモト&ケッツァル・フローレス作曲、ノブコ・ミヤモト、セサール・カストロ&マーサ・ゴンザレス作詩。

訳註

◉第一章

＊1　ニューヨークの移民管理局があったエリス島の隣のリバティ島という小さな島に「自由の女神像」が立っている。その台座には、エマ・ラザレス作の詩が刻まれている。「疲れ果て、貧しく、自由な空気を吸いたいと願う群衆を、私のもとへ届けなさい。拒まれた人々をそちらの騒然とした岸からこちらへよこしなさい。家を失い、嵐に揉まれた人々を送りなさい。黄金の扉の傍で私は松明を掲げている」というこの詩は、世界各地からアメリカを目指してやってきた移民たちを歓迎するメッセージとして受け止められている。

＊2　幼少期に日本に送られ、日本で育った後、アメリカに帰国した二世は「帰米二世」と呼ばれる。

＊3　実際に軍が日系人に立ち退き命令を出した範囲は、太平洋岸五〇マイルではなく、一〇〇マイルまでの地域であった。

＊4　原文の「chinaman's chance（中国人のチャンス）」とは、「成功する可能性がほとんどない」ことを指す比喩で、アメリカのアジア系への人種差別的な文脈で現れた表現である。

＊5　もともとは「酒気帯び運転（Driving While Intoxicated、

略してDWI）」という交通規則用語をもじった「黒人で運転している状態（Driving While Black）」という表現が、運転中の黒人が頻繁に警察によって止められたり、軽微な違反によって過剰暴力を振るわれたりすることへの非難をこめて使われるようになったことを、ここでは日系人に当てはめて、皮肉をこめた表現として使っている。

◉第二章

＊1　ミサオの唯一の男の子の名前は「タロウ」で、「タ」と呼ばれていた。

＊2　鉄道敷設や架線維持だけでなく、一九世紀後半から二〇世紀初めのアメリカ西部には、炭鉱や農場などの肉体労働を低賃金で担うため、世界各地から移民労働者がリクルートされて連れて来られた。労働者を集めたり、彼らの賃金や労働を管理したりするのは労働請負人の仕事であり、彼らは通常「ボス」と呼ばれていた。中国人労働者は中国人の労働請負人が、日本人労働者は日本人の労働請負人が仲介することも多かったが、「トクマツ」が発音できなかったということこのボスは、白人であったと思われる。

＊3　モルモン教（末日聖徒イエス・キリスト教会）は、一八三〇年にニューヨーク州でジョセフ・スミス・ジュニアによって確立されたが、キリスト教主流派からはキリスト教の一宗派とは認められていない。一八三一年にオハイオ州に移動、さらに一八三九年、スミスらはイリノイ州ノーヴーに移住し、同地にモルモン教徒のコミュニティを築いた。しかし一八四四年、スミスと弟は逮捕投獄され、獄を襲撃した暴徒により殺害された。二代目大管主となったブリガム・ヤングが一八四六年、さらに西部への移動を決意した。「モルモン・トレイル」とは、イリノイ州ノーヴーからユタ州（当時は準州）ソルトレイク・シティまでモルモン教徒が移動した、二千キロの経路を指す。

◉第四章

＊1　「ハワイアン」とはハワイ先住民のこと。

＊2　ハワイ先住民は、昔から伝えられてきた物語や祈りなどを節をつけて歌うという伝統を持っている。

◉第六章

＊1　「ユリコ」のフルネームは、ユリコ・キクチ（旧姓アメミヤ）である。一九二〇年、カリフォルニアで生まれ、一九三〇年から日本で七年間暮らした帰米二世で、この間にダンスを習った。第二次世界大戦中はアリゾナ州のヒラリバー収容所でダンスを教え、戦後ニューヨークでマーサ・グラハム・ダンス・カンパニーでダンサー・振付師として活躍した。

◉第九章

＊1　『ウエスト・サイド・ストーリー』は、『ロミオとジュリエット』の筋をベースとしながら、舞台を一九五〇年代のニューヨークの移民が多い低所得者地区に設定したミュージカルである。ヒロインのマリアはプエルトリコ系、ヒー

ローのトニーはイタリア系であるが、プエルトリコ系ギャング「シャークス」と白人移民系ギャング「ジェッツ」の対立が二人の恋愛を阻んでしまう。ノブコが説明しているように、「シャークス」にはプエルトリコ系だけではなく、いろいろな有色人種のキャストが採用されたが、ヒロインのマリアは、映画スターであったロシア系移民二世のナタリー・ウッドが色の濃い化粧をして演じた。

◉第一〇章

＊1　レイマート・パークはサウス・ロサンゼルスの黒人コミュニティ文化の中心となっている地域である。ジャズやアフリカの音楽、詩、アート、染め物、彫刻など、さまざまなジャンルのアーティストが集い、若い世代とベテランが交流できる各種のイベントが開催される。ワールド・ステージ・シアターは一九八九年にジャズ・ドラマーのビリー・ヒギンズと詩人のカマウ・ダウードによって設立され、プロの演奏家による公演と同時に、子どもから大人まで参加できるワークショップなどが毎日開かれている。

＊2　コットン・クラブは一九二〇年代から一九三〇年代にかけて、ニューヨークのハーレム地区で人気を博した高級ナイトクラブ。客は全員白人、スタッフや演奏者は黒人であった。デューク・エリントンやルイ・アームストロングなど、黒人ジャズ・ミュージシャンが活躍し、アメリカにおけるジャズの黄金時代の象徴でもあった。

◉第一一章

＊1　アメリカの人種集団はしばしば色でたとえられる。その場合、黒は黒人を、茶色はラテン系の人を、赤は先住民を、黄色はアジア系を、そして白はヨーロッパ系の人々を指す。使い方によっては差別的なニュアンスを持つ場合もあるから使用には注意が必要だが、一九六〇年代以来の有色人種(people of color) 自身による有色人種の権利伸長運動の広がりによって、当事者が色を使って集団アイデンティティを肯定的に表現することも一般的になった。

◉第一四章

＊1　原文ではリチャード・M・デイリーとなっているが、一九五五年から一九七六年に死亡するまでシカゴ市長を務めたのは、リチャード・J・デイリーである。リチャード・M・デイリーはその息子で、彼も一九八九年から二〇一一年までシカゴ市長を務めている。

◉第一六章

＊1　ポール・バニヤンは、身長が八メートルもあったとされる西部開拓時代に生まれた伝説上の木こりの名前である。

＊2　英語で「チキン」という言葉には「臆病者」の意味もある。

◉第一八章

＊1　スミソニアンとは、スミソニアン学術協会が運営する国立の博物館群、教育研究機関の複合体である。『一粒の砂（*A Grain of Sand*)』のアルバムは、「アジア系アメリカの最初

の独自の音楽」としてスミソニアン・コレクションのなかに収蔵されている。

◉第二〇章

＊1　英語に「ショットガン・ウェディング」という表現がある。未婚の女性が妊娠した場合、父親がショットガンを持って相手の男性に迫り、無理やり結婚させることを意味する。

◉第二二章

＊1　サンテリア（Santería）とは、キューバで発達した黒人宗教の一つで、西アフリカのヨルバ族の信仰とカトリックの教義などが混ざった多神教である。多くのアフリカ由来の宗教同様、儀式ではアフリカン・ドラムやダンスが重要な役割を果たす。

＊2　ムトゥル・シャクールは、「黒人解放戦線（Black Liberation Army）」の一員として、一九八一年にニューヨークとコネチカットで起きた一連の銀行強盗を主導した罪で起訴された。シャクールは三八年を刑務所で過ごした後、二〇二二年一二月に恩赦を受けたが、二〇二三年七月七日に七二歳でガンのため亡くなった。

◉第二三章

＊1　洗心寺は一九二八年に、本派本願寺ロサンゼルス別院の西南区の支部として西三六番街一二三九番地に設立され、当時は「洗心学院」という名で日本語学校と仏教学校の活動を行なっていた。一九三八年に現在の住所、西三六街一三三六番地に引っ越し、現在も「講堂」として使われている建物が本堂として建設された。現在の本堂は一九六六年に建立されたものである。

◉第二四章

＊1　アジア人を題材にしたミュージカルのもっとも有名なものは、一九八九年にロンドンで初演された『ミス・サイゴン』である。ヴェトナム戦争の末期のヴェトナムを舞台とするアメリカ兵とヴェトナム人女性の悲恋を描いた物語で、ステージに巨大なヘリコプターが登場するサイゴン陥落のシーンは圧巻である。しかし、物語がプッチーニの『蝶々夫人（*Madame Butterfly*）』をベースにした白人男性とアジア人女性のステレオタイプ的な関係を助長している点、また、アジア系男性で主役のエンジニアに白人俳優を配役したことから、一九九一年にブロードウェイで上演されたときにアジア系アメリカ人コミュニティから強い抗議の声が上がった。

◉第二五章

＊1　一九八〇年代に日系人コミュニティは、第二次世界大戦中の強制立ち退きと収容という政策に関して、政府の過ちを認め、被害者個人に対する金銭的補償を求める運動を展開した。これを「リドレス運動」と呼ぶ。一九八八年八月にアメリカ連邦議会は「市民的自由法（Civil Liberties Act）」を可決させ、ロナルド・レーガン大統領が法案に署名する

ことで、リドレスは正式に成立することになった。これによって、アメリカ政府は日系人強制収容が人種差別的な過ちであり、収容所に監禁された生存者に一人当たり二万ドルの補償金を支払った。本書の筆者のノブコ・ミヤモトも補償金を受け取った一人である。

◉第二七章

＊1　「ゲーテッド・コミュニティ（gated community）」とは、ある住宅地の周囲を塀で囲って、入り口に警備員を置くことで、中の住人以外の立ち入りを制限している住宅地を指す。

◉第二八章

＊1　「ベイエリア（Bay Area）」とは、北カリフォルニアのサンフランシスコ湾周辺のいくつかの街をまとめた地域の総称である。サンフランシスコがもっとも大きな都市で、東側対岸のイースト・ベイ地区には、オークランド、バークレイなどの街が含まれ、南側のサウス・ベイ地区は、いわゆるシリコンバレーがあるサンノゼやサンタクララなどが含まれる。

◉第二九章

＊1　ギル・スコット＝ヘロン（Gil Scott-Heron）は、一九七〇年代にニューヨークで活躍したジャズ・ミュージシャン、ソング・ライター。政治風刺的な内容で音楽に合わせて早いテンポで詩を読むスポークン・ワーズ（spoken words）で知られ、ヒップホップのなかのラップの先駆けともいわれている。もっとも有名な歌は「革命はテレビ中継されない（The Revolution Will Not Be Televised）」である。

◉第三〇章

＊1　一九六九年一一月に、さまざまな部族の混ざった先住民活動家の集団がサンフランシスコ沖にあるアルカトラズ島を占拠し、「インディアンの土地」と宣言した。アルカトラズ島は一九六三年まで連邦刑務所として使用されていたが、その後は使われていなかった。アルカトラズを占拠した先住民は、連邦政府に「インディアン文化センター」などの建設を提案したが、政府は同意せず、その後、アメリカン・インディアン・ムーヴメント（ＡＩＭ）などのグループや他の民族の支援者なども加わり、占領は一九七一年まで続いた。

＊2　一八九〇年にサウスダコタ州にあるウーンデッド・ニー（Wounded Knee）でラコタ・スー族の先住民二〇〇名以上が、アメリカ軍によって虐殺された。一九七三年、度重なる先住民への暴力とそれに対する司法的正義の欠如に不満を抱いたＡＩＭの活動家らが、武装してウーンデット・ニーの虐殺現場の近くの教会に立て籠もり、七一日間にわたって占拠した。この占拠はさまざまな部族や先住民以外の人々も支援し、医療品や食料などの援助を行なった。事態が全世界にテレビ中継されるなか、ＡＩＭの指導者、デニス・

バンクスが「もう白人になろうともがくのはやめよう。今日からインディアンとして生きることを選ぶ」と宣言し、世界の多くの先住民族や少数民族にインスピレーションを与えた。

＊2　「ディキシーの旗」とは南部連合旗をさす。南北戦争で奴隷制度の存続を主張してアメリカ合衆国からの独立を宣言した南部連合の旗で、戦争中は南軍の旗となった。南北戦争敗戦後の南部でも南部の伝統や誇りを象徴する旗として用いられるが、同時に人種隔離政策や黒人の権利の抑圧、白人至上主義などの政治的イデオロギーを想起させる。

◉第二三章

＊1　アメリカの病院には、医療スタッフに加えて、患者の精神面を支える宗教的スタッフが勤務している。教会の外で働く聖職者をチャプレンと呼ぶが、患者の多様性を反映して、病院や学校にはキリスト教だけではなく、さまざまな信仰のチャプレンが患者のケアに従事している。

◉第二四章

＊1　原書ではイーストサイド・カフェのウェブサイトが紹介されているが、現在は使えなくなっているようである。以下の記事がイーストサイド・カフェの沿革を説明している。Samanta Helou, "How This Sapatista-Inspired Café Successfully Fought Gentrification in LA's East Side," *REMEZCLA*, July 24, 2017. https://remezcla.com/features/culture/eastside-cafe-los-angeles-fights-gentrification/.

◉第三五章

＊1　マーカス・ガーヴェイは、ジャマイカ生まれの黒人民族主義者で、アメリカにおいても、黒人の権利を主張し、自らのビジネスを成功させた。彼はアフリカ回帰運動の指導者としても知られている。

訳者あとがき

Afterword by the Translator

本書は、二〇二一年にカリフォルニア大学出版会から刊行されたノブコ・ミヤモトの自伝『*Not Yo' Butterfly: My Long Song of Relocation, Race, Love, and Revolution*』の日本語訳である。原書はノブコ・ミヤモトが書き下ろした自叙伝の原稿を、民族音楽学者のデボラ・ウォンが校閲、編集し、出版に漕ぎつけたものだ。

ノブコ・ミヤモトは、幼いときからバレエを習い、プロのダンサーとして『王様と私』や『ウエスト・サイド・ストーリー』などのハリウッド映画に出演したほか、ブロードウェイ・ミュージカルの『フラワー・ドラム・ソング』のリードダンサーを務めるなど、ショービジネスで華々しいキャリアを築いたが、一九七〇年代初期からニューヨークのアジア系アメリカ人運動に加わり、クリス・イイジマと一緒にアジア系として自分たちの歌をフォークソングの調べに乗せて全米各地で歌うことによって、多くのアジア系の若者を鼓舞し、「イエローパワー運動」へと導いた。一九七三年からはロサンゼルスをベースに、パフォーマンス・アートを通じた多民族をつなぐコミュニティ活動を展開しており、本書では、その五〇年にわたる活動についても一人称の語りを通じて知ることができる。

訳者は日系アメリカ人の第二次世界大戦中の強制収容と戦後のアジア系アメリカ人の文化・社会・政治活動の関係を分析する歴史研究者であり、これまで二〇年間ノブコの活動を記録し、活動にも参加してきた。本書の日本語版が刊行され、日本の読者にノブコの存在と活動を知ってもらえることはこの上ない喜びである。

訳者がノブコ・ミヤモトと出会ったのは二〇〇三年の春だった。当時、東京の有志による「アジア系アメリカ研究会」という会があり、どういうわけかメンバーでない私のところに、「週末に講演者としてノブコ・ミヤモトが話す」という連絡が入った。そのとき私はノブコ・ミヤモトを知らなかった。ただ、翌日の日曜日にカナダ学会の関係で興味ある研究会があったので、前の晩に開かれる「アジア系アメリカ研究会」にも顔を出してみようと思って、東京に向かった。

その夜、ノブコはお馴染みのニューエイジーな裾の長い衣装に身を包み、巨大な金属のお椀（のちに彼女がそれを「歌うための鉢（シンギング・ボウル）」と呼ぶことを知った）の縁を木の棒でこすって音を出したり、それを叩いたりしつつ、ハミングしながら登場した。そして、自分の半生、特に、ユリ・コチヤマらとニューヨークで活動したこと、歌を通じてアジア系アメリカ運動に多くの人を動員したこと、ロサンゼルスで多文化のダンス・カンパニーを創設したことなどを、歌と語りを交えながら話した。講演会の後の懇親会では、一九六〇年代にハーレムの写真集を出版したフォト・ジャーナリストの吉田ルイ子さん、ユリ・コチヤマの自伝『ユリ――日系二世NYハーレムで生きる』の著者の中澤まゆみさん、この会の主導者で、現在では鹿鳴家英楽の名で英語落語家としても活躍する須藤達也さん、当時ロサンゼルス在住で、のちに山口県で竹炭の生産や自然な農業を広める活動をする村川博司さんなどとも、初めて話す機会を得た。

東京での週末を終えて帰洛した私に、今度は関西の移民研究の会から連絡が入った。「ノブコ・ミヤモトが奈良に滞在するので、会いたければ来てください」。ホストはアジア系アメリカ人音楽に詳しい、種苗会社社長の神田稔さんだった。そこでまた奈良に出かけて、より詳しいライフストーリーを聞くことができた。話は尽きることなく、神田夫人の祥子さんの誘いでそのまま近くのスーパー銭湯に同行し、その夜は神田宅に泊まった。翌日、ノブコに京都を案内することを引き受けて、広隆寺や嵯峨を一緒に散策し、夕方に東京行きの新幹線に乗せた。

しかし不思議だったのは、その時点ですでに一〇年以上北米の日系人について研究し、日系コミュニティの祭りや和太鼓、フォークソングなどのトピックで論文も書いてきたのに、なぜ私はノブコ・ミヤモトについて聞いたことがなかったのか？　ということだった。その後の研究を重ねるなかで、いくつかの原因が見えてきた。一つは、運動期のノブコがジョアン・ミヤモトの名で活動していたこと。もう一つは、ノブコがパフォーマンス・アーティストであるために、民族音楽学や日系アーティストを網羅的に載せた本にごくたまに登場しても、「アジア系アメリカ人運動（イエローパワー）」に関する文学や歴史学、社会学の記述から抜け落ちたことが考えられる。イエローパワーに関する歴史記述は学生運動を中心に書かれていたため、大学キャンパスの外で起こっていた草の根のコミュニティ活動、特にパフォーマンス・アートのような一過性の活動は記録されにくかったのだ。しかし、そのとき「文化の政治性」について考えるためにたまたまロサンゼルスの日系コミュニティを調べようとしていた私には、絶好の研究事例となった。二〇〇三年夏にロサンゼルスを訪れ、ノブコのカンパニー「グレートリープ」のイベントに参加して予備調査をした私は、二〇〇四年から二〇〇五年にかけて勤務先の大学から在外研究の機会を得て、フルブライト奨学金を受けて、ロサンゼルスで本格的にノブコ・ミヤモトのライフヒストリーとその活動の特徴をつかむためのフィールドワークに着手した。

ノブコの活動について回った一年間は、ロサンゼルスの洗心寺やグレートリープの歴史を調べると同時に、一緒に歌い、踊り、太鼓をたたき、アジア系のみならず、アフリカ系やラテン系、イスラム系などの多くの活動家やアーティストにインタビューをして過ごした。ノブコや息子のカマウを通じて、オークランドにあったユリ・コチヤマの自宅も訪ねた。また、サンノゼ太鼓のＰＪ・ヒラバヤシや鼓童の藤本容子との共演舞台である「トライアングル・プロジェクト」の通訳兼雑用係や、グレートリープの若いアーティストの訓練プログラムの参与観察などを行なった。ノブコの活動に寄り添うことで、個人のストーリーテリングの力を強化することで、さまざまな背景を持つ人との連帯を生み出し、それを政治的変革、つまり「革命」へと繋げていく文化アクティヴィズム、すなわち「アーティヴィズム」の実践を目撃し、また直接体験することができた。

在外研究終了後も、ノブコの活動を中心にロサンゼルスの日系コミュニティの「アーティヴィズム」のフォローを続けた。二〇一四年、ノブコの来日に合わせて、福岡にあるノブコの母方の親戚を訪ね、ノブコの母と伯母、祖母の日本での生活についての聞き取りをした。本書で記述されている彼女の二〇〇三年の訪問に比べ、一一年後の調査では、曾祖母のハツや祖母のミサオを直接知っていた親戚が生存しておらず、新たにわかったことは少なかったが、この訪問にはノブコの弟のボブと妹のジュリーが同行したことに大きな意義があった【写真34参照】。このときの大きな目的の一つは、アメリカで自殺してしまった祖母ミサオの分骨された遺骨の場所を突き止めることであったが、実家の西村家の墓にも、婚家の大賀家の墓にも祖母の遺骨は発見できなかった。それでもミツエの三人の子どもが揃って先祖の地を訪問したことに、きっとあの世で娘たちとも和解した祖母ミサオの魂は、ミツエらとともに微笑んでいたことと思う【写真35参照】。

【写真 34】西村家と大賀家を訪ねるルーツ調査にて。2014 年、福岡。左から、ボブ・ミヤモト、ジュリー、訳者、ノブコ。写真撮影：西村眞次。

ノブコのライフヒストリーを研究したことによって交流することができた人々のなかでも、とりわけ特別な存在はノブコの義母、

【写真 35】福岡での西村家の墓を調査。左からジュリー、ボブ、西村眞次、ノブコ。2014 年、福岡。写真撮影：和泉真澄。

メイミー・カークランドだ。ニューヨーク州のバッファローが雪に閉ざされる冬の季節に毎年息子タラブと嫁ノブコの家に滞在していたメイミーには、ノブコの家で何度か会い、話を聞いた。一九〇八年にミシシッピー州で生まれたメイミーは、七歳のときに父親がリンチされそうになり、ミシシッピー州を家族とともに逃れた。その後、イリノイ、オハイオなどで白人による黒人コミュニティへの暴動が続いたため、さらに北へと逃げた。最終的にメイミーは結婚してバッファローに定住し、タラブらが生まれた。メイミーの物語は、タラブがドキュメンタリー映画『ミシシッピから一〇〇年（*One Hundred Years from Mississippi*）』（二〇一一年）に記録しているので、機会があればそちらもぜひ鑑賞してもらいたい。私がメイミーから聞いた忘れられない言葉はいくつもあるが、そのなかの一つをここで共有しておきたい。「私は投票権を得てから一度も投票に行かなかったことはないのよ。だって、私たちが投票できるためにたくさんの人が亡くなり、たくさんの人が命をかけてくれたのだから」。政治に絶望することの多い今日この頃ではあるが、そのとき百十歳だったメイミーおばあちゃんの言葉の重みは肝に銘じなければいけないだろう。そして彼女は別れ際にいつも、「身体に気をつけるのよ、小さなお嬢ちゃん（Now you take care, little girl）」と手を握り、微笑んでくれたことを忘れない。もう五〇歳を過ぎていた私も、彼女から見ればまだまだ「小さなお嬢ちゃん」にすぎなかったのだ。

原作のタイトル『*Not Yo' Butterfly*』を訳さず、日本語版のタイトルを『ノブコ・ミヤモト自伝』とするためには、ノブコを説得しなければならなかった。原タイトルの Butterfly は、プッチーニのオペラ『蝶々夫人（*Madame Butterfly*）』から来ており、原タイトルは、白人男性、あるいは白人社会の言いなりにならず、プロのパフォーマーとしての実力を保ちながらも自分自身を表現する声を得たノブコの反骨精神を表している。また、Yo' は標準英語ならば Your と綴らなければならないが、あえて黒人英語を使うことで、自らの家族に含まれる黒人性をプライドとともに表明するだけでなく、日系と黒人コミュニティの連帯をも標榜する。Butterfly の語がアジア系アメリカ女性のステレオタイプを想起させることは、アジア系アメリカ人の歴史を知る者にはすぐにわかるが、日本の一般読者に必ずしも伝わるわけではないと判断し、訳書は本の内容がわかりやすいタイトルにした。サブタイトルの直訳は『移住、人種、愛、革命を歌う私の長い歌』となるが、ノブコのストーリーは太平洋をまたぐ人種・宗教を超えた新たな家族形成の物語であり、また私たち一人一人が偏見やヘイトを乗り越えて毎日生きることが、やがて人間同士を結びつける権力関係を根本から変えていくことを願って、よりポジティヴな響きである「旅と愛と革命を歌う日系アーティスト」とした。なお、原書には索引がついていたが、章立ても細かく、順に読んでもらえればノブコの半生を辿れる内容なので、翻訳にあたり、原著者にも了解を得て割愛したことをお断りしておく。

本書を翻訳するための基礎となる研究のために、二〇〇四年から在外研究を可能にしてくれたフルブライト奨学金研究者プログラム、同志社大学からの個人研究費やアメリカ研究所部門研究費、科研費基盤研究Ａ「環太平洋地域における日本人の国際移動に関する学際的研究」(二〇〇六―二〇〇九年　課題番号一八二〇一〇四九)、および基盤研究Ａ「環太平洋における在外日本人の移動と生業」(二〇一三―二〇一八年　課題番号二五二四三〇〇八)、中央大学共同研究プロジェクト「一九世紀から二〇世紀北米における移民をめぐる規制と移民コミュニティの変容」(二〇一七―二〇二一年　代表、一政史織)などの、各種研究助成に感謝の意を表したい。また小鳥遊書房の高梨治氏には、本書の刊行を決意していただいたことに感謝し、また原文と照合しつつ緻密な校正をしてくださったことに敬意を表したい。本書の読者がノブコの波乱万丈の道行きを一緒に歩き、あらゆる意味で危機に直面している現在の私たちの社会についての議論や変革への行動に、自分はどのように参加するのか、危機感を抱くたくさんの人々をどのようにつなぐことができるのかを考えるきっかけとなれば幸せに思う。

二〇二三年一〇月

和泉真澄

【著者】

ノブコ・ミヤモト

(Nobuko Miyamoto)

1939年ロサンゼルス生まれ。日系アメリカ人三世。2歳のときに日系人強制収容所に監禁され、戦時中をアイダホ州、ユタ州で過ごした後、ロサンゼルスに再定住した。プロのダンサーとして『王様と私』『ウエストサイド・ストーリー』などの映画やミュージカルで活躍したのち、1970年代にニューヨークでアジア系アメリカ人運動の活動家となる。1973年からはロサンゼルスに戻り、1978年にコミュニティ・ベースのアート・カンパニー「グレートリープ」を創設。現在までアーティスティック・ディレクターとして数多くのパフォーマンス・アートを制作している。2021年には、50年にわたり自ら作曲し歌ってきた曲が、ミュージック・アルバム『*120,000 Stories*』(Smithsonian Folkways)として発刊された。コミュニティ・アートへの長年の貢献が評価され、フォード財団「Leadership for a Chaning World Award」やカリフォルニア州芸術評議会「Director's Award」などを受賞している。

【訳者】

和泉 真澄

(いずみ　ますみ)

東京生まれ。同志社大学グローバル地域文化学部教授。東京外国語大学、クイーンズ大学大学院政治学研究科を経て、同志社大学大学院アメリカ研究科博士課程修了。博士(アメリカ研究)。専攻は日系アメリカ人・日系カナダ人文化史。環太平洋の第二次世界大戦中の日系人の体験を国際比較するPast Wrong Future Choicesプロジェクト(ビクトリア大学)のアーカイブ班共同代表。主著『日系カナダ人の移動と運動――知られざる日本人の越境生活史』(小鳥遊書房、2020年、単著、2021年度カナダ研究国際協議会(ICCS)において、Pierre Savard賞外国語出版賞を受賞)、『日系アメリカ人強制収容と緊急拘禁法――人種・治安・自由をめぐる記憶と葛藤』(明石書店、2009年、単著)、『私たちが声を上げるとき――アメリカを変えた10の問い』(集英社新書、2022年、共著)。

ノブコ・ミヤモト自伝(じでん)

旅(たび)と愛(あい)と革命(かくめい)を歌(うた)う日系(にっけい)アーティスト

2023 年 11 月 30 日　第 1 刷発行

【著者】

ノブコ・ミヤモト

【訳者】

和泉 真澄

発行者：高梨 治

発行所：株式会社**小鳥遊書房**(たかなし)

〒 102-0071　東京都千代田区富士見 1-7-6-5F

電話 03 (6265) 4910（代表）／FAX　03 (6265) 4902

https://www.tkns-shobou.co.jp

info@tkns-shobou.co.jp

装幀　鳴田小夜子（KOGUMA OFFICE）

印刷　モリモト印刷株式会社

製本　株式会社村上製本所

ISBN978-4-86780-030-0　C0023

Japanese Canadian Movement

日系カナダ人の移動と運動

知られざる日本人の越境生活史

和泉真澄【著】

A5 判上製／ 340 頁　　価格（本体 3,400 円＋税）

2021 年度カナダ研究国際協議会（ICCS）において、Pierre Savard 賞外国語出版賞受賞

【好評発売中】

【目次】